U0470674

国际安全战略思维/文选导读

The Survey Readings of International Security and Strategy Thinking

◎主　编：刘　强
钮汉章
◎副主编：郭寒冰

时事出版社

图书在版编目（CIP）数据

国际安全战略思维文选导读/刘强，钮汉章主编．—北京：时事出版社，2016.11

ISBN 978-7-5195-0022-1

Ⅰ.①国…　Ⅱ.①刘…②钮…　Ⅲ.①国家安全—世界—文集
Ⅳ.①D815.5.53

中国版本图书馆 CIP 数据核字（2016）第 176447 号

出版发行：时事出版社
地　　址：北京市海淀区万寿寺甲 2 号
邮　　编：100081
发行热线：（010）88547590　88547591
读者服务部：（010）88547595
传　　真：（010）88547592
电子邮箱：shishichubanshe@sina.com
网　　址：www.shishishe.com
印　　刷：北京市昌平百善印刷厂

开本：787×1092　1/16　印张：27.5　字数：440 千字
2016 年 11 月第 1 版　2016 年 11 月第 1 次印刷
定价：116.00 元

前　言

当今世界正面临前所未有的大变局。世界多极化、经济全球化、社会信息化深入发展，国际社会的相互依存、互联互动进一步增强，大国之间合作与借重上升、竞争与制衡继续发展，发展中国家群体力量继续增强，中国稳步成长为世界第二大经济体，国际力量对比逐步趋向平衡。全球治理体系结构、亚太地缘战略格局和国际经济、科技、军事竞争格局正在发生历史性变化，和平、发展、合作、共赢成为不可抗拒的时代潮流。

但是，世界和平与发展依旧面临诸多难题和严峻挑战。霸权主义和强权政治依然存在，新干涉主义依旧拥有市场。各种国际力量围绕战略资源、战略要地、战略主导权和权益再分配的斗争趋于激烈。国际恐怖主义、宗教极端主义和民族分裂主义以及海盗活动、重大自然灾害和疾病疫情等传统安全和非传统安全威胁频发，世界并不太平。随着亚太地区日益成为世界经济和战略重心，美国持续推进“亚太再平衡”战略，强化其在亚太地区的军事存在和军事同盟体系，甚至公然怂恿、支持中国周边国家不时寻衅滋事，牵制中国，中国周边安全环境面临新的复杂局面。世界新军事革命深入发展，武器装备远程精确化、智能化、隐身化、无人化趋势明显，太空和网络空间成为各方战略竞争新的制高点，战争形态加速向信息化战争演变。世界主要国家积极调整国家安全战略和防务政策，加紧推进军事转型，重塑军事力量体系。军事技术和战争形态的革命性变化，对国际政治军事格局产生重大影响，对中国军事安全带来新的严峻挑战。

面对国际形势的一系列新情况和新变化，世界在思考：人类怎么才能走向和平与安全？军事家、战略家、政治家、哲学家、经济学家、历史学家、社会学家、国际问题专家纷纷从各自的专业视角探寻答案，这就使古老的安全话题出现了一系列崭新的思维。思想支配行动，国际安全战略思维的冲突与交融成为国际冲突与合作的深层动因。中国作为世界重要的文明古国，从来就是一个富于谋略的国度。随着中国的复兴，中国在国际安全战略思维领域创新不断。20世纪末，首提新安全观，规划中国版的国际政治经济新秩序；2005年，进一步提出了建设和谐世界的构想，和平、发展、合作、和谐成为中国政府推动国际安全的战略指导；2014年，明确将国家安全与国际安全连接，提出总体国家安全观，对内求发展、求变革、求稳定、建设平安中国，对外求和平、求合作、求共赢、建设和谐世界。作为国际安全与相关专业的教学研究工作者，我们深切体认到，应当从国际安全战略思维创新的高度深刻领会中国政府坚持的总体国家安全观，建设持久和平、共同繁荣的和谐世界，自觉地在维护世界和平与发展的事业中发挥应尽的责任。

对国际安全的关注，使得国际安全作为一个新兴的交叉学科于20世纪的末期勃兴于世，一些发达国家已经将其与其他学科分离。我国也正在酝酿将其建设为与政治学、法学等并列的交叉学科。目前，其基本内容已经列入军事学的二级学科国际军事，列入法学的二级学科国际关系与国际安全。以我们目前的理解，该学科的建设，需要基础理论的支撑，这就是我们在硕士研究生教学阶段开设《国际安全战略思维文选导读》课程，在博士研究生教学阶段开设《国际安全战略思维研究》课程的初衷。

国际安全战略思维的研究对象，从本体论的意义上说，在于探究冲突与动荡、战争与革命之源；从规律论的意义上说，在于探寻救世济民、天下太平之道；从对策论的意义上说，在于谋划安邦定国、世界治理之策。简言之，国际安全战略思维是从战略层面对世界公平正义，进而实现和平和谐的条件、困难和途径的宏观思考。在当今世界，由于立场的不同，理论与方法的不同，思想的传承与渊源的不同，众说纷纭，莫衷一是。但是，各种不同学派和不同领域学者思考问题的思路对于开阔我们的视野，了解我们的各种对手，启迪我们的战略思维，无疑具有十分重要的作用。因此，国际安全和相近的国际关系、国际政治、外交专业的师生，以及没有机会进院校系统训练的战略、外交和涉外部门的工作人员，都有必要努力提高自己的战略思维素养，进行必要的战略思维训练。为此，需要在博览群书的基础上、分析对比有代表性的各种国际安全战略思维的思想、理论和方法，使我们对国际安全问题的思考在马克思主义的指导下，最大限度地摆脱种种偏见与局限，获得正确的理论支撑。

解放军国际关系学院作为一所培养战略参谋人才为主的综合性高等军事学府，较早关注国际安全的学科建设。1999年主办了全国性的“国际安全与安全战略”学术研讨会，并一直关注国际安全问题的前沿问题，出版了一批相关著作，发表了若干相关文章。为了帮助相关专业的研究生了解古今中外国际安全战略的一些代表性思想，在2003年开始先后对相关专业的硕士、博士研究生开设了《国际安全战略思维文选导读》和《国际安全战略思维研究》课程，在此基础上尝试编写了《国际安全战略思维史纲》，这实际上是更为翔实的导读。

本《导读》中的文选，是我们从浩如烟海的战略思想宝库中，选择古今中外75位著名政治家、战略家、思想家、军事家的103部战略思维经典论述，大致以“古典安全战略思维”“战争与革命年代安全战略思维”“和平与发展年代安全战略思维”为脉络选编而成。

作为国际安全战略思维教学的基本教材，《导读》跟目前我们见到的类似教材相比，最大的区别是不光收录了当代西方大师级学者的经典作品中的经典思想，也从博大精深的国学经典中选录了相关论述，更把马克思主义经典作家关于国际安全思想的论述加以介绍。最后一部分推出中国共产党人关于国际安全的思维创新的代表性论述。这样的安排，使读者广泛阅读，开阔安全战略思维学术视野；在分析比较中认识各种理论流派的思想渊源、历史背景、影响与局限；用事实改变近年来弥散在国际关系学界以为只有西方有大战略思想的某些偏见。同时，也希望读者从原著中（而不是被西方曲解的介绍中）了解马克思主义的安全战略思维，加深理解中国共产党人的国际安全战略思维创新。此《导读》可与《国际安全战略思维史纲》配套使用。特别是读过《史纲》已经粗线条地了解国际安全战略思维的历史发展和不同时期的不同冲突的读者，可以进一步阅读本书，以更深刻地把握国际安全战略思维的精髓。由于选编者水平等因素，在人物和篇章的取舍与编排结构上肯定存在许多不妥之处，望读者和国际安全战略思维领域的专家、学者不吝赐教。

编者

2005年4月初稿

2016年6月定稿

目　　录

第一章

安全、国际安全、战略思维的界定

任何科学研究，都因不同的研究对象，而有不同的理论与方法，形成一系列的概念体系。有关安全、国际安全和战略思维，不同的人因各自的认识视角和不同的阐述方式，认知上具有一定的差异，因此，世界上几乎找不到完全一致的定义。为了把握国际安全战略思维的本质，本章选取了国内外六位学者的论述，以理解当代战略思想界对安全、国际安全、战略思维的最新认识。尽管他们的观点不尽相同，但我们仍可从研读中发现这些问题的基本属性，并有助于了解并把握其本源内涵。

1.1.1　克雷格·A. 斯奈德：战略研究与安全研究（节选）

克雷格·A. 斯奈德（Craig. A. Snyder），澳大利亚人，供职于迪金大学澳大利亚及国际问题研究院。本文选自《当代安全与战略》一书第一章。该书的作者试图适应冷战后新的国际安全环境、新的战略现实需要而拓宽安全研究的范围，从纯军事的战略研究领域扩展到非军事领域，避免“迷失在安全研究的层出不穷的新概念里”。

冷战的结束使安全研究发生了形态转换。人们被迫重新思考支撑安全研究的基本假说。从总体上说，国际关系研究，尤其是安全研究的一些关键性概念面临着变更：安全、权力、冲突，以及民族国家。50 年来，有关国际冲突的学术性理论描述都是在冷战和两极格局主导下进行的。学者和决策者都一样是在该国际“体系”内解释和预测冲突。但是，他们对冲突本身却未必感兴趣，主要是关注两个超级大国之间的冲突。这部分是由于大多数冷战安全理论家都是带着现实主义的范式来观察世界的。现实主义者辩称，国际体系在本质上是无政府状态，各国的行为都是为了最大限度地追求权力或安全。这样，最强大国家的行为也就成了研究国际体系的学生最关注的对象。

随着冷战两极格局的消失，需要提出新的安全观念，以适应冷战后世界的军事现实，以及政治、经济和社会现实。在军事方面，核战略与威慑问题、大规模杀伤性武器的扩散以及未来战争的性质等问题将依旧成为主要的关注焦点。然而，除此之外，还有关于战略的理论基础，国际安全（包括地区安全），以及冲突的经济、社会与政治根源等问题。什么是战略研究和安全研究？

在战略或安全研究领域，大多数文献要么是聚焦于以传统办法对付传统问题，如约翰·摩尔希默或兹比格纽·布热津斯基等人的著作；要么是以新的办法对付新的问题，如辛西亚·恩洛伊（Cynthia Enloe）对全球力量关系的女权主义调查；另一些人的研究，如马克·莱维（Marc Levy）论环境安全的著作，布莱德·罗伯茨（Brad Roberts）论人权的著作，以及麦龙·温纳尔（Myron Weiner）关于移民问题的研究，则是以传统的手段来处理新问题。这些著作力图拓宽传统现实主义有关安全的概念，将一些非军事的安全威胁因素，如环境、人权以及跨界流动人群等问题也包括进来。此外还有一个途径，即本书所采用的，以新的办法，重新开展对威慑、扩散以及军事革命等传统问题的争论。因此，本书超越了主导安全领域研究的现实主义分析，以保持这些新方法的内在的连续性。它还通过审视从社会或个人层面到地区或全球层面等不同层次的安全问题，对深化安全研究的进程作了探索。

作者们是在这样一种认识之下联合起来的：现实主义只盯着国家所面临的来自境外的军事威胁，已经不足以判定什么或谁是否安全，这些是什么样的威胁，以及它们源于何处这样一些问题了。然而，我们首先必须弄清楚，究竟从哪里将安全研究并入更宽泛的国际关系研究的概念结构体系。看起来，将安全研究看作国际关系的一个子领域，就像国际法一样，是符合逻辑的。但是这样做的问题在于，安全研究的许多重要的问题，难以从国际体系的政治、经济或社会问题中分离出来。如果不了解各方对立的根源，不考虑诸如实力、态势、意识形态和财富等问题，就干脆无法弄清楚战争的军事含义。政治依旧是战争的主要根源。正如莫汉·马利克在第二章中所展示的，早期的战略家们，尤其是克劳塞维茨，都把战争看作是政治的暴力形式。而在理查德·贝茨看来，“如何将力量变成一种合理的政策工具，而非无头脑的屠夫……即如何将政策和战争统一起来”，是一个根本性的问题。

对各个不同的子领域进行区分，虽然在很多情况下带有人为性，难以对一些具体问题进行精确判定，但就提供一个安全问题的分析框架来说，这却很重要。安全研究的广阔范围提供了学术合法性，而战略研究则在军事核心问题上提供了理性的一贯性。理查德·贝茨争辩说：战略研究的一个危险是：只看见军事的树木，却看不见政治的森林。在冷战时期，这一危险比今天要大。与之相对应的另一个危险则是：由于广泛地确定安全研究的领域，结果把军事研究排挤掉了。这一危险今天正在增大。对于下述问题，目前并无共识：关注军事问题是否依旧是社会科学的重要责任，甚至说，有关军事的知识，对安全研究来说，就好像有关经济体系的知识对政治经济学研究那样至关重要。战略与安全研究：其名下都有什么？

战略研究一词，一直与美国的冷战军事研究方法紧密关联。它也被称作国家安全研究，因为实际情况大体上可以说是：美国人研究美国的安全。战略研究最突出的特点在于它一直集中关注军事战略。在这一方面，传统的战略研究一直是国际体系中各种角色赖以达成其政治目标的军事手段。国家是国际关系中的主要角色，因为军事力量主要掌握在它们手中，一些非国家的角色，如恐怖主义者、分裂势力和民族解放运动等，也被列入讨论范围之内。但之所以突出国家的首要地位，还因为下述事实：那些非国家的角色通常要么旨在掌握现有国家的权力，要么旨在创建新的国家。

但究竟什么是战略？根据贝西尔·利德尔－哈特（Basil Liddll－Hart）的说法，战略是“配置和运用军事手段以实现政策目的的艺术”；但在海德雷·巴尔（Hedley Bull）看来，它是“为达到既定政策目标，对军事力量的运用”；科林·格雷（Collin Gray）说，战略是“军事实力和政治目的之间的关系”；而安德列·博弗列（Andre Beaufre）则主张它是一门“两个对立的意志运用力量解决其争端的辩证艺术”；路易斯·霍尔（Louis Halle）把战略研究定义为“政治科学的分支，内容是有关国家所能获得的战争能力的政治意义”。这样，我们可以说，战略涉及的是在国际关系中对力量的实际或威胁使用。因此，战略研究就是关于力量工具如何影响国家之间的关系的研究。

伴随着美国主导的战略研究，一个“英国”或“英语的”学派发展起来了。在安全研究的主题下，它的考察范围更加广泛。作为对战略研究过分集中关注军事的反应，安全研究在80年代和90年代初开始风光起来。在对有关世界如何运转的基本设想的问题上，战略研究和安全研究并没什么不同，区别在于它们对安全威胁的认识上。

如上所述，战略研究的基础是对国际关系的现实主义解释。现实主义者主张，由于国际体系的无政府本质，国家应对永久和平的可能性、世界政府和裁军的设想，以及诸如集体安全或合作安全这样的观念持怀疑态度。结果之一便是，战略研究更多地集中关注国家所面临的军事威胁。而安全研究则拓宽了研究范围，不仅包括军事威胁，还包括非军事威胁；不仅仅包括对国家的威胁，还包括对非国家角色和次国家集团的威胁。

安全研究还包括了一个更激进的派别，即批判性安全学派。它运用批判理论的方法，对国际体系本身的性质，以及构成该体系的权力关系提出了疑问。批判性安全对现实主义的基本假说，即国际体系是一个注定或既成的不变实体的说法提出了质疑。与之相对，批判理论家们主张，国际“体系”是社会构成的，也就是说，其之所以存在，是因为我们一致认为它应当存在。这并不是说，人们作出了自觉的决定，而是说人们的相互作用创造了国际体系的结构。其本质并非自然或绝对的。也就是说，批判性理论家们不像现实主义者那样，把国际体系看作无政府状态，而是把国际无政府状态看作一种社会构造出来的结构。因此，批判性安全理论关注的中心是改变我们思考安全的方法，改变各角色在体系中的作用，以及各角色对体系的构成。戴维·穆提默将在第四章中详细探讨和运用这一方法。

虽然安全研究采用了一个宽泛的安全定义，其结果是使它更加接近国际关系，而不是战略研究；但它与前者相比的确有一个重要的区别，即它不仅研究战争的起因与结局（这是许多国际关系学者的主要兴趣所在），它还研究战争的实施。战争的实施是一门重要的学问，因为走入战争的决策和战争的结局经常是取决于军事而不是政治。贝茨争辩说，第一次和第二次世界大战的不同模式（指40年代初，德国控制西欧的能力——它在1914年至1918年期间无法获得的结果）并不能只从实力指标（即人口、军队和经济的规模，可获得的自然资源的数量等）中得到解释。相反，倒是德国军队成功地发明了闪电战战略，将军事新技术与装甲战理论结合在一起，成为其在二战初期胜利的关键因素。同样，德国在那场战争中的最终战败，也是消耗战和德国领导人战略和政治失算两方面因素相结合的结果。安德鲁·拉瑟姆在第十章中就这一类型的问题分析做了更加详细的阐述。

战略研究在冷战期间的发展在我们充分理解冷战结束对战略研究的影响之前，首先应当弄明白该领域在冷战前和冷战期间是如何发展起来的，这很重要。探讨广泛的安全问题以及如何防止战争的第一本书是昆西·赖特于1942年出版的《战争研究》（*Study of War*）。该书与古典战略家的著作不同，它们多将战争看作国家的工具。而昆西·赖特所关注的却不是国家安全问题或国家战略的替代物，他把外交、国际谅解、仲裁、民族自决、裁军，以及集体安全，都视为国际安全与稳定的保障手段。第二次世界大战结束后，有关战争的研究继续沿着这一道路前进。战后初期的战略家们对四个关键性主题进行了探讨：第一，安全并非每个国家在每时每刻的头等大事，它只不过是一个重要的随历史环境而变的关切问题。这一领域的理论家们关注着军事安全与诸如经济福利和个人自由等其他价值之间的交换计算问题。第二，对国家安全而言，军事和非军事的政策工具手段都很重要。第三，承认安全的困境（即一个国家增强其安全的行为会反过来降低其他国家的安全感）导致慎重使用军事力量。第四，在国家安全与国内事务之间，如经济、公民自由和民主程序等，业已形成关联。虽然这一类型的分析在冷战期间一直存在，但却处于边缘地位。因为战略研究的眼界过于狭隘，忽略了国内威胁和非军事威胁，集中关注核武器问题，以及由于美国丧失核垄断地位而导致全球核大战机会日趋上升的问题。在这一时期，战略研究繁荣起来了，因为核威慑在本质上具有很强的理论色彩，而实践性却不突出。在这一领域提出的重大问题是关于军备控制和有限战争的，其结果之一便是，通过威慑概念和美苏战略均势，冷战的安全日程被概念化了。这两个集团之间基于意识形态的复杂对立被简单化了，变成了控制联盟以及核稳定等问题。大家都认为，决定国家行为的，是实力地位政策，或者说，是通过以威胁操控和力量投送影响对手行为方式的战略来追求最大国家安全的政策。这是思想上的一个重要转变。虽然此前也有学者集中关注安全的定义问题，安全与其他目的相比的重要性，以及应如何获得安全，但新的关注焦点却是如何将大规模杀伤性武器用作政策工具，却又不冒核交战的风险。然而这一类型的思想过分关注军事工具，导致了过分强调国家安全的军事方面，而对历史、文化和政治等非军事方面关注太少。

由于集中关注核威慑及有限核战争等抽象理论问题，造成从60年代末到80年代初，许多从事战略研究的人发现自己无法应付当代的战略问题，如越南战争及其他殖民时代后的民族解放战争问题。学术性战略分析家过分专注于美苏关系等全球战略问题上了，其结果是，他们无法对这些地区性冲突提供真知灼见。的确，他们倾向于根据冷战分野来解释这些冲突，将它们看作“代理人战争”。不仅如此，那些确实对第三世界冲突进行了研究的战略家们则更多是从实践者而不是学术理论家的角度看问题。他们集中精力研究反叛乱行动的案例，并得出结论：美国在越南的经验表明，理论一旦付诸实践便遭遇失败。

还有些学者对非核问题进行了考察，但也还是继续关注冷战分野。这些学者开始对北约常规部队在欧洲打一场常规战争的能力提出质疑。他们提出的问题集中在北约部队的政治、经济、社会、技术、编制体制和作战理论等方面。战略研究也发现，由于局限于关注军事问题，它自身受到了其他方面的挑战，如和平研究和国际政治经济学研究的挑战。它们可更好地解释诸如缓和、经济相互依存、第三世界的贫困以及环境主义等问题。尤其是石油输出国组织的石油禁运促使下述观念的形成：西方的生活水准不仅面临军事威胁，还受到了非军事因素的威胁。由于80年代在里根总统任期内冷战再度抬头，战略研究又从这里重新集中到有关军事力量的威胁、使用和控制问题上。换言之，又回到用军事手段对抗军事挑战上来了。如此直至冷战结束。

总之，冷战影响了战略研究进行中所关注的重点，使它偏离较广泛的问题，如安全政策应如何与更大的外交政策目标相匹配等，转向了核武器和核战略的技术和理论、东西方关系，以及美国与西欧安全等问题。核武器则使战略研究的关注重心进一步扭曲，即让战略分析家去琢磨：如何发挥核力量的威胁作用，同时又竭力避免动用核武器。冷战后的发展与思想的转变对于冷战结束给安全研究领域带来的影响，安全分析家们的看法是一致的。首先，军事力量的作用受到进一步怀疑。当旧的战略研究学派同意，有关军事力量的问题必须置于国际体系更开阔的政治和经济范围中来看待时，伴随着冷战结束而重新抬头的自由主义的多边合作主张却已剥夺了军事力量作为国家政策工具的合法性。在某些人看来，这意味着军事威胁的相关性已经下降；而在另一些人看来，这是因为军事工具已经用处不大了。其次，有必要重新审视我们思考安全问题的方法。在一些人看来，这是冷战后根本性环境变化的结果；在另一些人看来，这是因为战略研究的失败，未能预见到冷战结束。再次，有必要拓宽安全概念的范围。同样，在一些人看来，这意味着定义的延伸，包括国内问题对国家安全议程的影响；而在另一些人看来，则意味着把国家福祉所面临的非军事威胁也看作安全威胁。重新定义安全，为了使安全研究能够适应冷战后的时代，有必要转变安全思考。需要就三个宽泛的问题提出疑问：作为目标的安全，追求安全的手段，以及安全与国内事务的关系。首先应当考虑的问题是安全是否仍被列为国家首要目标。虽然过去战略分析家坚持安全是第一位的，但今天这一说法是否仍然成立？安全是重要的，但是需要多大的安全？是否存在与安全同等重要的其他基础性国家利益？如果一个国家没有食品、没有耕地或没有饮用水，要安全又有什么用呢？在冷战后的时代，尤其是在西方，很多人对安全的边际成本提出了疑问。大多数人愿意接受这样的看法，即西方国家的安全太过剩了，因此在安全上投入1美元，与对其他不那么过剩产品的1美元投入相比，所产生的收益要小得多。换句话说，如果军事预算所带来的安全超出了现实需要程度，那么减少军事预算，将那些钱用在诸如清洁环境或改善人民生活等方面，就能获得更好的效费比。

安全研究同样也倾向于根据安全的目标来审查安全手段。也就是说，安全分析家们研究军事力量的使用，但却没有花同样的精力来研究使用这些力量究竟是为了什么。白利·鲍德温（Barry Bald Winn）认为，这完全偏离了克劳塞维茨的思想。在冷战期间，当人们认为就其本质而言，安全威胁主要就是军事威胁时，可以理解，解决的办法也主要靠使用军事力量。但在冷战后时代，人们承认安全威胁也会来自其他领域，如环境和人权，但决不仅这两方面，那么只有通过平衡地运用外交政策的各种手段才能实现安全。

由于战略研究与现实主义关系紧密，后者将国家视为国际体系中的主要角色，战略研究也就难以处理来自国内的不安全因素。在冷战后时代，安全的目的正在从国家向个人和次国家群体转移。这意味着将把个人怎样会威胁到国家（或统治政权），或反过来，国家又会怎样主要以政权维护和国家安全为名，威胁个人的安全作为一个关注重心。

（选自克雷格·A. 斯奈德等著，徐纬地等译：《当代安全与战略》，吉林人民出版社，2001 年 8 月版，第 1～12 页。）

1.2.1 李德·哈特：战略和大战略的基础（节选）

李德·哈特（Basil H. Liddell Hart，1895～1970 年），英国人，生于法国巴黎，参加过第一次世界大战，任步兵团军官。与富勒是师生、朋友关系，深受富勒的提携与指导，与富勒并称为“机械化战争理论的创始者”。同时，最终成为与克劳塞维茨齐名的西方战略思想史上的现代战略大师。《战略论：间接路线》是其传世之作。他不仅首次提出了军事学领域的“间接路线”观念，还提出了涵盖军事以外领域的“大战略”概念，对今天的国家安全战略理念具有重要的影响。

·战略的理论

从历史的分析，我们已获得结论，现在似乎就可以在这个新的基础上面，为所谓战略思想，提出一个新的架构。

首先让我们说明战略到底是什么？克劳塞维茨在他那本巨著《战争论》（*On War*）中，曾经有过下述的定义：“一种使用会战为手段，以来获得战争目的的艺术。换言之，战略形成战争计划，对于构成战争的每一个战役，划出其理想中的路线，并且管制着每一个战役中所要硬打的会战。”

这个定义的第一个缺点，是它侵入了政策的范围之内。所谓政策者，也就是对于战争的较高层领导，这是政府的职责，而并非军事领袖所应该过问的。军事领袖的任务即为对于作战作执行性质的控制。第二个缺点就是它把“战略”的意义限制得太狭窄，只以纯粹利用会战为限，于是产生一个错误观念，使人认为会战就是达到战略性目的的唯一手段。对于那些自命为克劳塞维茨的高徒而又欠通的人们，似乎很容易就会把目的和手段混成一团，而得到这样一个结论：在战争中应以决定性会战为主要目标，而其他一切的考虑都是这个主要目标的附属品。

· 战略与政策关系

假使战略和政策这两种任务都很正常地集中在一个人的手中，例如过去的腓特烈大帝和拿破仑，那么它们之间的区别自然不会有多大的意义。不过时至今日，这种军人统治者已经很少见了。在 19 世纪当中，几乎暂时绝迹。于是若不把战略和政策之间的界线明白划出来，则不免会有许多潜伏的危险。因为它足以鼓励军人们提出荒谬的要求，认为政策应该向他们的战略低头。尤其是在民主国家中，又有一种矫枉过正的现象，政治家要想扩大他们的控制范围，甚至于当他们的军事雇佣如何实际使用他们的工具时也要受到他们的干涉。

毛奇对于战略，也曾经下了一个比较清楚而聪明的定义。他说：“战略就是当一位将军想达到预定目的时，对于他所可能使用的工具如何实际应用的方法。”

这个定义确定了一位军事指挥官对于政府所应负的责任——他是受着那个政府的雇佣。他的责任即为在指定给他的战场中，使用分配给他的力量，以求对于较高级的战争政策作最有利的贡献。假使他认为所分配的力量不足以完成这个指定任务，他应该据理力争；假使政府不听信他的意见，他就可以去争。但是假使他要想企图“命令”政府把何种力量交给他指挥运用，那么便超出了他的合理权限了。

反之，政府既然具有决定战争政策的全权，所以就必须使这种政策能够经常适应多变的条件。当战争正在进展时，一切的条件也都是瞬息万变，因此政策也绝不可以硬化而丧失了弹性。政府对于一个战役中的战略，也具有干涉的权柄，不仅可以撤换丧失了信任的指挥官，而且还可以修正他们的目标来配合战争政策的需要。政府应该把任务的性质明白地告诉军事指挥官，但是对于他如何运用他自己的工具却不宜加以干涉。所以战略并不一定只是有一个单纯的目标——击毁敌人的军事力量。当政府看到敌人在某一个战区中或全面战场上具有军事上的优势时，那么采取一个有限目的的战略，似乎是比较聪明。

有时需要等候，直到同盟国参战或从另外一个战场上有生力军调来之后，才可能使力量平衡的局面发生新的变化。有时不仅需要等候，甚至需永久地限制军事方面的行动，而让经济战来决定最后的胜负。有时在战前的计算中，即可以看出击毁敌人军事力量的任务在根本上就超出其本身能力限度或者是得不偿失，不值得如此去做——这时战争政策即可以夺取某些领土为目的。当和平谈判时，可用它来当作讨价还价的工具，或是设法永远占领着它。

这种政策在历史中可以找到许多例证，虽然正统的军事理论并不支持它。有些人很抱歉地说，这是一种“弱势”的政策，实际上并不尽然。事实上，大不列颠帝国的历史即以此为其维系，对于英国的盟友，这种政策也常常成为它们的救生圈。在过去，是习焉而不察，所以我们现在就要正式追问，到底这种“保守”性的军事政策，在战争指导的理论中，是否也有资格占一席之地呢？

采取有限目的的战略的一般理由，就是为了要想等候“力量平衡”的局面发生变化。我们常常可以用“针刺”的方法，而不必一定要冒“打击”的危险，即足以达到消耗敌人和削弱敌人的目的，而逐渐地使平衡发生变化。使用这种战略的最重要条件，即为必须使敌人的消耗量超过他们自己的消耗量。要达到这个目的可以使用下述的手段：攻击敌人的补给线，发动局部攻击来达到“大吃小”的效果，引诱敌人作徒劳无功的攻击，促使敌人分散他的兵力，设法消磨敌人的精力。

以前曾经提出过这样一个问题：将军在他的战场之内对于他自己的战略执行是否具有绝对的自由权。毛奇的那个比较清楚的定义，对于这个问题似乎可以供给一个暗示性的答案。因为假使政府已经决定采取一个有限目的或是“费宾”式的大战略，那么那位将军在他自己的战略领域之内，若还是想要击毁敌人的军事力量，则结果对于他政府的战争政策遂不免要害多利少了。通常一个有限目标的战争政策，一定会产生一个有限目标的战略，只有获得政府的批准之后，军事指挥官才可以去追求一个决定性的目标，而只有政府才有权决定何种目

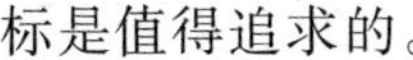

标是值得追求的。

现在我们可以拟定一个比较简短的定义："战略是分配和运用军事工具，以来达到政策目的的艺术。"战略所研究的不仅只限于兵力的调动——一般的定义都只注意这一点，——而且更注意到这种运动的效果。当军事工具的运用最后终于和实际战斗合而为一的时候，此时如何处理和控制那些直接行动的方法，遂被称作是"战术"。虽然为了便于讲解起见，我们在这两个名词之间划了一条界线，但是事实上却很难真正将它们分隔清楚，因为它们之间不仅互相具有影响作用，而且根本上即已混合成一个整体。

· 大战略或高级战略

战术是把战略应用到较低的一个阶层中，同样，战略也就是把大战略应用到较低的一个阶层中。大战略和指导如何进行战争的政策实际上是完全一样的，但是和专门决定战争目的的基本政策却又自有不同之处。大战略这个名词使我们想到"政策在执行中"的意味。因为所谓大战略——高级战略——的任务，就是协调和指导一个国家（或是一群国家）的一切力量，使其达到战争的政治目的。这个目的则由基本政策来加以决定。

大战略必须要计算到，并且还要设法发展国家的人力和经济资源，来维持作战的力量。此外，精神上的资源也是同样的重要——养成人民的意志精神，其重要性并不亚于获得其他更具体形式的权力。大战略也要负责规定各军种之间的力量应该如何分配，以及军事与工业之间的关系应该如何分配。抑有进者，军事力量只不过是大战略的各种工具中的一种而已，它更应该注意应用财政上的压力、外交上的压力、商业上的压力甚至于道义上的压力，以来削弱敌人的意志。一个良好的理由（师出有名）是一把利剑，同时也是一块防盾。所以，在战争中表示侠义的精神可以算是最有效的武器，一方面可以减低对方的抵抗意志，而另一方面又可以提高本身的精神力量。

更进一步说，当战略学的视线是以战争"地平线"为界的时候，大战略的眼光却透过了战争的限度，而一直看到战后的和平上面。大战略不仅要联合使用各种不同的工具，而且还要限制它们的用法，避免有损于未来的和平状态。在许多次战争之后，交战双方都常常是两败俱伤，其理由可以用下述的事实来加以解释，大战略和战略不同，其领域之中还有一大部分都是神秘的处女地，正等待着人们去开拓和研究。

·纯粹战略或军事战略

在扫清了场地之后，我们才可以在它的适当平面上和原定的基础上，把我们的战略观念建立起来——那就是以“为将之道”为基础。

要使战略能够获致成功，其最首要的要求，即为对于“目的”和“手段”之间的关系，必须有精密的“计算”，使二者之间能够密切地“配合”。目的必须与一切手段（工具）的总和成比例，而用来达到每一个中间目的的手段，必须与那个中间目的的价值和需要，能够成比例——或者是要获得某一种目标，或者是要完成某一种任务。手段绝不可以太过，因为太过与太少同样有害。

真正的标准就是要使“兵力的经济”，达到恰到好处的境界。

“兵力的经济”（或节约）已经成为一种习用的军事术语，它的意义早已发生歪曲，而使人忽略了它的“深意”。但是，由于战争是具有一种“不定性”，更由于缺乏科学化的研究，这种相对“不定性”的成分更分外增加，所以即令是最伟大的军事天才，也不可能完全达到标准，不过愈是能接近这个标准，则其成功也愈大。这种相对性是必然的，因为无论我们如何发展战争科学的知识，但却还是不免要依赖应用时的“艺术”。“艺术”不仅可以使“目的”接近“手段”，而且也给予手段以较高的价值，使目的可以更扩大。

这种情形就使计算益增其复杂性。因为没有一个人，对于人类天才和愚蠢的程度，可以作出正确的计算，同时意志的力量，更是无法估计的。

·因素和条件

不过在战略方面的计算要比战术方面简单，而且比较容易接近“真理”。因为战争中最无法计算的因素即为人类的意志，在抵抗力方面更显出它的伟大价值，不过那却是属于战术范围之内的。在战略的领域之内，除了天然的抵抗力外，它不需要克服其他的抵抗力。它的“目的”是“减少”抵抗的可能性，为了达到这个目的，必须尽量发

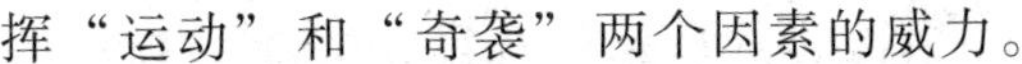

挥“运动”和“奇袭”两个因素的威力。

运动是属于物理的范畴，首先所要计算的就是时间、地形和运输容量等项条件。所谓“运输容量”者的意义，包括着运送和维持兵力时所使用的一切工具和方法。

奇袭则属于心理的范畴，它的计算要比在物理性领域之内的问题复杂得多了。其条件不仅众多，而在每一种情形中都有不同的变化。这些条件对于对手的意志，似乎都具有影响作用。

虽然就一般的情形而论，战略的着眼如果不是比较偏重运动，而轻视奇袭；就是比较偏重奇袭，而轻视运动。实际上，这两个因素却互为因果，相辅相成。运动可以产生奇袭，而奇袭又可以增加运动的冲力。因为在运动中，假使突然增加它的速度或是变换它的方面，那么即令并无掩蔽，也一定可以带有几分奇袭的意味。同时奇袭可以阻止敌人采取对抗的行动，而为运动碾平了道路。

至于说战略和战术之间的关系。在执行的时候，这条界线常常只算得上是一个暗影，我们很难决定到底战略行动在何处结束，而战术行动在何处开始。可是就观念方面来说，这两者之间却具有很明确的分界。战术是位于战斗的领域之内，而且也填满了这个范围。战略不仅停止在这一道界线之上，而且它的目的是想要把实际的战斗减至最低的限度。

· 战略目的

有些人认为在战争中，唯一正常的目的即为毁灭敌人的军事力量；有些人认为战略的唯一目的即为会战；有些人更中了克劳塞维茨的毒，认为“血液就是胜利的代价”。这些人对于上述的说法，也许会不表同意。不过即使就他们自己的立场而论，上述的说法也还是不会发生动摇。因为即令把一个决定性会战当作是目标，可是战略的目的还是要使这个会战，在最有利的环境之下进行。而环境愈有利，则战斗的成分也就愈低。

所以战略的完美境界就是要产生决定性的战果而不需要任何严重性的战斗——不战而屈人之兵，善之善者也。依照我们已经研究过的结果，历史上有许多的例证足以说明若是能有有利条件的帮助，则战略事实上是可以产生这样的结果。这些例证包括：凯撒的依勒尔达战役、克伦威尔的普雷斯顿战役、拿破仑的乌尔门战役、毛奇于1870年在色当对于麦克马洪所部的包围战、艾伦比于1918年在撒马利亚（Samalia）丘陵地对于土耳其军的包围战。而最近代化，最惊心触目和最具有悲剧意味的例证，却是1940年，当古德林在色当作了一个奇袭性的中央突破之后，德军在比利时境内即切断了联军的左翼，并将他们一网打尽，遂使欧陆上的联军终于发生了全面的崩溃。

以上所举的例证说明了，若能迫使敌人自动投降和解除武装。即能够很经济地达到“毁灭”敌人军事力量的目标。可是对于获得决定性的结果，或是完全战争的目的而言，这种“毁灭”并非一定必需。有时一个国家只是以维护本身安全为目的，而并不想征服任何国家，那么只要解除安全的威胁就可以算是达到目的了——换言之，只要逼迫敌人放弃他的目的即可。

在波斯人早已放弃他们侵入叙利亚的企图之后，贝利沙流士为了想约束他部下的“决定性胜利”的野心，自愿在苏拉（Sula）吃一次败仗。这是一个极好的例证，说明了“画蛇添足”不特无益而且有害。反之，当波斯人以后又大举来犯时，贝利沙流士还是很巧妙地把他逐退，使叙利亚境内不见敌踪。这一次胜利可以算是在历史上首开纪录，它构成一个显著的例证，表示纯粹使用战略也可以获得决定性的战果——实际上是完成了政策的目的。因为在该次行动中，心理行动是如此地有效，使敌人自动放弃了他的目标，不再需要任何物质性的行动。

因为这种不流血的胜利似乎是一种例外情形，所以物以稀为贵，更增重了它的价值，这指明出来战略和大战略方面，它是具有极大的潜在可能性。尽管人类已经有千百年的战争经验，可是我们对于心理战的领域，还只是刚刚进入探险阶段。

从对于战争的深入研究中，克劳塞维茨曾获得下述的结论：“所有的军事行动中，都充满了智力和它的效果。”可是在实际战争中，所有的国家总是为感情所驱使，而忘记了理智，因此完全忽视了这个结论的深意。他们还是不肯用头脑，而宁愿一头猛撞在最近的墙壁上面。

因为负责决定大战略的当局即为一个国家的政府，所以它也要负责决定在战争中，战略是用来获得军事性的决定呢？还是另有其他的目的？一位外科医师的手术箱里面，可以装着许多不同种类的工具。

为了达到大战略的目的，军事工具不过是各种工具中的一种而已。同样地，为了达到战略的目的，会战也不过是许多工具中的一种罢了。假使条件适合时，会战常常是收效最快的一种工具，但是当条件不利的时候，勉强使用它却是一种愚行。

让我们假定有一位战略家，由政府授权给他去寻找一个作军事决定性的机会。他的责任就是在最有利的环境中去寻找“决定”，以求能够产生最有利的结果。所以他的真正目的并非寻求会战，而是要寻求一个最有利的战略情况。这种情况即令它本身不能产生决定性的战果，可是若再继之以会战，则一定可以获得这种结果。换言之，使敌人丧失平衡，自乱步骤，才是战略的真正目标，其结果不是敌人自动崩溃，就是在会战中轻易被击溃。要使敌人自动崩溃，也许还是需要一部分的战斗压力，可是在本质上，这与会战却完全是两回事。

· 战略基础

有一个较深奥的真理，是福煦和克劳塞维茨的其他门徒们所不曾完全了解的。那就是在战争中，所有的问题和所有的原理都一律是“二元性”的。像铜钱一样，它都有正反两面。所以必须作调和妥协的计算，以求折衷于至当。事实上战争是一个双方参与的事件，所以这种真理即为无可避免的后果，当攻击对方的时候，一定同时也要预防对方也攻击你。这个原理的推论就是说，当你希望你的打击能有效时，那么最重要的先决条件即是要取消敌人的自卫力量。只有当敌人兵力分散了之后，才可以作有效的集中；而通常为了达到这个目的，攻方自己的兵力便先要分布得更广泛。于是我们获得一个表面看来似乎很矛盾的说法：真正的集中实在即为分散的产品。

从这种“双方”交战的条件之下，我们又可以获得进一步的结论，那就是说要想保证达到一个目标，那么你必须要有可供交换的其他目标。在这里也可以看出来，19 世纪单纯思想的代表人福煦和他的门徒们，与我们之间所具有的重大差异。这也是实践和理想的差异。因为假使敌人确定你的目标是在那里，那么他就可能会有最好的机会以来保卫他自己，而使你徒劳无功。反之，假使你采取的路线是能够同时威胁到几个目标，那么你就可以使他的注意和兵力都分散开了。而且这也就是“分散”敌人的最经济方法，因为它可以使你在真正的作战线上面保持着最大比例的兵力——换言之，可以同时兼顾到最大可能的集中和分散的必要性这两种条件。

若无一个可以替换的目标，则对于战争的本质而言也完全是背道而驰。包色特在18世纪即曾说过下述这段十分透彻的话：“所有的作战计划一定要有几个分支，每个分支都必须经过详细的思考，在这些分支当中至少会有一个是不会失败的。”年轻的拿破仑就完全服膺这个观念，他也曾说：“必须面面顾到。”70年之后，薛曼从经验中重新学会了这个教训。事后他在反省的时候创出他那句著名的格言：“使敌人处于左右为难的位置。”在任何一个问题中，假使有反对势力存在而且又是无法控制的，那么我们就必须要有远见，能够想到几条可以互相掉换的路线。在战争中也正和在生活中是完全一样的，只有“适应”才能“生存”！战争就是人类集中力量对于环境的一种斗争。

为了实用起见，在拟定任何计划时，都必须要考虑到敌人所具有的破坏力量，要想克服这种障碍，其最好的机会即为这个计划可以灵活地改变，以适应它所遭遇到的环境。想要保持这种适应性，而又同时保持主动之权，那么最好的方法即为一个具有交换目标的行动线。因为这样，你就可以使你的敌人处于左右为难的窘境，而你却至少可以达到一个目标——那个防御力较弱者——甚至还可能“一箭双雕”。

在战术的领域中，敌方的部署常常是以地形性质为基础，所以选择这样的目标似乎要比在战略的领域中更为困难。在战略的领域中，敌人一定会有重要的目标必须加以保护——例如工业中心和铁路交点。但是在战术方面，假使你懂得让你的攻击路线与所可能遇到的抵抗程度相适应，而且对于所发现的弱点尽量地加以开拓，那么你也一样可以获得类似的利益。计划就和树木一样，一定要有分支，否则它就不会结果。一个只有单独目标的计划，就好像是一根光杆儿一样。

（选自李德·哈特著，钮先钟译：《战略论：间接路线》，上海人民出版社，2010年版，第275~285页。）

1.3.1 钮先钟：国家安全——再检讨与新思维（节选）

钮先钟（1913~2004年）曾为台湾淡江大学国际事务与

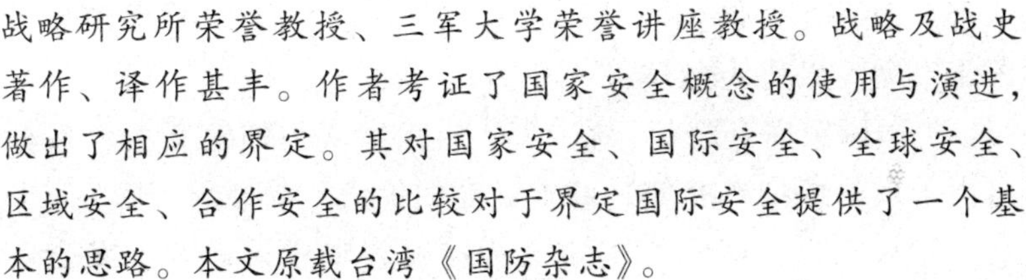
战略研究所荣誉教授、三军大学荣誉讲座教授。战略及战史著作、译作甚丰。作者考证了国家安全概念的使用与演进，做出了相应的界定。其对国家安全、国际安全、全球安全、区域安全、合作安全的比较对于界定国际安全提供了一个基本的思路。本文原载台湾《国防杂志》。

·名词与定义

第二次世界大战时，美国罗斯福总统从未用过“国家安全”这样的名词，有记录可考的第一次使用是在 1945 年八月。当时的美国海军部长富里斯塔（James Forrestal）在参议院作证时说：只有在非常宽广和综合的层面上，才能确保我们的国家安全。接着他又郑重地指出：我在此之所以一再使用的名词是“安全”（security）而不是“防卫”（defense）。参议员詹森（Edwin Johnson）随口回答说：我很欣赏你这个新名词“国家安全”。

以后是美国首任国防部长的富里斯塔提出这个名词时，他内心里似乎有深意在焉。他所要推销的并非仅只是一个新名词，而更是一种新观点、新思维和新境界。于是他接着说：国家安全不仅是陆军和海军的问题。还必须考虑全部战争潜力，包括矿产、工业、人口、科技以及一切与正常平民生活有关的活动都在内。

当这个名词在 1950 年首次提出时虽然需要如此解释，但到 1947 年就已经相当流行，不仅国会已经完成国家安全法（National Security Act）的立法，而且该法又还设立一个国家安全会议（National Security Council）。该法对于国家安全这个名词的意义虽未作任何明确界定，但在规定国家安全会议的职掌时，则又作了如下的说明：国家安全会议的任务为对有关国家安全的内政、外交、军事等政策进行整合时作为总统的顾问，以便使各军种与政府其他各部及机构在有关国家安全的事务上都能获得较有效的合作。

值得注意的是该法在条文中虽一再使用这个名词，但始终不曾加以界定，是否故意采取如此模糊的手法，以便在执行时可以保留若干弹性，似乎是一个很有趣的疑问。不过，尽管此种模糊性经常存在，以后美国官方和学术界又仍然对此一名词作成了许多的定义。这些定义虽大同小异，而且也常有缺失，但概括言之，还是能对名词作多方面的解释，而且也更能反映其时代背景。现在就依照时代顺序，列举其中若干案列，以作为此较：

一、美国国家安全会议，在1950年代中所用的定义为：保存美国作为自由国家的地位，并使其基本制度和价值下受任何侵害。

二、吴尔夫斯（1962）的定义为：就客观意识而言，安全表示价值未受威胁，就主观意识而言，安全表示不怕价值受到攻击。

三、社会科学百科全书（1968）的定义为：国家保护其内在价值不受外来威胁的能力。

四、美国国防分析研究所（1969）的定义为：国家安全是一种条件，保护国家、国家制度、及其权力来源不受国外和国内敌人的威胁。

五、柯林斯在《大战略》书中所用的定义（1973）为：国家对所有一切外来侵略、间谍活动、敌意侦察、破坏颠覆等行动的保护。

六、崔格和克仑堡在《国家安全与美国社会》书中的定义（1973）为：国家安全是政府政策的一部分，其目的为创立有利于保护和发展主要国家价值的国内和国际政治条件，以来对抗现有和潜在的敌人。

七、《美国国防计书作为》书中的定义（1952）为：国家所采取保护其利益和目标，以对抗外来威胁的措施。

八、美国前国防部长布朗（Harold Brown）的定义（1983）为：一种保存国家实质完整和领土，在合理条件之下维持其与世界其余部分之间的经济关系，保护其性质、制度和统治，不受外力扰乱、以及控制其国界的能力。

九、《美国国家安全》第三版（1989）的定义为：就狭义而言，大致与传统名词国防相当，不过，又还有其较广泛的意义，而不仅限于对物质伤害的保护。它更要透过各种不同手段来保护主要经济和政治利益。这些利益的丧失将可能威胁国家的基本价值和活力。

十、梅尔（Charles Majer）的定义（1990）为：最好界定为控制某些国内外条件，以使公众相信足以使其享有自决或自主、繁荣和福利。

上述十条定义所代表的时段是从50年代到1990年，换言之，可以反映出整个冷战时代中，美国国家安全观念的演进过程。从文字内容上作一概观似乎可以立即发现下述三点基本认识：

一、国家安全是一种条件也是一种能力。二者之间又有其微妙关系之存在，必须先有某种能力，然后始能创出某种条件。反而言之，某种条件之存在即足以显示某种能力之存在。能力是物质的、客观的，条件是心理的、主观的。两者同时存在，彼此交相为用，甚至于不可分。

二、国家安全有其广狭二义。就狭义而言，国家安全即为国防，也可以称之为军事安全（Military Security）以对抗外来武力威胁为目的。不过随著世局的演变，国家安全的内涵也随之扩大，于是遂发展成为一种较广义的观念，其范围也就不仅限于军事和国防，而把若干非军事性因素也列入考虑之中。尽管如此，军事仍为主要因素，简言之，在整个国家安全领域中，军事安全实为其核心。

三、国家安全不仅是一种政策，而且也是一种理论。它有思想和行动两方面，国家之所以有安全政策是经过思考之后所获得的结论，而此种思考程序又必须以理论为基础。所以，在国家安全领域中是思与行并重。若无适当的理论基础，则政策的决定势必会变成临时的应付，而缺乏深远的思考。这样不仅将降低政策的品质，而且甚至于还会导致意想不到的恶劣后果。

· 理论分析

任何理论分析都一定有正反两面。从正面来说，安全的意义就是保护（protection）。保护一定有其特定目标，若无目标则也就无从保护，于是也就无所谓安全。再从反面来说，为什么要保护某种目标？或为什么某种目标需要保护？其原因是此种目标已经感受威胁或至少已有此种可能。如果毫无威胁可言，则也就自然毋需保护，同时也不构成安全的考虑。

国家安全所要保护的目标，用国际关系学领域中的名词来表达，即所谓“主要国家价值”（vital national values），而其较具实质的内涵即所谓“主要国家利益”（vital national interests）。就大多数美国人的观点来看，其主要价值有三：自由（liberty）、生存（survival）、繁荣（prosperity）。不过，就国家安全的观点来看，则国家的生存应为第一优先，换言之，国家安全的主要意义即为保护国家的生存。

价值是比较抽象的观念，其较精确的实质表示则为利益。现代国家应如何决定其主要利益，从理论观点来说，大致是以下述四种观念为基础：

一、国际无政府状况（international anarchy）。当前国际环境中并无世界政府之存在，没有任何组织对于秩序之维持具有强制执行的责任和能力。在此种国际丛林中，国家只能自求多福。

二、国家主权（national sovereignty）。国家在国际社会中享有不受任何限制的行动自由，不受任何法律的制裁。尤其是国家的权利优于任何其他权利。

三、文化多元（cultural pluralism）。所有的国家都各有其不同的文化背景，对于各种事务也自可有其独特的看法。所以，“国际道德”（international morality）完全是幻想。

四、理性考虑（rational consideration）。所谓理性考虑也就是利害考虑。诚如巴麦斯顿（Lord Palmerston）所云：国家并无永久的敌友，而仅有永久的利害。

当然，国家有其多种利益，而其间又有轻重缓急之别，所以国家利益的区别也是一门大学问，在此无法深论。不过，所必须强调者是并非一切国家利益的保护都属于国家安全的范围，只有主要利益（严格说来，应称生存利益）才会列入考虑。

现在再从反面来看，为什么需要安全，原因是有威胁的存在，所以威胁的认知遂成为国家安全领域中另一重要课题。严格说来，国家也像个人一样，其生存经常受到各种不同的威胁。但国家安全又还是有相当明确的界线，并非所有一切的威胁，无分巨细，都一律视之为国家安全问题。简言之，威胁必须是外来的，否则不应列入。假使非外来威胁有时也被包括在内，则必须符合下述两项条件：一、威胁虽发生于国内，但幕后操纵者则在国外；二、虽为内忧但对外患足以产生诱导、支持或配合作用。假使不符合此种条件，则应视为内政问题。当然这些条件又可作弹性的解释，不过无论如何，国家安全并不等于国家政策的全部，这一点必须确认。

就传统而言，国家生存所面对的最严重威胁即为外敌的武力攻击，所以，国家安全也就变成国际的同义词。实际上，这也正是最原始的定义，时至今日，世界情况已有很大改变，国家安全的涵义也随之扩大，有人开始强调国家安全的非军事方面，那也是事理之常。不过，却又万不可因此而忽视或低估军事威胁。在国家所面临的各种威胁中，武力攻击仍是最危险和最严重的。诚然，军事威胁之外还有非军事威胁之存在，而在对抗威胁时所使用的工具也不仅限于军事装备，但绝非意味着军事威胁和军事安全（国防）已经丧失或减轻其重要性。

· 演进与缺失

国家安全观念起源于1945年的美国，到现在恰好是50年，在如此漫长的岁月中，它也已有相当重要的改变。概括言之，其演进过程在冷战时代可以分为两大阶段：从40年代后期到70年代中期为第一阶段，从70年代后期到80年代后期为第二阶段。此后即进入后冷战时代，而形成另一新阶段。

在第一阶段中，国家安全是采取较狭义的解释。当此之时，冷战方殷，而核子战略正在发展。美俄之间的两极对抗趋于白热化，韩战、越战、古巴导弹危机也相继发生。所以，国家安全是以应付美俄大战为焦点，所重视者自为纯军事因素。到1970年代中期开始出现第一次变局：越战的失败，日益严重的通货膨胀，欧洲和日本经济地位的升高，第一次石油危机的震撼。凡此种种自然刺激美国朝野对国家安全观念进行再检讨。

1974年泰勒将军（Gen. Maxwell Taylor）论著中指出："对美国的最可怕威胁是在非军事领域中"（包括能源危机和人口爆炸），此外还有迟缓的经济成长，高工业生产成本，日益加速的通货膨胀。1977年，白朗（Lester Brown）曾发出"国家安全再界定"（Redefining National Security）的呼声，列举许多足以威胁安全的非军事因素，例如能源危机、通货膨胀、粮食缺乏、土壤浸蚀、温室效应等。

在第二阶段中，国家安全的意义和范围已经逐渐扩大，到80年代快要结束时，冷战亦已经进入尾声。于是另一新阶段遂呼之欲出。马修斯（Tuchman Mathews）在1989年春季号的《外交季刊》（*Foreign Affairs*）上指出：全球发展带来国家安全定义必须再扩大的要求，应该把资源、环境、人口等问题都包括在内。这似乎象征向时代列车亮起绿灯，让它顺利地进入后冷战轨道。

若对冷战时代的美国国家安全政策和理论作一综合观察，则可以发现下述六项重大缺失：

一、过分重视狭义的安全（国防），尤其是过分重视核子武器。可以大胆地说，几乎一切政策和理论都莫不深受核子军备的影响。核子吓阻战略理论发展到想入非非（thinking unthinkable）的境界，于是整个政策的发展日益陷于僵持状况。

二、国家安全领域中的重心是放在美俄对抗之上。除美俄本身之外，仍能受到相当重视的地区就只有欧洲，至于对所有其他地区则几乎可以说是视同化外。尽管到冷战后期，欧洲以外地区已经变得日益重要，但美国决策者并未改变其旧习。

三、尽管重视军事权力，但又仅以吓阻和战斗为范围，对于军事权力的平时运用，以及武装部队的非战斗性任务，则并未给与足够的注意。实际上，随着时代的推进，此种平时运作和非战斗任务已经变得日益重要。

四、国家权力中的非军事部分，在冷战期中，一直都受到忽视。政府组织中虽有国家安全会议的设置，但并不能充分协调国家大战略的总体运作。至于学术界到今天仍有许多人把安全研究界定在狭义的军事领域中。概括地说，美国大多数人似乎还不知道有所谓大战略的存在。

五、美国人虽夸耀其本身的文化和价值，却似乎不知道世界上还有许多不同的文化和价值。尽管今天全球互赖关系日益发展，但各个民族之间在文化传统价值意识上仍然继续呈现出重大的差异。美国人一向有一种自大心理，不仅不重视这些精神因素，而且也不了解他们对国家安全的影响。

六、美国的国家安全观念似乎只知注意眼前的现实，而忽视历史的经验。历史意识的浅薄本为美国文化的一大弱点，因为不重视历史，于是也就会受到重演历史的惩罚。对历史的深入研究，常能有助于现实问题的解决。美国冷战时代的决策者除少数例外，几乎都缺乏历史的素养。

·改变中的世界

仅只由于上述诸多缺失，即足以使人认清旧有的国家安全观念有彻底检讨和修正之必要。而使此种需要显得尤其迫切者，则又为当前世局的迅速变迁。此种变迁范围之广，速度之快已经令人感到触目惊心，难以适应。概括言之，可以分为下述七项：

一、最重大也最显著的改变即为苏联的瓦解，冷战的结束。其立即的后果则为德国的再统一，东欧的解放，共产主义的没落，整个世界趋向于民主政治和市场经济。

二、以东西对抗为焦点的两极世界一向为一切安全政策和理论的基础，现在已经变成历史的陈迹，取而代之的世界，照一般的想法，应该是一个多元体系。但其真正的性质和架构至少在目前还尚未完全明朗化。

三、由于东西冷战的结束，于是南北关系也就自然变成新的注意焦点。尤是所谓第三世界可能将成为新的祸乱来源。目前已经令人感到忧虑者，是所谓低强度冲突正在开发中国家蔓延。此种非传统和间接性的斗争在安全研究中一向是一个盲点，以后更可能使人感到束手无策。

四、过去在世界事务中扮演主要角色的即为国家，所以受到重视的也仅为“国际”（international）关系。今后在世界舞台上将会出现许多不同的非国家角色，他们甚至于也不受任何国家的控制，各种不同的非官方组织将扮演更积极的角色，并对国际事务和国家政策都构成严重的冲击。他们既不效忠于某一国家，而其活动也不受国界限制。

五、并非以同盟为基础的国际组织在世界事务中所扮演的角色变得日益重要。联合国在冲突调解、和平维持、人道救济等方面的贡献即为显著的例证。此外，区域性国际组织更有蓬勃的发展，他们共同建立互信，增强互赖，形成一种新的国际景观，例如欧洲安全合作会议、美洲国家组织、东南亚国家联盟等。

六、技术革命（technological revolution）更是已使全体人类的生活受到莫大的冲击，使许多旧观念都无法适应。在安全领域中所出现的最严重问题，即为先进武器（及技术）在开发中世界的迅速繁衍。此种趋势对于当前区域安定已经构成严重威胁，而对于未来的世界前途，其后果的可怕更是令人不敢想像。

七、近年来已经有许多专家学者、政府首长，都一再强调环境问题的严重性。因为只有一个地球（only one earth），所以，环境的加速破坏已经对全体人类的安全构成重大威胁，也是全体人类所必须面对的挑战。因此，在安全领域中，环境也已变成新的重要课题。

综合上述即可明了新的变局已经带来新的问题，于是也迫使人们必须作新的思考，并寻求新的途径。不过，在此又必须强调指出，所谓变者都并非突如其来，而是一种长时间的逐渐演变。上述这些变迁都并非在后冷战时代来临之后才显现，实际上是在冷战阶段即已逐渐形成，其根源至少可以追溯到80年代，甚至于还可以远至70年代。

在进行新的再思考时，所采取的方式，又可概括为两种：其一为内容的扩充，其次为范围的延伸。最初对于国家安全观念是采取一种狭义的界定，简言之，国家安全即为军事安全（国防），而对于军事权力的解释也是以战争，尤其是核子战争为重点。以后随着时代的进步，逐渐感到此种思想已经不能适应当前的环境，于是对其内容也就形成扩充的压力。同样地，最初的思想都是以国家为本位，所考虑的也都是仅以国家利益为基础，但不久就开始认清这样的范围还不够，必须予以延伸。这两种方式，几乎是同时前进，其纯净的结果，即为我们带来许多新名词。而只要对于这些名词略加探讨，即能使我们认识安全的新风貌。

· 安全内涵的扩充

越战的失败，刺激美国朝野对其旧有安全观念加速进行再检讨，并开始日益认清安全的内涵必须扩充。首先是发现安全并非单纯的军事问题，军事手段并非万能，想仅凭军事权力来应付安全威胁，则不仅无知，而且荒谬。其次，更认清军事工具的使用并非仅为吓阻和战斗，军事战略也有其和平的方面，而且必须与非军事因素配合，始能相得益彰，事半功倍，更进一步，遂又发现国家所感受的威胁并非仅限于武力的攻击，而更有其他种类的威胁之存在。于是新的名词和概念纷纷出笼，从美国的文献中似乎可以发现下述三方面最受重视，即：环境安全（Environmental Security）、能源安全（Energy Security）、经济安全（Economic Security）。现在分别简述如下：

一、环境安全：虽然已有许多人提出警告指明环境问题已对国家安全构成严重威胁，但很少有人对“环境安全”给与明确的定义。现在暂不谈定义，而先说明何谓环境，并对环境问题作一简单分类。所谓环境者包括地球上所有一切有生命和无生命的成分（components），包括岩石层(lithosphere)、生物层（biosphere)、大气层（atmosphere)、同温层（stratosphere）都在内。而与安全有关的环境问题则可分为三大方面：（一）威胁国家安全的全球环境破坏；（二）环境对国家资源的影响；（三）战争对环境的冲击。这些问题的解决需要高度智慧，既不能仅凭某一国家的努力，更非某一种国家权力所能胜任。所以，如何应付环境问题的冲击也就成为全体人类所必须面临的挑战。

二、能源安全：更无任何其他因素会像“巨源”那样能够充分表现出安全问题的多元性。石油是美国打波斯湾战争的主要原因：石油和其他石化燃料的燃烧为环境破坏的罪魁祸首。石油输入现在构成美国贸易逆差的一半以上。1973 年的能源危机，才唤醒大家认清能源为国家安全重要因素之一。在波斯湾危机时，美国前总统布什曾经这样宣称：我们的职业、我们的生活方式、我们自己的自由以及全球各友邦的自由，若是让这个世界上最大的石油蕴藏受到萨达姆·侯赛因的控制，则都将受到威胁，我们不能容许任何暴君实施经济敲诈，能源安全为国家安全（energy securityis national security）。因此，我们必须准备行动。基于以上的解释可以了解能源安全的目标即为确保适当可靠的能源利用，使其一方面能够增强经济竞争力，另一方面又能减低环境污染。

三、经济安全：自从 80 年代后期开始，经济挂帅即已形成一种全球趋势。向未来展望，经济所受重视的程度，似乎更会有增无已。所谓经济安全问题是可以分为两方面：（一）经济安全是否应与军事安全居于平等的地位，或甚至于还更较重要？（二）是否国家由于经济和（或）军事理由，而应采取一种战略性的技术或工业政策（strategic technology or industrial policy）？美国已故总统艾森豪威尔是一位大智若愚的领袖，似乎确有先见之明，他在 50 年代即曾指出：国家安全所要求者并非仅为军事权力，经济和精神因素扮演不可缺少的角色，任何计划若危害我们的经济则都会导致国家的失败。艾森豪威尔深知国家的实力和安全是建立在经济与军事之间的微妙平衡上。换言之，如果二者不能平衡，则也就必然危害国家安全。

· 安全范围的延伸

假使诚如上述，环境、能源、经济都已包括在安全观念之内，则也就自然表示不应再以单纯的国家本位来看问题。换言之，安全的境界遂开始从国家基础向外延伸，此种趋势到今天已经非常明显，而且也已经带来了一系列的新名词：国际安全（international security）、全球安全（global security）、区域安全（regional security）、合作安全（co-operative security）。

一、国际安全：即令采取最狭义的观点，把国家安全视为军事安全，也还是有充分的证据，足以令人认清此种狭义的安全还是有其“国际方面”（international aspect）的涵义。两国之间由于安全的理由而相互结盟，是自古已有的事实，结盟即为国际行为。1948 年成立的北大西洋公约组织（NATO）是一个超级国际同盟组织，但其意义并未超越军事安全范围之外。到 70 年代初期，美苏双方进行“战略武器限制会谈”（SALT），就思想而言，可谓一大突破。过去的安全观念都是以对抗为焦点。但从此时起，美苏双方开始企图用非对抗的方式来增进其本身的安全。这也可算是现代“国际安全”观念的起点。此一名词的普遍使用是在 80 年代。其涵义即为假定当前国际环境，虽然处于无政府状态，但国与国之间还是能用有限度合作方式来解决双方所共有的安全难题（security dilemmas）。不过，在最初使用此一名词时，其解释又还是很少超越军事范畴之外，简言之，其实质内容始终还是以美苏“限武谈判”为其重点。

直到冷战将要结束之时，国际安全观念始有进一步的发展。国际和平气氛日益弥漫，军事权力在国际事务中的比重日益下降，而经济权力的比重则相对上升。尤其是自从苏联瓦解之后，美苏之间的军事对抗也随之消失，至少就战略观点来看，俄国已经不再是美国的假想敌。不过，若因此而就认为在后冷战时代，已经不再有国家安全的顾虑，则又未免言之过早。事实上，只要有国家的存在，则也就必然会有安全问题。不过，在日益复杂的世界环境中，安全所感受的威胁也已日益多样化，而面对着这些威胁，仅凭某一国家单独的努力是很难应付的，即令富强如美国，也同样有力不从心之感。所以，诸多的安全威胁都已国际化，而其应付的对策也就必须透过国际合作的方式始能有效。因此，我们也就可以强调地说，今天已经没有单纯的国家安全，而只有涵盖全球的国际安全。这样遂又引进另一个新名词。

二、全球安全：从表面上来看，“国际安全”和“全球安全”似乎是同义名词，但若略作较精密的分析，即可知并非如此。国际安全的领域虽已扩大到全球规模，但就思想而言，则仍以国家为本位。简言之，是先有“国”（nation）然后才有“国际”（international）。国际安全又不仅为国家安全的延伸，而且二者又都是以同一理论为基础，即国际关系学域中的现实学派。反而言之，从观念分类的观点来看，全球安全范围是远较宽广，不仅包括原始的军事和政治方面，而且也把人权、环境、经济、社会等方面都完全涵盖在内。所以那的确是一个包罗万象的名词。

进一步说，全球安全的理论基础不是现实主义而是理想主义，其思想并非仅以维护国家安全为焦点，而是企图改变现有的国际无政府状态，并建立一种新的世界秩序。在此种新秩序之下，世界将可维持永久和平，于是自无国家安全忧虑之可言，这种理想主义在历史中是有其极深远的根源，但自从 19 世纪以来，却逐渐由于现实主义的流行，而趋于没落。直到冷战结束，才又开始再度受到世人的重视。

三、区域安全：从地理的观点来看，区域似乎只是一个介乎国家与全球之间的层级而已。实际上，所谓“区域安全”是有其特殊的意义，而并非全球安全的一个部分。虽然从宇宙的观点来看，地球是非常的渺小，但从国际事务的观点来看，则全球实在是大而无当。世界地图早已被分成若干不同的区域，而每个都各有其不同的问题，在区域之内和区域之间又常有冲突发生，并对个别国家或整个区域构成安全威胁。所以，区域安全一方面是国家安全的延伸，另一方面也是国际安全在一定地理范围内的运作。

但不幸，国际安全的运作和研究却经常忽视其问题的区域性。举例言之，越战时，美国的决策者和专家学者之中对于东南亚的情况有很多人是毫无了解，因此越战又焉能不败？当前世界上有许多安全问题都是由于区域因素所引起。所以诚如布斯（Ken Booth）所云：安全研究若与区域研究脱节，则也就会变成空泛的幻想。

四、合作安全：这也许要算是一个最新的名词，因为它的最初出现是在 1994 年。由于威胁的性质已经改变，所以旧有的安全观念也必须彻底改变。传统国家安全观念是一种“零和”（zero sum）观念，换言之，经常有敌我、利害、得失、胜负、成败的考虑。到今天这种思想至少已经有一部分不合时宜。所谓“合作安全”的中心目的即为承认和适应安全性质的改变，并指明此种政变已经使旧有的战略基础（即军事对抗的准备）不再能对未来的挑战提供适当对策。

概括言之，合作安全是一种“非零和”（nonzero sum）观念，并无个别的得失、胜负，而只有全体的利害、成败。换言之，成功则大家都是赢家，而失败则大家都是输家。尽管容忍政府和文化之间的差异甚或冲突，但新的国际体系却应能不用暴力来解决冲突，甚至于还能透过国际合作以制止国家内的暴力行为。此种合作安全观念实为后冷战时代的基本国际安全原则，而且也把上述的各种不同安全观念都包括在内。

· 结论

从40年代到90年代，安全观念已经有太多的改变，真可谓历尽沧桑。从最狭义的观念开始，逐渐发展成为最广义的观念。而在过程中，世界情势也已发生重大的改变，苏联解体，冷战已经结束，过去的最大威胁已经消灭，但新的威胁又继续出现。为适应此种变局，旧有的思想和政策也就必须不断地再检讨和再评估，其结果则为许多新思维陆续出现，而尤是在名词方面更是标新立异，令人有目不暇接、眼光撩乱之感。行文至此，真有不知道如何作结论之苦。

不过，只要略作冷静思考，即可明了，天下一家的大同世界仍为遥远的理想，而眼前所面对的还是无政府状态的国际社会。所以，国家本位仍需坚持，而所有各种不同的安全观念都还只是“国家安全”的扩充和延伸。诚然，今后所面对的威胁是日益多样化，军事权力的效用可能会受到很多限制，而安全问题的解决更应尽量采用合作途径。但武力的使用仍然可能，而军事攻击仍为最严重的威胁。总结言之，“居安思危”、“有备无患”，实为千古不易之真理，任何再检讨，任何新思维都不可能加以改变。

（选自钮先钟：《21世纪的战略前瞻》附录2，麦田出版社，1999年版。）

1.4.1　吴春秋：大战略的界定（节选）

吴春秋（1925年～），军事科学院研究员。全军第二次英雄模范代表会议（1987年）代表。长期研究世界战争史和大战略问题，是我国新兴的大战略理论研究学科带头人，倡导国家发展与国家安全有机结合的广义大战略。本文选自其著作《论大战略和世界战争史》的自序，文中对大战略、国家战略的辨析以及对大战略基本原则的归纳，较为科学地揭示了战略思维的本质与特征。

· 为大战略正名

“大战略的领域基本上是一片未被认识的处女地！”——20 世纪 20 年代末英国研究大战略的先驱利德尔·哈特如是说。

使事情复杂化的是，大约自 20 世纪 50 年代以来，美国和其他某些国家和地区的学术界在使用大战略概念的同时，还使用国家战略这一术语，而且，见之于官方文件和工具书。于是人们很自然地要提出问题：什么是大战略？什么是国家战略？二者是一回事还是两回事？为了回答以上问题，笔者不想从字义学的角度详加论证，以避免陷入繁琐哲学。这里只需要指出，在大战略和国家战略概念的使用上大致有如下两派观点：

一派认为大战略和国家战略基本上是同义词。例如，1964 年版《美利坚百科全书》说，大战略“在一般意义上指在平时与战时，为获得对国家政策的最大限度支持，发展并运用国家的政治、经济、精神以及军事力量的艺术和科学”。而 1963 年版美国国防部颁布的《美国军语词典》则说，“国家战略是平时和战时在使用武装力量的同时，发展和运用国家的政治、经济和心理力量以实现国家目标的艺术和科学”。试看这两种都有一定权威性而且差不多同一时间出版的工具书，对两个战略概念的定义何其相似乃尔！事实上这两个学术概念在某些西方学者的著作中本来是互相通用的。

另一派认为，大战略和国家战略是有原则区别的不同学术概念，不能互相通用。这里至少又分如下三种看法：

一种认为，国家战略是国家的总体战略，而大战略则是这个总体战略中有关国家安全的部分，也就是国家安全战略。例如，美国研究者约翰·柯林斯说：国家战略可分为应付国际和国内问题的全面政治战略；对外和对内的经济战略以及国家军事战略等。每一种战略者直接或间接地关系着国家的安全。有直接关系的各种国家安全战略汇集起来便构成大战略，“即在各种情况下运用国家力量的一门艺术和科学，以便通过威胁、武力、间接压力、外交、诡计以及其他可以想到的手段，对敌方实施所需要的各种程度和各种样式的控制，以实现国家安全的利益和目标”。这个定义在美国学术界颇为流行。英国也有类似的解释。按照这个观点，大战略主要是以对敌斗争为中心的战略，国家战略的含义则更为广泛。大战略的层次在国家战略之下、军事战略之上。

第二种认为，大战略是国家集团或联盟的战略，而国家战略是一国本身的战略。我国台湾的一些研究者即持此种观点。按他们的说法，大战略，“系指与同盟国间所运筹的战略政策阶层而言”，而国家战略“系指国家政策阶层对于统合国力之建立与国家战略之运筹而言”。这种区分，据称是蒋介石“裁定”的。按此观点，大战略比国家战略层次更高。

第三种认为，国家战略和大战略是处于同一层次的两大部分，前者“对内”，后者“对外”。例如，日本研究者伊藤宪一就明确表示，“惟有对外国家战略，我才称之为‘大战略’”。美国有些研究者心目中的大战略，其矛头实际上也主要是针对外部世界的。

除上述几种观点外，国际学术界还有一种既否定大战略又不承认国家战略的意见。例如，前苏联学术界就认为只有军事战略才是严格意义上的战略。另外，法国著名战略理论家安·博弗尔则认为大战略或国家战略均不适当。他主张以“全面战略”（有人译为“总体战略”）取而代之。

总的看来，以上种种不同的说法各有各的道理。其所以出现分歧，似乎与各人所处的国内国际战略环境、各国战略传统以及各人从事战略研究的目的不同有关。

笔者的看法如何呢？首先，做学问头脑不妨开放一些，对于国内外战略研究者一切言之有理的说法都可以有选择地吸收，为我所用，为丰富我国现代战略研究服务。前提必须是言之有理。按此原则，大战略、国家战略乃至总体战略等学术概念都有存在的价值，对这些提法不应采取绝对排斥的态度。但笔者更倾向于采用大战略一词，并对它作广义的解释。大战略既适用于一个国家，也适用于国内的政治集团和超国家的联盟。对于一个国家来说，大战略既适用于战时，又适用于平时；既管国家安全，又管国家发展；既有对外的一面，又有对

内的一面。由此引出如下的定义：

大战略是政治集团、国家或国家联盟发展和运用综合国力以实现其政治目标的总体战略。

这个定义包含着四个基本要素：一是大战略的行为主体——政治集团、国家或国家联盟；二是政治目标；三是综合国力；四是总体战略。这里仅就第一个要素酌加解释，其余三个要素将结合下文《大战略的基本原则》加以论述。

大战略的行为主体在这里泛指政治集团、国家和国家联盟三级。这三级中以国家为最基本、最稳定的行为主体。国家级的大战略当然也就是最典型的大战略，但它不能取代政治集团和国家联盟的大战略，因为后两者有其自身的特殊性。所谓政治集团是指一个国家内部并不掌握全国政权但准备掌握全国政权的那些集团。严格说来，政治集团的大战略（例如中国共产党争取全国解放的大战略）与国家战略是有区别的。国家联盟具有超国家的性质，联盟的大战略虽然通常是以各成员国或占主导地位的成员国的国家战略为基础的，但毕竟不等同于成员国的国家战略。如果把光圈扩大到中外古今，那么可以清楚地看到这三级大战略都是客观存在的。如果统统称之为国家战略也有不妥之处。

总之，笔者赞成使用大战略一词，但对其他有用的学术概念也并不排斥，主张根据具体情况灵活处理：当泛指不同层次的总体战略时，最好使用大战略一词；当专指一国的总体战略时，既可称大战略也可称国家战略，即国家的大战略；同样，国家联盟的总体战略可称大战略，亦可称联盟战略，即联盟的大战略；但政治集团的总体战略不宜称集团战略，只宜称大战略；最后，当强调某一层次大战略的总体性时（如同方才所列举的这一连串用法）不妨使用总体战略一词。

采取这种既有主要倾向性又有一定灵活性的态度，或许有助于一方面减少或概念的混乱，另一方面避免不必要的名词术语之争，以便把主要精力用于探讨大战略的学术内容。

· 广义大战略

国家级的大战略，是发展和运用综合国力以实现国家目标的总体战略。对于这个基本观念，各国大战略研究者是有共识的。但在实现什么样的目标上，则有明显区别。大体上有两种意见：一种认为国家目标是指国家安全目标，特别是国防目标，说穿了就是发展和运用综合国力去准备战争、防止战争，并在必要时打赢战争，总之离不开战争和军事这个重心。有时人们把这种大战略称为国家安全战略。笔者称之为“狭义大战略”。另一种认为国家目标的内涵更广泛，实质上包括国家安全和国家的经济社会发展双重目标，并将二者有机地结合起来。笔者称这种大战略为“广义大战略”。

上述两种大战略各有短长。狭义大战略由于专注于国防或国家安全，因而便于操作和管理，但如果处理不好，容易脱离国家经济社会发展而自行其是，造成二者的对立和国力的浪费。广义大战略恰好弥补了这种局限性，但由于它的对象是无所不包的整个国家超大系统，因而操作和管理的难度极大，甚至使人感到无从着手。一个国家究竟采用狭义大战略概念还是广义大战略概念，取决于该国的国情，特别是政治体制、历史传统和时代要求等多方面的条件，不能一概而论。

长期以来，某些西方国家实际执行的基本上是狭义大战略。这并不是说西方国家只有安全战略，没有发展战略。事实上，它们是有各种名目的发展战略的。问题是它们的安全战略同发展战略尽管在某些方面是统一的，但在总体上往往是脱节的，至少是结合得不紧密。在和平与发展成为时代主题的当今世界，广义大战略概念越来越引起人们的重视。90年代以来，有的西方战略研究者强调指出真正的大战略既管战时，又管平时，更多的是管平时；指出威胁国家安全的因素应包括危及一国人民的健康、经济福利、社会安定和政治和平的一切因素。还有的西方学者认为，全球人口压力、生态恶化和新技术革命的消极影响，改变了分析国际安全的方式，扩大了战略研究的范畴，力主在大战略领域内把发展问题同安全问题结合起来，并把这种思想提高到“战略革命”的高度。1994年，美国克林顿政府第一份国家安全报告定名为“国家参与和扩展安全战略”，强调美国国家安全的中心目标就是通过在国内和国外的努力，促进美国的繁荣昌盛；声称美国的经济利益和安全利益日益不可分割。近年来，俄罗斯有关部门发表的国家总体战略文件或研究报告，也反映出同样的趋势。这一切表明国家安全同国家发展的界限不那么泾渭分明了，也可以说狭义大战略概念正在向广义大战略概念靠拢。由此看来，广义大战略概念比较符合世界潮流，代表着大战略研究的新趋势。

我国作为发展中的社会主义大国，实际执行的总体战略属于广义大战略范畴。在这方面我们走在世界前列。这是符合我国国情的。我国幅员辽阔，国境线长，周边情况复杂，统一祖国的历史使命尚未完成，又面临国际霸权主义和强权政治的压力，因此，维护国家安全的任务很重。同时，为了从根本上改变贫穷落后的状态，实现我国现代化的宏伟目标，经济社会发展任务十分艰巨。为了避免时间和国力的浪费，必须把安全与发展紧密结合起来，而我国的社会主义制度也有利于这样做。因此广义大战略概念比较适合我国的需要。

广义大战略思想源远流长。我国古代富国强兵、兵农结合的思想，就是一种原始的、朴素的广义大战略思想。直到民国时期，著名军事理论家蒋百里倡言一个民族生活条件与战斗条件一致则强，国防建设必须与国民经济配合一致等，是这一古老思想在新条件下的发挥，但当时的政府未能做到。时至今日，这一思想又有了新的意义。富国强兵变成了全面发展以经济和科技为基础的综合国力。兵农结合变成了军民兼容、平战结合、寓国防力于综合国力之中的大国防。

作为中国研究者，笔者偏爱广义大战略这个概念。但绝不因此否定狭义大战略概念。因为狭义大战略概念是客观存在，它在国际斗争中曾起过重要作用，至今仍然在起作用，因而是值得认真研究的。

如果说，狭义大战略研究的是国家安全领域里带全局性的指导规律．那么，广义大战略不仅要研究国家安全领域带全局性的指导规律，而且要研究国家发展领域带全局性的指导规律，更重要的是研究对国家安全与国家发展统筹兼顾的带全局性的指导规律。这种统筹兼顾不是对国家安全与国家发展等量齐观，也不是二者简单地相加，而是从总体上摆正国家安全与国家发展的辩证关系，使二者相辅相成，相得益彰。这好比一个人的左右手在大脑统一指挥下协调一致；又好比一座高层建筑，从设计到施工全过程，既要满足住户生活和工作的需要，又要具有抗震防火防盗的安全设施，集两方面的功能于一体。归根到底，就是从国家这个超大系统的内部结构上寻求把安全同发展统一起来的机制，充分体现国家系统整体功能的优化，这是一条节约和高效的道路。

将安全与发展熔于一炉的广义大战略概念，为我们展现了新的安全观和新的发展观，笔者称之为“安全与发展统一观”。这种概念不仅具有理论上的意义，在实践中也是可行的。我国古代和现代史上成功的经验可以为证。战后的日本、以色列、瑞士和新加坡等国各具特色的经验也可以为证。不过，现代条件下的广义大战略，仍然是一门尚未完全定型的新学科，还有许多理论和实践问题尚待进一步探索。可以肯定的是，这是一门利国、利民、利子孙后代的值得探索的学科。

· 大战略与军事战略

大战略（无论广义和狭义）都是凌驾于军事战略之上或包括军事战略在内的总体战略。因此，大战略应该指导军事战略，而军事战略则必须服从大战略；同时，大战略也必须考虑军事战略可能完成的任务，不能要求军事战略去做根本做不到的事情。当然，军事战略受领了大战略赋予的任务之后，也要调动一切潜力，更好地完成任务。从这个意义来说，军事战略在一定程度上也对大战略具有反作用。总之，在大战略与军事战略这一对矛盾中，大战略是矛盾的主要方面。在正确的大战略指导下的军事战略、往往可打开新局面，使形势好上加好。反之，在错误的大战略指导下，即使军事上取得胜利，也往往得不偿失。历史上的经验教训很多，突出地表现在战争中。

……

· 大战略的基本原则

具体地说，笔者试图将大战略的基本原则分为如下七条：

一、全局性原则

二、目标为政治服务原则

三、综合国力原则

四、战略重点原则

五、不战而胜原则

六、目标与手段一致原则

七、相对稳定性原则

把上述几节联系起来，可以这样说：国家级的大战略是国家最高决策者及其智囊和参谋机构制定战略的特种思维方式。

这种思维方式和治国之道有相通之处，但不等于治国之道。因为治国之道巨细无遗，大战略则主要涉及治国之道中大政方针和宏观决策那一部分。

这种思维方式和领导科学有相通之处，但不等于领导科学。因为领导科学适用于从基层到最高层的各级领导，大战略则主要适用于最高层领导。无疑，大战略的基本原则对较低层次的领导也有参考价值，但那不是大战略的本来意义，而是它的本来意义的延伸。

这种思维方式和党的总路线有相通之处，但不等于总路线。因为总路线通常指国家、政党在一定历史时期制定的指导各方面工作的基本准则。大战略受总路线的制约并为之服务，因此它比总路线更为具体，其执行的进程也更加便于检验。

这种思维方式的原理原则就那么几条，乍看起来很简单，但做起来妙用无穷。它们好比语言学中基本的语法规则，但知道这些规则不一定能写出好文章来。它们好比体育竞赛的基本规则，但知道这些规则并不保证在竞技场上取得优胜。克劳塞维茨在《战争论》中指出，"在战略上一切都非常简单，但是并不因此就非常容易"。这是一针见血之论。2000多年前的孙武说得更为生动，他说："声不过五，五声之变，不可胜听也；色不过五，五色之变，不可胜观也。味不过五，五味之变，不可胜尝也；战势不过奇正，奇正之变，不可胜穷也。"他虽然讲的是战争，但基本精神完全适用于大战略。君不见，古今多少杰出的大战略家不是在大战略指导上也犯大错误吗？笔者在此反复申明这一点，无意宣扬"知易行难"的哲学。笔者本意是强调说明：认识大战略的原理原则并不难，但灵活运用这些原理原则去解决实际问题，或克敌制胜，或实现国家的长治久安和繁荣昌盛，或谋求世界和平与公正的国际秩序，是极其艰巨的事业，必须以态度，以对人民、对历史高度负责的精神，兢兢业业，全力以赴，方能有所成就。

（选自吴春秋：《论大战略和世界战争史》，解放军出版社，2002年版，第9～27页。）

1.5.1　马保安：战略定义的拓展（节选）

马保安（1943年～），国防大学战略教研部原主任、教授、少将、战略学博士生导师，主编《战略理论学习指南——军事战略前沿理论探析》，该书是国防大学继《军事战略概论》《战略学》之后对战略理论研究和探索的新成果，本节选内容较为全面地对“战略”定义做了界定。

概念的定义是概念所反映的客观事物本质特性的集中表现，是人们对于事物发生、发展特点和规律的认识和把握。事物在不断地发展，人们的认识能力在不断地提高，概念的定义也就会不断地变化。战略定义的发展变化，正是这个现象的具体反映。

人类社会的发展史，是一部丰富多彩的斗争史。残酷的斗争环境，锻炼提高了人们的社会斗争能力，也创造了指导斗争的思想和理论。起初，人类的社会斗争并没有明确的领域区分。随着社会生产力的发展，人类创造了用于武力斗争的器械，并出现了专司作战的军队。这样，军事斗争就成了人类社会斗争的一种重要方式，成了一个重要的斗争领域。有斗争，就要分胜负，而军事斗争的胜负则往往会对人类社会集团（民族、国家、阶级、政治集团）的利益得失和发展前途产生重大影响，有时甚至起决定作用。然而，它既不是单纯的武力角斗，也不是单纯的意志行为，不但要讲智慧、计谋和方略，而且要对军事力量的建设和运用进行谋划和运筹。那么，对于军事斗争的这种带全局性的、长远性的谋划和运筹，实际上就是战略。它是军事工作的龙头，是军事行动的总纲，是安国定邦的大计，也是治国之道。

应当说，早在“战略”这个概念出现之前，人们就已具有了一定的战略思维与意识，只是没有直接使用“战略”这个词语来表述。据史料记载，公元前 1736 年商灭夏时，商的统治者汤就采取了迂回侧后、设伏聚歼的战法，消灭了当时中国最强大的夏王朝军队，建立了商王朝。公元前 1321 年的赫梯与埃及的会战，赫梯利用埃及人急于取胜的心理，用计谋诱使埃军进入伏击圈，将其重创，后又经十几年作战，双方议和。这些都说明，当时双方已能以本国的政治、经济利益为出发点，以军队为保护或夺取国家利益的工具，而且在交战中能够分析形势，施以谋略，有了一定的战略意识与思维能力。到春秋战国时期，诸侯争霸，战事纷繁，策略谋略的运用更加普遍与频繁，因而非常强调“察”、“计”、“算”，并出现了“庙算”、“兵略”等词语。

到西晋初，史学家司马彪（？—约306）最先提出了“战略”这个概念，并著《战略》一书。此后，这一概念又屡见于《三国志》、《廿一史战略考》等史籍中。在国外，东罗马（拜占庭）毛莱斯皇帝也于公元580年前后写了一本训练高级将领用的名为 *Strategic on* 的军事教科书，意为将道或统帅艺术。英文中的战略（strategy）源于希腊语（stratgi）。到19世纪末，中国也开始用战略一词翻译西方的这一概念。

如果说战略这个概念的产生是战略发展史中的创举，那么战略定义的形成及其不断扩展，则是战略历史性发展的重要体现。在“战略”这个概念出现后的相当长时间里，人们既没有统一使用这一概念，也没有给它下过统一的定义。不论是中国的“兵略”、“战略”，还是西方的“将道”，大体上都是指的作战谋略和统兵打仗的方法与学问。真正第一次给战略下定义的，一般认为是普鲁士人海因里希·迪特里希·比洛（1757～1807）。他说：“战略是关于在视界与火炮射程以外进行军事行动的科学。”他首次从范围上把战略与战术作了区分。同时，比洛还把战略区分为政治战略与军事战略，指出政治战略涉及国与国之间的外交关系和建立联盟等问题，军事战略是直接研究作战问题的。接着，瑞士的安东·亨利·若米尼（1779～1869）和普鲁士的卡尔·冯·克劳塞维茨（1780～1831）也分别将战略定义为“是在地图上进行战争的艺术”，“是把一支军队的最大部分兵力集中到战争区或作战地区的最重要点上去的一种艺术”和“是为了战争目的运用战斗的学问”。他们不仅把战略的指导对象从作战活动扩展到战争和整个战争区，而且进一步阐明了战略与战术的关系，揭示了战略的本质特性。此后，德国的老毛奇（1800～1891）又重新给战略下了定义，称战略是“一位统帅为了达到赋予给他的预定目的而对自己手中掌握的工具所进行的实际运用”。与以往相比，这个定义又有了进一步扩展。一是指明了战略不是到处可用的，而是由统帅掌握的，是最高层次的运筹和谋划；二是指明了战略不是随意的东西，而是有计划有目的的军事活动；三是指明了战略不仅限于战争，而是战时和平时都可以运用。应当说，老毛奇的这个战略定义是有较大突破的，带有一定的抽象意义，适应性也是较强的。可见，自从战略这个概念问世以后，人们对它的运用在不断发展，定义也在不断变化。进入20世纪后，国际斗争复杂多变，战略思想空前活跃，各种战略理论不断涌现，战略概念运用得非常普遍，战略定义不仅各具特色，而且有了新的拓展。英国的巴兹尔·亨利·利德尔—哈特（1895～1970）首先提出，“战略所研究的，不只限于兵力的调动”，而“是一种分配和运用军事工具以来达到政治目的的艺术”。他是第一次直接用军事与政治之间的手段与目的的关系来表述战略定义的，也是第一个把“战略”区分为“大战略”和“军事战略”的军事理论家，对西方的战略及其战略概念的定义和运用影响很大。第二次世界大战结束后，国际斗争形势发生了新的变化，为了适应这个新的特点，各国不断调整自己的军事战略，也不断修正自己的战略定义。美国不但把战略区分为国家战略（大战略）和军事战略，而且摆脱了单纯围绕作战来规范军事战略的传统做法。美国陆军军事学院编写的《军事战略》一书，把军事战略定义为“运用一国武装力量，通过使用武力或以武力相威胁，达成国家政策的各项目标的一门艺术和科学”。这个定义不仅明确了军事战略与国家战略（国家政策）的关系，而且把内容和范围都扩大了。它不只限于作战行动，也不只是使用武力，而且包括以武力相威胁，既包括实战，也包括威慑，既指导各种规模和类型的战争，也指导各种强度的军事冲突，就连反走私、反恐怖等行动也都包括了进去。近年来，美国政府的军事战略不仅给军队规定了在应急作战行动和低强度冲突中的任务，而且还为军队在非战争行动中规定了明确任务。苏联一直是把战略与军事战略作为同一概念使用的，官方的战略定义也一直是围绕战争而展开的，但其内容较宽泛，“包括国家和武装力量准备战争、计划与进行战争和战略性战役的理论与实践”。实际上，苏联的军事战略不仅限于指导战争，而且是指导各种规模和样式的武装冲突的，包括国内的民族冲突和地区性骚乱。它不仅多次动用军队解决国内事件，就连西德青年驾机在红场降落的突发事件也追究了军事首脑的责任，说明军事战略的指导范围是很宽的。苏联解体后，俄罗斯仍然把防止、准备和实施战争，国防建设，以及为保卫国家主权和领土完整而进行的武装斗争等作为军事战略的主要内容，并明确赋予军队的对内职能。

战略概念在我国出现最早，使用也很广。但长期以来，我国一直把战略与军事战略作为同一概念使用，其定义也基本上是围绕战争和作战活动展开的。古代是这样，近现代也大多如此。如民国初年陆军大元帅鉴定之《战略学》曾写道：“凡运用国军，必先有一定之目的。

既有一定之目的，即不可无一定之方略，所谓战略是也”。在毛泽东的军事著作中，战略与军事战略一般是通用的，主要表示其与战役、战术的不同，有时为了表示其与政治、经济等战略的区别，也单独使用“军事战略”这个概念，并明确指出“战略问题是研究战争全局的规律的”。直到目前，我国的《辞海》、《词典》及《百科全书》等仍称战略即军事战略，是指导战争全局的方略。我军的《军语》亦是如此。对于这种定义，早已有人提出了不同看法。比如，台湾的钮先钟（淡江大学国际事务与战略研究所教授）在1966年就曾提出，战略“不仅限于战时，平时也一样有战略之存在”，“不仅适用于战争，而且也同样适用于和平”，“军事战略的目的是为了确实达到国家目标，而并非为了赢得战争”，其“境界已经不再以战争为限，而也同样的看到战后的和平”，其“主要任务”是对“许多军事工具”的选择，等等。在1985年以后的学术研究中，军内也有不少人对这个问题提出了自己的见解。主要意见有两个方面：一是区分战略的不同层次和内容，建立完整的理论框架和内容体系；二是改变只以战争为对象，以打赢战争为内容的定义模式，把军事战略的指导对象，由战争扩大为军事斗争，将其内容由打赢战争扩展为对准备与实施各种样式军事斗争的整体及其各方面的筹划与指导，其中包括防止、遏制、准备和打赢战争的问题。这个问题，虽然目前仍有一些不同看法，但在很多方面已经取得了共识。如在概念使用上，明确指出在军事领域里，战略即军事战略，二者同一意义；在指导对象上，明确提出军事斗争，而不简单地用战争去代替它；在内容范围上，不仅限于准备与打赢战争，也不仅限于指导军队的作战行动，而是既包括打赢战争又包括遏制战争，既包括实战又包括威慑，既包括武力方式又包括非武力方式，既包括军事力量运用又包括军事力量建设等。

综上所述，战略概念的产生不是一朝一夕的，其定义及其运用也不是亘古不变的。从其发展演变的轨迹看，主要有以下几点：第一，战略概念运用的范围不断扩展。战略原来仅是一个指导军队作战行动的单一概念，现在已形成了一个概念体系。军事战略是国家的一个领域的战略，它服从服务于国家总体战略，与国家其他领域的战略相互协调。在军事领域，战略是最高层次的概念，其上有国家总体战略（国家战略）、联盟战略和国家集团战略作指导，其下则有军种战略、战区战略为支撑。第二，战略的指导对象不断扩大。战略开始仅指作战（军事行动），以后扩大为战争（整个战争区），然后扩大为整个军事领域的活动，包括各种军事斗争手段和军事斗争形式等。第三，战略筹划的内容不断扩充。战略起初是作战的方法，而后是战争的实施，以后就把国家和武装力量准备、进行战争和武装斗争，以及运用武力和非武力手段达成既定目的等内容都包括了进来。因此，战略发展到现在，它的定义应当是对军事斗争全局的筹划与指导。其基本含义是：战略指导者基于对军事斗争全局性客观规律的认识，全面计划、部署、指导平时和战时军事力量的建设和运用，以保证有效地达成既定的政治目的。可以看出，从最初用兵作战的方法到后来对战争全局的指导，再到今天对军事斗争全局的筹划和指导，它不仅从作战活动向更多的方式扩展，从战场向更大的范围漂移，而且从战时的指导向平时的运筹延伸。战略定义的这种历史性拓展，正是战略这个事物历史性发展的客观反映。

（选自马保安主编：《战略理论学习指南》，国防大学出版社，2002 年 5 月版，第 2 ~ 7 页。）

1.6.1 李际均：战略思维的本质及特点（选段）

李际均（1934 年 ~ ）军事科学院原副院长、中将、博士生导师，中国战略思维与战略文化研究的先行者。曾任 38 集团军军长、中央军委办公厅主任等职。主要著作有《军事理论与战争实践》《军事战略思维》等。本文选自作者 2013 年版《军事战略思维》一书的导论，题目为编选者所加。该书是军事科学院战略学博士研究生的教材。其军事指挥的经历和参与我军高层决策的实践，使其战略思维的研究更多地带有“运筹帷幄、决胜千里”的气概。读者阅读此文，可以举一反三，思考国际安全战略思维的本质。

科学的发展，不断拓展认识论的领域。恩格斯说过，“一个民族想

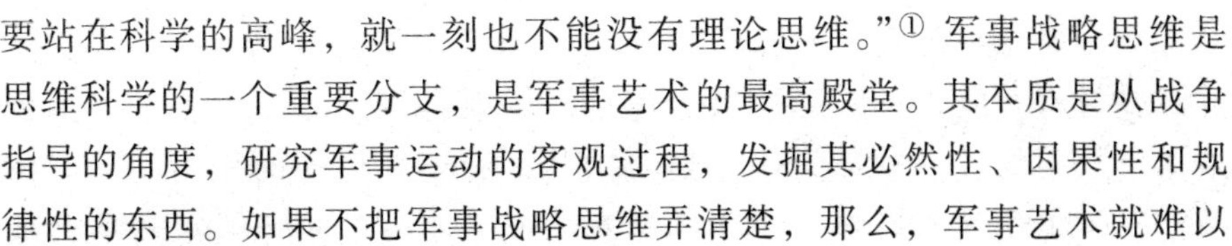

要站在科学的高峰，就一刻也不能没有理论思维。”① 军事战略思维是思维科学的一个重要分支，是军事艺术的最高殿堂。其本质是从战争指导的角度，研究军事运动的客观过程，发掘其必然性、因果性和规律性的东西。如果不把军事战略思维弄清楚，那么，军事艺术就难以被全部理解和应用。

军事战略的演进和发展的本质是战略思维的发展与运用。战略思维是军事决策的理性认知和思考过程。军事决策则是战略思维付诸实践的全局谋划，是军事斗争准备、军事对抗、战争实施、战局控制和结束战争等一系列的重大决定。我们总结国内外战争的经验教训，其中导致胜利与失败的原因是多方面的，但战略领导的正确与失误往往是带有决定性的。

一、战略思维是实践的产物而非思辨的产物

人类经过了古代直观的朴素辩证思维方式、中世纪的神学思维方式和现代的辩证唯物主义思维方式以及复杂巨系统的思维方式，它们都在战略思维上留下痕迹。战略思维是历史决定论前提下战争指导者头脑中的观念运动，是主体选择与创造活动。对于历史上的许多战略的成功与失败，辉煌与遗憾，人们已经从战争的性质，力量的强弱，统帅的英明与昏庸，指挥的正确与失误等方面进行了总结，而从战略思维的角度探索其中的规律还很不够。

……

战略思维的质量取决于许多因素，如军事实践经验；军事学术素养；掌握科学的认识论和方法论。思维是实践的花朵。爱因斯坦说过：“一个希望受到应有的信任的理论，必须建立在有普遍意义的事实之上……从来没有一个真正有用的和深入的理论果真是由纯粹的思辨去发现的。”他进一步指出，“纯粹的逻辑思维不能给我们任何关于经验世界的知识；一切关于实在的知识，都是从经验开始又终结于经验。”② 当然，这里决不否定思维的能动作用，任何一种经验方法都有

① 《马克思恩格斯选集》第三卷，第467页。
② 《爱因斯坦文集》第一卷，商务印书馆，1976年版。

其思辨的概念和体系，而任何一种思辨思维也都会显现出它赖以产生的经验材料。经验思维越丰富，理论思维就越深刻。在产生军事上创造思维成果的过程中，无论是信息的诱发，还是任务的压力，形势的迫使，传统观念的影响，情感的激荡，或是变例的顿悟，都离不开战争指导的实践基础。有人认为，“随着科学技术的发展，经验实践将被模拟实践所取代”。殊不知模拟实践的基础包括解决问题的程序和许多数据，都必须从经验实践中产生，只靠主观“给定的”和客观随机的因素是无法进行作战模拟的。军事学术素养，既靠直接战争实践，又靠间接战争实践。直接战争实践总是有限的，大量的是间接战争实践的积累。在高技术战争条件下，不是降低而是提高了军事活动主体的认识论与方法论素养的地位和作用。应当充分利用已有的一切思维方法的科学成果，使战略思维获得更多更科学的方法论工具。科学的军事认识论与方法论不能停留在思维与存在的关系这类总体上的、抽象的原则上，而必须延展到军事科学的每一门类，实现在运用中的具体化。战争指导面对的是复杂的、多变量的双方互动的战争客体，因此战略思维是多元构成的，是多种思维的综合，通过活跃的主观能动作用，成为心智的创造物，作为自主的认识去指导战争实践。例如战争指导者在进行兵力计算和敌我力量对比时，是以逻辑思维和定量分析为主的思维方式；而在谋略运用上，则是以灵感思维和定性分析为主的思维方式。从一定意义上说，符合实际的定性分析，是更高形态的、浓缩了的定量分析。只有运用多种思维方式才更有利于释放思维能量，迸发出创造性来。

二、战略思维与军事决策的本质是实现国家利益

政治决定民族立场，经济决定民族利益，文化决定民族情感，国防决定民族生存。国家利益是指确保国家生存、发展与安全需求诸要素的集合。越是全球化，越彰显国家主权与民族利益的重要性和不可替代性。国家利益至上、民族生存至上、发展至上、统一至上，国家领土和主权神圣不可侵犯，是战略的最高准则。……

在西方，国家利益成为民族利己主义的代名词。……

社会主义中国的国家利益，是本国人民生存与发展条件和权利的

集中体现，代表着整个社会的共同需要，包括价值观念、社会制度、经济发展、安全环境、自然条件等多方面的需要。这种国家利益对内能够在更大程度上实现全民利益与意志的集中，对外则有利于发展互利合作的国际交往，反对强权政治和霸权主义。

国家利益是战略的最高准则，尤其在维护国家主权和领土安全方面，必须以寸土必争、寸土不让的态度处之。……

忧患意识是处于防御地位的国家战略思维的固有特征之一。……

维护国家领土完整和不受侵犯是战略的首要问题。……

古人说："道始于情。"战略思维始于强烈的国家观念和对中华民族强盛的执著追求。所以说，战略思维也是一种心理境界。……

（选自李际均：《军事战略思维》导论，长城出版社，2013 年 4 月版，第1～10 页。）

第二章

城邦（诸侯）国家向封建帝国发展时期的安全战略思维

本章所选的七位古人的论述，虽带有那个时代的烙印，却超越了时代，是人类思想的第一个高峰留给后人的遗产，值得我们细细咀嚼。当我们思考当代世界的战争与和平，冲突的根源与世界的治理，依旧可以从古人的智慧中得到启迪。而颇有意思的是，东方的老子、孔子与西方的苏格拉底、柏拉图生卒年接近，相隔万里，但他们的战略思维有一个共同的特点：以人性本善为理论前提，主张以善治天下。这也表明，早在城邦（诸侯）国家向封建帝国发展时期，人类的理智，占主导地位的乃是具有理想主义色彩的安全思维。这也表明，原始共产主义思想成为人类最早的主流思潮，不是偶然的。

2.1.1　老子：道德经（选粹）

老子，有的认为即李耳，字伯阳。生卒年不详。春秋末哲学家，道家学派创始人。老子在其代表作《道德经》中对国家安全战略的论述十分精辟、精彩。其中，“兵者，不祥之器”的论断，鲜明地反对穷兵黩武；他认为，一个国家若是贪婪无度，不断地强化军事力量，就会因此而生祸端。在他看来，“治大国，若烹小鲜”，不可随意折腾。“天下无道”才会有“戎马生于郊”的战乱不止的社会现象。而“小国寡民”的国家适度规模思想，与亚里士多德的思想有异曲同工之妙。至于其心中淳朴安宁的理想社会，颇有今天和谐世界的意思。

第三章

不尚贤，使民不争。

【译文】不崇尚贤德的虚名，民众就不会攀比争斗。

第十八章

大道废，有仁义。智慧出，有大伪。六亲不和，有孝慈。国家昏乱，有忠臣。

【译文】大道废弃了，才显现仁义之重要。智能慧识充斥天下，随之伪诈就有了市场。近亲远戚不和而互疑，才显出孝慈之重要。国家混乱，才会出现忠贞之士。

第二十九章

将欲取天下而为之，吾见其不得已。…… 是以圣人去甚，去奢，去泰。

【译文】想治理天下而有所作为，我看他是达不到目的。……所以圣人摈弃一切极端的、奢侈的和过分的东西。

第三十章

以道作人主者，不以兵强天下。其事好还。师之所处，荆棘生焉。大军之后，必有凶年。……物壮则老，是谓不道，不道早已。

【译文】统治者以道义治天下，而不以武力称霸天下。因为以武力称雄容易招致反击。军队所到的地方，便荒芜不堪。每逢大战之后，必定有凶荒的年岁。……任何事物一旦达到鼎盛就面临衰亡，这都是不施道义带来的，而不施道就已注定要灭亡了。

第三十一章

兵者不祥之器，非君子之器。不得已而用之，恬淡为上，胜而不美。而美之者，是乐杀人。夫乐杀人者，则不可得志于天下矣。

【译文】动武是不吉利的东西，非君子所为。万不得已而用之，也是以恬淡之心，适可而止，打胜了也不当成美事。以打胜仗为美事的人，就是以杀人为乐。以杀人为乐的人，是绝不可能得志于天下的。

第五十七章

以正治国，以奇用兵，以无事取天下。吾何以知其然哉？以此：天下多忌讳，而民弥贫。民多利器，国家滋昏。人多伎巧，奇物滋起。法令滋彰，盗贼多有。故圣人云：我无为而民自化，我好静而民自正，我无事而民自富，我无欲而民自朴。

【译文】以正道治理国家，以出奇的策略用兵打仗，以无为之道而得天下。我怎么知道是这样的呢？根据就在于此，天下越多禁律，人民越是贫穷。人们的武器越多，国家越是混乱。人的技巧发达了，千奇百怪的事就出现了。法令越是彰明，罪犯就越多。所以圣人说，无为而治，民心自然归化。我好静，民心自然匡正。我无事，我民自然富有。我无欲，我民自然纯朴。

第六十章

治大国，若烹小鲜……

【译文】治理大国，要像煎小鱼一样（不折腾）……

第六十八章

善为士者不武，善战者不怒。善胜敌者不与，善用人者为之下。是谓不争之德，是谓用人之力，是谓配天，古之极。

【译文】善于领兵打仗的将帅不会崇尚武力，善于打仗的人不轻易愤怒，善于战胜敌人的人尽量避免与敌人直接交锋，善于用人的人对人态度很谦卑。这就叫不争不竞之美德，这就是得人用人之能力，这就算相配相合于上天之大道，上古之时便如此啊！

第八十章

小国寡民。使有什伯之器而不用，使民重死而不远徙。虽有舟舆，无所乘之，虽有甲兵，无所陈之。使民复结绳而用之，甘其食，美其服，安其居，乐其俗。邻国相望，鸡犬之声相闻，民至老死不相往来。

【译文】使国家变小，人口规模适度。即使有十倍百倍于人力的器具也不使用，使人们畏惧死亡而不远行迁徙。虽有车船，却没有地方使用也不轻易使用；虽有武器军队，也没有地方部署。让人们再用结绳记事的办法，使人民吃得甘甜，穿得华美，住得安稳，过得快乐。邻国的人们相互可以看见，鸡鸣狗叫声相互可以听到，人民各安其所而长期不相骚扰。

2.2.1 孔子：大同（选段）

孔子，名丘（公元前551～前479年），春秋时代的思想家、教育家、政治家，儒家的创始者。其学说以“仁”为核心，即在维护贵族统治的基础上提倡德治、教化，反对苛政和任意刑杀。孔子的学说在汉代以后成了封建思想的正统，影响极大。孔子对理想中的大同社会的描述，对后世影响巨大，将“礼”作为一种秩序规范，是维系“大道既隐”社会的有效办法。将大同视为清除战争、敌对的根本途径，成为许多理想主义者的理论渊源，亦可视为开了“秩序论”“机制论”的先河。本篇选自《礼记·礼运》。《礼记》，亦称《小戴记》和《小戴礼记》，是儒家的经典著作之一。

孔子曰：大道之行也，与三代之英，丘未之逮也，而有志焉。大道之行也，天下为公，选贤与能，讲信修睦。故人不独亲其亲，不独子其子，使老有所终，壮有所用，幼有所长，矜寡孤独废疾者皆有所养。男有分，女有归。货恶其弃于地也，不必藏于已；力恶其不出于身也，不必为已。是故谋闭而不兴，盗窃乱贼而不作，故外户而不闭。是谓大同。

【译文】孔子说：（说到）原始社会至善至美的那些准则的实行，跟夏商周三代杰出人物（禹汤文武）相比，我赶不上他们，却也有志于此啊！大道实行的时代，天下是属于公众的。选拔道德高尚的人，推举有才能的人。讲求信用，调整人与人之间的关系，使它达到和睦。因此人们不只是敬爱自己的父母，不只是疼爱自己的子女，使老年人得到善终，青壮年人充分施展其才能，少年儿童有使他们成长的条件和措施。老而无妻者、老而无夫者、少而无父者、老而无子者，都有供养他们的措施。男人有职份，女人有夫家。多余的财物要置于室外途中（让需要的人用），不要都藏在自己家里。人人都要尽力干事，要惠之于众，不能只为自己出力，如此则奸诈之心没有了市场，盗窃、造反和害人的事情不会出现，因此不必从外面把门关上。是高度太平、团结的局面。

2.3.1 柏拉图:理想国的组织及其中的四德(选粹)

柏拉图(Plato,公元前427~前347年),雅典人。柏拉图作为苏格拉底(公元前469~前399年)的学生,跟随苏格拉底学习共八年,是苏格拉底的忠实信徒和亲密朋友。他的著作很多,传世的对话有40多篇,其中杂有伪作。在哲学史上被认为是客观唯心主义者。其思想的重要特征是以善来治国,体现出对苏格拉底思想的传承。《理想国》是其政治学的代表作,其中大部分借苏格拉底之口表达自己的思想,被认为是空想共产主义的最早作品。

……我想我们的国家如果是按照正确的方向建立起来的,就应当是完善的。

那么,显然这个国家就得是有智慧的、勇敢的、有节制的和正义的。

首先我想我在我们的国家中清清楚楚看到的东西便是智慧……因为它是有着很好的谋划的。好的谋划这个东西本身显然就是一种知识。因为其所以有好的谋划,乃是由于有知识而不是由于无知。

我要说它是深谋远虑,真正有智慧的。

其次,要来发现勇敢的性质……具有这种性质的这一部分人,无论在什么情形之下,都保持着一种信念,认为他们应当害怕的事情就是立法者在教育中告诫他们的那些事情。勇敢就是一种保持。

就是一种保持对于法定的教育所确定的可怕事物——即什么样的事物应当害怕——的信念。我所谓"无论在什么情形之下"的意思,是说勇敢的人不管是痛苦或者是快乐,不管是喜欢或者害怕,都要永远保持这种信念而不能把它放弃。

……

还剩下两种性质是我们要在我们的国家里面来寻求的,就是节制和我们整个研究的对象——正义。

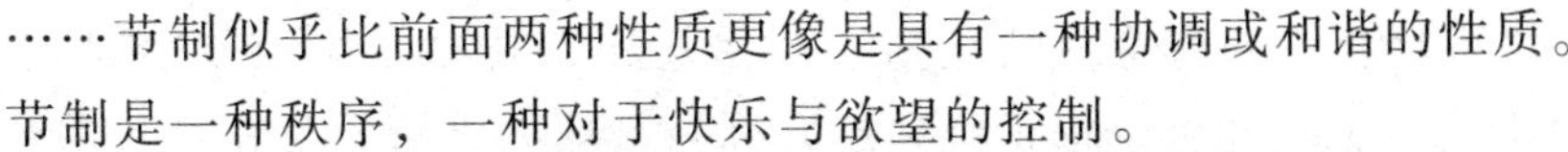

……节制似乎比前面两种性质更像是具有一种协调或和谐的性质。

节制是一种秩序，一种对于快乐与欲望的控制。

因此，如果有一个国家配称为自己的主人而能够控制自己的快乐和欲望的话，那就该是这个国家了。

又如果有一个国家，它的统治者和被统治者在谁应当来统治这个问题上具有一致的信念，那也只有我们的这个国家了。

因为它的作用和勇敢与智慧不同，勇敢和智慧分别处于国家的不同部分中而使国家成为勇敢的和有智慧的。但是节制却不是这样发生作用的。它贯穿着整个的音阶，把最强的，最弱的和中间的音素，不管是在智慧上，或者，如果你喜欢这样说的话，在力量上，或者在数目上，财富上或其他类似的方面，都结合起来而产生一个和谐的交响曲。因此我们可以正确地肯定说，节制就是生性优秀和生性低劣的东西在哪个应当统治，哪个应当被统治——不管是在国家里面或者是在个人里面——这个问题上所表现出来的这种一致性和协调。

好了，我们已经尽了最大的努力找到了我们国家中的三种德性了。剩下的那个使我们国家的德性得到完成的德性还能够是什么呢？因为剩下来的这个显然就是正义了。

……

我们在建立我们的国家的时候，曾经规定下一条普遍原则，就是：每个人必须在国家里面执行一种最适合于他的天性的职务。

再者，我们常常听到人说，并且还常常自己说，正义就是注意自己的事而不要干涉别人的事。

假定一个木匠做鞋匠的事，或者一个鞋匠做木匠的事，假定他们互相交换工具或地位，甚至假定同一个人企图做这两种事，你想这种互相交换职业致于会损害国家吧？

但是我想如果一个人天生是一个手艺人或者商人，但是由于财富的引诱，或者由于控制了选举，或者由于力量以及其他类似的有利条件而企图爬上军人阶级；或者一个军人企图爬上他所不配的立法者和监护者阶级，或者这几种人互相交换工具和地位，或者同一个人同时执行这些职务，我想你也会相信这种互相代替和互相干涉是会把国家带到毁灭的路上去的吧！

绝对是这样。

可见，这三种阶级的互相干涉和互相代替对于国家来说是有很大的害处的，因此可以很正确地把它称为最坏的事情。

确乎是这样。

而给国家带来最大的损害的事情就应当叫作不正义。

当然。

相反地，我们可以说：当商人、辅助者和监护者这三个阶级在国家里面各做各的事而不互相干扰的时候，便是有了正义，从而也就使一个国家成为正义的国家了。

（摘自柏拉图著，郭斌、张竹明译：《理想国》，商务印书馆，1986 年版，第 144 ~ 156 页。）

2.4.1 亚里士多德：稳定的政体与理想城邦（选章）

亚里士多德（Aristotle，公元前 384 ~ 前 322 年），古希腊最渊博的学者、最伟大的思想家。公元前 366 年，18 岁的亚里士多德被送到雅典的柏拉图学院学习，此后 20 年间亚里士多德一直住在学院，直至老师柏拉图去世。公元前 341 年成为当时年仅 13 岁的亚历山大大帝的老师。亚里士多德运用了自己的影响力，对亚历山大大帝的思想形成起了重要的作用。他对城邦国家的研究中，涉及了战争问题、城邦国家必要的军事防御问题和政治稳定的前提。其提出的“中庸适度”政治体制反映了以美德治国的政治理想。

· 稳定的政体与执政者素质

章八

（三）又，在寡头以及贵族政体各邦中，我们看到那些政府所以能长治久安，未必由于他们所构成的政体特别稳固，这大抵是因为他们的官员，能在统治阶级和不在仕籍的群众之间一律得到好感的关系。凡是政治安定的城邦，其官员一定以正义（公道）待遇籍外的群众，使他们的领袖人物分任治理的职务，给予勇健者以应得的荣誉（名位），绝不侵凌一般群众的财物；至于职官和统治阶级其它分子相互之间，也一定和衷共济，具有民主性质的平等观念。平民主义者总想把平等原则竭力扩展，直至所有的群众全都包括在政体之内而后已。对实际上属于平等的人们之同施行平等的待遇，的确是合乎正义的——而且既然合于正义，也就有利于邦国。所以，限制职官的任期为六个月，使同等的人们能够有更番担任职官的机会，可说是一个公道而有益的措施。一邦之内同等的人（具有充分政治权利的公民或统治阶级）如果为数已经很多，则本身就能形成为一种民主性质的团体，因此，我们前面曾经说，这种团体内常常会产生“平民英雄”。这种团体所建立的寡头和贵族政体，如果在本阶级内采取这样民主性质的措施，便不致于轻易变革为门阀统治。短期的执政为害总没有长期执政那么大；寡头和平民政体的变为僭主政体大抵是由于权力长期寄托于某些人们的缘故。凡是终于成为僭主的，起初往往是著名人物，如平民城邦中的群众领袖或寡头城邦中的世家巨子，或为历任要职、久掌国政的文武官员。

（四）一个政体固然可以因为远离敌人的危害而得以保全，有时，恰恰相反，由于迫近危难，大家从而振作了起来。人们鉴于患难当前，谁都竭力卫护自己的政体了。所以执政的人爱重邦国，应当熟虑敌害，把远祸看作近忧，及时制造警报（危惧），使全邦人民常常处于戒备状态，人人都像守夜的巡逻，通宵注视着四周的任何动静。

（五）执政者应凭城邦的法度和自己的行动，防止贵族阶级间的争吵和内讧；对尚未牵涉到党派气息的人们及时为之隔离，勿使卷入私斗的漩涡。一般人往往不注意变乱的先兆；只有真正的政治家才具有远见。

……

（七）在民主和寡头政体中可以树立这样的成规：不让任何人在政治方面获得脱离寻常比例的超越地位——实际上这一成规可以适用于一切政体。执政者施恩不宜太大太骤，毋宁以微小的荣誉（名位），隔了相当的岁月陆续地给人们。世人并非个个都能安于尊荣；一般的品格往往因骄矜而堕毁。如果已经违背了这个成规，对某人已经骤然地授给了过度的殊荣，切勿再骤然地加以剥夺，这只能缓慢地逐次实行贬削。应该特别注意，一个城邦要有适当的法制，使任何人都不致于凭借他的财富或朋从，取得特殊的权力，成为邦国的隐忧。如果不能事先防范，有人已经置身于这样的地位，就得强迫他出国，以免酿成后患。

（八）人们成为革命家同他的私人生活也是有关的。这可以设置一种监督私人生活的职司，查察那些在私生活上同现行政体不相协调的人们：谁在平民政体中放浪于非民主的生活，谁在寡头政体中不守寡头生活的常态，谁在其它类型的政体中违背了那里一般的习俗。

（九）为政最重要的一个规律是：一切政体都应订立法制并安排它的经济体系，使执政和属官不能假借公职，营求私利。……为防杜公款不被侵吞，凡征收人且都应在公职团体中当众交款，而账目则应复制，以便分别交存宗社、分区和部族。为保证任何官员不用其它方法［如贿赂或索诈等］营谋私利，应该订颁章程来奖励以廉洁著名的官员。

（十）最后，对于平民政体和寡头政体都可为之提供一条相应而又不同的规律。在平民政体中，应该保护富室。不仅他们的产业不应瓜分，还应保障他们从产业所获得的收益：有些政体中暗中削减富室产业的方法也不该容许。阻止富室［的被强迫，］甚至出于自愿的无益于公众而十分豪奢的捐献，有如设备不必要的剧团（合唱队）、火炬竞走以及类似的义务，也可说是一项良好的政策。另一方面，就寡头政体而言，应认真注意穷人的利益。凡可以由此取得小小功赏的职司应尽量任使穷人担任；如有富户侵凌穷人，处罚就应该比富户侵凌富户所受的惩诫还要加重。遗产必须依照亲属承继的规定付给应该嗣受的后人，不得应用赠与的办法任意递传；而且每一个人都不要让他嗣受第二份遗产。这样，产业的分配可能较为均匀，较多的穷子孙可以转为小康。除了这些有关财产方面的建议以外，［其它如荣誉和礼仪等］在贫富之间都要力求平等，甚至应该让政治权利较小的阶极——在平民政体中让富室，在寡头政体中让平民——稍占优先。但城邦政府的最高权力当然不在此例；这些重要职司只能由具备十足政治权利的公民担任，至少应该大部分由他们担任。

章九

凡是想担任一邦中最高职务，执掌最高权力的人们必须具备三个条件。第一是效忠于现行政体。第二是足以胜任他所司职责的高度才

能。第三是适合于各该政体的善德和正义。

还有一条绝对不应该忽略的至理，就是“中庸（执中）之道”。许多被认为平民主义的措施实际上是在败坏平民政体，许多被认为寡头性质的措施实际上是在损伤寡头政体。坚持这两种政治主张的党人，各自以为他们的政体的类型是唯一合理的，于是变本加厉地各自趋向于极端。他们忽略了一个政体需要保持平衡，恰像——试举一物为例——一个鼻子应该保持其匀称。寡头和平民政体两者虽然都偏离了理想的优良政体，总之还不失其为可以施行的政体。但两者如果各把自己的偏颇主张尽量过度推进，这就会使一个政体逐渐发生畸形的变化而终于完全不成其为一个政体。

（摘自亚里士多德著，吴寿彭译：《政治学》（卷五），商务印书馆，1965 年 8 月版，第 264～373 页。）

· 理想的城邦

章四

……一个城邦所需的主要配备为人民；就人民而言，自然应该考虑到数量，也要考虑到品质。次要的配备则为人民所居住的土地（境界）；这里也同样要考虑到量和质。

（摘自亚里士多德著，吴寿彭译：《政治学》卷七，商务印书馆 1965 年 8 月版，第 352 页。以下只注页码。）

经验证明，一个极为繁庶的城邦虽未必不可能，却总是很难使人人都能遵守法律（和礼俗）而维持良好的秩序。凡以政治修明著称于世的城邦无不对人口有所限制。一个城邦，如果像一个民族国家那样，人口太多了，虽然在物质需要方面的确可以充分自给，但它既难以构成一个真正的立宪政体：也就终于不能成为一个真正的城邦。为数有那么多的群众，谁能做他们的将领而加以统率，除了具有斯顿马，那样的嗓音，又谁能给他传令？（第 353～354 页）

所以，当城邦初成立时，其人口的底数只要在一个目的为达成优良生活的政治体制中，大家可以通工易事而能自给，便足够了。（第 355 页）

……一个城邦最适当的人口限度：这该是足以达成自给生活所需要而又是观察所能遍及的最大数额。（第 356 页）

章五

相似的论点也可应用到土地（境界）问题上。就土壤的性质说，当然，人人愿意在自己境界内可能种植一切庄稼（农产），使大家各得所需，样样都不缺乏，保证全邦高度的自给自足。就国境的大小或土地的面积说，应当以足使它的居民能够过闲暇的生活为度，使一切供应虽然宽裕但仍须节制。……这是一个颇有争执的问题：人们的生活思想往往趋于两极，或自甘俭朴，或流于豪奢。至于土地的坐落（国境的形势）——虽然某些问题有待于征询军事家的经验——我们可提供这样的建议：一个城邦的地理环境应该是敌军难于进入而居民却容易外出的。关于人口方面所说“观察所能遍及”的条件，对土地方面也一样合适。凡容易望见的境界也一定有利于防守。中心城市的位置，照我们的理想应有海陆方面的通道。[这里，应当注意到两个要点：]第一个要点是曾经讲到过的，城市为全邦的一个军事中心，四围有警，都能由此派遣赴援的部队。第二，它也应该是一个商业中心，具有运输的便利，使粮食、建筑用木材以及境内所产可供各种工艺的原料全都易于集散。（第356~357页）

章六

海上交通对于一个内政良好的城邦究属有利抑或有害，是一个意见极为分歧的问题。有些人坚持说，让出生和成长于外邦礼法中的客民入国，因此增加了邦内的人口，一定不利于自己的良好礼法。滨海港埠输出输入的货运繁盛，则商旅云集，人口增加势所不免，他们认为这终究有损于内治的安宁，从另一方面看来，如能避免人口的增加，则海洋对于一邦的城市及其全境无疑是有利的，这不仅对国防有益，也可凭以流通物资，使境内获得充分的供应。为了保障安全并便于克敌致胜，一个城邦应该兼筹海防和陆防。就攻击来说，如果具备海陆的便利，兼用海陆两种兵力，即使不能两军同时出击，但忽尔由陆地、忽尔由海洋进袭，也〔比专用一种部队〕易于惩创敌人。

城邦具有相当多的舰队能从事海上作战的无疑是特别有利，这不仅足资自卫，在国际关系方面也很重要，舰队可以威慑强邻，在友邦有警时，则能在陆路以外，另外从海上赴援。这种实力的大小，即舰船的多少，要以国情来衡量，并考虑到立国的抱负而后加以制定。城邦如欲积极周旋于列国之间，企图成为一代的领袖，它的海军就必须

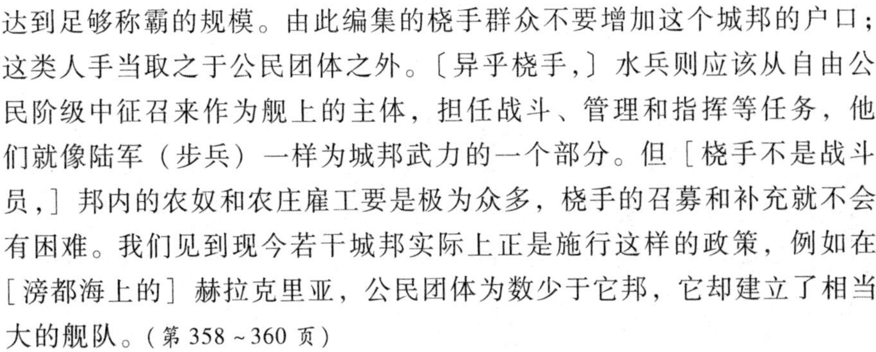

达到足够称霸的规模。由此编集的桡手群众不要增加这个城邦的户口；这类人手当取之于公民团体之外。〔异乎桡手，〕水兵则应该从自由公民阶级中征召来作为舰上的主体，担任战斗、管理和指挥等任务，他们就像陆军（步兵）一样为城邦武力的一个部分。但［桡手不是战斗员，］邦内的农奴和农庄雇工要是极为众多，桡手的召募和补充就不会有困难。我们见到现今若干城邦实际上正是施行这样的政策，例如在［滂都海上的］赫拉克里亚，公民团体为数少于它邦，它却建立了相当大的舰队。（第 358 ~ 360 页）

章七

我们已经讨论过一个城邦凭以决定人口（公民）数量的依据和限度，现在要进而研究他们的品质，组成城邦的各个分子应该具有怎样的秉赋。……寒冷地区的人民一般精神充足，富于热忱，欧罗巴各族尤甚，但大都拙于技巧而缺少理解；他们因此能长久保持其自由而从未培养好治理他人的才德，所以政治方面的功业总是无足称道。亚细亚的人民多擅长机巧，深于理解，但精神卑弱，热忱不足；因此，他们常常屈从于人而为臣民，甚至沦为奴隶。惟独希腊各种姓，在地理位置上既处于两大陆之间，其秉性也兼有了两者的品质。他们既具热忱，也有理智；精神健旺，所以能永保自由，对于政治也得到高度的发展；倘使各种姓一旦能统一于一个政体之内，他们就能够治理世上所有其它民族了。在希腊和非希腊人之间，这种禀性的区别也可以在希腊各种姓之间见到它的端倪，有些希腊人或偏于热忱或偏于理智，另些却正兼有两种品质。

这些分析说明，一个立法家，对于既赋有理智又赋有精神的那一种人民，不难引导他们达成善业（善德）。某些人认为卫国之士应有这样的态度：对于相识者须表示友爱，对于不相识者则都以暴戾相待——这是一种［富于］热忱的态度。热忱，在我们的灵魂中，正是爱情和友谊所由发生的机能；我们要是被素所友好或朋辈轻侮，则比被陌路的人们所亵渎，在精神上感觉到更为激荡，这可以证明爱憎为精神的现象［而无关于理智］。（第 360 ~ 362 页）

· 精神导引

章十三

[说明了一个理想城邦的土地和人口等条件后，] 我们现在应该讲到政体的本题了；这里，我们该阐释一个城邦由于什么以及怎样才能享有幸福生活并制定优良政体的要点。无论在什么地方，人们要取得幸福，必须注意两事：其一为端正其宗旨，使人生一切行为常常不违背其目的。其二为探究一切行为的准则，凭以察识人生将何所规随才易于达到目的。目的和手段，两者可以相应，也可以不相应。有时人们抱有正大的宗旨，但实际上终于没有达成初志。有时一切手段全都成功，人们获致所求，然而考究他所要求的事物，却又颇为鄙薄。有时，甚至两者都属失当。全人类的目的显然都在于优良生活或幸福（快乐）。有些人的行为足以实现他们的目的。另一些人虽然向往，但终于不能达到目的，或由于天赋薄弱，或由于遭际艰难。这里，我们所研讨的初意既在寻取最优良的政体，就显然必须阐明幸福的性质。只有具备了最优良的政体的城邦，才能有最优良的治理；而治理最为优良的城邦，才有获致幸福的最大希望。

在《伦理学》中，我们已经有所说明——我们在那里所持的论旨是有益（不虚）的——幸福为善行的极致和善德的完全实现，这种实现是出于“本然”而无需任何“假设的”。我所说有待“假设”，意思是其人其事必须获得相关条件 [而后才可成善]；所说出于“本然”则必自具备内善，不必外求 [而径可成善]。试以正义行为做例子，[如果按照法律的正义] 课人罚金，或加以惩戒，诚然是一件善事，但这里必须有罪人恶行作为条件而后执法者才不得不做这件善事——我们宁愿城邦没有罪人，没有恶行，而法官无法施行警戒，无从实现他的正义。[如果按照功赏的正义，] 以荣誉和财物给予他人 [如是而以己所善与人为善]，这样的为善就不同于惩恶的所以为善；凡由己（出于本然）的善行才是至高的善行。以刑罚惩治罪恶，就某一意义〔例如给人以痛苦〕而言，仍旧只是一件可以采取的坏事；相反 [就惩恶的目的在于消除恶行而言]，善施恰是可以开创某些善业而成为善德的基础。〔我们也可把这里的论旨另作一些申说：〕虽善人都能安于贫病，并善于对待人生其它种种的困乏，然而幸福总是有赖于和这些恰

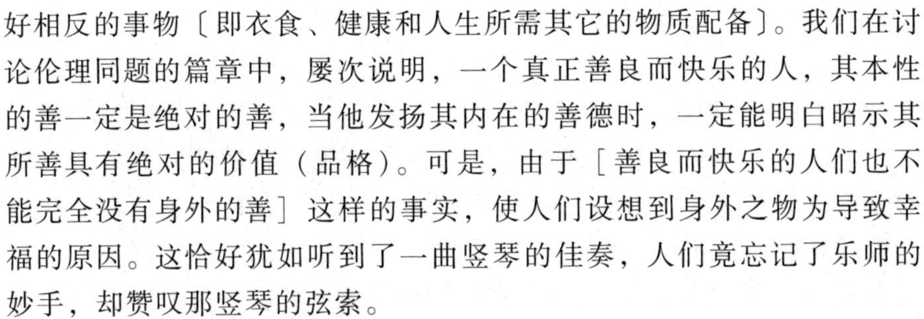

好相反的事物〔即衣食、健康和人生所需其它的物质配备〕。我们在讨论伦理同题的篇章中，屡次说明，一个真正善良而快乐的人，其本性的善一定是绝对的善，当他发扬其内在的善德时，一定能明白昭示其所善具有绝对的价值（品格）。可是，由于［善良而快乐的人们也不能完全没有身外的善］这样的事实，使人们设想到身外之物为导致幸福的原因。这恰好犹如听到了一曲竖琴的佳奏，人们竟忘记了乐师的妙手，却赞叹那竖琴的弦索。

从以上的分析，可知城邦必须预设某些要素，而后由立法家的本领提供其它事项。我们希望这个理想城邦在各方面都具有足够的配备——外物的丰富既寄托于命运，又在命运成为主宰的范围以内，我们就只能作虔诚的祈愿。至于城邦的善德却是另一回事：这里我们脱离了命运的管辖，进入人类知识和意志的境界［在这个境界内，立法家就可以应用他的本领］。一个城邦，一定要参预政事的公民具有善德，才能成为善邦。在我们这个城邦中，全体公民对政治人人有责［所以应该个个都是善人］。那么我们就得认真考虑每一公民怎样才能成为善人。所有公民并不个个为善的城邦，也许可能集体地显示为一善邦。可是，如果个个公民都是善人这就必然更为优胜。全体的善德一定内涵各个个别的善德。

人们所由入德成善者出于三端。这三端为［出生所禀的］天赋，［日后养成的］习惯，及［其内在的］理性。就天赋而言，我们这个城邦当然不取其它某些动物品种（禽兽），而专取人类——对人类，我们又愿取其身体和灵魂具有某些品质的族姓，人类的某些自然品质，起初对于社会是不发生作用的。积习变更天赋；人生的某些品质，及其长成，日夕熏染，或习于向善，或惯常从恶。人类以外有生命的物类大多顺应它们的天赋以活动于世界，其中只有少数动物能够在诞世以后稍稍有所习得。人类〔除了天赋和习惯外〕又有理性的生活；理性实为人类所独有。人类对此三端必须求其相互间的和谐，方才可以乐生遂性。［而理性尤应是三者中的基调。］人们既知理性的重要，所以三者之间要是不相和谐，宁可违背天赋和习惯，而依从理性，把理性作为行为的准则。我们在前面已经论到，在理想城邦中的公民应有怎样的天赋，方才适合于立法家施展其本领。公民们既都具备那样的素质，其余的种种就完全寄托于立法家所订立的教育方针，公民们可以由习惯的训练，养成一部分才德，另一部分则有赖于［理性方面的］启导。

章十四

考虑到一切政治组织总是由统治者和被统治者两相合成，我们就要论究两者应该终身有别，还是应该混为一体。教育制度须符合上述问题的抉择而制定不同的措施。我们可以想像，在某种情况下，统治者和被统治者一经区分，应使终身有别。邦内如果在同级中有超群拔类的人们，他们的体格和智虑几乎像诸神和英雄，那么统治阶级自将与他们的臣民判然相异。但这样的设想，世上终不可遇；我们在实际生活中，迄未见到有如斯居拉克斯所说印度诸王及其臣民身心两俱显然有别的情况。因此我们应该选取统治者和被统治者更番迭代的政体；这种体制确是切合时宜，具有多方面的理由。在同类的人们所组成的社会中，大家就应享有平等的权利；凡不合乎正义［违反平等原则］的政体一定难以久长。被统治的人们［既不能获得应有的权利，就］将联合四郊的人们（农奴）共谋革命；而统治集团和这样多的仇敌相比，为数实在太少，就无可与之相竞了。从另一方面看来，统治者和被统治者之间也必然有某些差异。两者原来有所差异而又共享同等的政治权利：这就是立法家们应该解决的疑难。

根据自然的安排，我们拟议把全体种属相同的一个公民集团分为两个年龄高低的编组，自然所作青壮和老人的分别恰正符合政体中统治者和被统治者的分别。青年们都不会妄自认为才德胜于前辈而不甘受人治理；他们如果明知自己到达适当年岁就要接替统治的职司，就更加不必怨望了。这样，统治者和被统治者在当时而言，固然是编组不同的人们，但就先后而言，两者将是同组的人们。对于他们的教育也是这样：从一个观点看来，两者应当受到相同的教育；从另一个观点看来，就应当相异。谚语就是这样讲的，“要明白主政的良规，必先学习服从的道理”。在我们这一专著的前部曾经说明，统治有两个基本不同的方式：其一以统治者的利益为中心，另一则以被统治者的利益为基础，前者即所谓“专制统治”，后者即所谓“自由人统治”〔青年们固然应学习自由人统治体制中服从的道理，但他们对某些似乎只宜于主奴统治的规律，也应该熟习遵从〕。有些任务［委给自由人和委给奴隶］虽在执行方面好像没有差异，而实际的目的却迥然不同。若干琐屑而一般视为鄙贱的事情，应该让自由青年们学习执行，他们并不会因担任这些贱役而丧失光荣的身分。一切作为本来没有高卑的区分，这完全凭它们的目的（后果）或好或坏，才能显见那些行为或为光荣或为卑辱。

我们曾经辨明，好公民和作为统治者的公民们的品德都相同于善人的品德。我们又曾拟定各人先经历被统治而后参预统治机构［所以人人都应具备善人的品德］。那么，立法家就必须保证他的公民们终于个个都要成为善人，并应该熟筹应采取怎样的措置［教育］而后可以取得这样的成绩。又，对于人类最优良的生活，他也应该确立其目的。

人的灵魂具有两个不同部分：其一，为内涵理性；另一，内无理性，而蕴藏着服从理性并为之役使的本能。我们称某人为“善”时，就认为他的灵魂的两个部分都存在着善德。但人生的目的究应置重点于哪一部分？所有接受我们上述区分的人们，于此都可得到一致的解答。凡较低较劣的事物常常因为有较高较优的事物而得其存在，这在自然世界和人为世界中，全属相同。就灵魂而言，具有理性的部分是较高较优的部分。［所以，人生的目的理应在这一部分中寻求。］但照我们素所研习的说法，［这一部分］还得再划为二：因为理性有“实践理性”和“玄想理性”之别，显然，灵魂中那内涵理性的部分也须作相应的区划。灵魂的各个部分和区划既有尊卑之别，则相应于其各部分和区划所表现的操行也一定有优劣之异。人们凡是足以造诣于这三项（全部）操行［即玄想理性和实践理性所表现的操行以及无理性的本能所表现的操行,］或其中的两项，必须置重点于其中较高较优的一项。我们谁都力求造诣于各人所能实现的最高最优的宗旨（目的）。

全部的人生也有不同的区分——勤劳与闲暇，战争与和平；在人事方面，又有事属必需或仅关实用的作为和达到善业的作为的区分。我们对于人生各个部分及其各项事业的选择，应当依从我们选择灵魂各个部分及其所表现的各种操行时所采取的途径。所以，战争必须只是导致和平的手段；勤劳只是获得闲暇的手段；凡仅属必需或仅关实用的作为只能是获取善业的手段。政治家在拟订一邦的法制时，必须注意于所有这些要点：［第一,］他必须顾及灵魂的各个部分及其各种操行；而在这个范围以内，务须着重于较高较优的部分，并着重于所企求的目的。［第二,］他又须顾到人类生活的各个部分及其各项事业而为之分别本末和先后。我们这个城邦的公民们当然要有任劳和作战的能力，但他们必须更擅于闲暇与和平的生活。他们也的确能够完成必需而实用的事业；但他们必须更擅长于完成种种善业。这些就是在教育制度上所应树立的宗旨，这些宗旨普遍适用于儿童期，以及成年前后仍然需要教导的其它各期。

在我们今日的希腊，以政体优良著称的各邦，和为之制订政治体系的立法家们，却竟然昧于此理。他们显然不以人生较高的宗旨为建立政体的准则，也不把教育方针引向一切善德。相反地，他们崇尚鄙俗的趋向，力图培养那些可见实效和容易获得近利的各种品性。当代某些作家怀抱同样意志，也表现着相似的精神。他们称颂拉栖第蒙的法制，佩服立法家们以战争和克敌制胜为整个政治体系的目的。这种鄙俗的观念不难凭理论加以指斥，而且现在早已被事实所否定了。许多人都倾心于建立专制霸国，统治各族，借以取得物质的繁荣。……专意训练其邦人以求克敌制胜、役属邻国的立法家，为什么不值得钦佩，这样的城邦为什么不能认为是幸福的：这种［向外扩张的］政策实际孕育着［对于内政的］重大隐患。显然，任何公民，他既然受到以暴力侵凌它国的教导，那么，他如有机会，亦未尝不可以其暴力强取本邦的政权。

于此，我们已可确切地说，那些颂扬霸道的说法，以及实行霸道的法制［和政策］没有实际好处而违反正理，不应为政治家所崇尚。各个私人和公众社会的善德是相同的；立法家就应该以这些善德灌输于公民的思想中。从事战争的训练不应以奴役不该做奴隶的人们为目的。尚武教育的目的应该是这样：第一，保护自己，免得被人所奴役；第二，取得领导的地位，但这种领导绝对不企图树立普遍奴役的体系而只应以维持受领导者的利益为职志；第三，对于自然禀赋原来有奴性的人们，才可凭武力为之主宰。为了实现这些观点，立法家对于他所订立的军事法制，务必以求取闲暇与和平为战争的终极目的；有鉴于列国的史实，我们不能不涓涓于此。许多专以制胜为功业的尚武城邦仅仅能适合战场和战时的生活。一旦得逞其霸图而停止了战斗，他们既无可施其伎俩，便觉情境相违了，处于和平的世代，这些人好像一把尘封的锈剑。这在当初未曾以正当的闲暇生活善导他们的立法家，实际上是不能辞其咎的。

章十五

对个人和对集体而言，人生的终极目的都属相同；最优良的个人的目的也就是最优良的政体的目的。所以这是明显的，个人和城邦都应具备操持闲暇的品德；我们业已反复论证和平为战争的目的，而闲暇又正是勤劳（繁忙）的目的，有些就操持于闲暇时和闲暇之中，另些则操持于繁忙时和繁忙之中。如果要获得闲暇，进行修养，这须有若干必需条件，所以［我们也不能不注意到后一类有关繁忙的品德。］一个城邦应该具备节制的品德，而且还须具备勇毅和坚忍的品德。古谚说，“奴隶无闲暇”，人们如不能以勇毅面对危难，就会沦为入侵者的奴隶［于是他们就再也不得有闲暇了］。勇毅和坚忍为繁忙活动所需的品德：智慧为闲暇活动所需的品德：节制和正义则在战争与和平时代以及繁忙和闲暇中两皆需要，而尤重于和平与闲暇。在战时，人们常常不期而接受约束，依从正义；等到和平来临，社会趋于繁荣，共享闲暇，大家又往往流于放纵了。至于那些遭遇特别良好而为人人所钦羡的快乐的人们，例如诗人所咏叹的“在幸福群岛上”的居民，自然须有更高度的正义和节制；他们既生长于安逸丰饶的环境中，闲暇愈多，也就愈需要智慧、节制和正义。我们现在已明白，为什么一个希求幸福和善业的城邦，必须具备这三种品德。世间倘因不能善用人生内外诸善而感到惭愧，则于正值闲暇的时候而不能利用诸善必特别可耻；人们在战争时在勤劳中，显示了很好的品质，但他们一到和平闲暇的日子，就堕落而降为奴隶之辈，这是免不了要受到世人的指摘的。人们如果有志于成德达善，就不应该实施斯巴达的训练方式。拉栖第蒙人对于诸善的观念本来不过是世俗之见，以外物的为善当作人生最重要的善物；但他们认为获致这些善物只要实践一种善德，〔即勇毅，〕这是与众不同的。既然以外物诸善为高于其它诸善，又以享有外善的利益较普遍操持一切诸善所可得的利益为重要，〔他们便独养勇德，作为凭以取得这些利益的手段。实际上，应该培养内外一切善德。〕而且，照我们先前的论证，尤其应该重视内善。于是，我们就须答复这样的问题：“应该怎样，并以什么为依据，才可普遍造诣于全部诸善德？”

我们曾经说明天赋、习惯和理性可为培养人生诸善德的根基；我们已论述了其中的第一项，说明我们的公民应该具备怎样的天赋。这里当考虑其它两项，并论究训练习惯和教导理性的孰先孰后。而且这两项训导的方式必须尽可能地互相协调：若两不谐和，则不仅理性无由发扬最优良的宗旨，而经过训练所养成的习惯也将显出相似的缺憾。注意到了这些问题，我们可以明确地说：第一，人生的经历，有如一切生物的创生程序，其诞生必先有所因，始于父母的婚配而后有胎婴这个后果，但这一后果既诞世而为人，则以此作为起因，又当各有其后果（目的）：操修理性而运用思想正是人生至高的目的。所以，我们首先应凭理性和思想，调节公民们的生育（婚配）和习惯的训练。其次，人们都区分有灵魂和躯体两者，其灵魂又可分成非理性和理性两个部分；相应地人们都有两种境界（状态）——情欲境界和玄想境界。就创生的程序而言，躯体先于灵魂，灵魂的非理性部分先于理性部分。情欲的一切征象，例如忿怒、爱恶和欲望，人们从开始其生命的历程，便显见于孩提；而辩解和思想的机能则按照常例，必须等待其长成，岁月既增，然后日渐发展：这些可以证见身心发育的程序。于是，我们的结论就应该是：首先要注意儿童的身体，挨次而留心他们的情欲境界，然后才及于他们的灵魂。可是，恰如对于身体的维护，必须以有造于灵魂为目的，训导他们的情欲，也必须以有益于思想为目的。

（选自亚里士多德著，吴寿彭译：《政治学》（卷七），商务印书馆，1965 年 8 月版，第 381 ~ 395 页。）

2.5.1 孟子：公孙丑下（选段）

孟子，名轲，字子舆（公元前 390 ~ 前 305 年）。现山东省邹县人。战国时期的思想家、政治家、教育家。儒家的代表人物之一，著有《孟子》。他把孔子的“仁”发展为“仁政”学说，提出“民贵君轻”的主张。在“域民”和“固国”的问题上，强调了“人和”的重要性。作者认为，实现“人和”，在于“得道”，即主持道义，把持正义，从而获得广泛的支持，使自己立于不败之地。

孟子曰：天时不如地利，地利不如人和。三里之城，七里之郭，

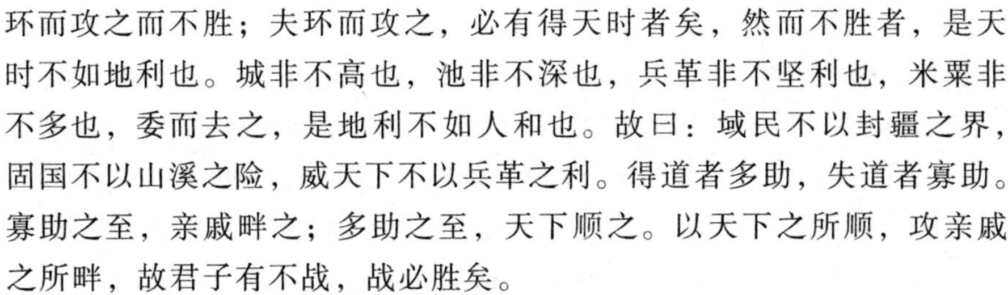
环而攻之而不胜；夫环而攻之，必有得天时者矣，然而不胜者，是天时不如地利也。城非不高也，池非不深也，兵革非不坚利也，米粟非不多也，委而去之，是地利不如人和也。故曰：域民不以封疆之界，固国不以山溪之险，威天下不以兵革之利。得道者多助，失道者寡助。寡助之至，亲戚畔之；多助之至，天下顺之。以天下之所顺，攻亲戚之所畔，故君子有不战，战必胜矣。

《孟子·公孙丑下（一）》

【译文】孟子说：有利的天时不如有利的地势，有利的地势不如人心的团结。一座有内城、外城的城池，包围起来攻打它，却不能取胜。包围起来攻打它，必定有得天时的战机，然而却不能取胜，这是有利的天时不如有利的地势。城墙不是不高，护城河不是不深，兵器铠甲不是不坚利，粮食不是不多，（可是敌人一来却）弃城逃离，这便是有利的地势不如人心的团结。所以说，控制人民不迁逃，不靠国家的疆界，巩固国家不倚仗山川的险阻，威服天下不单靠兵器铠甲的坚利。得到仁义的人，帮助他的就多；失掉仁义的人，帮助他的就少。帮助他的人少到极点，连家里人都背叛他；帮助他的人多到极点，天下的人都归顺他。让天下人都归顺他的人去攻打连家里人都背叛他的人，（必然所向无敌；）所以君子不战则罢，战则必胜。

2.5.2　孟子：离娄上（选段）

孟子曰：桀、纣之失天下也，失其民也；失其民者，失其心也。得天下有道：得其民，斯得天下矣；得其民有道：得其心，斯得民矣；得其心有道：所欲与之聚之，所恶勿施，尔也。民之归仁也，犹水之就下、兽之走圹也。故为渊驱鱼者，獭也；为丛驱爵者，鹯也；为汤、武驱民者，桀与纣也。今天下之君有好仁者，则诸侯皆为之驱矣。虽欲无王，不可得已。今之欲王者，犹七年之病求三年之艾也。苟为不畜，终身不得。苟不志于仁，终身忧辱，以陷于死亡。《诗》云："其何能淑，载胥及溺。"此之谓也。

《孟子·离娄上（九）》

【译文】孟子说：夏桀和殷纣之所以失天下，是由于失去了人民；

失去人民，是由于失去了民心。得天下有办法：得到人民，就能得到天下了；得人民有办法：赢得民心，就能得到人民了；得民心有办法：他们想要的，就给他们积聚起来；他们厌恶的，不强加给他们，如此罢了。人民归向于仁，如同水往下方流、野兽奔向旷野一样。所以，从深水中把鱼赶出来的是水獭；把鸟赶到树丛的是鹞鹰；为汤王、武王送来百姓的，是夏桀和商纣。如果现在天下的国君有爱好仁德的，那么诸侯们就会替他把人民赶来。哪怕他不想称王天下，也不可能了。现在想称王天下的人，好比患了七年的病要找存放多年的艾来治。如果平时不积存，那就终身得不到。如果不立志在仁上，必将终身忧愁受辱，以至于死亡。《诗经》上说："那怎能把事办好，只有一块儿淹死了。"说的就是这种情况。

2.6.1　墨子：非攻（选粹）

墨子，名翟（约公元前480～前420年）。相传为宋国人，春秋战国之际思想家、政治家，墨家的创始人。墨子曾经学习儒术，因不满其"礼"之繁琐，另立新说，成为儒家的主要反对派。由他所创立的墨家卓然成为大家，其学说成为战国时期的"显学"。他反对儒家的"天命"和"爱有等差"之说，主张兼爱——"兼相爱，交相利"。墨子认为，天下安定、国家安全的实现，在于"非攻"和"兼爱"，其思想集中体现了当时人民反对战争反对暴力的意向。墨子还由"非攻"发展和建立了一套系统的防御理论。他反对贵族的世袭制度和儒家的亲亲尊尊，试图用上说下教的办法，使"饥者得其食，寒者得其衣，劳者得息，乱者得治"，消除一切战乱和不平等。

……今至大为攻国，则弗知非，从而誉之，谓之义。此可谓知义与不义之别乎？

杀一人，谓之不义，必有一死罪矣。若以此说往，杀十人，十重不义，必有十死罪矣；杀百人，百重不义，必有百死罪矣。当此，天下之君子皆知而非之，谓之不义。今至大为不义攻国，则弗知非，从而誉之，谓之义，情不知其不义也，故书其言以遗后世。若知其不义也，夫奚说书其不义以遗后世哉？

【译文】……现在最大的不义是去攻打别人的国家，却不知道这是不对的，反而称赞它，说它合乎义。这能说是知道义和不义的分别吗？

杀死一个人是不义的，必会有一条死罪。如果按照这种说法类推，杀死十个人就是十倍的不义，必会有十条死罪；杀死一百人就是一百倍的不义，必会有一百条死罪。对此，世上贤德之人都明白其中的道理并会认为它们不对，说这些是不道德的。现在放大到攻打他国这件事上，却不知道这是不义的，反而称赞它，说这是义，这实在因为不知道这是不义的，所以才会记载下来留给后世。如果知道是不义的，有什么理由把那些不义的事记载下来并留给后世呢？

2.6.2　墨子：兼爱（选粹）

若使天下兼相爱，国与国不相攻，家与家不相乱，盗贼无有，君臣父子皆能孝慈，若此，则天下治。故圣人以治天下为事者，恶得不禁恶而劝爱？故天下兼相爱则治，交相恶则乱。

天下之人皆不能相爱，强必执弱、富必侮贫、贵必敖贱、诈必欺愚。凡天下祸篡怨恨其所以起者以不相爱生也。

夫爱人者人必从而爱之，利人者人必从而利之，恶人者人必从而恶之，害人者人必从而害之。

无言而不应，无德而不报，投我以桃，报之以李，即此言爱人者必见爱也，而恶人者必见恶也。

今小为非则知而非之，大为非攻国则不知非，从而誉之，谓之义。此可谓知义与不义之辩乎？

【译文】若使天下的人都彼此相爱，国与国不互相攻打，家与家不互相争夺，没有盗贼，君臣父子都能忠孝慈爱，这样天下就太平了。圣人既然以治理天下为己任，怎么能不禁止人们互相仇恨而不劝导彼此相爱呢？所以，天下人能彼此相爱才会太平，互相仇恨就会混乱。

天下的人都不相爱，那么强大的一定会压迫弱小的，富有的一定会欺侮贫穷的，显贵的一定会轻视低贱的，诡诈的一定会欺骗愚笨的。天下一切祸乱、篡位、积怨、仇恨等之所以会发生，都是由于互不相爱引起的。

爱别人的，别人也必然爱他，利于别人的，别人也必然利于他，憎恶别人的，别人也必然憎恶他，残害别人的，别人也必然残害他。

没有什么话不答应，没有什么恩德不报答，你把桃子投给我，我用李子回报你。这就是说，爱人的必定被人爱，而憎恶别人的必定被人憎恶。

现在有人犯了小过错，人们知道了就非难他；对于犯了像攻打别国那样的大错误，却不知道非难他，还加以称颂，称之为义，这能说是懂得义和不义的区别吗？

2.7.1 荀子：王霸（选粹）

荀子，名况（公元前313？～前238年）。时人尊而号为卿，战国末期的思想家、教育家。他批判和总结了先秦诸子的学说思想，反对天命、鬼神迷信之说，指出自然运行法则是不以人的意志为转移的，主张“制天命而用之”。荀子在政治上主张礼法兼治，王霸并用，坚持“正名”之说，强调封建等级制，反对世袭制，强调“明分使群”来说明国家制度和伦理道德的起源。《议兵》则集中反映了荀子的军事思想，内容非常丰富，涉及战争胜败、将帅原则等各个方面，其核心则是仁义，主张“禁暴除害”“以德兼人”，反对争夺，不依仗“权谋”“势诈”。

· 义、信而治

故用国者，义立而王，信立而霸，权谋立而亡。三者明主之所谨择也，仁人之所务白也。

【译文】治理国家的人，讲道义就能称王天下，树立诚信就能称霸诸侯，靠权谋治国就会灭亡。这三点是英明的君主要审慎选择的，是仁士要弄明白的。

善择者制人，不善择者人制之。

【译文】善于选择的人统治人，不善于选择的人被人统治。

·用人之道

故道王者之法，与王者之人为之，则亦王；道霸者之法，与霸者之人为之，则亦霸；道亡国之法，与亡国之人为之，则亦亡。三者，明主之所以谨择也，而仁人之所以务白也。

【译文】遵循王者道路的方法，和自己是个王者的人来做事，那么就可以称王天下；遵循霸者道路的方法，与自己是个霸者的人来做事，那么就可以称霸天下；遵循亡国者道路的方法，与自己是个亡国者的人来做事，那么就会灭亡。这三点是英明的君主要审慎选择的，是仁士要弄明白的。

国者，巨用之则大，小用之则小；綦大而王，綦小而亡，小巨分流者存。巨用之者，先义而后利，安不恤亲疏，不恤贵贱，唯诚能之求，夫是之谓巨用之。……故曰："粹而王，驳而霸，无一焉而亡。"

【译文】所谓国家，立足于大处就能强大，立足于小处就会弱小。做到很大能称霸天下，做到很小就会灭亡，介于大和小之间可以幸存。立足于大处的，先考虑道义再考虑利益，任用人才不分亲疏远近，不按高贵贫贱，只求寻找到有才能的人，这就称之为立足于大处。……所以说："精粹运用可以称王天下，驳杂运用能称霸一方，一样都做不到的只能灭亡。"

·忧患意识

国危则无乐君，国安则无忧民。乱则国危，治则国安。今君人者，急逐乐而缓治国，岂不过甚矣哉！

【译文】国家衰危就不会有安乐的君主，国家安定就不会有忧愁的人民。社会混乱国家就危险，励精图治国家就能安定。如今当了人民的君主，急于追求快乐而延误了治国，难道不是大错特错么！

·各司其职

百里之地，可以取天下。是不虚；其难者在人主之知之也。取天下者，非负其土地而从之之谓也，道足以壹人而已矣。彼其人苟壹，则其土地奚去我而适它？……贤士一焉，能士官焉，好利之人服焉，三者具而天下尽，无有是其外矣。

【译文】凭着方圆百里的地盘就可以夺取天下，所言不虚，难处就在于君主要懂得这里面的道理。取得天下的人，并不是让他国人自带土地来追随，而是以我的政治原则使他们围绕在这一边。那些国家的人如果能统一于我的道路，那么他们的土地怎么会不是我的呢？……贤明的人归顺了，有才能的人做官了，追逐利益的人服从了，这三个方面的条件都具备而天下就能完全掌握了，就没有在此之外了。

·亲民而治

故其法治，其佐贤，其民愿，其俗美，而四者齐，夫是之谓上一。如是，则不战而胜，不攻而得，甲兵不劳而天下服。故汤以亳，武王以鄗，皆百里之地也，天下为一，诸侯为臣，通达之属，莫不从服，无它故焉，四者齐也。

【译文】所以治理国家，佐助的人贤能，人民质朴其风俗美好，四者都齐备了，这就称之为统一。就能不进行战争而能取得胜利，不进行攻伐而能得到土地，不用兵卒劳顿天下就能服从。所以商汤王、周武王都是方圆百里的地方，而天下统一，诸侯臣服，车马通达的地方，没有不服从的，不是别的缘故，就因四者齐备。

用国者，得百姓之力者富，得百姓之死者强，得百姓之誉者荣。三得者具而天下归之，三得者亡而天下去之；天下归之之谓王，天下去之之谓亡。

【译文】治理国家的人，得到百姓为之卖力的就会富裕，得到百姓为之献身的就会强大，得到百姓为之赞誉的就会荣耀。这三者得到了而天下人都会归服，这三者失去了而天下人就会离去。天下人都归服就称之为王，天下人都离去就称之为亡。

2.7.2 荀子：议兵（选粹）

臣所闻古之道，凡用兵攻战之本，在乎壹民。……故善附民者，是乃善用兵者也。故兵要在乎善附民而已。

【译文】我所听说的古代的方法，大凡用兵打仗的根本在于使民众和自己团结一致。……所以善于使民众归附的人，这才是善于用兵的人。所以用兵的要领就在善于使民众归附自己罢了。

仁人用国日明，诸侯先顺者安，后顺者危，虑敌之者削，反之者亡。

【译文】仁德之人当政，国家日益昌盛，诸侯先去归顺的就会安宁，迟去归顺的就会危险，想和他作对的就会削弱，背叛他的就会灭亡。

故兵大齐则制天下，小齐则治邻敌。若夫招近募选，隆势诈，尚功利之兵，则胜不胜无常，代翕代张，代存代亡，相为雌雄耳矣。夫是之谓盗兵，君子不由也。

【译文】军队能团结一致齐心合力，就能制服天下；小规模地齐心合力，就能打败邻近的敌国。至于那种招引募求挑选来的、注重权谋诡诈、崇尚功利的军队，那胜负就不一定了，有时衰，有时盛，有时存续，有时灭亡，互为高下、互有胜负罢了。这叫做盗贼式的军队，君子是不用这种军队的。

陈嚣问孙卿子曰：先生议兵，常以仁义为本；仁者爱人，义者循理，然则又何以兵为？凡所为有兵者，为争夺也。

孙卿子曰：非汝所知也！彼仁者爱人，爱人故恶人之害之也；义者循理，循理故恶人之乱之也。彼兵者所以禁暴除害也，非争夺也。故仁者之兵，所存者神，所过者化，若时雨之降，莫不说喜。

【译文】陈嚣问荀卿说："先生议论用兵，经常把仁义作为根本。仁者爱人，义者遵循道理，既然这样，那么又为什么要用兵呢？大凡用兵的原因，是为了争夺啊。"

荀卿说："这道理不是你所知道的。那仁者爱人，正因为爱人，所以就憎恶别人危害他们；义者遵循道理，正因为遵循道理，所以就憎恶别人搞乱它。那用兵，是为了禁止横暴、消除危害，并不是争夺啊。所以仁人的军队，他们停留的地方会得到全面治理，他们经过的地方会受到教育感化，就像降了及时雨，没有人不欢喜。

第三章

中国历史上的治国安邦方略

中国是在世界上较早实现统一的多民族国家。但是在中国封建社会长达2000多年的历史中，各种规模的内外战争和动乱从未停歇。在战乱与平治的实践中，涌现了一大批外可安邦、内可治国的文臣武将以及颇有作为的君主，积累了丰富的治国安邦方略。尽管大战略或国家战略的概念形成较晚，但是中华民族经过长期的历史积淀所形成的战略思维，如辩证、中庸的哲学思想、重道轻器的战争观念，“富国强兵”“兵农结合”的国防思想和“以内安边”“修德怀远”的治边理念，将国家的安全与发展共冶一炉，丰富而深刻。阅读本章所介绍的八位，可与第二、第五章所介绍的近十位古人的思维结合，深度领悟中国博大精深的战略思维遗产。

3.1.1 管子：八观（选粹）

《管子》是战国时管仲学派托名管子的著作，管仲（？～公元前645年）是春秋初期齐国杰出的政治家、军事家、思想家。该学派以德刑并重为特征，兼有儒法两家的特点，包含了丰富的国家安全战略思想。《管子》主张“重民”和“富民”“富国”，认为只有在此基础上才能做到“强军”“强国”。在《管子》看来，影响国家安全的无外乎法治、财力、兵法，故而全书以此为中心论述了治国安邦之策。八观一篇，与其叫八观，不如叫“察国之法”。此篇是管子从八个方面分析一个国家强弱、兴衰的条件，认为每个方面都做好，国就兴盛，反之则衰败。

·从城镇设计看人民安定与否

大城不可以不完，郭周不可以外通，里域不可以横通，闾闬不可以毋阖，宫垣、关闭不可以不修。……明君者，闭其门，塞其涂，弇其迹，使民毋由接于淫非之地。是以，民之道正行善也，若性然，故罪罚寡而民以治矣。

【译文】内城的城墙不可不坚固完整，外城的四周不可有外通的空隙，里的边界不可以左右横通，闾门不可不注意关闭，院墙与门日不可不注意整修。……有英明的君主执政，刑罚总是很少，这并不是该用刑的不用刑，该治罪的不治罪；而是英明君主关闭了犯罪的门户，堵塞了犯罪的道路，消灭了犯罪的影响，使人民无由接触为非作歹的环境，因而人民走正道、做好事，就好像出自本性了。所以，罪罚很少而人民照样安定。

·从农耕状况分析国力

行其田野，视其耕耘，计其农事，而饥饱之国可知也。

【译文】巡视一个国家的田野，看看它的耕耘状况，计算它的农业生产，这个国家是饥是饱，就可以区别出来了。

·从日常物产分析国力

行其山泽，观其桑麻，计其六畜之产，而贫富之国可知也。

【译文】巡视一个国家的山林湖泽，看看它的桑麻生长情况，计算它的六畜生产，这个国家是贫是富，就可以区别出来了。

·从市容市貌看其治理

入国邑，视宫室，观车马衣服，而侈俭之国可知也。

【译文】进入一个国家的都城，视察它的宫室，看看它的车马、衣服；这个国家是侈奢还是简朴，就可以区别出来了。

·从救灾与城建看国力

课凶饥，计师役，观台榭，量国费，而实虚之国可知也。

【译文】考查灾年饥谨的情况，计算从军服役的人数，看看楼台亭阁的修建，计量财政开支的费用；这个国家是虚是实，就可以区别出来了。

·从人民风俗教化看治乱

入州里，观习俗，听民之我以化其上，而治乱之国可知也。

【译文】进入一国的州、里，观察风俗习惯，了解它的人民是怎样接受上面教化的，这个国家是有序还是混乱，就可以区别出来了。

·从百官行事看国家能力

入朝廷，观左右，本求朝之臣，论上下之所贵贱者，而强弱之国可知也。

【译文】来到一国的朝廷，观察君主的左右，研究一下本朝百官的情况，分析一下朝廷上下重视什么和轻视什么；这个国家是强还是弱，就可以区别出来了。

·从敌友情况看国家安危

计敌与，量上意，察国本，观民产之所有余不足，而存亡之国可知也。

【译文】估量敌国和盟国，了解君主的意志，考察农业的状况，看看人民财产是有余还是不足；这个国家是存还是亡，就可以区别出来了。

3.1.2　管子：七法（选粹）

言是而不能立，言非而不能废，有功而不能赏，有罪而不能诛；若是而能治民者，未之有也。是必立，非必废，有功必赏，有罪必诛；若是安治矣？未也。是何也？曰：形势、器械未具，犹之不治也。形势、器械具，四者备，治矣。不能治其民，而能强其兵者，未之有也；能治其民矣，而不明于为兵之数，犹之不可。不能强其兵，而能必胜敌国者，未之有也；能强其兵，而不明于胜敌国之理，犹之不胜也。兵不必胜敌国，而能正天下者，未之有也；兵必胜敌国矣，而不明正

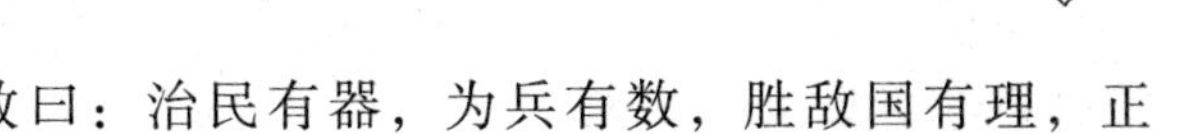

天下之分，犹之不可。故曰：治民有器，为兵有数，胜敌国有理，正天下有分。

【译文】正确的主张不能用，错误的主张不能废，有功而不能赏，有罪而不能罚；像这样而能治理好人民的，从来没有过。正确的坚决采用，错误的坚决废止，有功必赏，有罪必罚，这就可以治理好了吗？还不能。为什么？因为，不具有军事力量和军事器械，仍然不能治理好。有了军事力量和军事器械以后，再具备上述四项，那就可以治理好了。不能治理好人民而能强化其军队的事情，从来没有；但是，能治其民而不懂用兵的策略，仍然不行。不能强化其军队而能必胜敌国的事情，从来没有；但是，能够强化其军队而不明胜敌国之理，仍然不能打胜。兵力没有必胜敌国的把握而能够征服天下的事情，从来没有；但是，兵力有了必胜的把握而不明征服天下的纲领，仍然是不行的。所以说：治民要有军备，用兵要有策略，战胜敌国要有理，匡正天下要有纲领。

为兵之数：存乎聚财，而财无敌；存乎论工，而工无敌；存乎制器，而器无敌；存乎选士，而士无敌；存乎政教，而政教无敌；存乎服习，而服习无敌；存乎遍知天下，而遍知天下无敌；存乎明于机数，而明于机数无敌。故兵未出境，而无敌者八。

【译文】用兵的方法，在于积聚财富，而要使财富无敌；在于考究军事工艺，而要使工艺无敌；在于制造兵器，而要使兵器无敌；在于选择战士，而要使战士无敌；在于管理教育，而要使管教工作无敌；在于军事训练，而要使训练工作无敌；在于调查各国情况，而要使调查工作无敌；在于明察战机和策略，而要使明察战机和策略无敌。这就是说，军队没有调出国境，就已经保证八个方面无可匹敌了。

若夫曲制时举，不失天时，毋圹地利，其数多少，其要必出于计数。……以众击寡，以治击乱，以富击贫，以能击不能，以教卒练士击驱众白徒。故十战十胜，百战百胜。

【译文】关于部队作战的时机，应该不失天时，不废地利。军事上数字的多少，其主要项目一定要根据计划。……以众击寡，以治击乱，以富击贫，以能用兵的将帅击不能用兵的将帅，以经过教练的士卒打击临时征集的乌合之众，才可以十战十胜，百战百胜。

故兵也者，审于地图，谋于官日，量蓄积，齐勇士，遍知天下，审御机数，兵主之事也。

【译文】所以用兵这件事情，一定要详审地理情况，掌握天时，计算军需贮备，教练勇士，普遍掌握天下的情况，认真抓好战机和运用策略。而这些也正是统帅的本职。

故攻国救邑，不恃权与之国，故所指必听；定宗庙、育男女，天下莫之能伤，然后可以有国；制仪法，出号令，莫不响应，然后可以治民一众矣。

【译文】攻人之国，救人之邑，又不依靠盟国，就必然是军队指向哪里，哪里就得听从。安定宗庙，繁育儿女，无人敢于伤害，然后就可以巩固政权。立法定制，发号施令，无人不来响应，然后就可以治理人民和统一百姓行动了。

3.1.3　管子：霸言（选粹）

夫丰国之谓霸，兼正之国之谓王。……夫争天下者，以威易危暴，王之常也。君人者有道，霸王者有时。国修而邻国无道，霸王之资也。夫国之存也，邻国有焉；国之亡也，邻国有焉。邻国有事，邻国得焉；邻国有事，邻国亡焉。天下有事，则圣王利也。国危，则圣人知矣。夫先王所以王者，资邻国之举不当也。举而不当，此邻敌之所以得意也。

【译文】本国富强叫作“霸”，兼并诸侯国叫作“王”。……历来争夺天下，以威力推翻危乱的暴君，是王者的常事。统治人民必须有道，称王称霸必须合于时机。国政修明而邻国无道，是成就霸王之业的有利条件。因为国家的存在与邻国有关，国家的败亡也与邻国有关。邻国有事，邻国可以有所得；邻国有事，邻国也可以有所失。天下有事变？总是对圣王有利；国家危殆的时候，才显出圣人的明智。先代圣王之所以成其王业，往往是利用邻国的举措不当。举措不当，是邻国敌人所以得意的原因。

夫欲用天下之权者，必先布德诸侯。是故，先王有所取，有所与，有所诎，有所信，然后能用天下之权。……明大数者得人，审小计者失人。得天下之众者王，得其半者霸。是故，圣王卑礼以下天下之贤

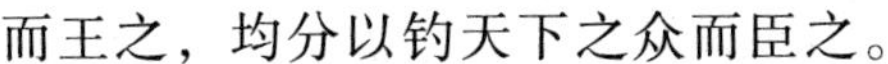

而王之，均分以钓天下之众而臣之。

【译文】想要掌握天下的权力，首先必须施德于诸侯。因此，先王总是有所取，有所予，有所屈，有所伸然后才能掌握天下的大权。……懂得天下大计的，得人；只打小算盘的，失人。得天下大多数拥护的，能成王业；得半数拥护的，能成霸业。因此，圣明君主总是谦恭卑礼来对待天下贤士而加以任用，均分禄食来吸引天下民众而使为臣属。

夫使国常无患，而名利并至者，神圣也；国在危亡，而能寿者，明圣也。……夫明王之所轻者，马与玉；其所重者，政与军。

【译文】使国家经常没有忧患而名利兼得的，可称神圣；国家在危亡之中而能使之保全的，可称明圣。……一个英明君主总是看轻骏马与宝玉，而看重政权与军队。

夫权者，神圣之所资也；独明者，天下之利器也；独断者，微密之营垒也。此三者，圣人之所则也。……圣王务具其备，而慎守其时。以备待时，以时兴事，时至而举兵。

【译文】权谋，是神圣君主所依赖的。独到的明智，好比天下的利器；独到的判断，好比一座精密的营垒。这二者是圣人所要效法的。……圣王务求做好准备而慎守时机。以有所准备等待时机，按适当时机兴举大事，时机一到而开始兴兵。

夫无土而欲富者忧，无德而欲王者危，施薄而求厚者孤。

【译文】无地而求富有者，忧伤；无德而想称王者，危险；施予薄而求报答厚重者，孤立。

霸王之形，德义胜之，智谋胜之，兵战胜之，地形胜之，动作胜之，故王之。夫善用国者，因其大国之重，以其势小之；因强国之权，以其势弱之；因重国之形，以其势轻之。强国众，合强以攻弱，以图霸；强国少，合小以攻大，以图王。强国众，而言王势者，愚人之智也；强国少，而施霸道者，败事之谋也。夫神圣，视天下之形，知动静之时；视先后之称，知祸福之门。强国众，先举者危，后举者利；强国少，先举者王，后举者亡。战国众，后举可以霸；战国少，先举可以王。

【译文】霸业和王业的形势是这样的，它的德义处于优势，智谋处于优势，兵战处于优势，地形处于优势，动作处于优势，所以能统治天下。善于治国的，往往利用大国的力量，依势而缩小别国；利用强国权威，依势而削弱别国；利用重国的地位，依势而压低别国。强国多，就联合强国攻击弱国以图霸业；强国少，就联合小国攻击大国以图王业。强国多，而谈统一的王业，是愚人之见；强国少，而行联合称霸的办法，是败事之谋。神圣的君主，都是看天下的形势，了解动静时机；看先后机宜，了解祸福的道路。强国多，先举事者危险，后举事者得利；强国少，先举事者成王，后举事者失败。参战国多，后举事者可以成霸；参战国少，先举事者就可以成王。

夫王者之心，方而不最。列不让贤，贤不齿第择众，是贪大物也。是以，王之形大也。

【译文】王者之心，方正而不走极端。列爵不排斥贤人，选贤不择年龄地位，这是为贪更大的利益。所以王业的形势是伟大的。

夫抟国不在敦古，理世不在善攻，霸王不在成曲。

【译文】掌握国家不在于敦敬古道，治世不在于精通旧事，成王成霸不在于抄袭典故。

3.2.1 韩非子：亡征（选粹）

韩非子（公元前280？～前233年），战国末思想家，是法家思想的集大成者。韩非子认为，“人民众而货财寡”是社会动乱的根本原因，而建立以严刑峻法为核心的，法、术、势相结合的法治体系是求得国家长治久安的根本途径。韩非子反对古法的历史循环论，持历史进化论，在诸侯林立即将转向中央集权专利的历史阶段，提出了“当今争于气力”的口号。本篇选自《韩非子》，作者形象地揭示了事关国家危亡的征兆，意在告诉君主必须居安思危，防止权力倾覆，也指出了一统天下的时机。

亡征者，非曰必亡，言其可亡也。夫两尧不能相王，两桀不能相亡；亡王之机，必其治乱，其强弱相踦者也。木之折也必通蠹，墙之坏也必通隙。然木虽蠹，无疾风不折；墙虽隙，无大雨不坏。万乘之

主，有能服术行法以为亡征之君风雨者，其兼天下不难矣。

【译文】有亡国征兆的，不是说国家一定灭亡，而是说它可能灭亡。两个唐尧不能相互称王，两个夏桀不能相互灭亡；灭亡或称王的关键，必定取决于双方治乱强弱的不平衡。木头的折断一定由于蛀蚀，墙壁的倒塌一定由于裂缝。然而木头虽然蛀蚀了，没有疾风不会折断，墙壁虽然有了裂缝，没有大雨不会倒塌。大国的君主，如能运用法术作为暴风骤雨去摧毁那些已有灭亡征兆的国家君主，那么他要兼并天下就不难了！

3.3.1　贾谊：过秦论（上）（选粹）

贾谊（公元前200～前168年），汉代人，以政论闻名。本篇选自所著《新书》，作者总结了秦王朝成功与失败的经验教训，指出“仁义”对于一个王朝兴衰的影响，告诫当时的统治者，若想保持长治久安，就必须吸取秦王朝灭亡的教训。

秦人开关延敌，九国师，逡巡遁逃而不敢进。秦无亡矢遗镞之费，而天下诸侯已困矣。于是从散，争割地而赂秦。……

及至始皇，奋六世之馀烈，振长策而驭宇内，吞二周而亡诸侯，履至尊而制六合，执捶拊以鞭笞天下，威振四海。……废先王之道，焚百家之言，以愚黔首；隳名城，杀豪杰，收天下之兵，聚之咸阳，销锋，铸以为金人十二，以弱天下之民。

【译文】秦人大开关门引敌深入，九国的军队却迟疑起来，不敢入关。秦人没有丢失一支箭那样的消耗，天下的诸侯已陷入狼狈不堪的境地了。这样一来，纵约解散了，各诸侯国争着割地来贿赂秦国。……

到始皇的时候，他大大地发展了前六代君主的功业，挥舞着长鞭来驾驭全中国，将东周、西周和各诸侯国统统消灭，登上最尊贵的宝座来统治天下，用种种刑具来迫害全国人民，威风震慑四海。……废除古代帝王的治世之道，焚烧诸子百家的著作，为的是使百姓变得愚蠢；毁坏著名的城邑，杀掉英雄豪杰；收缴天下的兵器，集中在咸阳，去掉刀刃和箭头，用来铸成十二个金人，以便削弱百姓（的反抗力量）。

试使山东之国，与陈涉度絜大，比权量力，则不可同年而语矣；然秦以区区之地，致万乘之权，序八州而朝同列，百有余年矣；然后以六合为家，崤函为宫，一夫作难而七庙隳，身死人手，为天下笑者，何也？仁义不施，而攻守之势异也。

【译文】假使拿山东诸国跟陈涉比一比长短大小，量一量权势力量，那是不能相提并论的。然而秦凭借着它的小小的地，发展到兵车万乘的国势，管辖全国并使八州的列国诸侯来朝拜自己，已有一百多年历史；然后将天下作为一家私产，用崤山、函谷关作为宫墙；（陈涉）一个戍卒发难就毁掉了天子七庙，皇子皇孙都死在别人手里，被天下人耻笑，是什么原因呢？就因为不施行仁义而使攻守的形势发生了变化啊。

3.4.1 晁错：论贵粟疏（选粹）

晁错（公元前200～前154年），是西汉文帝时的智囊人物，颍川（今河南禹州）籍。晁错为人刚直苛刻，直言敢谏，为发展西汉经济和巩固汉政权制定并主持实施了许多积极政策。《论贵粟疏》主张，天下之首要政策是重视农业生产，为民生考虑、休养生息，才能长治久安。作为农耕时代，有此战略视野和思维，抓住了治国安邦问题的关键，不能不令人赞叹。

圣王在上，而民不冻饥者，非能耕而食之，织而衣之也，为开其资财之道也。

【译文】贤明的君主在上面管理国家，老百姓之所以没有挨饿受冻，并不是君王能种出粮食给老百姓吃，织出布帛给老百姓穿，而是他有能替老百姓开辟财源的办法。

民贫则奸邪生。……明主知其然也，故务民于农桑，薄赋敛，广畜积，以实仓廪，备水旱；故民可得而有也。

【译文】百姓贫困，就可能作乱。……英明的君主是懂得这个道理的，所以他使农民从事农业生产，减轻赋税，扩充积蓄，用来充实粮仓，防备水旱灾害，因此可以得到人民的拥护。

民者，在上所以牧之，趋利如水走下，四方亡择也。……明君贵五谷而贱金玉。

【译文】老百姓的去留，在于君主如何管理。他们追逐利益如同水朝低处流一样，不管东南西北，不会选择方向。……英明的君主重视五谷而把金玉看得很轻。

3.5.1　司马迁：苏秦列传（选粹）

司马迁（约公元前135年～?），西汉时人，史学家。本文选自《史记》。据1973年马王堆汉墓出土的《战国纵横家书》，苏秦实际是燕昭王派往齐国的战略间谍。从本文记载的富有传奇色彩的传记中，可以窥见战国之际复杂多变的诸侯国之间的关系和“国际”战略格局。其中的《苏秦八论》是中国古代最著名的“国际”战略格局分析文章，是后世纵横家学派的模拟之作，也是我国早期着眼于地缘战略的战略决策和情报整编的样板。苏秦以“合纵”之思想，纵横捭阖于六国之间，初得以成，后屡遭谗谄而失败，可以说是个悲剧。六国口头按苏秦思路答应合纵，但各存私意未履，更是六国之悲剧。而实际上在国与国关系上，这是屡见不鲜的。

“窃为君计者，莫若安民无事，且无庸有事于民也。安民之本，在于择交，择交而得则民安，择交而不得则民终身不安。……夫谋人之主，伐人之国，常苦出辞断绝人之交也。愿君慎勿出于口。

“臣闻尧无三夫之分，舜无咫尺之地，以有天下；禹无百人之聚，以王诸侯；汤武之士不过三千，车不过三百乘，卒不过三万，立为天子：诚得其道也。是故明主外料其敌之强弱，内度其士卒贤不肖，不待两军相当而胜败存亡之机固已形于胸中矣，岂揜于觿人之言而以冥冥决事哉！

"臣窃以天下之地图案之，诸侯之地五倍于秦，料度诸侯之卒十倍于秦，六国为一，并力西乡而攻秦，秦必破矣。今西面而事之，见臣于秦。夫破人之与破于人也，臣人之与臣于人也，岂可同日而论哉！

"夫衡人者，皆欲割诸侯之地以予秦。"

【译文】（苏秦对赵肃侯说）鄙人觉得君主要考虑的，没有比百姓生活的安宁，国家太平，并且无须让人民卷入战争中去更重要的了。使人民安定的根本，在于选择邦交，邦交选择得当，人民就安定；邦交选择不得当，人民就终身不安定。……想要计算别国的国君，攻打别人的国家，常常苦于公开声明断绝跟别国的外交关系，希望您小心谨慎，不要轻易出口。

鄙人听说当初唐尧没有分到过三百亩的赏赐，虞舜也没有得到过一尺的封地，却能拥有整个天下；禹夏聚集的民众不够百人，却能在诸侯中称王；商汤、周武的卿士不足三千，战车不足三百辆，士兵不足三万，却能成为天子：他们确实掌握了夺取天下的策略。所以，一个贤明的君主，对外要能预料敌国的强弱，对内要能估计士兵们素质的优劣，这样用不着等到双方军队接触，胜败存亡的关键所在早就了然于胸了。怎么会被众人的议论所蒙蔽，而昏昧不清地决断国家大事呢？

鄙人考察过天下的地图，各诸侯国的土地五倍于秦国，估计各诸侯国的士兵十倍于秦国，假如六国结成一个整体，同心协力，向西攻打秦国，秦国一定会被打败。如今反而向西侍奉秦国，向秦国称臣。打败别人和被别人打败，让别人向自己称臣和自己向别人称臣，难道是可以同日而语的么！

凡主张连横政策的人，都想把各诸侯国的土地割让给秦国。

周书曰："挠挠不绝，蔓蔓柰何？豪牦不伐，将用斧柯。"前虑不定，后有大患，将柰之何？

【译文】（游说魏襄王）《周书》上说："草木滋长出微弱的嫩枝时，要不及时去掉它，到处滋长延伸了怎么办呢？细微嫩枝不及时砍掉它，等到长的粗壮了，就得用斧头了。"事前不考虑成熟，事后将有灾祸临头，那时对它将怎么办呢？

臣闻治之其未乱也，为之其未有也。患至而后忧之，则无及已。

【译文】（游说楚威王）我听说在未发生动乱之前，就应该治理它，在祸患没有降临之前，就要采取行动。要等到祸患临头，再去忧虑它，那就来不及了。

于是六国从合而并力焉。苏秦为从约长，并相六国。

【译文】于是，六国合纵成功，同心协力了。苏秦做了合纵联盟的盟长，并且担任了六国的国相（即历史上所谓苏秦佩六国之相印）。

人有毁苏秦者曰："左右卖国反复之臣也，将作乱。"

【译文】有诋毁苏秦的人说："苏秦是个左右摇摆、出卖国家、反复无常的臣子，将为乱天下。"

太史公曰：苏秦兄弟三人，皆游说诸侯以显名，其术长于权变。而苏秦被反闲以死，天下共笑之，讳学其术。然世言苏秦多异，异时事有类之者皆附之苏秦。夫苏秦起闾阎，连六国从亲，此其智有过人者。吾故列其行事，次其时序，毋令独蒙恶声焉。

【译文】太史公说：苏秦兄弟三人，都是因为游说诸侯而扬名天下，他们的学说擅长于权谋机变。而苏秦承担着反间计的罪名被杀死，天下人都嘲笑他，讳忌研习他的学说。然而社会上流传的苏秦事迹有许多差异，凡是不同时期和苏秦相类的事迹，都附会到苏秦身上。苏秦出身于民间，却能联合六国合纵相亲，这正说明他的才智有超过一般人的地方，所以，我列出他的经历，按着正确的时间顺序加以陈述，不要让他只蒙受不好的名声。

3.6.1　淮南子：兵略训（选粹）

《淮南子》，西汉时淮南王刘安（公元前179～前122年）及其门客所著。其学说以道家为主，杂以儒、法、阴阳家的思想，为杂家的代表作之一。其中《兵略训》集中阐述了军事思想，对于战争性质、战争的胜败以及战略战术等问题均有探讨，对先秦以来的军事战争和治理经验进行了总结，对后世历代封建王朝的治军和作战有着深远的影响。

古之用兵者，非利土壤之广而贪金玉之略，将以存亡继绝，平天下之乱，而除万民之害也。……兵之所由来者远矣！黄帝尝与炎帝战矣，颛顼尝与共工争矣。故黄帝战于涿鹿之野，尧战于丹水之浦，舜伐有苗，启攻有扈。自五帝而弗能偃也，又况衰世乎！

【译文】古时候人的用兵，不是为了谋求扩大地域的利益和贪图获取金玉财宝，而是为了存亡继绝，平息天下暴乱，为民除害。……战争的由来已经很久远了，那就是黄帝曾经和炎帝打过仗，颛顼曾经和共工发生过战争。所以是黄帝在涿鹿之野打败蚩尤，尧帝在丹水之浦消灭楚伯，舜帝讨伐过叛乱的有苗，夏启攻打过不服的有扈。这说明战争即使在五帝时代也没有停息过，那就更不用说衰乱的时代了。

夫兵者，所以禁暴讨乱也。……教之以道，导之以德而不听，则临之以威武；临之威武而不从，则制之以兵革。故圣人之用兵也，若栉发耨苗，所去者少，而所利者多。

【译文】战争是用来制止凶暴和讨伐祸乱的。……先用道理教育这些坏人，并用德行开导这些恶人，如果不听劝导，就用武力威势震慑他们，武力威势仍然不足以震慑他们，就只能用兵来对他们作出制裁了。所以圣人用兵，如同梳头锄草，清除的是少数害虫，保护的是多数百姓的利益。

故霸王之兵，以论虑之，以策图之，以义扶之，非以亡存也，将以存亡也。兵之来也，以废不义而复有德也。……克国不及其民，废其君而易其政。……夫为地战者，不能成其王；为身战者，不能立其功。举事以为人者，众助之；举事以自为者，众去之。众之所助，虽弱必强；众之所去，虽大必亡。兵失道而弱，得道而强；将失道而拙，得道而工；国得道而存，失道而亡。

【译文】所以能够称霸的诸侯用兵，用伦理来考虑，用策略来谋取，用正义来扶持，目的不是用来消灭存在着的国家，而是用来保存将要灭亡的国家。今天我们正义之师来到你们国家，就是为了废除不义的昏君，恢复道德，让有德人士执掌朝政。……攻克该国不牵连到该国人民，废除该国的昏君、替换该国的公卿。……为了扩张领地而发起的战争是不能实现称王平天下的目标的；同样，为了自己的私利而发起的战争是不能建立丰功伟绩的。发起战争是为人民的，人民就会帮助他；兴起战争是为自己的，人民就会抛弃他。得到民众的支持，尽管弱小也必定会强大；被民众唾弃，即使强大也必定会灭亡。

刑，兵之极也，至于无刑，可谓极之矣。是故大兵无创，与鬼神通，五兵不厉，天下莫之敢当。……故明王之用兵也，为天下除害，而与万民共享其利。……兵有三诋，治国家，理境内，行仁义，布德惠，立正法，塞邪隧，群臣亲附，百姓和辑，上下一心，君臣同力，诸侯服其威，而四方怀其德。修政庙堂之上，而折冲千里之外，拱揖指捴，而天下响应，此用兵之上也。地广民众，主贤将忠，国富兵强，约束信，号令明，两军相当，鼓錞相望，未至兵交接刃，而敌奔亡，此用兵之次也。知土地之宜，羽险隘之利，明奇正之变，察行陈解赎之数，维枹绾而鼓之，白刃合，流矢接，涉血属肠，舆死扶伤，流血千里，暴骸盈场，乃以决胜，此用兵之下也。

【译文】消灭敌军是战争用兵的最终目的；至于能够做到没有伤亡便使敌军屈服则可称作最理想的结局。所以真正的战争并不造成伤害，这是因为战争的艺术性极高，已能与鬼神相通了。不用秣马厉兵，天下没人敢与之对抗。……所以英明的君王用兵，是为天下百姓除害，和万众百姓共享战争的利益。……用兵打仗大致有三种基本情况：治好国政，理顺要事，施行仁义，广布恩惠，健全法制，堵塞邪道，群臣亲附，百姓和睦，上下一心，君臣同力，诸侯臣服于他的威势，天下感怀他的恩德，在朝廷上修明政治就能使千里之外的敌军不敢进犯，从容指挥、轻松自如而天下纷纷响应，这是用兵的最高境界。地广人多，主贤将忠，国富兵强，纪律严格，号令严明，两军对阵，双方鼓錞于都能看清，但还没冲杀交手敌军就吓得奔走逃亡，这是次一等的用兵境界。知道作战区域的相适环境，熟悉有利的险要地形，懂得灵活机变及正面交锋的变化，审察行军布阵，明白兵力分散和集中的规律，然后击鼓进军，刀刃相拼，飞箭迸撞，踩着血水，踏着伤亡者流出的肚肠，抬回牺牲者的尸体，扶起伤员，流血千里，尸骸遍野，经过这样残酷的恶战才决出胜负，这是用兵下策。

兵之胜败，本在于政。政胜其民，下附其上，则兵强矣；民胜其政，下畔其上，则兵弱矣。故德义足以怀天下之民，事业足以当天下之急，选举足以得贤士之心，谋虑足以知强弱之势，此必胜之本也。……为存政者，虽小必存；为亡政者，虽大必亡。

【译文】战争的胜负，根本在于政治。政治能够驾驭民众，人民能亲附君主，那么军队也必然会强大；反之民众反对其现实政治，百姓又背叛君主，那么军队也必然会弱小。所以德政、道义最为关键，德政道义足以感怀天下百姓，其事业就足以能应对天下的当务之急，选用的贤才足以得到天下贤士的拥戴，计谋智虑足以掌握敌我双方力量的强弱，这些才是取得胜利的根本因素。……而实行仁政，即使是小国也必定能长存；实施暴政，即使是大国也必定要灭亡。

然一人唱而天下应之者，积怨在于民也。

【译文】但是就他（陈胜）能登高一呼，使天下为之响应，这是因为百姓们的心头早就积满了对秦王朝的怨恨和愤怒。

凡用兵者，必先自庙战。主孰贤？将孰能？民孰附？国孰治？蓄积孰多？士卒孰精？甲兵孰利？器备孰便？故运筹于庙堂之上，而决胜乎千里之外矣。

【译文】大凡用兵作战，一定先要在朝廷内谋划好：双方君主哪个贤明？双方将领哪方能干？双方民众亲附哪方？国家政权哪方稳定？双方积蓄储备物资哪方充足？双方士兵哪方精悍？双方铠甲兵器哪方精锐？双方器械装备哪方完善精良？诸如此类都将在朝廷计算谋划好，这样才能决胜千里之外。

故纣之卒，百万之心；武王之卒，三千人皆专而一。故千人同心，则得千人力；万人异心，则无一人之用。……兵有三势，有二权。有气势，有地势，有因势。……善用间谍，审错规虑，设蔚施伏，隐匿其形，出于不意，敌人之兵无所适备，此谓知权。陈卒正，前行选，进退俱，什伍搏，前后不相捻，左右不相干，受刃者少，伤敌者众，此谓事权。

【译文】所以纣王的士卒，百万人是百万条心；武王的部队，三千人是凝成一颗心。因而千人同心就能发挥千人力量，万人异心则抵不上一个人的作用。……用兵有“三势”和“二权”。“三势”是“气势”、“地势”和“因势”。……善于使用间谍侦察敌情，使用反间之计，然后措施审慎周密，规划行动慎重，设置疑阵、布置伏兵，隐藏部队的形迹，行动出乎敌人的意料，使敌人的部队难以适应和防范，这就叫“智权”。排兵布阵严整，队列行军整齐，进退步调一致，队伍行距紧凑，前后不互相践踏，左右不互相干扰，使之受伤的少、杀敌的多，这就叫“事权”。

今人之与人，非有水火之胜也，而欲以少耦众，不能成其功，亦明矣。兵家或言曰：“少可以耦众。”此言所将，非言所战也。或将众而用寡者，势不齐也；将寡而用众者，用力谐也。若乃人尽其才，悉用其力，以少胜众者，自古及今，未尝闻也。

【译文】现在人与人之间的差距尽管没有水火那样的性质差异，但却想以少胜多，那么不能取得胜利也是显而易见的。有的军事家说“少可以胜多”，但要知道，这话是针对将帅如何带兵这一战略问题来说的，而不是指具体的每一次战斗。有些将帅统率的人多，但战斗力却很弱，这是因为没有将士兵的力量拧成一股绳；有些将帅带的兵并不多，但战斗力却很强，这是因为将士兵的力量协调一致的缘故。假若一支能协调众人力量的大部队，被一支小部队所打败，这大概是从古到今都没听说过的事。

兵之所以强者，民也；民之所以必死者，义也；义之所以能行者，威也。是故合之以文，齐之以武，是谓必取。威仪并行，是谓至强。夫人之所乐者，生也；而所憎者，死也。然而高城深池，矢石若雨，平原广泽，白刃交接，而卒争先合者，彼非轻死而乐伤也，为其赏信而罚明也。

【译文】军队之所以强大，是在于得到民众的拥戴；民众之所以用牺牲自己来换取战争胜利，是在于这场战争的正义性；正义之所以能为民众信仰，是在于君王将帅具有崇高的威信，且与民众利益一致。所以用文德来团结人民，用勇武来整齐士兵，这样就能必定胜利；正义和威信同时发挥作用，这是最强大的。一般来说，人都是喜欢活着，憎恨死去的。但是，面对高高的城墙、深深的壕沟、矢箭如雨，平原广泽短兵相接厮杀时，士兵们仍然争先恐后抢在前面与敌军交战，不是他们不怕死、高兴受伤，而是因为君王将帅奖赏守信用、惩罚严明的缘故。

盖闻善用兵者，必先修诸己，而后求诸人；先为不可胜，而后求胜；修己于人，求胜于敌。己未能治也，而攻人之乱，是犹以火救火，以水应水也。何所能制！

【译文】听说善于用兵的人，必定先从自我修养做起，然后才要求他人也能这样；先做到不可被战胜，然后才争取去战胜别人。自我都没修养好，还得依靠别人；自身的条件都不具备，却只想寄希望于敌人自己出乱子而取胜他，自己的部队混乱不堪却想乘敌人出乱之机去战胜他的做法，就像用火救火，用水堵水一样，哪里能制服？

夫将者，必独见独知。独见者，见人所不见也；独知者，知人所不知也。见人所不见，谓之明；知人所不知，谓之神。神明者，先胜者也。

【译文】将帅，一定要有独到的见解和胆识。所谓独到见解是指能够观察到别人观察不到的东西；所谓独到胆识是指能够知道别人不知道的东西。能够观察到别人观察不到的东西，这叫做“明”；能够知道别人不知道的东西，这叫做“神”。这神明就是取得胜利的先决条件。

兵之所加者，必无道国也，故能战胜而不报，取地而不反。

民不疾疫，将不夭死，五谷丰昌，风雨时节，战胜于外，福生于内，是故名必成而后无余害矣。

【译文】正义战争的矛头总是指向昏君统治的国家，所以能够做到战胜敌国而不遭敌国的报复，夺取土地而不会被敌国反攻。

人民将不会有疾病瘟疫发生，将官将不会早死，五谷丰收，风调雨顺；在国外打了胜仗，为国家带来福祉。所以这样的战争必定给君王和将帅带来名声而不会留下祸害。

3.7.1 苏洵：六国论（选粹）

苏洵（1009～1066年），宋代政论家。本节选粹中，作者阐述战国时六国对付秦国策略的得失，指出六国灭亡的原因在于“赂秦”。所谓“赂秦”，亦即割地求安，作者认为这是“资敌而弱己”的失策行为，必然导致最终的覆灭。作者撰写本文的目的，意在告诫宋王朝切勿“以天下之大，下而从六国破亡之故事”。本文选自作者所著《嘉佑集》。

六国破灭，非兵不利，战不善，弊在赂秦。赂秦而力亏，破灭之道也。

【译文】六国灭亡，不是武器不锋利，不擅长打仗，弊病在于（用土地）贿赂秦国。贿赂秦国就使国力削弱，（这是）导致灭亡的原因。

“以地事秦，犹抱薪救火，薪不尽，火不灭。”此言得之。

【译文】用土地侍奉秦国，如同抱柴禾去救火，柴禾不用完，火就不熄灭。这话说对了。

以赂秦之地封天下之谋臣，以事秦之心礼天下之奇才，并力西向，则吾恐秦人食之不得下咽也。

【译文】用贿赂秦国的土地封赏给天下的谋臣，用侍奉秦国的心意礼遇天下的奇才，合力对付秦国，那么我恐怕秦人会害怕得连饭也吃不下去啊。

夫六国与秦皆诸侯，其势弱于秦，而犹有可以不赂而胜之之势。苟以天下之大，下而从六国破亡之故事，是又在六国下矣。

【译文】说起来六国和秦国都是诸侯国，他们的势力比秦国弱小，却仍有可以不用贿赂来战胜秦国的可能性。假如以现今偌大的天下，屈尊而重蹈六国灭亡的旧事，这就又处于六国的下等了。

3.8.1 苏轼：教战守策（选粹）

苏轼（1036～1101年），宋代人，官至翰林学士。他主张改革，但又对当时的王安石变法不能赞同，仕途因而屡屡受挫。本节选粹中，作者鉴于当时存在的社会问题，批驳了“以去兵为王者之盛节”的迂儒之议，并一针见血地指出，“当今生民之患”在于“知安而不知危”“能逸而不能劳”，主张朝野上下“尊尚武勇，讲习兵法”，以加强战备，搞好国防建设，抵御外族入侵。本文选自《苏东坡集》。

夫当今生民之患，果安在哉？在于知安而不知危，能逸而不能劳。此其患不见于今，而将见于他日。今不为之计，其后将有所不可救者。

【译文】现在人民的祸患，究竟在哪里呢？在于只知道安乐却不知道危难，能享受安逸却不能劳累吃苦。这种祸患现在看不出来，但是将来会看出的。现在不给它想办法，那以后就有无法挽救的危险了。

天下既定，则卷甲而藏之。数十年之后，甲兵顿弊，而人民日以安于佚乐；卒有盗贼之警，则相与恐惧讹言，不战而走。

【译文】天下既然安定了，就把装备武器收藏起来。几十年以后，装备武器都败坏了，人民一天一天地习惯于安乐生活；一旦忽然传来盗贼的警报，就彼此惶恐传布谣言，不战就逃跑了。

战者必然之势也。不先于我，则先于彼；不出于西，则出于北。所不可知者，有迟速远近，而要以不能免也。

【译文】战争是必然的趋势，不从我方开始，便从敌方开始；不发生在西方，便发生在北方。所不知道的，只是战争的发生有早有迟有远有近，总之，战争是不可能避免的。

民不疾疫，将不夭死，五谷丰昌，风雨时节，战胜于外，福生于内，是故名必成而后无余害矣。

【译文】国民不受疾病瘟疫之苦，兵将勇战而不畏牺牲，五谷丰登，风调雨顺在外交和征战中必胜而对内造福于民，这就能成就好的名声、造福后代。

第四章

文艺复兴至资产阶级革命时期的安全战略思维

文艺复兴是继古希腊之后西方思想史上又一个熠熠生辉的时期，由此开始，经过资产阶级启蒙运动，西方思想从黑暗的宗教神学中彻底解放出来，奠定了现代进步思想的基础。这一时期的安全思维，让人们从接受“上帝驾驭的安全”到寻求“人的安全”。然后，从对人性的认识出发，来看待现实政治，理直气壮地捍卫人的利益和安全，并且力图将这种努力给以理论的说明和制度的保证，这是西方思想界对于国际安全战略思维的特殊的贡献。

4.1.1　但丁·阿里盖里：论世界帝国（节选）

但丁·阿里盖里（Dante Alighieri，1265～1321年），意大利佛罗伦萨人，被恩格斯称为“封建的中世纪的终结和现代资本主义纪元的开端……是中世纪的最后一位诗人，同时又是新时代的最初一位诗人”。[①] 代表作《神曲》使其成为文艺复兴的第一代表人物。但丁生活的时期是中世纪封建主义行将终结和现代资本主义纪元开始的时期，在那个意大利社会各阶级的矛盾和斗争极其尖锐、复杂的时期，但丁曾沦为阶级斗争的牺牲品，于1302年遭到流放。1308年神圣罗马帝国皇帝亨利七世上台。但丁因此受到鼓舞，将自己的政治理想，

① 这是恩格斯在《共产党宣言》意大利版序言中对但丁艺术成就的高度肯定，将但丁视为吹响欧洲文艺复兴号角的号手。

即祖国的统一乃至世界的统一寄托在了这位君主身上。《论世界帝国》提出建立一个世俗性的世界帝国，帝国的权力来源于上帝，实现统一的司法权，由一个帝王来统治，去保护人权。但丁的理想多少有些乌托邦的色彩，但他毕竟开启了人文主义安全战略思维的先河。

四

达到这一目标的最好方法是实现世界和平。

我已经清楚地阐明：人类作为一个整体而言，它的本分工作是不断行使其智力发展的全部能力；这首先是在理论方面，其次则在由理论发展而成的实践方面。既然部分是整体的样品，既然个人感到在宁静的环境里思虑更加周详，处事更加明智，那么，人类显然也是只有身处安定的太平时代才能轻松自如地进行工作。人类的工作是近乎神圣的；“你创造他仅次于天使”①。显然，上帝为了造福世人曾作了种种安排，而在这种种安排之中，世界和平是头等大事。因此上帝说，天上传给牧羊人的福音不是财富，不是享乐，不是荣誉，不是长寿，不是健康，不是力量，也不是美貌，而是和平。因为天使们宣告：“在至高之处荣耀归与上帝，在地上平安归与他所喜悦的人”②，而“愿你有和平”③ 也是救世主的祝辞；因为至高无上的救世主发出至高无上的祝辞，那是非常恰当的。他的门徒都很注意经常使用这一祝辞；很显然，保罗就是这样做的，这一点谅必人人都是很清楚的。

以上所述表明人类要完成本分工作所必须遵循的那条较好的甚至是最好的道路；因此，这同样表明我们必须立即走上这条道路，那就是世界和平的道路，以求达到我们全部工作的最终目的。这就是我们的基本原理，如前所述，它是构成我们以下一切论点的基础。它也是摆在我们面前的一个标准，可以用来检验我们试图证明的真理。

① 《旧约全书诗篇》第 8 篇，第 5 节。

② 见基督教《圣经》中的《新约全书路加福音》第 2 章，第 14 节。

③ 同上书第 10 章，第 5 节。

五

为了造就普天下的幸福，有必要建立一个一统的世界政体。

关于统一天下的尘世政体，一般也称作帝国，我开始说过，有三个主要疑义必须提出来加以探讨。这三个疑义，我也说过，我准备按次序逐一讨论。第一个疑义是，为了给尘世带来幸福，是否有必要建立一个一统的尘世政体。从来也没有人提出过有分量的论点或典据以否定这种必要性；相反地，肯定这一必要性的论点却是十分明确有力。最早的论点见于《政治学》，具有先哲的权威。在那里，这位可敬的权威指出，每当几个物体结成一体，其中必有一个起调节和支配作用，其余则服从调节和服从支配。这一点看来是可信的，因为这不仅凭借作者英名的威力而成立，而且也是根据归纳推理所得的结论。试以单个人为例，这一论点的正确性在他身上就有充分体现；因为即使他倾全力追求幸福，但如果他的智能起不到支配和指导其他能力的作用，他也不可能获得幸福。又譬如一个家庭的目的是要让家庭成员生活舒适；其中必须有一个人起调节和支配作用，我们称之为家长，不然，也得有个相当于家长的人。先哲亚里士多德说："每个家庭以最年长者为主。"荷马[①]也说过：支配整个家族和定出家规就是这一家之主的职责。因此，那句咒骂人的谚语说："但愿你家里出了个跟你分庭抗礼的人。"再譬如一个地区，它的目的是在人力和物力方面起相互协助的作用。这里必须有一个人出来管辖他人，这个人或者由大家推举，或者是众人乐意拥戴的杰出人物。否则，这个地区不仅不能提供内部的互相协助，反而常常因为争权夺势而导致整个地区的毁灭。同样，一个城市的目的是安居乐业，自给自足；那么，不管这个城市的市政是健全还是腐败，这个城市必须有一个一统的政体。否则，不仅公民的生活达不到其目标，连城市也不成其为城市了。最后，不妨以一个国家或王国为例，它的目的与城市相同，只是维护和平的责任更重。它必须有一个单一的政府实行统治和执政，否则国家的目的就难以达到，

① 荷马（Homer，公元前1000～800年之间）——相传为古希腊史诗《伊利亚特》（*Iliad*）和《奥德修纪》（*Odyssey*）的作者。

甚至国家本身也会解体，正如那个放之四海而皆准的真理所说："一个内部互相攻讦的王国必遭毁灭。"因此，如果这些情况确实符合有着统一目标的个人和特定地区，那么，我们前面的立论就必然是正确的。上述已经证明整个人类注定只有一个目的，因而人类就应该实行独一无二的统治和建立独一无二的政府，而且这种权力应称为君主或帝王。由此可见，为了给尘世带来幸福，一统的政体或帝国是必要的。

（选自但丁著，朱虹译：《论世界帝国》卷一"人类需要统一与和平"，商务印书馆，1985 年 5 月版，第 5 ~ 8 页。）

4.2.1 尼科洛·马基雅维里：君主论（选粹）

尼科洛·马基雅维里（Niccolò Machiavelli，1469 ~ 1527 年），比但丁晚 200 年的另一位意大利佛罗伦萨人，甚至两个人的坟墓都在同一个教堂。与但丁的世界主义和理想主义不同，马基雅维里是个国家主义者和实用主义者，非常渴望意大利的强大、统一。《君主论》曾被誉为近代政治现实主义的奠基之作，在西方政治文献中，最先强烈呼吁建立一个由世界统治者领导的国际组织，这个统治者垄断军事权力，维持各国之间的和平。马基雅维里亦被认为是权力政治学的开拓者，被后人誉为"发人之所未发，言人之所未言，……虽其言论之真意迄今尚多误会，虽其学说之价值今日尚有人怀疑，而其创造与重要则莫敢否认"。[①] 与中国传统文化的"人之初，性本善"理念不同，其认为人性本恶、必须运用权力才能保持统治、"目的说明手段正当"、扶弱抑强以维持均势等理念对后世的安全战略思维影响巨大。

第七章　论依靠他人的武力或者由于幸运而取得的新君主国

……为了确保他的新的王国领土安全免遭敌人侵害，有必要争取朋友，依靠武力或者讹诈取胜，使人民对自己又爱戴又畏惧，使军队

① 参见钮先钟：《西方战略思想史》。

既服从又尊敬自己，把那些能够或者势必加害自己的人们消灭掉，采用新的办法把旧制度加以革新，既有严峻的一面又能使人感恩，要宽宏大量且慷慨好施，要摧毁不忠诚的军队，创建新的军队，要同各国国王和君主们保持友好，使他们不得不殷勤地帮助自己，或者诚惶诚恐不敢得罪自己……

（选自尼科洛·马基雅维里著，潘汉典译：《君主论》，商务印书馆，1985 年版，第 36～37 页。以下只注页码。）

第八章　论以邪恶之道获得君权的人们

……

由此可见，占领者在夺取一个国家的时候，应该审度自己必须从事的一切损害行为，并且要立即毕其功于一役，使自己以后不需要每日每时搞下去。这样一来，由于不需要一再从事侵害行为，他就能够重新使人们感到安全，并且通过施恩布惠的方法把他们争取过来；……因为损害行为应该一下干完，以便人民少受一些损害，他们的积怨就会少些；而恩惠应该是一点儿一点儿地赐予，以便人民能够更好地品尝恩惠的滋味。（第 43～44 页）

第十六章　论慷慨和吝啬

……明智之士宁愿承受吝啬之名，因为它虽然带来丑名但是不引起憎慨，追求慷慨之誉，则必然招致贪婪之名，而贪婪之名则使丑名与憎慨俱来。（第 78 页）

第十七章　论残酷与仁慈，被人爱戴是否比被人畏惧来得好些

……最好是两者兼备；……如果必须有所取舍，那么，被人畏惧比被人爱戴是安全得多的。……因为关于人类，一般地可以这样说：他们是忘恩负义的、容易变心的，是伪装者、冒牌货，是逃避危难、追逐利益的。（第 80 页）

但是，君主使人们畏惧自己的时候，应当这样做：即使自己不能赢得人们的爱戴，也要避免自己为人们所憎恨。……只要他对自己臣民的财产和他们的妻女不染指，那就办得到了。……因为人们忘记父亲之死比忘记遗产的丧失还来得快些。（第 81 页）

第十八章　论君主应当怎样守信

……他就应当同时效法狐狸与狮子。由于狮子不能够防止自己落入陷阱，而狐狸则不能够抵御豺狼。因此，君主必须是一头狐狸以便认识陷阱，同时又必须是一头狮子，以便使豺狼惊骇。……当遵守信义对自己不利或原来使自己作出诺言的理由不复存在时，一位明智的统治者绝不能够、也不应当遵守信义。假如人们全都是善良的话，这条箴言就不合适了。但是因为人们是恶劣的，而且对你并不是守信不渝的，因此你也同样地无需对他们守信。（第 83 ~ 84 页）

第十九章　论应该避免受到蔑视与憎恨

……

君主必须像提防暗礁一样提防被人认为变幻无常、轻率浅薄、软弱怯懦、优柔寡断，他应该努力在行动中表现伟大、英勇、严肃庄重、坚忍不拔，使人们对自己抱有“谁都不要指望欺骗他或者瞒过他”的见解，这样才能对抗一切阴谋，坐稳江山。（第 87 ~ 88 页）

……同时，君主为避免自己因袒护人民而受到贵族非难、因袒护贵族而受到人民的非议，就应设立作为第三者的裁判机关（议会），而用不着国王担负责任。对于国王和王国来说，世界上再没有比这个制度更好、更审慎，再没有比这个方法更安全的了。（第 91 页）

第二十六章　奉劝将意大利从蛮族手中解放出来

……伟大的正义是属于我们的，因为“对于必须战争的人们，战争是正义的；当除了拿去武器以外就毫无希望的时候，武器是神圣的”。（第 123 页）

在备受外国蹂躏的一切地方，人们将怀着怎样的热爱、对复仇雪耻的渴望、多么顽强的信仰，抱着赤诚，含着热泪来欢迎他！……蛮族的控制对于我们每个人都臭不可闻了。请你的显赫的王室，以人们从事正义事业所具有的那种精神和希望，去担当这个重任，使我们的祖国在她的旗帜下日月重光……（第 126 页）

4.3.1　格老秀斯：战争与和平法（选粹）

格老秀斯（Hugo Grotius，1583 ~ 1645 年），荷兰法学家，被誉为“国际法之父”。出生于荷兰德耳夫特省的一个议员家庭。早年留学法国，15 岁获法国奥尔良大学法学博士学位。1599 年在海牙任律师，1601 年被任命为编史官，1607 年任荷兰省（当时为尼德兰的一个省）检察长。1613 年出使英国。1618 年因卷入政治与宗教冲突而被捕入狱，并被判终身监禁。1621 年越狱成功逃往法国，从此开始研究写作工作。《战争与和平法》就是在流亡期间写成的。此书共分三编，主要研究国家间的战争与和平法规问题。《战争与和平法》一书原意是根据自然法来阐明战争的动机、方式和结局等关系。对于实际战争中的各种复杂情形，他提出了许多合乎自然法的人道主义看法，诸如：格老秀斯从国际法的角度，并不认为战争都是不正当的，自卫战争是适合自然法的；在一定条件下，人民反对统治者的战争是合理的。只要战争是为和平而战，他都认为是正当的战争。格老秀斯以自然法的观点将原先的法学理论发展成为一般的理论，奠定了近代国际法的基础。

第一编

论战争与法

由于战争是为和平而发动的，没有争端就不会引起战争，所以，应当把通常发生在国家间的所有这些纷争看作是战争法的调整对象（an article），这样，战争本身就会把我们引向和平。这才是战争的真正目的。

在探讨战争法时，我们首先不得不解决的问题是：作为我们探究对象的战争是什么；我们试图加以确立的有关战争的法则又是什么。西塞罗把战争称作通过武力进行的争斗（contention）。但是实践突出地表明，战争并不是一个瞬间性行为，而是一种事态。正因为如此，战争被看作是存在于争斗双方间的一种持续状态。

在这种意义上使用“战争”一词，与在更广泛的意义上来理解战争的内涵的实践是不相抵触的。尽管它有时候仅仅被用来指国家间的纷争，然而显而易见的是，谁都不会反对一个通用性的名称常常被用于某种特定的对象，而这种对象是有必要加以特别强调的。正义（因素）不被包括在战争的定义中，因为我们正需要解决的问题是，是否所有战争都是正义的，什么样的战争才称得上是正义战争。因而我们必须把战争本身与战争的正义性区分开来。

就本文而言，正义（right）只不过指本身是正当的东西。或许正义在否定的意义上使用比在肯定的意义上使用所表达的涵义更明确。所以正义一定不是指不正当。任何事物只要是不正当的，就会与在理性动物间建立起来的社会的性质相冲突。比如，某人仅仅为了一己之私利而剥夺属于他人所有的东西，就会与自然法相违背。

（选自格老秀斯著，何勤华等译：《战争与和平法》，上海人民出版社，2005年5月版，第27～29页。以下只注页码。）

第二编

人身和财产的保护

现在要探讨的是战争借以发动的各种正当理由。在某些情形下，追求利益与追求正义在动机上显然是背道而驰的。

不过，虽然战争的正当理由、接口和起因之间确实存在着区别，但是用于表述它们的词语却经常被混淆在一起。我们称作“正当理由”的东西，被李维在借罗得岛人之口所作的演讲中称作“战争的起因”。

我们论述的中心集中在发动战争的正当理由上。……卡西乌斯所说的一段话是针对该问题的：“正义必须成为我们采取行动的基本依据。因为，有了正义的支持，我们的军队才最有希望获得军事上的胜利。但若是没有这种支持，暂时获得的任何优势都是没有牢固的基础加以支撑的。”

对此，还有必要补充西塞罗的论述。他主张，缺乏足够理由而发动的战争是非正义的战争。

发动战争的理由与提起法律诉讼的理由一样是多种多样的。哪里没有法律的权威，哪里就会发生战争。在法律上，除了对确已发生的故意伤害提起诉讼外，尚有多种手段来阻止故意伤害的发生。

通常提出可以发动战争的正当理由有三：防卫（自保）、赔偿和惩罚。

圣奥古斯丁在把为报复所遭受的损害而发动的战争界定为正义的战争的时候，是从“报复”（avenge）一词的一般意义，即消除、防止和惩罚侵犯行为上来理解该词的。

正如前面所证实的，当我们的生命为迫在眉睫的危险所威胁时，杀死侵犯者是合法的，假如只有这样做才能避开危险的话。

一些学者提出了一种学说，即主张万国法授权一个国家可以对一

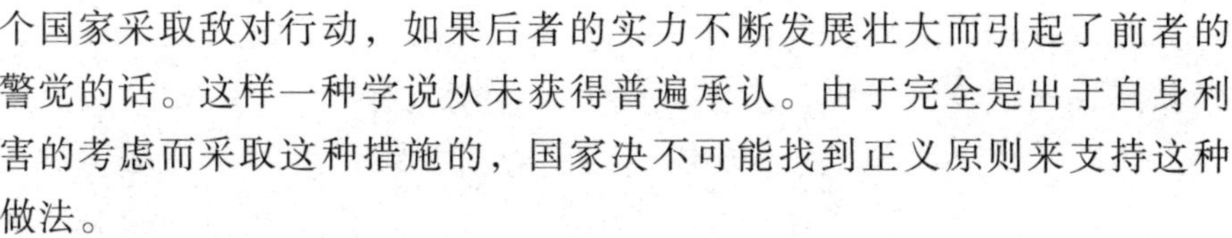

个国家采取敌对行动，如果后者的实力不断发展壮大而引起了前者的警觉的话。这样一种学说从未获得普遍承认。由于完全是出于自身利害的考虑而采取这种措施的，国家决不可能找到正义原则来支持这种做法。

还有另一种同样不可接受的观点，即主张侵略者的敌对行为，可以基于防御性措施来加以理解。因为这种观点的支持者认为，很少有人满足于使其报复行动的强度与其所遭受的损害完全相称，被侵害方极有可能逾越这一界限，结果它自己反倒成了侵略者。过度报复与对不确定的危险的恐惧一样，都不可能为首先发动侵略行为提供任何权利依据。（第 105～118 页）

第三编

第一章　战争中的合法行为

首先，正如有时可以看到的，追寻某一目标所运用的手段必须在很大程度上依赖于其朝向的目的所产生的复杂的道德特性。因此很明显，只要这些手段是为了实现任何权利所必需的，同时又是合法的，那么使用它们就是正当的。这里的权利是指社会中任何成员都享有的、在严格意义上对行为的道德力量的强调。

根据这个道理，如果一个人没有其他任何手段来拯救自己的生命，那么他所采取的强制性的攻击措施就是正当的。这样做，就如同一个士兵在战场上所做的，没有犯下任何罪行。因为这种权利并不是从他人的罪行中获得的，而是从自然赋予所有人的自卫的特权中获得的。此外，如果有人有确定无疑的根据确认他人拥有的某种事物对其造成了迫在眉睫的危险，他就可以夺取它，而其所有者是有罪还是无辜与此毫无关系。但他并没有因为这一夺取的行为就成为该物品的主人。这不是达成他的目的所必需的要求。他可以将其作为预警的措施加以保留直到他获得令人满意的安全保障。

根据同一原则，作为一项自然权利，任何人可以夺回属于他但被别人占有的东西。（第 358 页）

其次，众所周知，并不仅仅只有正义战争的起源可以作为我们的许多权利的主要渊源，还有很多由该战争引发的因素也可以产生一些附加权利。这就像法庭审理的案件，法庭的判决可以赋予获胜的诉讼一方在原有争议事项之外的其他权利。因此，与我们的敌人结盟或为其从属，就赋予我们针对这些人实施自卫的权利。

同样，尽管知道或应当知道战争的非正义性，但还是挑起了这场战争，那么这个民族就有责任承担所有因此而产生的耗费和损失。因为这是由其的不法行为而产生的。根据同样的原理，那些作为不具有任何合理根据的战争的从属的势力也犯下了某种程度的罪行，并应接受与其所作违法行为同等程度的惩罚。柏拉图也赞成为了迫使侵略者偿付受害者和无辜者而进行的战争。

再次，个人或者交战势力在寻求合法的目标时作出很多事情，其中有很多并不是最初设想要发生的，并且可能就其本身而言并不是合法的。为了拿回属于自己的东西，而此时属于我们的特定物品已不可能被恢复，在退回超出物品实际价值的部分的情况下，我们拿到的超出了我们应得的。

但是我们也经常会遇到这种情况，即符合最严格意义上的权利概念的事情，以道德的观点来看却并不总是合理的。在很多场合下：慈善之法不允许我们以最大激情坚持我们的权利。（第 359 页）

经常会有这样的疑问，即有些人既非我们的敌人，也并不希望成为敌人，但他们为我们的敌人提供物资，那么我们在多大程度上能够去反对他们。

首先，必须对所涉及的商品进行区分。

很明显，任何人只要向我们的敌人提供这些扩充战斗能力的手段，就应被视为我们的敌人。（第 360 页）

不可否认，为了达到战争的目标，武力和恐怖就成为最恰当之手段。但是能否在战争中运用诈术，有时会产生一些疑问。从人们的一般性的感觉来看，这种战争方式是被许可的。（第 362 页）

第五，作为惟一可行的手段，欺骗在下列情况下是被允许的，即为了拯救无辜的人的生命，或者为了具有同等重要性的目标，或者为了将其他人从可怕的陷阱中挽救出来。（第 371 页）

诚信，按西塞罗的话说，不仅是将所有政府联结在一起的主要力量，也是统一构建更大的国际社会（society of nations）的基石。如果摧毁了这一点，亚里士多德说，就摧毁了人类的交往。（第 498 页）

在正义的其他所有分支都存在某种含混性，但诚信的约束却是自

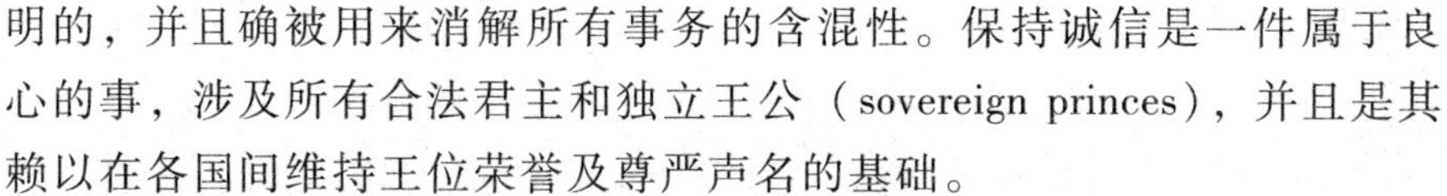

明的，并且确被用来消解所有事务的含混性。保持诚信是一件属于良心的事，涉及所有合法君主和独立王公（sovereign princes），并且是其赖以在各国间维持王位荣誉及尊严声名的基础。

在战争进行到白热化的时候，毋庸置疑，一定会渴望神意支持的最大保证和期待，以及永恒的和平前景——那是敌对行动得以合法展开的惟一终点。因此在战争进行中，我们决不能推动其残暴的一面而忘却了人类的本性和天然倾向。

具有而且仅有这些，就足以为终止战争、培育和平找到充分的理由。此外，除一切有关人道的考虑之外。人类的利益也不可避免地将我们导向同样的所在。首先，拖延同一个更强有力的敌人的争斗是危险的。在这种情况下应当为和平的利益牺牲某些东西，好像在风暴中有时会将货物投入海中以避免更大的灾难、拯救船只和船上人员的性命一样。

甚至在强大的一方，在为胜利而喜不自胜时，和平也是一种更保险的权宜，胜过最大限度的成功。因为将被击败的敌军逼入绝望之地是冒失的行为，就好像要为濒死的猛兽所伤一样。

如果双方确实处在平等的基础上，那么按恺撒的意见，各方都对和平充满信心时乃是最佳的订立和约的时刻。

无论和约订立了何种条款，务当绝对遵守。根据协议中誓约保证的信义之神圣性，必须谨慎地避免一切——不仅是背约的诱惑，还有唤起仇恨火焰的倾向——的事物。如西塞罗所言，私人的友谊关系同样适用于此类公共协约，都需要虔敬诚信地加以遵守，尤其是在战争和敌意已经通过和平及和解终结了的时候。（第 499 页）

4.4.1　托马斯·霍布斯：利维坦（节选）

托马斯·霍布斯（1588～1679 年），英国人。17 世纪的英国资产阶级革命开辟了人类社会的新时代，把社会推向近代史阶段。在欧洲，特别是在英国，造就了一批向旧制度冲击、为新制度呐喊的思想家。霍布斯就是最早最重要的一个。霍布斯的“自然状态”论构成其政治哲学的前提。这种自然状态是"一切人反对一切人的战争"状态。霍布斯认为，只有订立社会契约，将所有订约人的差不多所有的自然权利，统统交给他们相应建立的"利维坦"，一个无比强大的公共权威，来获得国内秩序与安全。按照个人—国家比拟，国家无政府状态可以说类似于霍布斯的自然状态，由此国家安全与国际安全的可靠途径似乎是各国相约建立的世界政府。

第十七章　论国家的成因、产生和定义

……

如果要建立这样一种能抵御外来侵略和制止相互侵害的共同权力，以便保障大家能通过自己的辛劳和土地的丰产为生并生活得很满意，那就只有一条道路：——把大家所有的权力和力量付托给某一个人或一个能通过多数的意见把大家的意志化为一个意志的多人组成的集体。这就等于是说，指定一个人或一个由多人组成的集体来代表他们的人格，每一个人都承认授权于如此承当本身人格的人在有关公共和平或安全方面所采取的任何行为、或命令他人作出的行为，在这种行为中，大家都把自己的意志服从于他的意志，把自己的判断服从于他的判断。这就不仅是同意或协调，而是全体真正统一于唯一人格之中；这一人格是大家人人相互订立信约而形成的，其方式就好象是人人都向每一个其他的人说：我承认这个人或这个集体，并放弃我管理自己的权力，把它授与这人或这个集体，但条件是你也把自己的权利拿出来授与他，并以同样的方式承认他的一切行为。这一点办到之后，象这样统一在一个人格之中的一群人就称为国家，在拉丁文中称为城邦。这就是伟大的利维坦（Leviathan）的诞生——用更尊敬的方式来说，这就是活的上帝的诞生；我们在永生不朽的上帝之下所获得的和平和安全保障就是从它那里得来的。因为根据国家中每一个人授权，他就能运用付托给他的权力与力量，通过其威慑组织大家的意志，对内谋求和平，对外互相帮助抗御外敌。国家的本质就存在于他身上。用一个定义来说，这就是一大群人相互订产信约、每个人都对它的行为授权，以便使它能按其认为有利于大家的和平与共同防卫的方式运用全体的力量和手段的一个人格。

承当这一人格的人就称为主权者，并被说成是具有主权，其余的

每一个人都是他的臣民。

取得这种主权的方式有两种：一种方式是通过自然之力获得的，例如一个人使其子孙服从他的统治就是这样，因为他们要是拒绝的话，他就可以予以处死；这一方式下还有一种情形是通过战争使敌人服从他的意志，并以此为条件赦免他们的生命。另一种方式则是人们相互达成协议，自愿地服从一个人或一个集体，相信他可以保护自己来抵抗所有其他的人。后者可以称为政治的国家，或按约建立的国家；前者则称为以力取得的国家。首先要讨论的是按约建立的国家。

第十八章　论按约建立的主权者的权利

当一群人确实达成协议，并且每一个人都与每一个其他人订立信约，不论大多数人把代表全体的人格的权利授与任何个人或一群人组成的集体（即使之成为其代表者）时，赞成和反对的人每一个人都将以同一方式对这人或这一集体为了在自己之间过和平生活并防御外人的目的所作为的一切行为和裁断授权，就象是自己的行为和裁断一样。这时国家就称为按约建立了。

……

以上所说的就是构成主权要素的权利，同时也是识别主权存在于哪一个人或哪一群人的集体手中的标志，因为这些都是不可转让和不可分割的权利。某些权利，象铸币权、处理未成年继承人的财产与人身的权利、市场先购权以及其他明文规定的特权，主权者都可以转让而仍然不失去其保卫臣民的权力，但他如果将国民军交出去，保留司法权就没有用了，因为法律将没法执行；要是他把征税权让出去，保留国民军也就是空话；要是把统治学理的权利让出去，人们就会由于恐惧幽灵鬼怪而发生叛乱。因此，如果我考虑一下以上所说的任何一种权利时，马上就会看出：即使保有其他一切权利，在保持和平与正义（一切国家按约建立的目的）方面也不会产生任何效果。人们说，这种分割是“国分则国将不国”的分割；因为除非事先发生了这种分割，否则就不会出现分裂成敌对阵容的情形。如果英格兰绝大部分人当初没有接受一种看法，将这些权力在国王、上院、下院之间加以分割，人民便决不会分裂而首先在政见不同的人之间发生内战，接着又在宗教自由问题方面各持异议的人之间发生内战。这种情形使人们对于主权的这一特点获得了极大的教训，所以目前英国便很少人看不到这些权利是不可分割的，而且在下次恢复和平时也会普遍承认这一点，直到大家忘记痛苦之前，这种情况会一直继续下去。但除非是一般人得到比迄今更好的启导，否则在那之后就难于持续下去了。

由于这些都是必不可缺和不可分割的权利，所以就必然会得出一个结论：其中任何一种权利不论表面上根据什么言词转让出去了，只要主权本身没有直接宣告放弃、而受让人又没有不再将主权者之名赋与转让权利的人的话，这种让渡便是无效的；因为当这人把一切能让出去的全都转让了之后，我们只要把主权转让回去这一切便又全都作为不可分割地附属于主权的东西而恢复了。

这一巨大的权柄由于本身是不可分割的，而且又不可分离地附属在主权之上，所以有些人说主权君主的权力虽然比每一个臣民单独说来大，但比全体臣民总合起来的权力小的说法便没有什么根据了。因为他们所说的全体，如果不是如同一个人一样的集体，那么全体一词和每一个人一词所指的便是同一回事，这句话便荒谬不通了。但如果他们所谓的全体所指的是把全体臣民当成一个人看待，而这一人格又由主权者承当，那么全体的权力和主权者的权力便是同一回事，在这种情形下，这话便也是不通的。这种不通的情形当主权由一群人组成的集体握有时，他们看得很清楚，但在君主身上他们却看不到，然而主权不论操在谁手中总是一样的。

正如同权力一样，主权者的荣位也应当比任何一个或全体臣民高。因为荣位源于主权。勋爵、伯爵、公爵和王公等身分都是由他封的，正如同仆人在主人之前一律平等而没有任何荣位等差存在一样，臣民在主权者之前也是这样。不在主权者面前时他们虽然有些人较为显耀、有些则较差、但在主权者之前他们就象众星太阳光之下一样不那么光芒夺目了。

但人们在这一点上也许会提出反对说：臣民的景况太可怜了，他们只能听任具有无限权力的某一个人或某一群人的贪欲及其他不正常激情摆布。一般说来，在君主之下生活的人认为这是君主制的毛病，而在民主国家的政府或其他主权集体之下生活的人则认为这一切流弊都是由于他们那种国家形式产生的。其实一切政府形式中的权力，只要完整到足以保障臣民，便全都是一样的。人类的事情决不可能没有一点毛病，而任何政府形式可能对全体人民普遍发生的最大不利跟伴随内战而来的惨状和可怕的灾难相比起来或者跟那种无人统治，没有服从法律与强制力量以约束其人民的掠夺与复仇之手的紊乱状态比起来，简直就是小巫见大巫了。应当看到最高统治者的最大压力决不是由于自己高兴损害或削弱臣民或者是由于象这样可以得到什么好处才施加的，他们自己的力量和光荣存在于臣民的活力之中。这种压力来自人民本身的抗拒情绪，他们为自己的防卫而纳税是很不情愿的。这样就使得统治者不得不在平时尽量从他们身上征敛，以便在任何紧急时期或突然有需要的时候御敌制胜。因为所有的人都天生具有一个高倍放大镜，这就是他们的激情和自我珍惜；通过这一放大镜来看，缴付任何一点点小款项都显得是一种大的牢骚根源。但他们却不具有一种望远镜（那就是伦理学和政治学），从远方来看看笼罩在他们头上，不靠这些捐税就无法避免的灾祸。

（选自霍布斯著，黎思复等译：《利维坦》，商务印书馆，1985 年 9 月版，第 131 ~ 142 页。）

4.5.1 约翰·洛克：政府论（节选）

约翰·洛克（1632 ~ 1704 年），17 世纪英国资产阶级思想家之一，是英国 1688 年政变和资产阶级与贵族联盟的理论家和辩护人。从理论上完成了为英国资产阶级革命辩护的任务，其思想深刻地影响了美国的开国元勋及法国启蒙运动的众多哲学家。他对格老秀斯式的自然法观念进行了深刻的个人主义改造，自然理性的根本内容从社会亲和性转变为个人自然权利。他从自然状态出发，主张私有财产的不可侵犯，国家基于契约，国家权力分立等，认为这样国家就可以安享主权、独立、领土完整和国内生活方式选择自由，只要它同时尊重其他国家同等的当然权利，国际社会也会处于和平、有秩序和有道德的状态。《政府论》是其代表作，集中反映了他的上述思想理念。上篇是“破”，主要是反驳菲尔麦的“君权神授”理论。下篇是“立”，在一定程度上可视为是对霍布斯关于人与人之间竞争的“一切人对一切人的战争状态”的回应，认为人类的自然状态应该是自由、平等的和平状态，但是那种状态是不稳定的，时常面临别人的侵犯。洛克对理性的张扬、对个人权利的强调、对自由的向往，对分权理论的明确表述，直接改变了西方政治思想史的发展，深刻影响和指导了美国、法国等西方国家资产阶级革命后的政治制度安排。在建立他君主立宪制下议会主权理论的同时，将其国内关系原则放大到国际关系，提出了依靠国际法维护国际安全和人类权利与和平的思想，对后世有重大影响。

第二章　论自然状态

4. 为了正确地了解政治权力，并追溯它的起源，我们必须考究人类原来自然地处在什么状态。那是一种完备无缺的自由状态，他们在自然法的范围内，按照他们认为合适的办法，决定他们的行动和处理他们的财产和人身，而毋需得到任何人的许可或听命于任何人的意志。

这也是一种平等的状态，在这种状态中，一切权力和管辖权都是相互的，没有一个人享有多于别人的权力。极为明显，同种和同等的人们既毫无差别地生来就享有自然的一切同样的有利条件，能够运用相同的身心能力，就应该人人平等，不存在从属或受制关系，除非他们全体的主宰以某种方式昭示他的意志，将一人置于另一人之上，并以明确的委任赋予他以不容怀疑的统辖权和主权。

……

7. 为了约束所有的人不侵犯他人的权利，不互相伤害，使大家都遵守旨在维护和平和保卫全人类的自然法，自然法便在那种状态下交给每一个人去执行，使每人都有权惩罚违反自然法的人以制止违反自然法为度。自然法和世界上有关人类的一切其他法律一样，如果在自然状态中没有人拥有执行自然法的权力，以保护无辜和约束罪犯，那么自然法就毫无用处了。而如果有人在自然状态中可以惩罚他人所犯的任何罪恶，那么人人就都可以这样做。因为，在那种完全平等的状态中，根据自然，没有人享有高于别人的地位或对于别人享有管辖权，所以任何人在执行自然法的时候所能做的事情，人人都必须有权去做。

8. 因此，在自然状态中，一个人就是这样地得到支配另一个人的权力的。但当他抓住一个罪犯时，却没有绝对或任意的权力，按照感情冲动或放纵不羁的意志来加以处置，而只能根据冷静的理性和良心的指示，比照他所犯的罪行，对他施以惩处，尽量起到纠正和禁止的作用。因为纠正和禁止是一个人可以合法地伤害另一个人，即我们称之为惩罚的唯一理由。罪犯在触犯自然法时，已是表明自己按照理性和公道之外的规则生活，而理性和公道的规则正是上帝为人类的相互安全所设置的人类行为的尺度，所以谁玩忽和破坏了保障人类不受损害和暴力的约束，谁就对于人类是危险的。这既是对全人类的侵犯，对自然法所规定的全人类和平和安全的侵犯，因此，人人基于他所享有的保障一般人类的权利，就有权制止或在必要时毁灭所有对他们有害的东西，就可以给与触犯自然法的人以那种能促使其悔改的不幸遭遇，从而使他并通过他的榜样使其他人不敢再犯同样的毛病。在这种情况下并在这个根据上，人人都享有惩罚罪犯和充当自然法的执行人的权利。

9. 我并不怀疑这对于某些人似乎是一种很怪的学说。但是我要求他们在非难这一学说之前，先为我解释：基于什么权利，任何君主或国家对一个外国人在他们的国家中犯了任何罪行可以处以死刑或加以惩罚。可以肯定，他们通过立法机关所公布的决定才获得效力的法律，并不及于一个外国人：它们不是针对他而订的，而即使是针对他的，他也没有受约束的义务。对该国臣民产生约束力的立法权，对他却是无效的。那些在英国、法国、荷兰享有制定法律的最高权力的人们，对一个印第安人来说，仅和世界上其余的人一样是没有权威的人们。由此可见，如果基于自然法，每一个人并不享有对于触犯自然法的行为加以惩罚的权力，尽管根据他的清醒的判断认为有此必要，我就不能理解任何社会的官长怎样能处罚属于另一国家的外国人，因为，就他而言，他们所享有的权力并不多于每一个人基于自然法对于另一个人可以享有的权力。

……

15. 对于那些认为人类从未处在自然状态中的人们，我首先要引证明智的胡克尔在《宗教政治》第一卷第十节中所说的话：上述的法则即自然法——“对于人类来说，甚至在他们以若干个人的面目出现时，也是有绝对约束力的，尽管他们从无任何固定的粗辙，彼此之间也从无关于应该做什么或不应该做什么的庄严协定。但是既然我们不能单独由自己充分供应我们天性所要求的生活、即适于人的尊严的生活所必需的物资，因而为了弥补我们在单独生活时必然产生的缺点和缺陷，我们自然地想要去和他人群居并共同生活，这是人们最初联合起来成为政治社会的原因。”我还进一步断言，所有的人自然地处于这种状态，在他们同意成为某种政治社会的成员以前，一直就是这样。我相信这篇论文的以后部分会把这点说得很明白。

第三章　论战争状态

16. 战争状态是一种敌对的和毁灭的状态。因此凡用语言或行动表示对另一个人的生命有沉着的、确定的企图，而不是出自一时的意气用事，他就使自己与他对其宣告这种意图的人处于战争状态。这样，他就把生命置于那人或协同那人进行防御和支持其斗争的任何人的权力之下，有丧失生命的危险。我享有毁灭那以毁灭来威胁我的东西的权利，这是合理和正当的。因为基于根本的自然法，人应该尽量地保卫自己，而如果不能保卫全体，则应优先保卫无辜的人的安全。……

17. 因此，谁企图将另一个人置于自己的绝对权力之下，谁就同那人处于战争状态，这应被理解为对那人的生命有所企图的表示。……免受这种强力的压制，是自我保存的唯一保障，而理性促使我把那想要夺去我的作为自保屏藩的自由的人，当作危害我的生存的敌人看待；因此凡是图谋奴役我的人，便使他自己同我处于战争状态。凡在自然状态中想夺去处在那个状态中的任何人的自由的人，必然被假设为具有夺去其他一切东西的企图，这是因为自由是其余一切的基础。同样地，凡在社会状态中想夺去那个社会或国家的人们的自由的人，也一定被假设为企图夺去他们的其他一切，并被看作处于战争状态。

18. ……我并无理由认为，那个想要夺去我的自由的人，在把我置于他的掌握之下以后，不会夺去我的其他一切东西。所以我可以合法地把他当作与我处于战争状态的人来对待，也就是说，如果我能够的话，就杀死他；无论是谁，只要他造成战争状态并且是这种状态中的侵犯者，就置身于这种危险的处境。

19. 这就是自然状态和战争状态的明显区别，尽管有些人把它们混为一谈。它们之间的区别，正像和气、善意、互助和安全的状态和敌对、恶意、暴力和互相残杀的状态之间的区别那样迥不相同。人们受理性支配而生活在一起，不存在拥有对他们进行裁判的权力的人世间的共同尊长，他们正是处在自然状态中。但是，对另一个人的人身用强力或表示企图使用强力，而又不存在人世间可以向其诉请救助的共同尊长，这是战争状态。而正因为无处可以告诉，就使人有权利向一个侵犯者宣战，尽管他是社会的一分子和同是一国的臣民。因此，虽然我不能因为一个窃贼偷了我的全部财产而伤害他，我只能诉诸法律，但是，当他着手抢我的马或衣服的时候，我可以杀死他。这是因为，当为了保卫我而制定的法律不能对当时的强力加以干预以保障我的生命，而生命一经丧失就无法补偿时，我就可以进行自卫并享有战争的权利、即杀死侵犯者的自由，因为侵犯者不容许我有时间诉诸我们的共同的裁判者或法律的判决来救助一个无可补偿的损害。不存在具有权力的共同裁判者的情况使人们都处于自然状态；不基于权利以强力加诸别人，不论有无共同裁判者，都造成一种战争状态。

20. 但是强力一旦已停止使用，处在社会中的人们彼此间的战争状态便告终止，双方都同样地受法律的公正决定的支配，因为那时已有诉请处理过去伤害和防止将来危害的救济办法。但是如果没有明文法和可以向其诉请的具有权威的裁判者的救济，像在自然状态中那样，战争状态一经开始便仍然继续，无辜的一方无论何时只要有可能的话，享有毁灭另一方的权利，直到侵犯者提出和平的建议，并愿意进行和解为止，其所提的条件必须能赔偿其所作的任何损害和保障无辜一方的今后安全。不仅如此，纵然存在诉诸法律的手段和确定的裁判者，但是，由于公然的枉法行为和对法律的牵强歪曲，法律的救济遭到拒绝，不能用来保护或赔偿某些人或某一集团所作的暴行或损害，这就难以想像除掉战争状态以外还有别的什么情况。因为只要使用了暴力并且造成了伤害，尽管出于受权执行法律的人之手，也不论涂上了怎样的法律的名义、借口或形式的色彩，它仍是暴力和伤害。法律的目的是对受法律支配的一切人公正地运用法律，借以保护和救济无辜者；如果并未善意地真实做到这一点，就会有战争强加于受害者的身上，他们既不能在人间诉请补救，在这种情况下就只有一条救济的办法，诉诸上天。

21. 避免这种战争状态（在那里，除掉诉诸上天，没有其他告诉的手段，并且因为没有任何权威可以在争论者之间进行裁决，每一细小的纠纷都会这样终结）是人类组成社会和脱离自然状态的一个重要原因。因为如果人间有一种权威、一种权力，可以向其诉请救济，那么战争状态就不再继续存在，纠纷就可以由那个权力来裁决。假使当初人世间存在任何这样的法庭、任何上级裁判权来决定耶弗他和亚扪人之间的权利，他们决不致进入战争状态；但是我们看到他被迫而诉诸上天。……因此在这种纠纷中，如果提出谁是裁判者的问题，这不能意味着，谁应对这一纠纷进行裁决。谁都知道，耶弗他在这里告诉我们的是，“审判人的耶和华”应当裁判。如果人世间没有裁判者，那么只能诉诸天上的上帝。因此那个问题不能意味着谁应当判断究竟别人有没有使自己与我处于战争状态，以及究竟我可否像耶弗他那样诉诸上天。关于这个问题，只有我自己的良心能够判断，因为在最后的审判日，我要对一切人的最高裁判者负责。

（选自洛克著，叶启芳、瞿菊农译：《政府论（下篇）》，商务印书馆，1964 年 2 月版，第 5～16 页。）

第十六章　论征服

175. 虽然政府除上述以外根本没有别的起源，社会也只有以人民的同意为基础，但是野心使世界上充满了纷乱，以致在构成人类历史的这样大的一部分的战争的喧嚷声中，大家很少注意到这种同意；因此，有许多人就把武力误认为人民的同意，认为征服是政府的起源之一。……

176. 一个侵略者由于使自己同另一个人处于战争状态，无理地侵犯他的权利，因此决不能通过这一不义的战争状态来获得支配被征服者的权利……

177. 但是，我们假定胜利是归于正义的方面，并且考察一下合法战争中的征服者，看他得到什么权力和对谁享有这种权力。

第一，显然他不因他的征服而得到支配那些同他一起进行征服的人的权力。那些在他的方面进行战斗的人们，不能由于征服而受到损失，而是至少还必须是像从前那样的自由人。……

178. 但是假定（纵然很少有这样的事）征服者和被征服者并未结成一个国家的人民而受制于同样的法律，享有同样的自由。让我们再看一下一个合法的征服者对于被征服者享有什么权力；我说，这种权力纯粹是专制的。他享有绝对的权力来支配那些因不义战争而丧失其

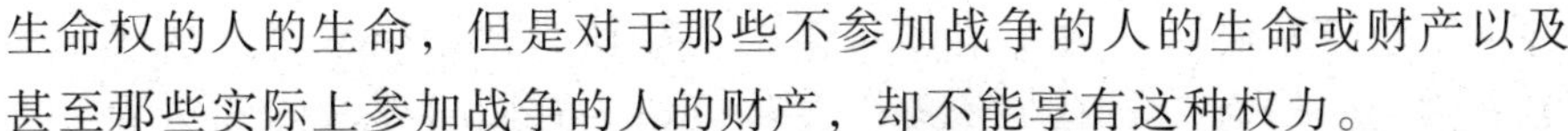

生命权的人的生命，但是对于那些不参加战争的人的生命或财产以及甚至那些实际上参加战争的人的财产，却不能享有这种权力。

179. 第二，我可以说征服者只是有权支配那些实际上曾帮助、赞成或同意那用来攻击他的不义武力的人们。……征服者无权统治那个国家的对他没有伤害的人民、即没有放弃自己生命权的人们，正如他无权统治其他任何没有侵犯他或向他挑衅而同他和睦共处的人一样。

180. 第三，征服者在正义战争中对被他打败的人所取得的支配权是完全专制的，后者由于使自己处于战争状态而放弃了自己的生命权，因此征服者对他们的生命享有一种绝对的权力，但他并不因此对他们的财产享有一种权利。……

……

183. 即使征服者在他的一方面具有可能设想的最充分的正义，他仍没有权利占取多于战败者所能丧失的东西。他的生命是在胜利者的掌握之中，他的劳役和他的财产胜利者可以占有以获得赔偿，但胜利者不能夺取他的妻子儿女的财物；他们对他的财物也享有权利，他们对他所占有的产业也有他们的一份。……

184. 但是，假如被征服者必须倾其所有来赔偿征服者的战费和损失，而被征服者的儿女们在丧失他们父亲的一切财产之后只得冻馁待毙，那么，即使在这种程度上，征服者对于正当要求的满足，仍不能使他有权对他所征服的国土有所主张。因为战争的损失极难与世界上任何地区的任何大块土地的价值相提并论，如果在那个地区中一切土地都被占有，没有任何荒地。……

185. 那么，对于那些随同征服者参加战争的人们，以及对于被征服者的国家中那些没有反对他的人们甚或曾经反对他的人们的后裔，征服者即使在一次正义的战争中，也并不由于他的征服而享有统辖的权利。他们可以不受他的任何制约，而如果他们原来的政府解体了，他们可以自由地创建另一个政府。

186. 固然，征服者往往具有支配一些人的强力，用剑指着他们的胸口，迫使他们屈服于他的条件，受制于他随意为他们建立的政府；但是，这里的问题是，他有什么权利这样做呢？如果说他们是根据自己的同意而受制约的，那么，这就承认了征服者要想具有统治他们的权利，就必须获得他们自己的同意。那么，现在还有待研讨的，就是并不基于权利而以暴力胁迫的承诺能否被认为是同意，以及这些承诺具有多大的约束力。对于这点，我可以说，它们完全没有约束力；因为别人以暴力夺取我的无论什么东西，我对那件东西仍旧保留权利，他也有义务立即加以归还。强夺我的马的人应该立即把它归还，而我仍有取回它的权利。根据同样的理由，一个以暴力胁迫我作出承诺的人应该立即加以归还，即解除我所承诺的义务；否则，我可以自己加以恢复，即决定我是否加以履行。因为自然法只基于它所规定的准则来确定我所负的义务，它不能以违反它的准则的行动例如以暴力对我勒索任何东西，来迫使我承担义务。一个强盗以手枪对着我的胸口，要我倾囊给他，因而我自己从衣袋里掏出了钱包并亲手递给他，在这情况下，说我曾经给予承诺，这既不能改变案情，也不能意味着宽恕强力而转移权利。

187. 从这一切可以得出结论，征服者以暴力强加于被征服者的政府，由于他当初无权对被征服者作战，或虽然他有权利但他们并未参加对他作战，因而不能使他们承担任何义务。

188. 但是，我们姑且假定，那个社会的一切人士既然都是同一国家的成员，就可被认为曾参加过那场他们在其中被打败的不义的战争，因此他们的生命就要任凭征服者处置。

189. 我认为这与被征服者的未成年的儿女无关；因为，既然父亲并不握有支配其儿女的生命和自由的权力，他的任何行为也就没有放弃那种权力的可能。所以，无论父亲有何遭遇，儿女仍是自由人，征服者的绝对权力只能及于那些为他所征服的人的本身，随着他们消失；如果他把他们当作奴隶那样统治，使他们受制于他的绝对的专断权力，他对他们的儿女却没有这样的统辖权。除了基于他们自己的同意，他不能对他们享有任何权力，纵然他可以迫使他们作任何行动或发表任何言论。只要是用强力使他们服从，而不是基于他们自己的选择，他就没有合法的权威。

190. 每个人生来就有双重的权利：第一，他的人身自由的权利，别人没有权力加以支配，只能由他自己自由处理；第二，首先是和他的弟兄继承他的父亲的财物的权利。

191. 基于第一种权利，一个人生来就不受制于任何政府，尽管他出生于它管辖下的某一个地方。可是，如果他不承认他的出生地国家

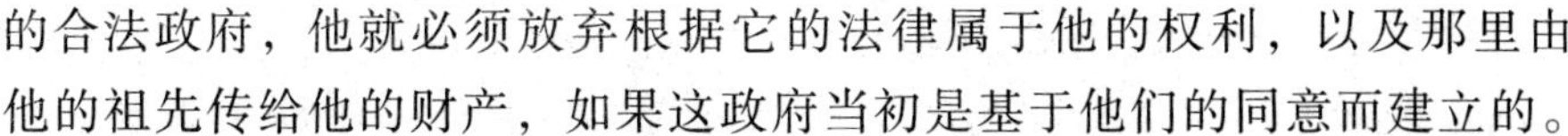

的合法政府，他就必须放弃根据它的法律属于他的权利，以及那里由他的祖先传给他的财产，如果这政府当初是基于他们的同意而建立的。

192. 基于第二种权利，任何国家的居民，如果他们是被征服者的子孙并有权继承被征服者的产业，而被征服者当时有一个违反他们的自由同意而强加于他们的政府，就仍然保留继承他们祖先的财产的权利，虽然他们并不自由地对这政府表示同意，而该政府的苛刻条件是通过暴力强迫该国的土地所有者接受的。因为，既然最初的征服者根本无权占有那个国家的土地，则作为被胁迫受制于一个政府的人们的子孙或根据他们的权利而有所主张的人民，总是享有摆脱这种政府的权利，使自己从人们用武力强加于他们的篡夺或暴政中解放出来，直到他们的统治者使他们处在他们自愿自择地同意的政治机构之下为止。……

193. 但是，即使在正义战争中征服者有权支配被征服者的生命，同时也有权支配被征服者的产业——显然，他是没有这种权利的——那么在继续统治的期间，也不会因此就产生绝对的权力。这是因为这些被征服者的子孙全是自由人，如果他给他们产业和财产，让他们住在他的国家中（如果没有人住在那里，国家就毫无作用了），那么无论他授予他们什么，他们对于所授予的东西就享有财产权；这种财产权的性质就是：未经本人同意，不能剥夺任何人的财产。

194. 他们的人身基于自然的权利是自由的，他们所有的财产，无论多少，是他们自己的，并由他们自己处理，而不是听凭征服者处理，否则它就不成其为财产了。……

195. 我在这里不想讨论君主们是否可不受他们本国法律的约束，但有一点我是明确的，即他们应该服从上帝和自然的法律。任何人和任何权力都不能使他们不受这个永恒法的约束。就诺言说，对永恒法应尽的义务十分重大，以致全能的上帝本身也为它们所束缚。许可、诺言和誓言是全能的上帝所受的约束。无论谄媚者怎样奉承人世的君主们，君主们全体和同他们相结合的他们的人民合在一起，比起伟大的上帝来不过沧海一粟，九牛一毛，算不了什么，等于乌有！

196. 征服的问题可以扼要地作这样的说明：如果征服者的征服是合乎正义的，他就对一切实际参加和赞同向他作战的人们享有专制的权利，而且有权用他们的劳动和财产赔偿他的损失和费用，这样他并不侵害其他任何人的权利。对于不同意战争的其余的人民，如果有这样的人的话，以及对于俘虏的子孙或对两者的财产，征服者都不享有任何权力，从而他不能基于征服而具有统辖他们的任何合法的权利根据，或把它传给他的后裔。但如果他企图侵犯他们的财产，他就成为一个侵略者，从而使自己处在与他们敌对的战争状态中。……由此可见，摆脱一种由暴力而不是由正义强加于任何人的权力，纵有背叛之名，但在上帝面前并不是罪行，而是为他所容许和赞同的事情，即使靠暴力取得的诺言和契约起着阻碍作用。

（选自洛克著，叶启芳、瞿菊农译：《政府论（下篇）》，商务印书馆，1964 年 2 月版，第 107 ~ 120 页。）

4.6.1　卢梭：社会契约论（选章）

让·雅克·卢梭（Jean - Jacques Rousseau，1712 ~ 1778 年），18 世纪启蒙运动最卓越的代表人物之一，是法国大革命的思想先驱者。他同时还是哲学家、教育家和文学家。主要著作有《论人类不平等的起源和基础》《社会契约论》《爱弥儿》《忏悔录》等。其《社会契约论》（又译《民约论》）写就于 1762 年。书中第一次提出了“天赋人权和主权在民”的思想，其中“主权在民”思想被认为是现代民主制度的基石，深刻影响了逐步废除君主绝对权力的运动和 18 世纪末北美殖民地摆脱英帝国统治、建立民主制度的斗争。“生而自由”的思想为 18 世纪法国资产阶级民主革命和美国资产阶级民主提供了理论纲领。法国国家格言“自由、平等、博爱”便来自《社会契约论》。1789 年法国国民代表大会通过的《人权宣言》中“社会的目的是为大众谋福利的”“统治权属于人民”等内容充分体现了《社会契约论》的精神。《社会契约论》还对美国的《独立宣言》产生了重要影响。其对理想的君主、人民素质所做的规定，不失为社会稳定的一般要求。人“生而自由”等思想对于反对霸权主义亦不失为重要理论武器。

第一卷

第三章　论最强者的权利

即使是最强者也决不会强得足以永远做主人，除非他把自己的强力转化为权利，把服从转化为义务。由此就出现了最强者的权利。这种权利表面上看来像是讥讽，但实际上已经被确定为一种原则了。可是，难道人们就不能为我们解释一下这个名词吗？强力是一种物理的力量，我看不出强力的作用可以产生什么道德。向强力屈服，只是一种必要的行为，而不是一种意志的行为；它最多也不过是一种明智的行为而已。在哪种意义上，它才可能是一种义务呢？

姑且假设有这种所谓的权利。我认为其结果也不外乎是产生一种无法自圆的胡说。因为只要形成权利的是强力，结果就随原因而改变；于是，凡是凌驾于前一种强力之上的强力，也就接替了它的权利。只要人们不服从而能不受惩罚，人们就可以合法地不再服从；而且，既然最强者总是有理的，所以问题就只在于怎样做才能使自己成为最强者。然而这种随强力的终止便告消灭的权利，又算是什么一种权利呢？如果必须要用强力使人服从，人们就无须根据义务而服从了；因而，只要人们不再是被迫服从时，他们也就不再有服从的义务。可见权利一词，并没有给强力增添任何新东西；它在这里完全没有任何意义。

你应该服从权力。如果这就是说，应该向强力屈服，那么这条诫命虽然很好，却是多余的；我可以担保它永远都不会被人破坏的。一切权力都来自上帝，这一点我承认；可是一切疾病也都来自上帝。难道这就是说，应该禁止人去请医生吗？假如强盗在森林的角落里抓住了我；不仅是由于强力我必须得把钱包交出来，而且如果我能藏起钱包来，我在良心上不是也要不得不把它交出来吗？因为毕竟强盗拿着的手枪也是一种权力啊。

那末，就让我们承认：强力并不构成权力，而人们只是对合法的权力才有服从的义务。这样，就总归要回到我的原始的问题上面来。

第四章　论奴隶制

……

有人说，专制主可以为他的臣民确保国内太平。就算是这样；但如果专制主的野心所引起的战争，如果专制主无餍的贪求，如果官吏的骚扰，这一切之为害人民更有甚于人民之间的纠纷的话，那末人民从这里面所得的是什么呢？如果这种太平的本身就是人民的一种灾难，那末人民从这里面又能得到什么呢？监狱里的生活也很太平，难道这就足以证明监狱里面也很不错吗？被囚禁在西克洛涌的洞穴中的希腊人，在那里面生活得也很太平，可是他们只是在等待着轮到自己被吞掉。

……战争绝不是人与人的一种关系，而是国与国的一种关系；在战争之中，个人与个人绝不是以人的资格，甚至于也不是以公民的资格，而只是以兵士的资格，才偶然成为仇敌的；他们绝不是作为国家的成员，而只是作为国家的保卫者。最后，只要我们在性质不同的事物之间不可能确定任何真正关系的话，一个国家就只能以别的国家为敌，而不能以人为敌。

这项原则也符合一切时代所确立的准则，以及一切文明民族的经常实践。宣战不只是向国家下通告，而且尤其是向它们的臣民下通告。外国人，无论是国王、是个人或者是整个民族，不向君主宣战就进行掠夺，杀害或者抢劫臣民的，那就并不是敌人，而只是强盗。即使是在正式的战争中，一个公正的君主尽可以占有敌人国土上全部的公共所有物，但是他尊重个人的人身和财富；他尊重为他自己的权利所依据的那种权利。战争的目的既是摧毁敌国，人们就有权杀死对方的保卫者，只要他们手里有武器；可是一旦他们放下武器投降，不再是敌人或者敌人的工具时，他们就又成为单纯的个人，而别人对他们也就不再有生杀之权。有时候，不杀害对方的任何一个成员也可以消灭一个国家。战争决不能产生不是战争的目的所必需的任何权利。这些原则并不是格老秀斯的原则。这些原则不是以诗人的权威为基础，而是得自事物的本性，并且是以理性为基础的。

至于征服权，则它除了最强者的法则而外，就没有任何别的基础。如果战争根本就没有赋予征服者以屠杀被征服的人民的权利；那末，这种他所并不具有的权利，就不能构成他奴役被征服者的权利的基础。唯有在不能使敌人成为奴隶的时候，人们才有杀死敌人的权利；因此，把敌人转化为奴隶的权利，就绝不是出自杀死敌人的权利。从而，使人以自己的自由为代价来赎取别人对之并没有任何权利的生命，那就是一场不公平的交易了。根据奴役权来确定生杀权，又根据生杀权来

确定奴役权，这岂不是显然陷入一场恶性循环了吗？

纵使假定有这种可以杀死一切人的可怕的权利，我也认为一个由战争所造成的奴隶或者一族被征服的人民，除了只好是被迫服从而外，对于其主人也完全没有任何义务。征服者既然攫取了他的生命的等价物，所以对他根本就没有什么恩德；征服者是以对自己有利可图的杀人来代替了毫无所得的杀人。因此，征服者远没有在强力之外获得任何权威，战争状态在他们之间依旧继续存在着；他们之间的关系，其本身就是战争的结果，而战争权的行使则是假设并不存在任何和平条约的。他们之间也曾有过一项约定；但是即使有过，这一约定也远非消灭战争状态，而只是假定战争状态的继续。

于是，无论我们从哪种意义来考察事物，奴役权都是不存在的；不仅因为它是非法的，而且因为它是荒谬的，没有任何意义的。奴隶制和权利，这两个名词是互相矛盾的，它们是互相排斥的。无论是一个人对一个人，或者是一个人对全体人民，下列的说法都是同样毫无意义："我和你订立一个担负完全归你而利益完全归我的约定；只要我高兴的话，我就守约；而且只要我高兴的话；你也得守约。"

第五章　论总需追溯到一个最初的约定

哪怕是我接受了以上我所曾反驳过的一切论点，专制主义的拥护者们也还是无法前进一步的。镇压一群人与治理一个社会，这两者之间永远有着巨大的区别。即使分散着的人们一一相继地被某个个人所奴役，无论他们的人数可能有多少，我在这里就只看到一个主人和一群奴隶，我根本没有看到人民和他们的首领；那只是一种聚集，如果人们愿意这样称呼的话，而不是一种结合；这儿既没有公共幸福，也没有政治共同体。这个人，那怕他奴役了半个世界，也永远只是一个个人；他的利益脱离了别人的利益，就永远只是私人的利益。如果这个人归于灭亡，他的帝国也就随之分崩离析，就像一棵橡树被火焚烧之后就消解而化为一堆灰烬一样。

格老秀斯说，人民可以把自己奉送给一位国王。然则，按照格老秀斯的说法，在把自己奉送给国王之前，人民就已经是人民了。这一奉送行为的本身就是一种政治行为，它假设有一种公共的意愿。因此，在考察人民选出一位国王这一行为以前，最好还是先考察一下人民是通过什么行为而成为人民的。因为后一行为必然先于前一行为，所以它是社会的真正基础。

事实上，假如根本就没有事先的约定的话，除非选举真是全体一致的，不然，少数人服从多数人的抉择这一义务又从何而来呢？同意某一个主人的一百个人，又何以有权为根本不同意这个主人的另外十个人进行投票呢？多数表决的规则，其本身就是一种约定的确立，并且假定至少是有过一次全体一致的同意。

（选自卢梭著，何兆武译：《社会契约论》，商务印书馆，1980 年 2 月版，第 12 ~ 22 页。）

第二卷

第一章　论主权是不可转让的

以上所确立的原则之首先的而又最重要的结果，便是唯有公意才能够按照国家创制的目的，即公共幸福，来指导国家的各种力量；因为，如果说个别利益的对立使得社会的建立成为必要，那末就正是这些个别利益的一致才使得社会的建立成为可能。正是这些不同利益的共同之点，才形成了社会的联系；如果所有这些利益彼此并不具有某些一致之点的话，那末就没有任何社会可以存在。因此，治理社会就应当完全根据这种共同的利益。

因此我要说：主权既然不外是公意的运用，所以就永远不能转让；并且主权者既然只不过是一个集体的生命，所以就只能由他自己来代表自己；权力可以转移，但是意志却不可以转移。

事实上，纵使个别意志与公意在某些点上互相一致并不是不可能的，然而至少这种一致若要经常而持久却是不可能的；因为个别意志由于它的本性就总是倾向于偏私，而公意则总是倾向于平等。人们要想保证这种一致，那就更加不可能了，即使它总该是存在着的；那不会是人为的结果，而只能是机遇的结果。主权者很可以说，“我的意图的确就是某某人的意图，或者至少也是他自称他所意图的东西”；但是主权者却不能说，“这个人明天所将意图的仍将是我的意图”，因为意志使自身受未来所束缚，这本来是荒谬的，同时也因为并不能由任何别的意志来许诺任何违反原意图者自身幸福的事情。因此，如果人民单纯是诺诺地服从，那末，人民本身就会由于这一行为而解体，就会丧失其人民的品质；只要一旦出现个主人，就立刻不再有主权者了，并且政治体也从此就告毁灭。

这绝不是说，首领的号令，在主权者有反对它的自由而并没有这样做的时候，也不能算是公意了。在这样的情况下，普遍的缄默就可以认为是人民的同意。这一点，下面还要详加解说。

第二章　论主权是不可分割的

由于主权是不可转让的，同样理由，主权也是不可分割的。因为意志要么是公意，要么不是；它要么是人民共同体的意志，要么就只是一部分人的。在前一种情形下，这种意志一经宣示就成为一种主权行为，并且构成法律。在第二种情形下，它便只是一种个别意志或者是一种行政行为，至多也不过是一道命令而已。

可是，我们的政论家们既不能从原则上区分主权，于是便从对象上区分主权；他们把主权分为强力与意志，分为立法权力与行政权力，分为税收权、司法权与战争权，分为内政权与外交权。他们时而把这些部分混为一谈，时而又把它们拆开。他们把主权者弄成是一个支离破碎拼凑起来的怪物；好像他们是用几个人的肢体来凑成一个人的样子，其中一个有眼，另一个有臂，另一个又有脚，都再没有别的部分了。据说日本的幻术家能当众把一个孩子肢解，把他的肢体一一抛上天空去，然后就能再掉下一个完整无缺的活生生的孩子来。这倒有点像我们政论家们所玩的把戏了，他们用的不愧是一种江湖幻术，把社会共同体加以肢解，随后不知怎么回事又居然把各个片断重新凑合在一起。

这一错误出自没有能形成主权权威的正确概念，出自把仅仅是主权权威所派生的东西误以为是主权权威的构成部分。例如，人们就这样把宣战与媾和的行为认为是主权的行为；其实并不如此，因为这些行为都不是法律而只是法律的应用，是决定法律情况的一种个别行为。只要我们把法律一词所附有的观念确定下来，就会很明显地看出这一点。在同样考察其他分类时，我们就会发现，每当人们自以为看出了主权是分立的，他们就要犯错误；而被人认为是主权各个部分的那些权利都只是从属于主权的，并且永远要以至高无上的意志为前提，那些权利都只不过是执行最高意志而已。

当研究政治权利的作家设想要根据他们已经确定的原则来判断国王与人民的相应权利时，我们简直无法述说这种缺乏确切性的结果给他们的种种论断投下了怎样的含混不清。每个人都可以看出在格老秀斯的著作的第一卷，第三、第四两章中，这位渊博的学者以及该书的译者巴贝拉克是怎样地纠缠于并迷失在自己的诡辩之中的；他们唯恐把自己的见解说得太多或者太少，并唯恐冒犯了他们所要加以调和的各种利益。格老秀斯不满意自己的祖国，逃亡到法国；他有意讨好路易十三，他的书就是献给路易十三的，所以他不遗余力地要剥夺人民的一切权利，并且想尽种种办法要把它们奉献给国王。这一定也投合了巴贝拉克的胃口，巴贝拉克是把自己的译书献给英王乔治第一的。然而不幸雅各第二的被逐——他是称之为逊位的——使他不得不小心谨慎，回避要害，含糊其词，以免把威廉弄成是个篡位者。假如这两位作家能采取真正的原则的话，一切难题就都可以迎刃而解，而他们也就可以始终一贯了。他们本该是忍痛说出真理来的，他们本该是只求讨好人民的。然而，真理却毕竟不会使他们交运，而人民也不会给他们以大使头衔或教授讲席或高薪厚俸的。

（选自卢梭著，何兆武译：《社会契约论》，商务印书馆，1980年2月版，第35~39页。）

第三卷

第十二章　怎样维持主权权威

主权者除了立法权力之外便没有任何别的力量，所以只能依靠法律而行动；而法律又只不过是公意的正式表示，所以唯有当人民集合起来的时候，主权者才能行动。有人会说：把人民都集合在一起，这是多么妄想，在今天，这是一种妄想；但是在两千年以前，这却不是一种妄想。那末，难道是人性改变了吗？

如果追溯一下各民族早期的历史，我们就会发现大部分的古代政府，即使是像马其顿人和法兰克人那样的国君制政府，也都曾有过类似的会议。无论如何，这一无可辩驳的事实本身就回答了一切难题。根据现有来推论可能，我以为这是个好方法。

当人民合法地集会而成为主权者共同体的那个时刻，政府的一切权限便告终止；于是行政权也就中断，于是最渺小的公民的身分便和最高级行政官的身分是同样地神圣不可侵犯，因为在被代表的人已经出现的地方就不能再有什么代表了。罗马人民大会里所出现的骚乱，大部分是由于不知道或者忽略了这条规则的缘故。执政官这时候只不过是人民的主席，保民官只不过是单纯的议长，而元老院则毫无地位可言。

在这种中断的期间，君主要承认，或者应该承认有一个实际的在上者，这对于他来说总是可怕的事；而这种人民的集会，由于它是对政治共同体的一种保护与对政府的一种约束，因而在一切时代里都成为首领们的一种恐惧。于是他们总是不惜用尽种种心机，种种反对、种种刁难与种种诺言，力求抗拒公民的集会。假如公民是贪婪的、懦弱的，畏缩的、爱安逸更有甚于爱自由的话，他们就不能长期抗拒政府这种一再的努力了。反抗的力量就是这样不断地在增长着，而主权权威便终将消逝，于是大部分城邦也就会过早地倾覆与灭亡。

但是在主权的权威与专断的政府之间，有时候会出现一种中间的力量；这一点就是下面必须要谈到的了。

（选自卢梭著，何兆武译：《社会契约论》，商务印书馆，1980 年 2 月版，第 118～119 页。）

4.7.1　康德：永久和平（节选）

伊曼努尔·康德（Immanuel Kant，1724～1804 年），德国哲学家，德国古典哲学的创始人。康德哲学是 18 世纪法国革命精神的继续和理论升华。他在批评绝对主义权力政治和继承天赋人权、自由平等、人民主权等思想的同时，提出了由自由国家联合起来建立“永久和平”的设想。这种设想以抽象的道德法则作为政治思想的基础，从分析战争的根源入手，主张消除国内的君主专制，建立民主制度，从而使战争的发动受到大众的牵制。另外，康德主张建立一个国际联盟从外部加以约束、抑制战争的爆发。康德的《永久和平论》是在卢梭著作的直接启发和影响下写成的，把《社会契约论》的观点应用于人类历史和国际关系。虽然在理论前提及实践中存有缺陷，但由此所产生的理性主义、共和主义、和平主义对国际安全思维中的理想主义学派及新自由制度主义学派产生了深远的影响。

一部哲学的规划

第一节

本节包括国与国之间永久和平的先决条款

1. “凡缔结和平条约而其中秘密保留有导致未来战争的材料的，均不得视为真正有效。”

2. “没有一个自身独立的国家（无论大小，在这里都一样）可以由于继承、交换、购买或赠送而被另一个国家所取得。”

3. “常备军（miles perpetuus）应该逐渐地全部加以废除。”

4. “任何国债均不得着眼于国家的对外争端加以制订。”

5. “任何国家均不得以武力干涉其他国家的体制和政权。”

6. “任何国家在与其他国家作战时，均不得容许在未来和平中将使双方的互相信任成为不可能的那类敌对行动：例如，其中包括派遣暗杀者（pecussores）、放毒者（venefici）、破坏降约以及在交战国中教唆叛国投敌（perduellio）等等。”

这些都是不荣誉的策略。因为即使在战争中，对于敌人的思想方式也还是得保留某些信任的，否则的话就连任何和平条约都不可能缔结了；于是敌对行动就会以一场绝灭性的战争（bellum iternecinum）而告结束。既然战争只不过是自然状态之下的一种可悲的、以武力来肯定自己的权利的必需手段（在自然状态之下并没有现成的法庭可以做出具有法律效力的判断）；这里双方之中的任何一方就都不能被宣布为不义的敌人（因为这就得预先假定有一种法庭的判决），而是战争的结局（就好像是面临一场所谓上帝的审判那样）决定了正义是在哪一方的。但是国与国之间的任何惩罚性的战争（bellum punitivum）都是不可思议的（因为它们之间并不存在主宰与隶属的关系）。

由此可见：只会造成双方以及一切权利随之同时一起毁灭的一场绝灭性的战争，就只是在整个人类物种的巨大的坟场上才能发现永久和平。因此，这样的一场战争以及使用导致这种战争的手段，就必须是绝对不能容许的。——然而上述手段之不可避免地会导致这种战争，却可以由以下这一点得到阐明：那种恶魔式的艺术既然其本身就是丑恶的，所以一旦加以使用时，就不会长久地限制在战争的范围之内，例如使用间谍（utiexploratoribus），那就只不外是利用另一个人的无耻

而已（这是永远也无法消灭干净的）；而那种艺术还要过渡到和平状态，于是也就完全摧毁了和平的目标。

第二节

本节包括走向各国之间永久和平的正式条款

人与人生活于相互间的和平状态并不是一种自然状态（status naturalis），那倒更象是一种战争状态；也就是说，纵使不永远是敌对行为的爆发，也是不断在受到它的威胁。因此和平状态就必须是被建立起来的，因为放弃敌对行为还不是和平状态的保证；并且除非它能被每一个邻人向另一个邻人所提供（然而这是只有在一种法治状态之中才可能发生的），否则一个人就可以把自己对之提出这种要求的人当作是敌人。

永久和平第一项正式条款

每个国家的公民体制都应该是共和制

永久和平第二项正式条款

国际权利应该以自由国家的联盟制度为基础

永久和平第三项正式条款

世界公民权利将限于以普遍的友好为其条件

（选自康德著，何兆武译：《历史理性批判文集》，商务印书馆，1990年11月版，第98～105页。）

第一条系论

论永久和平的保证

提供这一担保（或保证）的，并非是什么微不足道的东西，而正好是大自然这位伟大的艺术家本身（natura daedala rerum，大自然这位万物的设计师）。从它那机械的进程之中显然可以表明，合目的性就是通过人类的不和乃至违反人类的意志而使和谐一致得以呈现的；因此之故，正有如作为我们还不认识它那作用法则的原因的强制性而言，我们就称之为命运；然而考虑到它在世界进程之中的合目的性，则作为一种更高级的、以人类客观的终极目的为方向并且预先就决定了这一世界进程的原因的深沉智慧而言，我们就称之为天意。它本来确乎不是我们在大自然的艺术加工厂里所能够与必须认识到的，或者仅仅是从其中推论出来的，而是（就像一般地在事物的形式对于目的的全部关系中那样）我们只能并且必须这样加以思想，以便根据与人类的艺术处理相类比而对它的可能性得出一个概念来。但是它对理性直接为我们规定的目的所表现的（道德上的）关系与一致，则是一种在理论的观点上虽然过份、但在实践的观点上（例如在对永久和平的义务概念上，就要利用大自然这种机制去实现它）却是独断的观念，并且在它的现实性上也是很有根据的——使用大自然这个字样，当其像在这里这样仅只涉及到理论（而不是宗教）时，对于人类理性的限度而言（因为在作用对于其原因的关系上，人类理性必须保持在可能经验的范围之内）就要比使用一种我们可以认识天意的说法更为适宜而且更加谦逊；一用天意我们就狂妄地安上了伊卡鲁斯的飞翼，可以走近它那无从窥测的目标的秘密了。

……

现在就来谈有关永久和平观点的最根本的问题：关于人类自己的理性使之成为自己的义务的那个目的，因而也就是在鼓励他们的道德观点上，大自然都做了些什么，它如何保证人类通过大自然的强制确实将会做到他们根据自由法则所应该做到但没有做到的事情，而又不伤害这种自由？并且还得是根据公共权利的全部这三种关系，即国家权利，国际权利和世界公民权利。

1. 即使一个民族不是由于内部的不和而不得不使自己屈服于公开法律的强制之下，战争也会从外部做到这一点的：因为根据上面提到的大自然的安排，每一个民族都发现自己与另一个紧逼着自己的民族为邻，对此它就必须从内部使自己形成一个国家，以便作为一个强权能武装起来进行对抗。可是唯有共和的体制才是完美地符合人类权利的唯一体制，但也是极其难于创立而又更加难于维持的体制，乃至许多人都认为它必须得是一个天使的国家，因为人类以其自私的倾向是不能够有那么崇高的形式的体制的。可是现在大自然就来支持这种受人敬爱的但在实践上又是软弱无力的、建立在理性基础之上的公意了，而且还恰好是通过这种自私的倾向。于是它就只不过是一个国家怎样组织良好的问题（这一点确实是在人类能力的范围之内的），可以使他们每一种力量都彼此是那样地互相针对，以致于其中的一种足以防止另一种的毁灭性的作用或者是抵销它们。于是对于理性来说，所得的

结果就好像是双方根本就不存在似的；而一个人即使不是一个道德良好的人，也会被强制而成为一个良好的公民的。

建立国家这个问题不管听起来是多么艰难，即使是一个魔鬼的民族也能解决的（只要他们有此理智）；那就是这样说：“一群有理性的生物为了保存自己而在一起要求普遍的法律，但是他们每一个人又秘密地倾向于把自己除外：他们应该是这样地安排并建立他们的体制，以致于尽管他们自己私下的心愿是彼此极力相反的，却又如此之彼此互相防止了这一点，从而在他们的公开行为中其结果又恰好正像他们并没有任何这类恶劣的心愿是一样的。”

这样一个问题是必定可以解决的。因为它并不在于人类道德的改善，而只在于要求懂得那种大自然的机制我们怎样才能用之于人类，以便这样地指导一个民族中间的那些心愿不和的冲突，使他们自身必须相互都屈服于强制性的法律之下并且必须导致使法律能在其中具有力量的和平状态。我们从实际上现有的但组织得很不完美的国家中也可以看出这一点，即它们在对外关系上已经非常之接近于权利观念所规定的了，尽管那原因确实并不是内在的道德。（因为正如良好的国家体制并不能期待于道德，倒是相反地一个民族良好道德的形成首先就要期待于良好的国家体制。）因而大自然的机制就通过彼此在外部自然而然是互相对抗着的自私倾向而可以被理性用来作为为它自身的目的，即权利的规定，扫清道路的工具；从而在国家本身力所能及的范围内也就促进并保障了内部的以及外部的和平。

所以这也就是说：大自然在不可抗拒地要求着权利终将保持其至高无上的权力。我们目前所未能经心做到的事，终将由于其自身而实现，虽则会带有许多的不便。“我们太强烈地弯曲一根苇草，它就会折断；谁要求得太多，就什么也要求不到。”——布特维克。

2. 国际权利的观念预先假定有许多互相独立的毗邻国家的分别存在，尽管这样一种状态其本身已经就是一种战争状态了（假如没有一种各个国家的联合体来预防敌对行动爆发的话）；可是从理性观念看来，就是这样也要胜于各个国家在另一个凌驾于一切之上的并且朝着大一统的君主制过渡的权力之下合并为一体，因为法律总是随着政权范围的扩大而越发丧失它的份量的，而一个没有灵魂的专制政体在它根除了善的萌芽之后，终于也就会沦于无政府状态。然而每一个国家

（或者说它的领袖）却都在这样向往着要以这一方式而进入持久和平的状态，可能的话还要统治全世界。但是大自然则要求它是另一样。——大自然采用了两种手段使得各个民族隔离开来不致于混合，即语言的不同与宗教的不同；它们确实导致了互相敌视的倾向和战争的借口，但是随着文化的增长和人类逐步接近于更大的原则一致性，却也会引向一种对和平的谅解，它不像那种专制主义（在自由的坟场上）那样是通过削弱所有的力量，而是通过它们在最生气蓬勃的竞争的平衡之中产生出来并且得到保障的。

3. 正如大自然很聪明地分隔开了各个民族，而每一个国家的意志却是哪怕根据国际权利也会高兴通过阴谋或者暴力而把它们都统一于自己之下的；另一方面则同样地世界公民权利的概念在抗拒暴力行为和战争方面所无从加以保障的各个民族，大自然也就通过相互的自利而把它们结合在一起。那就是与战争无法共处的商业精神，并且它迟早会支配每一个民族的。因为在从属于国家权力的一切势力（手段）之中，很可能金钱势力才是最可靠的势力；于是各个国家就看到（确乎并不是正好通过道德的动机）自己被迫不得不去促进荣誉的和平，并且当世界受到战争爆发的威胁时要通过调解来防止战争，就仿佛它们是为此而处于永恒的同盟之中那样；因为按照事物的本性来说，能够出现进行战争的伟大同盟是极其罕见的事，而能够成功的就更加罕见了。

大自然便以这种方式通过人类倾向的机制本身而保证了永久和平：确乎并不是以一种（在理论上）很充分的确切性在预告它们的未来，但在实践的观点上却已足够了，而且还使得我们为这一（并不纯属虚幻的）目的的努力成为了一种义务。

第二条系论

对永久和平的秘密条款

在公共权利的谈判中而有一项秘密条款，这在客观上，也就是说从其内容来考虑，乃是一种矛盾；然而在主观上，从裁决它的当事人的身份来判断，则其中却很可以有一项秘密，而公开宣布自己是秘密条款的作者就会使自己的尊严感到为难了。

唯一一项属于这类的条款就包括在这一命题中："哲学家有关公共和平可能性条件的那些准则，应该被准备进行战争的那些国家引为忠告。”

一个国家的立法权威，人们自然而然地必定要赋之以最大的智慧，但在有关自己对别的国家的行为的原则上却要听取臣民（哲学家）的教诫；这对他们仿佛是藐视似的。然而这样做却是十分可取的。因此国家就要不声不响地（因此同时就保持秘密地）请求哲学家来进行这个工作，这就等于说：国家要允许他们自由地和公开地谈论进行战争和调解和平的普遍准则。（因为这件事是他们自身就会做到的，只要人们不加以禁止。）国家彼此之间有关这一点的协议，也并不需要国家之间在这方面有任何特殊的议定书；而是它早就通过普遍的（道德—立法的）人类理性而被奠定在人类的义务之中了。

但这里的意思并不是说：国家必须给予哲学家的原则以优先于法学家（国家权力的代表人）的裁决的地位；而只是说人们应该倾听他们。成为法学家的标志的乃是权利的天秤而且紧跟着也还有正义的宝剑；他们常常要使用后者不仅是为了防止对于前者的一切外来影响，而且还要在天秤的一端不肯下沉的时候就把宝剑投到那上去 vae victis〔战败者有祸了〕。法学家并非同时（按道德来说）也是哲学家，他们在这方面受到极大的诱惑，因为他们的职务就是要运用现成的法律，而不是要研究它本身是否需要改良；并且他们还把自己这种实际上是低级的系科，由于它（正如在其他两个系科的情形一样）伴有权力的缘故而当作是高级的。——哲学系在这种结盟势力的面前只占有一个很低下的级别。例如，据说哲学就是神学的侍女（而且对于其他两种也是这样说的。）——但是人们并没有正确地看出：“她究竟是在她的高贵的女主人的前面擎着火炬呢，还是在后面曳着长裙呢?”不能期待着国王哲学化或者是哲学家成为国王，而且也不能这样希望，因为掌握权力就不可避免地会败坏理性的自由判断。但是无论国王们还是（按照平等法律在统治他们自身的）国王般的人民，都不应该使这类哲学家消失或者缄默，而是应该让他们公开讲话；这对于照亮他们双方的事业都是不可或缺的，而且因为这类哲学家按其本性不会进行阴谋诡计和结党营私，所以也就不会蒙有宣传家这一诽谤的嫌疑了。

（选自康德著，何兆武译：《历史理性批判文集》，商务印书馆，1990 年 11 月版，第 118 ~ 130 页。）

4.8.1 黑格尔：历史哲学讲演录（1837）（选粹）

格奥尔格·威廉·弗里德里希·黑格尔（Georg Wihelm Friedrich Hegel，1770～1831 年），德国古典哲学集大成者。30 岁起执教耶拿大学，58 岁就任柏林大学校长。除哲学外，其学术领域还涉及逻辑学、美学、政治学、宗教等。其思想深受亚里士多德、卢梭和康德等人影响，并对后世产生巨大影响。其中，黑格尔的辩证法是马克思主义的来源之一。黑格尔关于"恶是历史发展动力"的思想是一切现实主义国际关系理论家的理论基础。黑格尔推断，"国家在相互关系中都是自治的实体，条约的效力以各国的意志为基础。而且，由于作为整体的意志要谋求自己的利益，所以这种利益就作为国家的最高目标主导了国家间的关系。"恩格斯认为，黑格尔的巨大功绩是"把整个自然的、历史的和精神的世界描写为一个过程，即把它描写为处在不断的运动、变化、转变和发展中，并企图提示这种运动和发展的内在联系"。

绪论

〔1. 世界历史是一种合理的过程〕

……我们所能订立的最普通的定义是："历史哲学"只不过是历史的思想的考察罢了。"思想"确是人类必不可少的一种东西，人类之所以异于禽兽者以此。所有在感觉、知识和认识方面，在我们的本能和意志方面，只要是属于人类的，都含有一种"思想"……

哲学用以观察历史的唯一的"思想"，便是理性这个简单的概念："理性"，是世界的主宰，世界历史因此是一种合理的过程。这一种信念和见识，在历史的领域中是一个假定；但是它在哲学中，便不是一个假定了。思考的认识在哲学中证明："理性"——我们这里就用这个名词，无须查究宇宙对于上帝的关系——就是实体，也就是无限的权力；它自己的无限的素质，做着它所创始的一切自然的和精神生活的基础，还有那无限的形式推动着这种“内容”。一方面，“理性”，是宇宙的实体，就是说，由于“理性”，和在“理性”之中，一切现实才能存在和生存。另一方面，“理性”是宇宙的无限的权力，就是说，“理性”并不是毫无能力，并不是仅仅产生一个理想、一种责任，虚悬于现实的范围以外，无人知道的地方；并不是仅仅产生一种在某些人头脑中的单独的和抽象的东西。“理性”是万物的无限的内容，是万物的精华和真相。它交给它自己的“活力”去制造的东西，便是它自己的素质；它不象有限的行动那样，它并不需要求助于外来的素质，也不需要它活动的对象。它供给它自己的营养食物，它便是它自己的工作对象。它既然是它自己的生存的唯一基础和它自己的绝对的最后的目标，同时它又是实现这个目标的有力的权力，它把这个目标不但展开在。“自然宇宙”的现象中，而且也展开在“精神宇宙”——世界历史的现象中。这一种“观念”是真实的，永恒的，绝对地有力的东西；它已经把它自己启示于世界，而且除了它和它的光荣以外，再也没有别的东西启示于世界——这些便是前面所谓在哲学中已经证明的、而这里又看作是已经证明的假定。

……从世界史的观察，我们知道世界历史的进展是一种合理的过程；知道一种历史已经形成了“世界精神”的合理的必然的路线——这个“世界精神”的本性永远是同一的，而且它在世界存在的各种现象中，显示了它这种单一和同一的本性。正象前面所说过的，这种本性必须表现它自己为历史的最终的结果。……

（选自北大哲学系外国哲学史教研室编译：《十八世纪末至十九世纪初德国哲学》，商务印书馆，1975 年 6 月版，第 472 ~ 473 页。）

4.9.1　威廉·葛德文：政治正义（选段）

威廉·葛德文（Wliam Godwin，1756 ~ 1836 年），英国政治哲学家和著名作家，启蒙思想向空想社会主义过渡时期的重要人物。早年受宗教教育，后与宗教决裂成为无神论者。其思想对空想社会主义者罗伯特·欧文的思想影响很大。其对战争及均势的看法对后人的影响也不可忽视。《政治正义论》（全名为《论政治正义及其对道德和幸福的影响》）是其代表作。由于写作此书时不仅正值产业革命蓬勃发展时期，也处于法国大革命取得胜利的前夜，加之其思想深受霍尔巴赫、卢梭等法国思想家的影响，故贯穿于本书的中心思想是法国的唯理主义和个人权利神圣不可侵犯的个人主义。他认为，人是理性动物，理性应当主宰一切；人类生来并未带有天赋观念，人的智慧完全是环境的产物；人的善恶不是由自然环境形成的，而是道德环境——法律、制度和教育等方面形成的。因此，只有理性和道德的原则在社会管理制度中占统治地位时，这个社会才能称作健康的社会，才能有政治上的公正。尽管从马克思主义的视角看，其思想体系是反社会的，但它的天赋人权思想对批判当时欧洲的封建专制制度和禁锢人们思想的宗教迷信具有一定的进步作用。

· 战争的原因与目的

在这样历数之后，我们不妨探索一下，战争的说得过去的原由和规律究竟如何。

“我们认为，如果我们能找到一个可以寻衅的邻国，使之成为检验我们中间各个人的品格和性情的试金石，我们的人民就会更加友爱而守法。这并不是一个说得过去的理由。我们不能随便拿这种最严重、最凶残的灾祸当作一种试验。

“我们曾经受过某种侮辱，并且暴君们也许是有意侮辱那些去过他们国土的我们这个幸福国家的公民的。”这也不是一个说得过去的理由。政府应该保护居住在它的管辖范围内的人的安宁；但是如果有人想要访问别的国家，那就必须把自己交托给一般的理性来保护。使我们抱屈的罪恶和我们所提出来的对策中所必然包含的罪恶之间，必须协调。

“我们的邻国正在准备或者威胁着要采取敌对行动。”这也不是一个说得过去的理由。如果我们也被迫有所准备，这种不便对双方是相等的，我们不能相信：当一个自由国家所要采取的是必不可少的预防措施的时候，一个专制国家反而能比它作出更多的努力。

“我们在小事情上不应该屈服，这些小事情本身的价值也许并不足以使我们使用这种重大手段，因为屈服倾向会招致进一步的尝试。”有人认为这是很有道理的。大多数情形并不如此，至少在人们充分理解这个民族的性质的时候并不如此。一个不为有名无实和细小的事情同人争执的民族，一个严格遵循永恒正义之道的民族，一个在应该听从劝告的时候就一定听从劝告的民族，并不是它的邻国乐意逼之走上极端的民族。

“维护国家的荣誉”，也远不是采取敌对行动的充分理由。真正的荣誉只能从真诚和正义中寻求。早已有人怀疑在次要问题上，个人的行动究竟应该在多大程度上受声誉的观点支配；但是，不论个人问题怎样决定涉及到民族时，把声誉当作一个单独的意旨，大概永远是说不过去的。在个人方面，尽管人们毫无不良意图，我似乎也有可能被人误解和歪曲，以至于几乎使我一切有益的努力都会必然毫无结果。但是这个理由并不适用于整个民族。整个民族的真实情况是不容易被人掩盖起来的。整个民族是否有益于人和具有公益精神，主要是属于自己成员中间的事情；至于他们在邻国的事务中的影响显然是个次要问题。——如果我们每遇到战争这个词，就习惯于认真的考虑这个词所要表达的含义，关于什么是战争的正当原由这一问题原本是不难解决的。

准确地说，只能有两种战争的原由看来是符合正义的：其中之一是君主的逻辑和所谓的国际法认为应该禁止的事情当中的一项，也就是保卫我们自己的自由和保卫别人的自由。人所共知的反对后一种情况的意见是：“一个国家不应干涉另一个国家的内部事务。”但是肯定地说，一切民族都是应该拥有任何一种不受侵犯的权力的，只要他们一旦了解这种不受侵犯的权力的性质并且想取得这种权利。当一个民族，由于比邻的王国的阴谋诡计和专横的忌妒，使他们不能有效地维护他们的权利时，这种条件就很可能充分实现。这个原则可能为那些野心而狡猾的人所滥用；但是准确地说，那种倒使我尽自己的权利来保卫祖国自由的理由也同样适用于在我有机会和能力所及的范围之内去保卫任何其他国家的自由。然而，我在这种情况下的义务也是所有的人的义务，并且在只有集体努力才能有效的场合下，这种努力就必须是集体的。

让我们放下战争的原因，转而讨论战争的目的。自卫既是战争的唯一正当理由，由此推论，战争所追求的目的只能是十分局限的。它不能超越把敌人逐出疆界而更进一步。在此以外，也许应该使敌人就其不拟立刻重新侵犯提供某种保证；但是，这虽是可取的，却不能成为延长敌对行为的充分借口。宣战和媾和都是野蛮时代的发明，如果战争经常不超过自卫的界限，这些原本是可能不会发展成为确定的惯例的。

在各国内部执行的所谓刑事审判，只有三种可以设想的目的，这就是改造罪犯，防止再犯法和以儆效尤。但是这些目的，不论人们对其原来的范畴认为如何，却是一个也不足以应用到独立国家之间的战争上。如我们已经看到的，战争，从侵略的一方讲，也许从来不是由整个民族的，而是由相对的一小部分人的意见所决定发起的，如果不是这样，使用军事强制的方式来改变整个国家的性质本身就是一种非常可怕的想法，而会使一切没有失掉清醒头脑和普通常识的人望之却步。

约束，对于一个社会中违法乱纪的人来说，有时似乎是必要的，因为这种人习惯于以突然的暴力来袭击我们，但是整个国家是不能这样秘密地行动的，预料不到的攻击并非十分可虑的事情。在这种情形下唯一有效的约束方法，就是使我们的敌人的国家丧失战斗力，陷于贫困和减损人口；但是，如果我们想到他们跟我们一样同是人类，而他们的广大群众在对我们的争执中又无罪责，这种手段是不大会使我们心安理得的。把一个侵略国家当作杀一儆百的例子，这是要保留给上帝来决定的。根据法律而建立的教会教导我们要崇拜上帝。

赔偿是战争的另一个目的，而同样推理的方式也是一定会加以谴责的。真正的罪犯是永远不能发现的，而这种企图只会使无辜者和罪人混淆不分；更不必说，各国之间原无共同的裁判人，在每一次战争结束以后，又去争论谁是谁非，又去争论谁该得到赔偿，一定会使争端永无休止。当一个已经存在的战争的性质和目的发生改变的时候，它就被看作只是一个新的战争的开始，如果我们把这个定为一项原则，那么关于战争的正当目的问题，就不难解决。公平地应用这项原则，一定会使防止战争再起、赔偿和约束等目的遭到谴责。

大名鼎鼎的势力均衡说是一个混杂的问题，有时用来作为发动战争的原由，有时又用来作为已经发动的战争所追求的一项目的。为维持势力均衡而进行的战争，可能是防御性的，如保护一个被压迫的民族的战争，也可能是预防性的，用来抵制新的掠夺或是削减旧的占有。然而，如果我们宣布一切为维持均势而进行的战争都是非正义的，我们是不大会犯错误的。如前面已经说过的，如果任何民族遭受压迫，我们在有利时机驰往援助乃是我们的义务。但是在这种情况下，我们最好是以正义之名加以干预，声明是为了反对压迫，而不是为了反对什么势力。因为邻国的人民的强大或者因为我们说他们具有任何尚未付诸实施的罪恶阴谋而对之采取敌对行为，都是同一切道德原则不相容的。如果一个国家，象西班牙的情形那样，在奥地利王室长支灭绝的时候，愿意接受另外一个国家的君主或者与他有同盟关系的某个个人的统治，我们可以作为个人，努力在政权问题上去启发他们，向他们灌输自由的原则。但是如果我们对他们说："你们必须用你们憎恨的国王来代替你们喜爱的国王，因为我们从后者的继位上感到某种未来的可怕的后果。"如果我们这样说，那就是一种可恶的粗暴行为。势力均衡这种借口，曾经在许多事件中，被利用作为宫廷阴谋的遮羞布，但是不难看出为这种目的而进行的战争，对于现在欧洲各国的独立从来没有过实际帮助。一国人民情愿成为一个著名的专制国家的附庸，这种发昏的事情是很少发生的，如果发生，也只能用和平手段来正当地加以制止。救援一国的人民进行反抗压迫的斗争，必然永远是正义的，唯一的限制就是在他们还没有迫切需要的时候就企图进行救援，可能扩大战争的灾难却并无效果，并且会削弱他们可以发挥来促进自己美德和幸福的力量。除此以外，为了欧洲各个国家的独立而战，这一目的本身，在性质上就是可疑的。目前在大多数这些国家中风行的专制制度，肯定并不是优越的，我们并不渴望加以保存。报刊乃是一种十分可取的破坏专制制度的工具，它能够躲避也许是最机警的警察的监视；而在强大的帝国和在边远地区所加之于自由的内部的限制，是不会跟一个小国暴君所实行的那些限制同样积极有力的。在任何能够进行选择的情况下，决不应该选择一种在本身具有罪恶性质的手段来促进我们目的的实现，这种在政权问题上已经应用过的推理，在战争的问题上当然也是有效的。

（选自威廉·葛德文著，何慕李译：《政治正义论》（第二卷），商务印书馆，1980年4月版，第413～416页。）

·论政治社会的未来

我们已经看到政治制度的唯一合理目标是谋求个人的利益。凡是不能给与个人的东西，如国家财富、繁荣和荣誉，都只能对那些自私的骗子有利，他们从最早的时候起就有迷惑人类的智力，以便更有把握地使他们堕入卑贱和灾难之中。

力图扩大领土、征服或慑服邻邦、在技术或军事方面超过它们，乃是建立在偏见和错误上的一种愿望；篡夺来的权势绝不是获得幸福的真正可靠的手段。同时使全世界感到恐怖的国家威名比起来，我们更希望的是安全与和平。四海之内皆兄弟。我们在特定的地区或特定的土地上联合起来，是由于这种联合对于我们内部的安宁或者抵御共同敌人的无故侵犯是必要的，但是，国与国之间的敌对是从想象中产生的。如果我们的目标是发财致富，那么，财富只能从通商中得到。我们的邻国购买力越大，我们出售的机会就越多。共同的繁荣对于所有的人都有利。

我们越能确切地了解自己的利益，就越不会愿意扰乱邻邦的安宁。同一原则反过来也适用于邻邦。因此，我们应该希望邻邦是明智的。但是明智产生于平等和独立，而不是伤害和压迫。如果压迫能培养明智，人类的进步将是无法估计的，因为数千年来人类一直处在被压迫中。因此，我们应当希望邻邦是独立自主的。我们应当希望它是自由的；因为战争不是来自国家的没有偏私的倾向，而是来自政权出阴谋和它灌输给一般人民的倾向。如果邻国侵入我们的国土，我们所希望的只是把它驱逐出去，为了达到这一目的，我们并不需要比他更有本领，因为在我们的国土上，他决不是对手。更不必说，当一个国家的行为是稳重、公正和有节制的时候，认为这个国家会遭到另一个国家的攻击，乃是一种非常不可能的设想。

当国与国之间没有发展到公开敌对的状态时，它们间的一切互相忌妒都是令人不解的怪事。我所以要居住在某一地方，是因为这个地方最能增进我的幸福或用途。我所以关心我的同类的政治正义和美德，因为他们是人类、是能够具有高度正义和美德的生物。也许我还有更多的理由关心跟我生活在同一个政府之下的人们，因为我更有条件来了解他们的要求和更有能力尽自己的努力帮助他们，但是，我肯定没

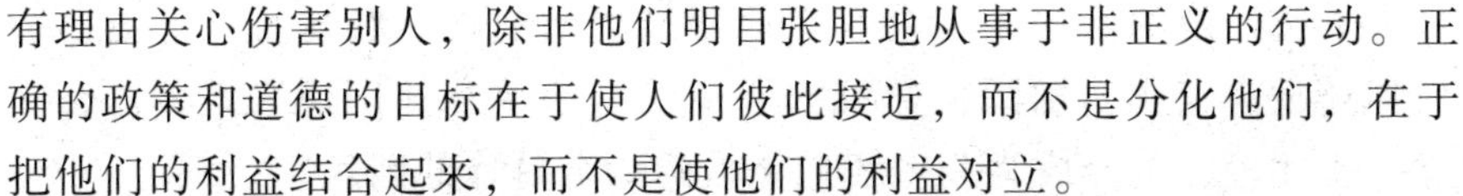

有理由关心伤害别人，除非他们明目张胆地从事于非正义的行动。正确的政策和道德的目标在于使人们彼此接近，而不是分化他们，在于把他们的利益结合起来，而不是使他们的利益对立。

毫无疑问，人与人之间应当发展一种比现在所存在的更进一步的密切和互相信任的交往，但是人的政治社会之间并没有任何利益需要加以说明和调整，除非过失和暴力使这种说明成为必要。这个理由立刻使那种一直为各国政府所注意的神秘的欺骗政策不再具有任何重要目标。在这个原则面前，一切陆海军军官，使节和谈判代表，一切为了暗防别国，刺探他们的秘密，调查他们的计划，建立同盟和反同盟等等而发明的一系列的阴谋诡计，都会变得一无价值。这样就可以取消政府的开支，而随着取消开支也就消灭了它压制和破坏属民们德行的手段。

政治学上的另一个巨大的坏名声同时也被完全消灭掉了。那就是按人口计算领土广大的程度，哲学家和道德家们曾轮流争论过领土广大到底是最不适合于君主政体还是最不适合于民主政体。在未来进步的状态下，可能期待人类面貌将要依据这样一种政治，它在不同的国家中将具有互相类似形式，因为我们都具有同样的能力和同样的需要。但是这种政治的各个独立部门却只将在狭小的地区具有权威，因为居住邻近的人对于彼此的事情了解得最清楚，也能够对这些事情做出妥善的安排。除了在外部安全上有利外，我们想不出广阔领土比有限的领土有任何优点。

不论政权的抽象概念中所包括的是什么弊害，它们都由于管辖权的广阔而变为极端严重，而在一种相反的情况下，则一定会趋于和缓。野心在前一种情况下，其可怕程度也许不下于瘟疫，而在后一种情况下，则没有表现的余地。人民的骚动就象地面上的洪水一样，如果流经的地面广阔就能产生最悲惨的后果，但当它被限制在一个狭窄的胡同时，它就会变得温和而无害。稳健和公正恰好是一个有限制的团体的明显特征。

当然有人可能反对说，“伟大的才能是伟大热情的产物；而在小国寡民的平静环境里，智力可能会停止发展。”如果这个意见是真实的，倒值得认真地加以研究。但是应当注意的是，根据这里所提出的假定，整个人类，在某种意义上，本来就构成一个人口众多的国，而想要给广大人类造福的人，一定会有更值得鼓舞的前途。在这种状态处于发展但还没有完成的期间，把我们所享受的幸福和邻国所表现的不公正做一番比较，也会成为刺激我们努力的一个另外的因素。

野心和暴乱是以一种间接的方式从政权中产生出来的弊害，是由于政权把一致行动和进行联合的习惯推广到广大人民中间所引起的后果。另外还有许多其他同政权的存在分不开的弊害。政权的目的是镇压这些外部和内部的暴力，因为这些暴力可能破坏或者危害社会或社会成员的福利；而它所使用的手段则是一种更为正规的强制和暴力。为了这个目的把个人的力量集中起来就是必要的，而通常取得集中的方法仍然是强制。强制的弊端已经在前面讨论过。对犯人或被控有罪的人实行强制也不会不产生有害的后果。社会的多数对于可能在某些公益问题上向他们有不同意见的少数实行强制，至少初看起来，会引起更大的非难。

这两种做法，的确看来都是建立在同一个原则之上的。在第一种情形下，恶行毫无疑问也只不过是由于判断上的错误，除非在绝对必要的情况下，企图用暴力来加以纠正是绝对不应该的。少数人如果是错误的，也完全属于同一类，虽然他们错误的大小也许跟前者不同。但是人们很难同样地相信这种情形也必须受到强力的纠正。例如，如果人类对于民族分立的思想比较熟悉，那么少数人由于意见分歧而分立出去，从造成的危害的倾向上看，在任何程度上，也很少能同罪犯违犯最明显的社会正义原则的行为相比拟。这种情形同侵略战争和自卫战争的情形相类似。对于少数施加强制的时候，我们是受了多疑的性格所支配的，它使我们觉得反对的一方今后可能以某种方式来伤害我们，所以我们必须先伤害他。而在对一个罪犯施加强制的时候，我们则似乎是在驱逐侵入我们国土而又不肯退出的敌人。

政权只能有两个合法的目的，即在社会内部制裁个人的非正义行为和共同防御外来侵略。只有第一个目的可以不断地对我们提出要求。只要我们的组织达到一定程度，使我们有余地成立陪审委员会审理社会中个别成员的违法案件，并解决在财产方面可能发生的争执问题，这第一个目标就可以完全满足。当然违法分子不难逃出这种小范围的司法管辖权；因此初看起来，似乎邻近教区或管辖机关必须采取同样的统治方式，或者至少不论他们是什么统治形式，都愿意同我们合作，共同排除或改造一个罪犯，因为这个罪犯的现有恶习对我们和对他们是同样有害的。但是为了达到这个目的，不必缔结任何明确的约定，尤其不必成立任何共同的中央机关。普遍正义和共同利益比签字盖章更能对于人们有拘束力。同时，为了使罪犯受到惩罚而进行追捕的一切必要性，如果曾经存在过，至少也将不久归于消灭。犯罪的动机将是希罕的；加重罪情将是少有的，而严刑峻法也就成为不必要的了。惩罚的主要目的在于对社会中的危险分子实行强制，而在这个范围有限的团体里，成员彼此对行为实行一般的监督。以及由去掉神秘主义和经验主义的人可以进行的严肃而正确的批评，就可以达到这种强制的目的。任何人都不会在干坏事上顽固到蔑视他周围的人一致表现出的冷静判断。这种一致会使他感到绝望，乃至使他心悦诚服。他会被一种跟皮鞭和镣铐具有同样不可抵抗的力量，逼迫着改正自己的行为。

这段叙述中包括了政治统治的粗略轮廓。教区和教区之间的纷争在很大程度上将会是不合理的，因为在发生任何争执时，比如界限问题，浅显的便利原则一定会告诉我们，某一块土地应当属于哪一个地区。坚持理性原则的人所结成的组织都不可能有意于扩张领土。如果我们想使自己的人热爱组织，最可靠的方法是按照公平温和的原则办事；如果这种方法对任何人不起作用，那也只能发生在不论在哪个社会里都不会是个够资格的成员的身上。任何社会惩治违法者的义务并不是根据那个要受惩罚的罪犯的假定的同意，而是根据必须保卫社会的义务。

在这种社会状态下，教区和教区之间的争执虽然是不合理的；但却不见得就是不可能的，因此应该作出应付这种特殊意外情况的安排。从性质上来说，这些情况类似外来侵略。只有几个区通力合作，宣布并在必要时履行正义原则才是制止这种意外的唯一安排。

（选自威廉·葛德文著，何慕李译：《政治正义论》（第二卷），商务印书馆，1980年4月版，第437~443页。）

第五章

军事战略家的安全战略思维

狭义的战略，指的是军事战略，因而与其相关的战略思维多从军事家的思想中体现。而战争作为政治的继续，任何有远见的军事家从来不单是就军事论军事，军事战略思维本身早就超出了军事领域。我们专设此章，并不认为军事战略家有超越时代和现实政治的战略思维，而只是相对集中地展示军事战略家们战略思维的特殊视角与独到见解。

5.1.1　孙子：始计

孙子，名武，字长卿，公元前6世纪（生卒年无从考证）春秋时期齐国人，兵家的重要代表人物。著有兵法十三篇，被视为“兵学圣祖”，世界军事思想史上的一个高峰。孙武主张“上兵伐谋”，提倡“不战而屈人之兵”。至于用兵之法，孙武主张“全国为上”，所谓攻城、破城则“为不得已”等，至今被军事家们津津乐道并被视为完美的战略思想。他非常重视“庙算”，告诉我们应对各方情况，尤其是敌我之情进行认真的分析比较，“知己知彼，百战不殆，知天知地，胜乃无穷”等，亦被视为千古经典名言。

孙子曰：兵者，国之大事，死生之地，存亡之道，不可不察也。故经之以五事，校之以计，而索其情：一曰道，二曰天，三曰地，四曰将，五曰法。道者，令民于上同意，可与之死，可与之生，而不危也；天者，阴阳、寒暑、时制也；地者，远近、险易、广狭、死生也；将者，智、信、仁、勇、严也；法者，曲制、官道、主用也。凡此五者，将莫不闻，知之者胜，不知之者不胜。故校之以计，而索其情，曰：主孰有道？将孰有能？天地孰得？法令孰行？兵众孰强？士卒孰练？赏罚孰明？吾以此知胜负矣。将听吾计，用之必胜，留之；将不听吾计，用之必败，去之。计利以听，乃为之势，以佐其外。势者，因利而制权也。兵者，诡道也。故能而示之不能，用而示之不用，近而示之远，远而示之近。利而诱之，乱而取之，实而备之，强而避之，怒而挠之，卑而骄之，佚而劳之，亲而离之，攻其无备，出其不意。此兵家之胜，不可先传也。夫未战而庙算胜者，得算多也；未战而庙算不胜者，得算少也。多算胜少算，而况于无算乎！吾以此观之，胜负见矣。

【译文】孙子说：战争，是一个国家的头等大事，关系到军民的生死，国家的存亡，不可不慎重地考虑。因此必须通过敌我双方五个方面的分析，来预测战争胜负的详情。一是道，二是天，三是地，四是将，五是法。道，指君主和民众目标相同，意志统一，可以同生共死，而不会惧怕危险；天，指昼夜、阴晴、寒暑、四季更替；地，指路程的远近，地势的险要、平坦与否，战场的广阔、狭窄，是生地还是死地等地理条件；将，指将领足智多谋，赏罚有信，对部下仁爱，勇敢果断，军纪严明；法，指军制、军法、军需的制定和管理。对这五个方面，将领都不能不做深刻了解，了解就能胜利，否则就不能胜利。所以，要通过对双方各种情况的考察分析，并据此加以比较来预测战争胜负。哪一方的君主施政清明？哪一方的将领更有能力？哪一方占有天时地利？哪一方的法规、法令更能严格执行？哪一方装备更精良，兵员更广大？哪一方的士兵训练更有素？哪一方的赏罚更公正严明？我通过这些比较就能知道胜负。如果将领听从我的计策，用兵作战就会胜利，我就留下来；如果将领不听从我的计策，作战必然会失败，我就离开。听从了有利于克敌制胜的计策，还要创造一种势态，作为协助我方军事行动的外部条件。势，就是凭借有利的情况，根据具体情况采取不同的相应措施。用兵作战，就是诡诈。因此，有能力而装作没有能力，实际上要攻打而装作不攻打，欲攻打近处却装作攻打远处，攻打远处却装作攻打近处。对方贪利就用利益诱惑他，对方混乱就趁机攻取他，对方强大就要防备他，对方暴躁易怒就可以扰乱他，对方自卑而谨慎就使他骄傲自大，对方体力充沛就使其劳累，对方内部亲密团结就挑拨离间，要攻打对方没有防备的地方，在对方没有料到的时机发动进攻。这些都是军事家克敌制胜的诀窍，不可先传泄于人也。在未战之前就有胜利的把握，是因为筹划周密，条件充分；未开战而估计取胜的把握小，是具备取胜的条件少。条件充分的取胜机会就大，条件不充分的就会失败，更何况一点条件都没有呢！我根据这些来观察，胜负就显而易见了。

5.1.2 孙子：谋攻

子曰：夫用兵之法，全国为上，破国次之；全军为上，破军次之；全旅为上，破旅次之；全卒为上，破卒次之；全伍为上，破伍次之。是故百战百胜，非善之善也；不战而屈人之兵，善之善者也。故上兵伐谋，其次伐交，其次伐兵，其下攻城。攻城之法，为不得已。修橹轒辒，具器械，三月而后成；距堙，又三月而后已。将不胜其忿而蚁附之，杀士卒三分之一，而城不拔者，此攻之灾也。故善用兵者，屈人之兵而非战也，拔人之城而非攻也，毁人之国而非久也，必以全争于天下，故兵不顿而利可全，此谋攻之法也。故用兵之法，十则围之，五则攻之，倍则分之，敌则能战之，少则能逃之，不若则能避之。故小敌之坚，大敌之擒也。夫将者，国之辅也。辅周则国必强，辅隙则国必弱。故君之所以患于军者三：不知军之不可以进而谓之进，不知军之不可以退而谓之退，是谓縻军；不知三军之事而同三军之政，则军士惑矣；不知三军之权而同三军之任，则军士疑矣。三军既惑且疑，则诸侯之难至矣。是谓乱军引胜。故知胜有五：知可以战与不可以战者胜，识众寡之用者胜，上下同欲者胜，以虞待不虞者胜，将能而君不御者胜。此五者，知胜之道也。故曰：知己知彼，百战不殆；不知彼而知己，一胜一负；不知彼不知己，每战必败。

【译文】孙子说：战争的原则是，使敌人举国降服是上策，用武力击破敌国就次一等；使敌人全军降服是上策，击败敌军就次一等；使敌人全旅降服是上策，击破敌旅就次一等；使敌人全卒降服是上策，击破敌卒就次一等；使敌人全伍降服是上策，击破敌伍就次一等。所以，百战百胜，算不上是最高明的；不通过交战就降服全体敌人，才是最高明的。所以上等的军事行动是用谋略挫败敌方的战略意图或战争行为，其次就是用外交战胜敌人，再次是用武力击败敌军，最下之策是攻打敌人的城池。攻城是不得已而为之，是没有办法的办法。制造大盾牌和四轮车，准备攻城的所有器具，起码得三个月。堆筑攻城的土山，又得三个月。如果将领难以拟制焦躁情绪，命令士兵象蚂蚁一样爬墙攻城，尽管士兵死伤三分之一，而城池却依然没有攻下，这就是攻城带来的灾难。所以善用兵者，不通过打仗就使敌人屈服，不通过攻城就使敌城投降，摧毁敌国不需长期作战，一定要用“全胜”的策略争胜于天下，从而既不使国力兵力受挫，又获得了全面胜利的利益。这就是谋攻的方法。所以，在实际作战中运用的原则是：我十倍于敌，就实施围歼，五倍于敌就实施进攻，两倍于敌就要分教敌军，势均力敌则设法打败敌人，兵力弱于敌人就避免作战。所以，弱小的一方若死拼固守，那就会成为强大敌人的俘虏。将帅，国家之辅助也。辅助之谋缜密周详，则国家必然强大，辅助之谋疏漏失当，则国家必然衰弱。所以，国君对军队的危害有三种：不知道军队不可以前进而下令前进，不知道军队不可以后退而下令后退，这叫作束缚军队；不知道军队的战守之事、内部事务而同理三军之政，将士们会无所适从；不知道军队战略战术的权宜变化，却干预军队的指挥，将士就会疑虑。军队既无所适从，又疑虑重重，诸侯就会趁机兴兵作难。这就是自乱其军，坐失胜机。所以，预见胜利有五个方面：能准确判断仗能打或不能打的，胜；知道根据敌我双方兵力的多少采取对策者，胜；全国上下，全军上下，意愿一致、同心协力的，胜；以有充分准备来对付毫无准备的，胜；主将精通军事、精于权变，君主又不加干预的，胜。以上就是预见胜利的方法。所以说：了解敌方也了解自己，每一次战斗都不会有危险；不了解对方但了解自己，胜负的机率各半；既不了解对方又不了解自己，每战必败。

5.2.1　吴子：图国第一（选粹）

吴起（？～公元前381年），战国初期杰出的政治家、军事家，魏国人。《吴子》是记载吴起与魏文侯、魏武侯的论兵的一部集子。该书总结了战国初期及其以前的战争经验，与《孙子》同为中国古典军事著作的代表作。《吴子》认为“内修文德，外治武备”才是国家安全的可靠保证，而在战争胜负观上，他提出了“以治为胜”的著名论断。

明主鉴兹，必内修文德，外治武备。故当敌而不进，无逮于义矣。僵尸而哀之，无逮于仁矣。

【译文】贤明的君主有鉴于此，必然对内修明文德，对外做好战备。所以，面对敌人而不敢进战，这说不上是义；看着阵亡将士的尸体而悲伤，这说不上是仁。

昔之图国家者，必先教百姓而亲万民。有四不和：不和于国，不可以出军；不和于军，不可以出陈；不和于陈，不可以进战；不和于战，不可以决胜。是以道之主，将用其民，先和而造大事。

【译文】从前谋求治好国家的君主，必先教育“百姓”，亲近“万民”。在四种不协调的情况下，不宜行动：国内意志不统一，不可以出兵；军队内部不团结，不可以上阵；临战阵势不整齐，不可以进战；战时行动不协调，不可能取得胜利。因此，英明的君主，准备用他的民众去作战的时候，必先搞好团结然后才进行战争。

若行不合道，举不合义，而处大居贵，患必及之。是以圣人绥之以道，理之以义，动之以礼，抚之以仁。此四德者，修之则兴，废之则衰。

【译文】如果行为不合于“道”，举动不合于“义”，而掌握大权，分居要职，必定祸患无穷。所以，“圣人”用“道”来安抚天下，用“义”来治理国家，用“礼”来动员民众，用“仁”来抚慰民众。这四项美德发扬起来国家就兴盛，废弃了国家就衰亡。

战胜易，守胜难。

【译文】取得胜利比较容易，巩固胜利却很困难。

凡兵之所起者有五：一曰争名，二曰争利，三曰积德恶，四曰内乱，五曰因饥。其名又有五：一曰义兵，二曰强兵，三曰刚兵，四曰暴兵，五曰逆兵。禁暴救乱曰义，恃众以伐曰强，因怒兴师曰刚，弃礼贪利曰暴，国乱人疲，举事动众曰逆。五者之数，各有其道：义必以礼服，强必以谦服，刚必以辞服，暴必以诈服，逆必以权服。

【译文】战争的起因有五种：一是争名，二是争利，三是积仇，四是内乱，五是饥荒。用兵的性质也有五种：一是义兵，二是强兵，三是刚兵，四是暴兵，五是逆兵。禁暴除乱，拯救危难的叫义兵，仗恃兵多，征伐别国的叫强兵，因怒兴兵的叫刚兵，背理贪利的叫暴兵，不顾国乱民疲，兴师动众的叫逆兵。对付这五种不同性质的用兵，各有不同的方法，对义兵必须用道理折服它，对强兵必须用谦让悦服它，对刚兵必须用言辞说服它，对暴兵必须用计谋制服它，对逆兵必须用威力压服它。

君能使贤者居上，不肖者处下，则陈已定矣。民安其田宅，亲其有司，则守已固矣。百姓皆是吾君而非邻国，则战已胜矣。

【译文】您能将有才德的人加以重用，没有才德的人不予重用，那么阵就已稳定了。民众安居乐业，亲敬官吏，那么守备就已巩固了。百姓都拥护自己的国君，而反对敌国，那么战争就已胜利了。

5.3.1 吕尚：六韬（选粹）

《六韬》传为吕尚（姜太公，也叫姜尚、吕望，封于齐）所作，为《武经七书》之一。1972 年，在山东临沂银雀山出土的汉简证明了其为先秦的一部古籍。《六韬》一书，由浅入深，层层递进、内容丰富、论述详瞻，涉及当时军事领域的各个方面，从而构成一个比较完备的兵学体系，堪称先秦军事著作中集大成之作，探讨指导战争和治国安民的韬略新论涉及政治、军事战略，历来被认为是治国安邦的重要谋略兵书。

……以饵取鱼，鱼可杀；以禄取人，人可竭；以家取国，国可拔；以国取天下，天下可毕。……圣人之虑，各归其次，而立敛焉。

【译文】……用香饵钓鱼，鱼便可供烹食；用爵禄网罗人才，人才就能尽为所用；以家为基础取国，国就能被据为已有；以国为基础取天下，天下就可全部征服。……圣人所思虑的事情，就是使天下人人各得其所，而建立起各种争取人心的办法。

天下非一人之天下，乃天下之天下也。……凡人恶死而乐生，好德而归利，能生利者，道也。道之所在，天下归之。

【译文】天下不是一个人的天下，而是天下所有人共有的天下。……人们厌恶死亡而乐于生存，喜欢恩德而追求利益，能为天下人谋求利益的，就是王道。王道所在，天下之人就会归附。

善为国者，驭民如父母之爱子，如兄之爱弟，见其饥寒则为之忧，见其劳苦则为之悲，赏罚如加于身，赋敛如取于己，此爱民之道也。

【译文】善于治国的君主，统驭民众像父母爱护子女，像兄长爱护弟妹那样，看到他们饥寒就为他们忧虑，看到他们劳苦就为他们悲痛，对他们施行赏罚就像自己身受赏罚，向他们征收赋税如同夺取自己的财物，这些就是爱民的道理。

无借人利器，借人利器，则为人所害而不终于世。

【译文】（原文有比喻的意思）不要把统御国家的权力交给别人，统治权交给别人，就会被人所害而不得善终。

顺者，任之以德；逆者，绝之以力。敬之勿疑，天下和服。

【译文】对于顺从自己的人，要施予恩惠加以任用；对于反对自己的人，就动用武力给予消灭。遵循上述原则而毫不迟疑，天下就会和顺而驯服了。

天下治，仁圣藏；天下乱，仁圣昌。至道其然也。

【译文】天下大治时，仁人圣君就隐而不露；天下动乱之时，仁人圣君就奋起拨乱反正，建功立业。这是必然的规律。

大智不智，大谋不谋，大勇不勇，大利不利。利天下者，天下启之；害天下者，天下闭之。

【译文】真正的智慧不显现出智慧，真正的谋略不显现出谋略，真正的勇敢不显现出勇敢，真正的利益不显现出利益。为天下人谋利益的，天下人都欢迎他；使天下人都受害的，天下人都反对他。

天有常形，民有常生，与天下共其生，而天下静矣。太上因之，其次化之。

【译文】天有一定的变化规律，民众有经常从事的生业。君主能同民众共安生业，天下就会安静。所以说最好的政治是顺应民心进行治理，其次是宣扬政教以感化民众。

（选自卷第一，文韬。）

5.4.1 尉缭子：兵谈（选段）

《尉缭子》的作者说法不一。战国时有两个尉缭，一是梁惠王时人，一是秦始皇时人。《尉缭子》亦为《武经七书》之一，作为一部古籍，其内容之丰富、思想之精深已获得公认，主要包括富国强兵的治国思想、“道胜”为本的战略思想、明赏严责的治军思想等，其中尤可注意的是其提出了军事的改革，其对军事法规的强调和研究，在当时是难能可贵的。

量土地肥墝而立邑建城。[以城] 称地，以（城）[地] 称人，以人称粟。三相称，则内可以固守，外可以战胜。战胜于外，（备主）[福生] 于内，胜（备）[福] 相应，犹合符节，无异故也。

治兵者，若秘于地，若邃于天，生于无。故（关）[开] 之，大不窕；[关之，] 小不恢。明乎禁舍开塞，民流者亲之，地不任者任之。夫土广而任则国富，民众而（治）[制] 则国治。富治者，（民）[车] 不发轫，（车）[甲] 不出（暴）[橐]，而威制天下。故曰：“兵胜于朝廷。”

不暴甲而胜者，主胜也。陈而胜者，将胜也。兵起，非可以忿也。见胜则兴，不见胜则止。患在百里之内，不起一日之师；患在千里之内，不起一月之师；患在四海之内，不起一岁之师。

将者，上不制于天，下不制于地，中不制于人。宽不可激而怒，清不可事以财。夫心狂、目盲、耳聋，以三悖率人者，难矣。

兵之所及，羊肠亦胜，锯齿亦胜，缘山亦胜，入谷亦胜，方亦胜，圆亦胜。重者如山如林，如江如河；轻者如炮如燔 [，如漏如溃]。如垣压之，如云覆之，令之聚不得以散，散不得以聚，左不得以右，右不得以左。兵如总木，弩如羊角。人人无不腾陵张胆，绝乎疑虑，堂堂决而去。

【译文】要衡量土地的肥瘠来确定建立城邑。城邑的兴建要和土地面积的大小相适应，城邑的大小要和人口的多少相适应，人口的多少要和粮食的供应相适应。三者互相适应，对内就可以进行固守，对外就可以战胜敌人。能够战胜敌人于国外，主要在于国内有充分的准备，胜利和准备的一致性，就象符节的相吻合一样，这是两者之间没有差异的原故。

善于治兵的人［实行寓兵于农］，就像大地那样深藏不露，就像天空那样深邃莫测，表面无形无影却蕴藏着巨大的力量。作战时，大规模用兵不会感到兵力不足，小规模用兵也不会感到兵力过多。平时必须明确各种应兴应革的事项，对于流散的人民，应安抚他们，对于没有利用的土地，应该充分利用起来。土地广大而又能充分利用，国家就富足；人民众多又有良好的组织，国家就安定。富足而安定的国家，不必出动军队，凭借声威就可以使天下顺服。所以说，军事的胜利，取决于朝廷的政治措施。不使用武力就取得的胜利，是君主在政治上的胜利；经过战争而取得的胜利，是将帅在指挥上的胜利。

进行战争，是不能意气用事的。预计有胜利的把握就采取行动；预计没有胜利的把握就坚决停止。祸乱发生在百里之内，不要只做一天的战斗准备；祸乱发生在千里之内，不要只做一月的战斗准备；祸乱发生在四海之内，不要只做一半的战斗准备。

做将帅的人，必须上不受天时的限制，下不受地形的限制，中不受人为的限制。要气量宽宏，不可因刺激而发怒；要清正廉洁，不可被金钱所诱惑。如果任用态度轻狂、目光短浅、信息不灵的人来统帅军队，那就难于成功了。

训练有素的军队，在羊肠小道也能取胜，在高岩峻岭也能取胜，攀登高山也能取胜，深入谷地也能取胜。方阵也能取胜，圆阵也能取胜。行动稳重时，要像山林那样沉着镇静，像江河那样一往无前；行助急骤时，要像火烧那样急剧猛烈，像墙倒那样有压顶之势，像云层履盖那样无可逃避。使集中的敌人来不及分散，分散的敌人来不及集中，左边的敌人来不及救援右边，右边的敌人来不及救援左边。军队刀枪剑戟如林立，万弩齐发如旋风，人人斗志昂扬，英勇果敢，一往无前地去决战决胜。

5.4.2　尉缭子：制谈（选粹）

凡兵，制必先定。制先定则士不乱，士不乱则形乃明。金鼓所指，则百人尽斗。陷行乱陈，则千人尽斗。覆军杀将，则万人齐刃。天下莫能当其战矣。

【译文】凡是统率军队，必须预先建立各种制度。各种制度建立了，士卒就不会混乱。士卒不混乱，纪律就严明了。这样，命令一经发出，成百的人都尽力战斗。冲锋陷阵时，成千的人都尽力战斗。歼灭敌军时，成万的人都协力作战，这样，天下就没有任何力量能够与它抗衡了。

民非乐死而恶生也，号令明，法制审，故能使之前。明赏于前，决罚于后，是以发能中利，动则有功。

【译文】人们本来并不是好死厌生的。只是由于号令严明，法制周详，才能使他们奋勇向前。既有明确的奖赏鼓励于前，又有坚决的惩罚督促于后，所以出兵就能获胜，行动就能成功。

吾用天下之用为用，吾制天下之制为制。修吾号令，明吾刑赏，使天下非农无所得食，非战无所得爵，使民扬臂争出农战，而天下无敌矣。故曰：发号出令，信行国内。

【译文】利用天下的财富来充实我们的国力，参考天下的制度来修订我们的制度。整肃号令，严明赏罚，使天下都知道不耕种的人不能获得食物，无战功的人不能获得爵位。鼓励民众奋勇争先地投入生产和战斗，这样就可以天下无敌了。所以说，号令一经发出，就必须取信于民而风行全国。

5.4.3　尉缭子：武议（选粹）

凡兵，不攻无过之城，不杀无罪之人。……故兵者，所以诛暴乱禁不义也。……由其武议在于一人，故兵不血刃而天下亲焉。

【译文】凡是用兵，不要进攻无过的国家，不要杀害无辜的人民。……因此战争的目的是平定暴乱，制止不义行为。……因为用兵的目的，只在于惩罚祸首一人，所以能不必经过流血战斗就可得到天下的拥护。

夫提天下之节制，而无百货之官，无谓其能战也。

【译文】要知道统率天下的军队，而没有对经济物资进行有效的管理，那是不能顺利进行作战的。

举贤用能，不时日而事利；明法审令，不占筮而获吉；贵功养劳，不祷祠而得福。又曰：天时不如地利，地利不如人和。古之圣人，谨人事而已。

【译文】任用贤能，不选择吉日良辰事情也会顺利；只要法令严明，不须求神问卜也会获得吉祥；只要奖励战功优厚抚恤，不须祈祷也会得福。换句话说，天时有利不如地形有利，地形有利不如人心和睦。古代的圣人，不过是重视人的作用罢了。

5.5.1 黄石公：三略·上略（选粹）

黄石公，传说中的张良刺秦失败后所遇之奇人。《黄石公三略》，简称《三略》，宋代列为《武经七书》之一。其作者和成书年代说法不一。相传源于太公吕尚，经黄石公推演以授张良。一般认为系秦汉时无名作品。《三略》广泛地论述了治国、治军和统军的方法，这是一部从政治谋略上阐明治国之道，从政治与军事关系上论述克敌制胜的兵书。其中治国部分论述了战争观、用人等问题，提出了“义战”的著名观点，主张“以义诛不义”。作者也看到了战争的危险性，一如老子，认为“兵者，不祥之器”。但又同时认为，在万不得已的情况下，还是要有一战。

治国安家，得人也；亡国破家，失人也。

【译文】国治家安，在于任用了有才干的人；国亡家破，在于失却了有才干的人。

莫不贪强，鲜能守微；若能守微，乃保其生。……“能柔能刚，其国弥光；能弱能强，其国弥彰；纯柔纯弱，其国必削；纯刚纯强，其国必亡。”

【译文】人没有不贪求强大的，却很少有能够持守微弱力量的。如果能持守微弱的力量，就能保住生存以图将来的发展。……“既能用柔又能用刚，刚柔相济，那么国家就如日照天，遍地光明；既能守弱又能用强，强弱不怠，那么国家就会愈益彰显，繁荣昌盛。如果一味柔弱，国家必然衰败；如果纯然刚强，国家必定灭亡。”

为国之道，恃贤与民。信贤如腹心，使民如四肢，则策无遗。……危者安之，惧者欢之，叛者还之，怨者原之，诉者察之，卑者贵之，强者抑之，敌者残之，贪者丰之，欲者使之，畏者隐之，谋者近之，谗者覆之，毁者复之，反者废之，横者挫之，满者损之，归者招之，服者居之，降者脱之。获固守之，获阨塞之，获难屯之，获城割之，获地裂之，获财散之。……顺举挫之，因势破之，放言过之，四网罗之。得而勿有，居而勿守，拔而勿久，立而勿取。为者则己，有者则士。

【译文】治理国家的方法，在于依靠贤士与民众。信赖贤士要视若心腹，使用民众要如同使用自己的四肢，只有这样，自己的政策才不会有过失。……岌岌可危的，要扶持他使之安心。感到畏惧的，要使他心情欢畅。对反叛的，要设法使他归服。对有冤屈的，要给他平反。对来申诉的，要为他详审明察。地位低微的，让他逐渐得到提拔。争强好胜的，要对他进行抑制。与我为敌的，要坚决消灭他。贪财的，要使他能够得到满足。想做官的，给他官做，让他听任驱使。有所畏惧的，让他隐弊于后。有计谋的，使他亲近我，为我筹划。受到谗言侵害的，给他洗雪纠正。遭到毁谤的，给他恢复名誉。有反叛之心的，废弃不用。骄横无理的，要挫败他的锐气。得志自满的，要使他有所损害。愿意归顺的，则将他招抚。已经服从的，则使他安居。愿意投降的，则赦免他所有罪过。有了坚固的阵地要尽心把守，占住险隘之地要尽力阻塞，占领艰危的地方要屯兵驻守，夺取的城池要封赏功臣，获得土地要分封给人，有了丰厚财物要散施给人。……根据战场上的形势，对敌人发动攻击，就能战胜它。散布假情报，使敌人产生错觉。将敌人四面包围，一举而歼灭。获得战利品，不要自己一人独吞。占领敌国，只可稍作停留，不要长期据守。攻打城池要迅速，不可拖延。

立该国之人为君而不取而代之。运筹谋划在自己，有了功劳归士卒。

夫用兵之要，在崇礼而重禄。礼崇，则智士至；禄重，则义士轻死。

【译文】用兵的关键，在于尊崇礼义和给予丰厚的俸禄。尊崇礼义，有才智的人就会争相奔附；有丰厚俸禄，重节义的人就会视死如归。

夫将帅者，必与士卒同滋味而共安危，敌乃可加。故兵有全胜，敌有全因。

【译文】做将帅的，必须与士兵同甘共苦、同安共危，才可与敌作战。只有这样，作战才可以大获全胜，敌人会全军覆没。

夫统军持势者，将也；制胜破敌者，众也。故乱将不可使保军，乖众不可使伐人。

【译文】统帅军队，把握作战形势，是将领的职责；打败敌人，夺取胜利，是士卒的使命。所以，胸无谋略的将领，不能让他统帅军队；纪律松懈的士兵，不能让他们打仗。

5.6.1　司马法：仁本（选粹）

《司马法》系战国齐威王时追论、整理古兵法而成，长期享有军事权威著作的声誉，又称《司马穰苴兵法》。其深刻的军事思想和治国安邦思想，概括起来有以下几点：一是“以战止战”的战争观；二是“忘战必危”的国防思想；三是“重法尚教”的治军思想；四是“相为轻重”的作战指导思想等。

古者，以仁为本、以义治之谓正。正不获意，则权；权出于战，不出于中人。是故杀人安人，杀之可也；攻其国，爱其民，攻之可也；以战止战，虽战可也。

【译文】上古的时候，人们以仁爱为根本，用合乎情理的方法治理国家，这是正常的途径。用正常的方法达不到目的，那么就采取特殊的手段。特殊的手段表现为战争，而不是表现为中和与仁爱。因此，如果杀掉坏人而使好人得到安宁，那么杀人是可以的。如果进攻别国

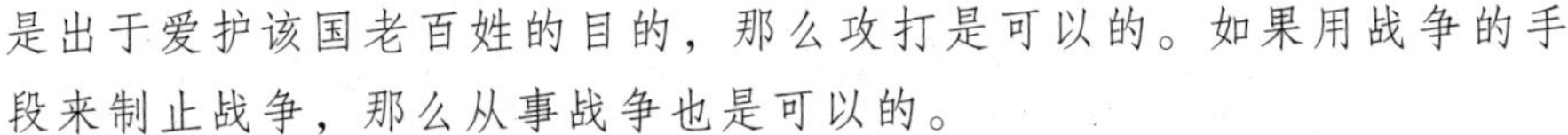

是出于爱护该国老百姓的目的，那么攻打是可以的。如果用战争的手段来制止战争，那么从事战争也是可以的。

故国虽大，好战必亡；天下虽安，忘战必危。

【译文】因此国家再强大，好战必定灭亡；天下再太平，忽视战备必有危险。

5.6.2　司马法：天子之义（选粹）

天子之义，必纯取法天地，而观于先圣。士庶之义，必奉于父母，而正于君长。故虽有明君，士不先教，不可用也。

【译文】天子正确的思想行为，应当是取法天地，借鉴古代圣王。士民的正确思想行为，应当是遵从父母教训，不偏离君主和长辈的教导。所以虽有贤明的君主，如果对士民不事先教育，也不能使用他们。

古者逐奔不远，纵绥不及，不远则难诱，不及则难陷。以礼为固，以仁为胜，既胜之后，其教可复；是以君子贵之也。

【译文】古人用兵，追击败逃的敌人不过远，追踪主动退却的敌人不迫近。不过远就不易被敌人诱骗，不迫近就不易陷入敌人的图套。以礼制为规范，军队就能巩固，用仁爱为宗旨，就能战胜敌人。用这种方法，取胜以后，还可以反复运用，因而贤德的人都很重视这种方法。

兵不杂，则不利；长兵以卫，短兵以守。

【译文】各种兵器不配合使用，就不能发挥威力。长兵器用以掩护短兵器，短兵器用以抵近战斗。

师多务威，则民诎；少威，则民不胜。

【译文】治军过于威严，士气就会受到压抑，缺少威信，就难以指挥士卒克敌制胜。

军旅以舒为主，舒则民力足。

【译文】军队行动，以从容不迫为主，从容不迫就能保持士卒力量的充沛。

古者国容不入军，军容不入国。

【译文】古时候，朝廷的礼仪法度不用在军队中，军队的礼仪法度，不用在朝廷内。

5.7.1 卡尔·冯·克劳塞维茨：战争论(节选)

卡尔·冯·克劳塞维茨（Carl Von Clausewitz，1780～1831年），普鲁士军事理论家，与约米尼同时代人，却具有强烈反法兰西启蒙情绪的日耳曼民族主义倾向。其一生军事著作甚丰，其在西方战略思想史上的地位，几乎与孙子在中国的地位相当，被誉为西方现代军事理论的奠基者。《战争论》是他本人认为尚未完成、仍待修改的著作，其在世时也并不出名。后来当他的学生毛奇在战争中无往而不胜之后，世人才对克氏刮目相看，《战争论》也才开始受到重视，后被认为是西方现代军事理论的奠基之作，至今，《战争论》成为世界公认的具有不朽价值的著作。克劳塞维茨在《战争论》中揭示了战争从属政治的本质，指出了人的因素尤其是精神力量的作用，阐述了战争性质向民众战争转变的历史趋势，探讨了战略和战术、进攻和防御、战争的目的和手段之间的辩证关系，提出了集中优势兵力歼敌等思想理论。这些理论对后世影响甚大。

· 论战争的性质

二、定义

在这里，我们不打算一开始就给战争下一个冗长的政论式的定义，只打算谈谈战争的要素——搏斗。战争无非是扩大了的搏斗。如果我们想要把构成战争的无数个搏斗作为一个统一体来考虑，那么最好想象一下两个人搏斗的情况。每一方都力图用体力迫使对方服从自己的意志；他的直接目的是打垮对方，使对方不能再作任何抵抗。

因此，战争是迫使敌人服从我们意志的一种暴力行为。

暴力用技术和科学的成果装备自己来对付暴力。暴力所受到的国际法惯例的限制是微不足道的，这些限制与暴力同时存在，但在实质上并不削弱暴力的力量。暴力，即物质暴力（因为除了国家和法的概念以外就没有精神暴力了）是手段；把自己的意志强加于敌人是目的。为了确有把握地达到这个目的，必须使敌人无力抵抗，因此从概念上讲，使敌人无力抵抗是战争行为真正的目标。这个目标代替了上述目的，并把它作为不属于战争本身的东西而在某种程度上排斥掉了。

三、暴力最大限度的使用

有些仁慈的人可能很容易认为，一定会有一种巧妙的方法，不必造成太大的伤亡就能解除敌人的武装或者打垮敌人，并且认为这是军事艺术发展的真正方向。这种看法不管多么美妙，却是一种必须消除的错误思想，因为在像战争这样危险的事情中，从仁慈产生的这种错误思想正是最为有害的。物质暴力的充分使用决不排斥智慧同时发挥作用，所以，不顾一切、不惜流血地使用暴力的一方，在对方不同样做的时候，就必然会取得优势。这样一来，他就使对方也不得不这样做，于是双方就会趋向极端，这种趋向除了受内在的牵制力量的限制以外，不受其他任何限制。

问题必须这样来看。由于厌恶这个残暴的要素而忽视它的性质，这是没有益处的，甚至是错误的。

如果说文明民族的战争的残酷性和破坏性比野蛮民族的战争小得多，那么，这也是交战国本身的社会状态和这些国家之间的关系决定的。虽然战争是在社会状态和国与国之间的关系中产生的，是由它们决定、限制和缓和的，但是它们并不是属于战争本身的东西，它们在战争发生以前就已存在，因此，如果硬说缓和因素属于战争哲学本身，那是不合情理的。

人与人之间的斗争本来就包含敌对感情和敌对意图这两种不同的要素。我们所以选择敌对意图这个要素作为我们的定义的标志，只是由于它带有普遍性，因为，甚至最野蛮的近乎本能的仇恨感，没有敌对意图也是不可想象的，而许多敌对意图，却丝毫不带敌对感情，至少不带强烈的敌对感情。在野蛮民族中，来自感情的意图是主要的，而在文明民族中，出于理智的意图是主要的。但这种差别并不是野蛮和文明本身决定的，而是当时的社会状态，制度等决定的。所以，并不是每个场合都必然有这种差别，而只是大多数场合有这种差别。总之，即使是最文明的民族，相互间也可能燃起强烈的仇恨感。

由此可见，如果把文明民族的战争说成纯粹是政府之间的理智的行为，认为战争越来越摆脱一切激情的影响，以致最后实际上不再需要使用军队这种物质力量，只需要计算双方的兵力对比，对行动进行代数演算就可以了，那是莫大的错误。

理论已开始向这个方向发展，但最近几次战争纠正了它。战争既然是一种暴力行为，就必然属于感情的范畴。即使战争不是感情引起的，总还同感情或多或少有关，而且关系的大小不取决于文明程度的高低，而取决于敌对的利害关系的大小和久暂。

如果我们发现文明民族不杀俘虏，不破坏城市和乡村，那是因为他们在战争中更多地应用了智力，学会了比这种粗暴地发泄本能更有效地使用暴力的方法。火药的发明、火器的不断改进已经充分地表明，文明程度的提高丝毫没有妨碍或改变战争概念所固有的消灭敌人的倾向。

我们再重复一下我们的论点：战争是一种暴力行为，而暴力的使用是没有限度的。因此，交战的每一方都使对方不得不像自己那样使用暴力，这就产生一种相互作用，从概念上讲，这种相互作用必然会导致极端。这是我们遇到的第一种相互作用和第一种极端。（第一种相互作用）

四、目标是使敌人无力抵抗

我们已经说过，使敌人无力抵抗是战争行为的目标。现在我们还要指出，至少在理论上必须这样。

要敌人服从我们的意志，就必须使敌人的处境比按我们的要求作出牺牲更为不利，这种不利至少从表面上看应该不是暂时的，否则，敌人就会等待较有利的时机而不屈服了。因此，继续进行的军事活动所引起的处境上的任何变化，都必须对敌人更加不利，至少在理论上必须这样。作战一方可能陷入的最不利的处境是完全无力抵抗。因此，如果要以战争行为迫使敌人服从我们的意志，那么就必须使敌人或者真正无力抵抗，或者陷入势将无力抵抗的地步。由此可以得出结论：解除敌人武装或打垮敌人，不论说法如何，必然始终是战争行为的目标。

战争并不是活的力量对死的物质的行动，它总是两股活的力量之间的冲突，因为一方绝对的忍受就不能成为战争。这样，上面所谈的战争行为的最高目标，必然是双方都要考虑的。这又是一种相互作用。在我们没有打垮敌人以前，不能不担心会被敌人打垮，所以我们就不再是自己的主宰，而是不得不像敌人那样行动，就像敌人不得不像我们这样行动一样。这是第二种相互作用，它导致第二种极端。（第二种相互作用）

五、最大限度地使用力量

要想打垮敌人，我们就必须根据敌人的抵抗力来决定应该使用多大的力量。敌人的抵抗力是两个不可分割的因数的乘积，这两个因数就是现有手段的多少和意志力的强弱。

现有手段的多少是可以确定的，因为它有数量可作根据（虽然不完全如此），但是意志力的强弱却很难确定，只能根据战争动机的强弱作概略的估计。假定我们能用这种方法大体上估计出敌人的抵抗力，那么我们就可以根据它来决定自己应该使用多大力量，或者加大力量以造成优势，或者在力所不及的情况下，尽可能地增强我们的力量。但是敌人也会这样做。这又是一个相互间的竞争，从纯概念上讲，它又必然会趋向极端。这就是我们遇到的第三种相互作用和第三种极端。（第三种相互作用）

六、在现实中的修正

在纯概念的抽象领域里，思考活动在达到极端以前是决不会停止的，因为思考的对象是个极端的东西，是一场自行其是的、除了服从本身内在的规律以外不受任何其他规律约束的那些力量的冲突。因此，如果我们要在战争的纯概念中为提出的目标和使用的手段找到一个绝对点，那么在经常不断的相互作用下，我们就会趋向极端，就会陷入玩弄逻辑所引起的不可捉摸的概念游戏之中。如果要坚持这种追求绝对的态度，不考虑一切困难，并且一定要按严格的逻辑公式，认为无论何时都必须准备应付极端，每一次都必须最大限度地使用力量，那么这种作法无非是纸上谈兵，一点也不适用于现实世界。

即使使用力量的最大限度是一个容易求出的绝对数，我们仍然不能不承认，人的感情是很难接受这种逻辑幻想的支配的。如果接受了这种支配，那么在某些情况下就会造成力量的无谓浪费，这必然同治国之道的其他方面发生抵触，同时还要求意志力发挥到同既定的政治目的不相称的程度，这种要求是不能实现的，因为人的意志从来都不是靠玩弄逻辑获得力量的。

如果我们从抽象转到现实，那么一切就不同了。在抽象领域中，一切往往被想象得尽善尽美，我们必然会想象作战的这一方同那一方一样不仅在追求完善，而且正在达到完善的地步。但在现实中真是这样的吗？除非在下列情况下才会这样：

（1）战争是突然发生的、同以前的国家生活没有任何联系的和完全孤立的行为；

（2）战争是唯一的一次决战或者是若干个同时进行的决战；

（3）战争的结局是绝对的，而对战后政治形势的估计不会对战争发生什么影响。

七、战争决不是孤立的行为

关于上述第一点，我们认为，敌对双方的任何一方对另一方来说都不是抽象的，就是意志，这个在抵抗力中不依赖外界事物的因数，也不是抽象的。意志并不是完全不可知的，它的今天预示着它的明天。战争不是突然发生的，它的扩大也不是瞬间的事情。因此双方的任何一方大多可以根据对方是怎样的和正在做什么来判断他，而不是根据对方（严格地说）应该是怎样的和应该做什么来判断他。人都是不完善的，总不能达到尽善尽美的地步，这种双方都存在的缺陷就成为一种缓和因素。

八、战争不是短促的一击

关于上述第二点，我们的看法如下。

如果在战争中只有一次决战或者若干个同时进行的决战，那么为决战进行的一切准备就自然会趋向极端，因为准备时的任何一点不足，在将来都无法补救，而且，在现实世界中可以作为衡量这种准备的根据的，至多只是我们所能知道的敌人的准备情况，其他一切都是抽象的。但是，如果战争的结局是一系列连续的行动的结果，那么前一行动及其一切现象当然就可以作为衡量下一行动的尺度。这样，现实世界就代替了抽象概念，从而缓和了向极端发展的趋向。

然而，如果同时使用或者能够同时使用全部用于斗争的手段，那么每次战争就只能是一次决战或者若干个同时进行的决战。一次失利的决战势必使这些手段减少，所以，如果在第一次决战中已经全部使用了这些手段，那么实际上就再也不能设想有第二次决战了。以后继续进行的一切军事行动，实质上都属于第一次行动，只不过是它的延长而已。

但是我们已经看到，在战争的准备中，现实世界就已经代替了纯概念，现实的尺度就已经代替了极端的假定，因此，敌对双方在相互作用下，将不致把力量使用到最大限度，因而也不会一开始就使用全部力量。

这些力量就其性质和使用的特点来看，也是不能全部同时使用的。这些力量是：军队、国土（包括土地和居民）和盟国。

国土（包括土地和居民）除了是军队的源泉以外，本身还是战争中起作用的一个重要因素，这当然只是指属于战区或者对战区有显著影响的那一部分。虽然同时使用全部军队是可能的，但是所有的要塞、河流、山脉和居民等等，简单地说就是整个国家，要同时发挥作用是不可能的，除非这个国家小到战争一开始就能席卷全国。其次，同盟国的合作也不以交战国的意志为转移，它们往往较晚才参战，或者为了恢复失去的均势才来加强，这是国际关系的性质决定的。

不能立即使用的这部分力量，有时在全部抵抗力中所占的比重，比人们初看时想象的要大得多。因此，甚至在第一次决战中使用了巨大的力量，均势因而遭到了严重破坏，均势还是可以重新恢复的。关于这些问题，以后还要详细讨论。在这里我们只想指出，同时使用一切力量是违背战争的性质的。当然这一点不能成为不在第一次决战中加强力量的理由，因为一次失利的决战总是谁也不会甘愿承受的损失，而且，即使第一次决战不是唯一的一次决战，它的规模越大，对尔后决战的影响也越大。然而，以后还有可能决战，所以人们害怕过多使用力量，在第一次决战时就不会像只有一次决战那样集中力量和使用力量。敌对双方的任何一方由于存在弱点而没有使用全部力量，对对方来说，就成为可以缓和的真正的客观理由。通过这种相互作用，向极端发展的趋向又缓和到按一定尺度使用力量的程度。

九、战争的结局决不是绝对的

最后，甚至整个战争的总的结局，也并不永远是绝对的，战败国往往把失败只看成是在将来的政治关系中还可以得到补救的暂时的不幸。很明显，这种情况也必然会大大缓和紧张程度和力量使用的激烈程度。

十、现实中的概然性代替了概念中的极端和绝对

这样一来，整个战争行为就摆脱了力量的使用总是向极端发展的严格法则。既然不再担心对方追求极端，自己也不再追求极端，那么自然就不必最大限度地使用力量，而可以通过判断来确定使用力量的限度，当然只能根据现实世界的现象所提供的材料和概然性的规律来确定。既然敌对双方不再是抽象的概念，而是具体的国家和政府，既然战争不再是抽象的东西，而是特殊的行动过程，人们就自然可以根据实际现象所提供的材料，来推断那些应该知道而尚未知道的将要发生的事情了。

敌对双方的任何一方都可以根据对方的特点、组织和设施、状况以及各种关系，按概然性的规律推断出对方的行动，从而确定自己的行动。

……

十三、只有一个原因能使军事行动停顿，而且看来它永远只能存在于一方

既然双方已经准备好作战，就必然有一个敌对因素在促使他们这样行动。只要双方没有放下武器，也就是说只要还没有媾和，敌对因素就仍然存在，只有当敌对双方的每一方都企图等待较有利的时机时，这个敌对因素的作用才会中止。但是初看起来，似乎只能一方有等待有利时机的企图，另一方的企图应该恰恰相反。如果等待对一方有利，那么对另一方有利的必然是行动。

双方力量完全相等也不能产生间歇，因为，这时抱有积极目的的一方（进攻者）必然会继续前进。

但是，如果我们设想的均势是一方有积极的目的，即较强的动机，但掌握的力量却较小，也就是双方力量与动机的乘积是相等的，那么还必须指出：如果预料这种均势不会发生变化，双方就必然会媾和；如果预料会有变化，这种变化只能对一方有利，这必然会促使另一方行动。由此可见，均势这个概念并不能说明产生间歇的原因，归根到底，问题仍然是等待较有利的时机。假定两个国家中有一个国家抱有积极目的，比如想夺取另一个国家的某一地区作为和谈时的资本，那么，它占领这个地区就达到了政治目的，行动就没有继续的必要而可以停止下来了。另一个国家如果接受这种结果，就一定会同意媾和，

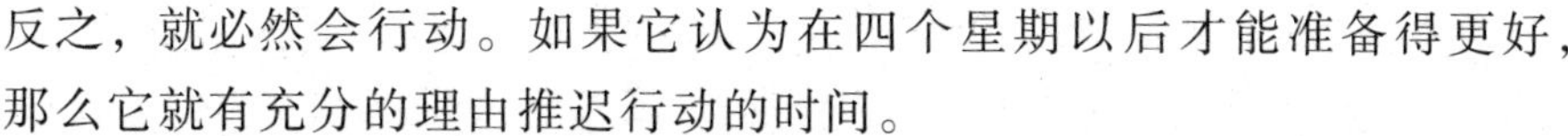

反之，就必然会行动。如果它认为在四个星期以后才能准备得更好，那么它就有充分的理由推迟行动的时间。

但从逻辑上讲，这时战胜者似乎应该立即行动，使战败者没有时间进行准备。当然，这里必须有一个前提，即双方对情况都十分了解。

……

二十、只要再加上偶然性，战争就变成赌博了，而战争中是不会缺少偶然性的

由此可见，战争的客观性质很明显地使战争成为概然性的计算。现在只要再加上偶然性这个要素，战争就成为赌博了，而战争中是确实不会缺少偶然性的。在人类的活动中，再没有像战争这样经常而又普遍地同偶然性接触的活动了。而且，随偶然性而来的机遇以及随机遇而来的幸运，在战争中也占有重要的地位。

二十一、战争无论就其客观性质来看还是就其主观性质来看都近似赌博

如果我们再看一看战争的主观性质，也就是进行战争所必需的那些力量，那么我们一定会更觉得战争近似赌博。军事活动总是离不开危险的，而在危险中最可贵的精神力量是什么呢？是勇气。虽然勇气和智谋能够同时存在而不互相排斥，但它们毕竟是不相同的东西，是不同的精神力量。而冒险、信心、大胆、蛮干等等，则不过是勇气的表现而已，它们都要寻找机遇，因为机遇是它们不可缺少的。

由此可见，在军事艺术中，数学上所谓的绝对值根本就没有存在的基础，在这里只有各种可能性、概然性、幸运和不幸的活动，它们象织物的经纬线一样交织在战争中，使战争在人类各种活动中最近似赌博。

……

二十三、但是战争仍然是为了达到严肃的目的而采取的严肃的手段。进一步说明战争是什么

战争是上述那样，指挥作战的统帅和指导作战的理论也是上述那样。但是，战争不是消遣，不是一种追求冒险和赌输赢的纯粹的娱乐，也不是灵机一动的产物，而是为了达到严肃的目的而采取的严肃的手段。战争由于幸运的变化，由于激情、勇气、幻想和热情的起伏而表现出的一切，都只不过是这一手段的特色而已。

社会共同体（整个民族）的战争，特别是文明民族的战争，总是在某种政治形势下产生的，而且只能是某种政治动机引起的。因此，战争是一种政治行为。只有战争真的像按纯概念推断的那样，是一种完善的、不受限制的行为，是暴力的绝对的表现时，它才会被政治引起后就好像是完全独立于政治以外的东西而代替政治，才会排挤政治而只服从本身的规律，就像一包点着了导火索的炸药一样，只能在预先规定的方向上爆炸，不可能再有任何改变。直到现在，当军事与政治之间的不协调引起理论上的分歧时，人们就是这样看问题的。但事实并非如此，这种看法是根本错误的。像我们所看到的那样，现实世界的战争并不是极端的行为，它的紧张并不是通过一次爆炸就能消失的。战争是一些发展方式和程度不尽相同的力量的活动，这些力量有时很强，足以克服惰性和摩擦产生的阻力，但有时又太弱，以致不起什么作用。因此，战争仿佛是暴力的脉冲，有时急有时缓，因而有时快有时慢地消除紧张和消耗力量。换句话说，它是有时迅速有时缓慢地达到目标的，但是在这两种情况下，战争都有一段持续时间，足以使自己接受外来的作用，作这样或那样的改变，简单地说，战争仍然服从指导战争的意志的支配。既然我们认为战争是政治目的引起的，那么很自然，这个引起战争的最初的动机在指导战争时应该首先受到极大的重视。但是政治目的也不是因此就可以任意地决定一切，它必须适应手段的性质，因此，政治目的本身往往也会有很大的改变，尽管如此，它还是必须首先加以考虑的问题。所以，政治贯穿在整个战争行为中，在战争中起作用的各种力量所允许的范围内对战争不断发生影响。

二十四、战争无非是政治通过另一种手段的继续

由此可见，战争不仅是一种政治行为，而且是一种真正的政治工具，是政治交往的继续，是政治交往通过另一种手段的实现。如果说战争有特殊的地方，那只是它的手段特殊而已。军事艺术可以在总的方面要求政治方针和政治意图不同这一手段发生矛盾，统帅在具体场合也可以这样要求，而且作这样的要求确实不是无关紧要的。不过，无论这样的要求在某种情况下对政治意图的影响有多么大，仍然只能把它看作是对政治意图的修改而已，因为政治意图是目的，战争是手段，没有目的的手段永远是不可想象的。

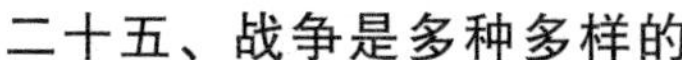

二十五、战争是多种多样的

战争的动机越大、越强，战争同整个民族生存的关系越大，战前的局势越紧张，战争就越接近它的抽象形态，一切就越是为了打垮敌人，政治目的和战争目标就越加一致，战争看来就越是纯军事的，而不是政治的。反之，战争的动机越弱，局势越不紧张，政治规定的方向同战争要素（即暴力）的自然趋向就越不一致，因而战争离开它的自然趋向就越远，政治目的同抽象战争的目标之间的差别就越大，战争看来就越是政治的。

但是，为了避免读者误解起见，在这里我们必须说明，战争的自然趋向只是指哲学的，纯粹逻辑的趋向，决不是指实际发生冲突的各种力量（例如作战双方的各种情绪和激情等等）的趋向。诚然，情绪和激情在某些情况下也可能被激发得很高，以致很难把它保持在政治所规定的道路上。但是在大多数情况下是不会发生这种矛盾的，因为有了这样强烈的情绪和激情，就一定会有一个相应的宏大的计划。如果计划追求的目的不大，那么群众的情绪也就会很低，以致往往需要加以激发，而不是需要加以抑制。

二十六、一切战争都可看作是政治行为

现在我们再回到主要问题上来。即使政治真的在某一种战争中好像完全消失了，而在另一种战争中却表现得很明显，我们仍然可以肯定地说，前一种战争和后一种战争都同样是政治的。因为，如果一个国家的政治可以比作一个人的头脑，那么，产生前一种战争的各种条件必然包括在政治要考虑的范围之内。只有不把政治理解为全面的智慧，而是按习惯的概念把它理解为一种避免使用暴力的、谨慎的、狡猾的甚至阴险的计谋，才可以认为后一种战争比前一种战争更是政治的。

……

二十八、理论上的结论

因此，战争不仅是一条真正的变色龙，它的性质在每一具体情况下都或多或少有所变化。而且，透过战争的全部现象就其本身的主要倾向来看，战争还是一个奇怪的三位一体，它包括三个方面：一、战争要素原有的暴烈性，即仇恨感和敌忾心，这些都可看作是盲目的自然冲动；二、概然性和偶然性的活动，它们使战争成为一种自由的精神活动；三、作为政治工具的从属性，战争因此属于纯粹的理智行为。

这三个方面中的第一个方面主要同人民有关，第二个方面主要同统帅和他的军队有关，第三个方面主要同政府有关。战争中迸发出来的激情必然是在人民中早已存在的；在概然性和偶然性的王国里，勇气和才智活动范围的大小取决于统帅和军队的特点；而政治目的则纯粹是政府的事情。

这三种倾向像三条不同的规律，深藏在战争的性质之中，同时在起着不同的作用。任何一种理论，只要忽视其中的一种倾向，或者想任意确定三者的关系，就会立即和现实发生矛盾，以致毫无用处。

因此，我们的任务就在于使理论在这三种倾向之间保持平衡，就象在三个引力点之间保持平衡一样。

至于用什么方法才能最好地完成这项困难的任务，我们打算在《论战争理论》一篇里研究。但无论如何，这里所确立的关于战争的概念，在我们看来总还是投到我们的理论的基础上的第一道曙光，它首先为我们区分开大量的现象，使我们能够辨别它们。

（选自克劳塞维茨著，中国人民解放军军事科学院译：《战争论》（第一卷），商务印书馆，1978 年 7 月版，第一篇，第一章。）

· 论战争目标

战争目标，就其概念来说，永远应该是打垮敌人，这是我们的论述所依据的基本观念。那么什么叫打垮敌人呢？为了打垮敌人，并不总是需要占领敌国全部国土的。……

不管我们要打击的敌人的重心是什么，战胜和粉碎敌人军队始终都是最可靠的第一步，并且在任何情况下都是极为重要的。

因此，我们认为，从大量的经验来看，打垮敌人主要可以采取下列几种办法：

（1）如果敌人的军队在某种程度上是敌人起主要作用的力量，就粉碎这支军队。

（2）如果敌人的首都不仅是国家权力的中心，而且也是各个政治团体和党派的所在地，就占领敌人的首都。

（3）如果敌人最主要的盟国比敌人还强大，就有效地打击这个盟国。

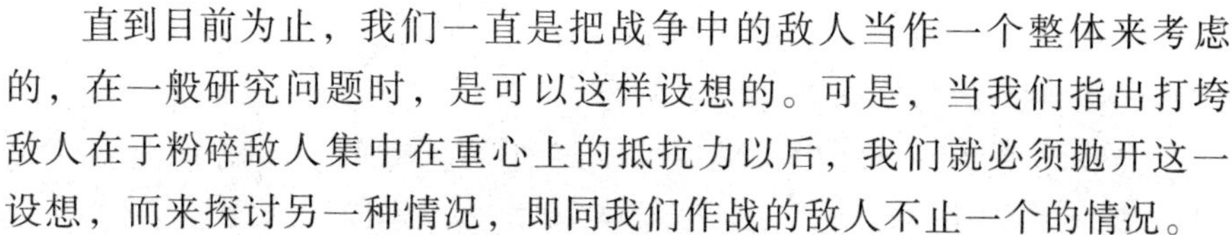

直到目前为止，我们一直是把战争中的敌人当作一个整体来考虑的，在一般研究问题时，是可以这样设想的。可是，当我们指出打垮敌人在于粉碎敌人集中在重心上的抵抗力以后，我们就必须抛开这一设想，而来探讨另一种情况，即同我们作战的敌人不止一个的情况。

如果两个或更多的国家联合起来反对一个国家，那么从政治上看，它们所进行的是一个战争。不过，这种政治上的统一体统一的程度是不同的。

这时的问题在于：这些国家中的每一个国家都有其独立的利益和追求这一利益所需的独立的力量，还是其中的一个国家是主要的，其他国家的利益和力量只依附于这一个国家的利益和力量。其他国家越是依附于一个国家，我们就越可以把不同的敌人看成是一个敌人，也就越可以把我们的主要行动简化为一次主要打击。只要这种做法可以实现，它就是取得成果的最有效的手段。

因此，我们可以提出这样一个原则：如果我们能够通过战胜几个敌人中间的一个敌人而战胜其余的敌人，那么，打垮这一个敌人就必然是战争的目标，因为我们击中了这个敌人也就击中了整个战争的共同重心。

只有在极少数的情况下，上述观点是不能成立的，也就是说，不能把几个重心归结为一个重心。在这种情况下，当然只能把这样的战争看作是两个或更多的各有其自己的目标的战争了。既然这里假设几个敌人是各自独立的，可见它们是占有很大的优势的，所以在这种情况下打垮敌人的问题就根本谈不上了。

现在，我们要进一步谈谈打垮敌人这个目标在什么情况下才是可能的和适宜的。

首先，我们拥有的兵力必须足以：

（1）使我们能够对敌人军队获得一次决定性的胜利；

（2）使我们能够经受得起必要的兵力消耗，可以把胜利发展到敌人不再能恢复均势的程度。

其次，我们在政治上的处境必须能保证，这样的一次胜利不致招来新的强大的敌人，不致为了对付他们而丢开原来的敌人。

……

我们在前一章中已经说过，打垮敌人如果可以实现，就应该看作是军事行动本来的绝对目标。现在，我们来探讨一下不具备实现这一目标的条件时还有什么其他的目标。

实现这一目标的前提条件是，追求这一目标的一方必须在物质上或精神上占有很大优势，或者具有卓越的敢作敢为的精神，即富于冒险的精神。在不具备这些条件的情况下，军事行动的目标只能有两种：或者是夺取敌国的一小部分国土或不很大的一部分国土；或者是保卫本国的国土，等待比较有利的时机的到来。后一种目标通常是防御战的目标。

在具体场合究竟确定前一种目标适当还是确定后一种目标适当，我们关于后一种目标所说的那句话对我们作了启示。等待比较有利的时机是假定未来确实有可能给我们提供这样的时机。因此只有在具有这种前景的情况下，我们才有理由进行等待，即进行防御战。相反，如果未来不会给我们带来更好的前景，而是给敌人带来更好的前景，那我们只能采取进攻战，也就是说，应该充分利用当前的时机。

第三种情况（这也许是最常见的情况）是：双方都不能期待未来带来什么肯定的东西，也就是说，双方都不可能从未来的前景方面得到任何行动的依据。在这种情况下，应该采取进攻战的显然是从政治上来看处于进攻的一方，即抱有积极动机的一方。因为他正是为了这个目的而进行战争准备的，无谓地浪费的一切时间对他来说，都是一种损失。

在这里，我们决定何时应采取进攻战、何时应采取防御战所依据的理由同作战双方的兵力对比没有任何关系。有些人认为，作这种决定时把兵力对比作为主要根据似乎更合理些，然而我们认为，这样做，恰好就是离开了正确的道路。对我们这个简单的推论在逻辑上的正确性是不会有人提出异议的，现在我们想看一看，这种推论在具体情况下是否会是不合理的。

现在，让我们设想一个小国同一个兵力占很大优势的国家发生冲突，而且这个小国已预见到自己的处境会逐年恶化。如果它不能避免这次战争，那么，它不是必须利用它的处境还不太坏的这一段时间吗？因此，它只有进攻。然而它这样做并不是因为进攻本身会给它带来什么利益（相反，进攻很可能使兵力上的差距变得更大），而是因为它或者要在不利的时期到来以前完全解决问题，或者要至少暂时取得一些

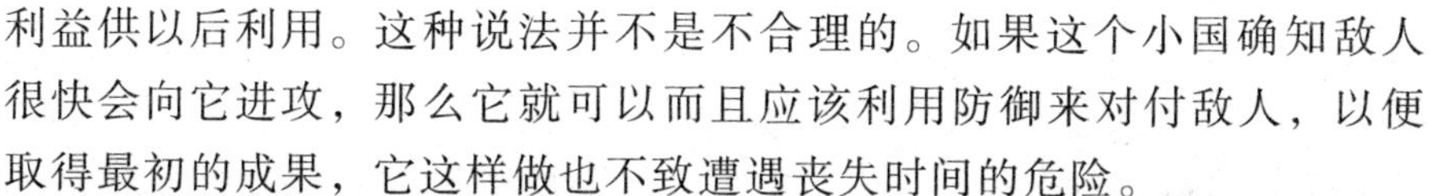

利益供以后利用。这种说法并不是不合理的。如果这个小国确知敌人很快会向它进攻，那么它就可以而且应该利用防御来对付敌人，以便取得最初的成果，它这样做也不致遭遇丧失时间的危险。

其次，我们设想一个小国和一个较大的国家交战，而且未来的情况对它们的决心没有什么影响。如果这个小国在政治上是进攻的，我们也只能要求它进攻对方。

既然这个小国敢于给自己提出积极的目的来对抗一个较强的国家，那么，如果敌人不先进攻，它就必须采取行动，即进攻敌人。等待是荒谬的，除非这个小国在实施行动时改变了自己的政治决心。在实施行动时改变政治决心是常见的，这在不小的程度上使战争具有不肯定的特点，对这样的特点哲学家也会不知道应该怎么办。

我们在对有限目标的考察中接触到有限目标的进攻战和有限目标的防御战。我们想用专门的章节来考察这两种战争。但是，在这以前还必须先谈谈另一方面的问题。

直到目前为止，我们只是从战争目标本身内在的原因来研究战争目标的变化的。至于政治意图的性质，我们仅就政治意图是否追求积极的东西这一点对它进行了考察。政治意图中的所有其他一切本来是同战争本身无关的，但是，我们在第一篇第二章《战争中的目的和手段》里已经承认，政治目的的性质、我方或敌方的要求的大小和我方的整个政治状况事实上对战争起着最有决定性的影响，因此，我们想在下一章里专门研究一下这个问题。

……

一、政治目的对战争目标的影响

一个国家对待另一个国家的事情像对待本国的事情那样认真，那是永远不会有的。当其他国家有事时，它只会派出一支数量不大的援军；如果这支援军失利了，它也就认为尽到了义务，于是就尽可能地寻求便宜的脱身之计。

欧洲政治中向来有一种惯例，即加入攻守同盟的国家承担相互支援的义务。但是，一个国家并不因此就必然与另一个国家同仇敌忾，利害一致，它们并不考虑战争的对象是谁和敌人使用多少力量，只是彼此预先约定派出一定的、通常为数十分有限的军队。在履行这种同盟义务时，同盟国并不认为自己同敌人已经处于必须以宣战开始和以缔结和约告终的真正的战争中。而且，就是这种概念也并不是在任何情况下都十分明确的，它在运用时也不是固定不变的。

假如同盟国能把约定提供的一万、二万或三万援军完全交给正在作战的国家，让它根据自己的需要来使用，让它可以把这支援军看作是雇来的部队，那么，事情就有了某种内在联系，战争理论在这方面也就不致完全陷入束手无策的境地了。然而，实际上事情远非如此。援军通常都有自己的统帅，统帅只按照本国宫廷的意志行事，而本国宫廷给他规定的目标，总是同宫廷的不彻底的意图是一致的。

甚至当两个国家一起同第三个国家真正进行战争时，也并不总是意味着这两个国家都必然会把第三个国家看作誓不两立的敌人，它们常常会象做生意那样地行事。每一个国家都根据它可能冒的风险和可能得到的利益投入三四万人作为股金，而且表示在这次交易中除了这点股金外不能再承担任何损失。

不仅当一个国家为了一些对它没有什么重大关系的事情去援助另一个国家时是这样，甚至当两个国家有很大的共同利益时，援助也不是毫无保留的。而且同盟者通常也只约定提供条约规定的少量援助，而把其余的军事力量保留起来，以便将来根据政治上的特殊考虑加以使用。

这种对同盟战争的态度是十分普遍的，只是到了现代，当极端的危险驱使某些国家（如反抗拿破仑的国家）走上自然的道路时，当无限制的暴力迫使某些国家（如屈从于拿破仑的国家）走上这条道路时，才不得不采取自然的态度。过去那一种态度带有不彻底性，是不正常的，因为战争与和平在根本上是两个不能划分阶段的概念。但是，这种态度并不仅仅出于理性所不齿的、纯粹的外交习惯，而且也渊源于人类所固有的局限性和弱点。

最后，就是在一个国家单独对其他国家进行的战争中，战争的政治原因对战争的进行也有强烈的影响。

如果我们只要求敌人做出不大的牺牲，那么，我们就会满足于通过战争取得一个不大的等价物，而且我们会认为，通过不大的努力就可以达到这个目标。敌人大体上也会作同样的考虑。一旦这一方或那一方发现自己的估计有些错误，发现自己不象原来希望的那样比敌人强，而是比敌人弱，他通常就会感到缺乏军费和其他种种手段，就会

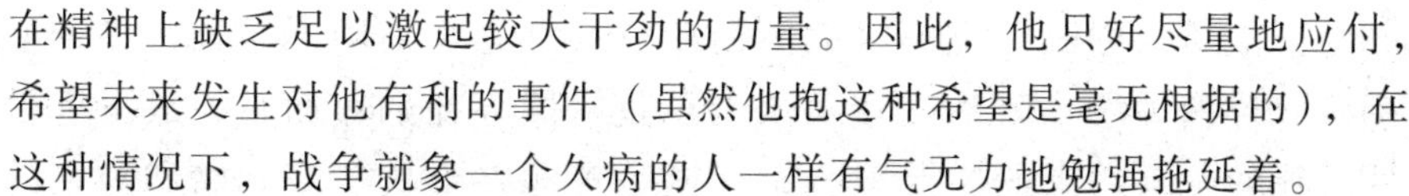

在精神上缺乏足以激起较大干劲的力量。因此，他只好尽量地应付，希望未来发生对他有利的事件（虽然他抱这种希望是毫无根据的），在这种情况下，战争就象一个久病的人一样有气无力地勉强拖延着。

这样一来，战争中的相互作用、每一方都想胜过对方的竞争、暴烈性和无节制性，都消失在微弱的动机所引起的停顿状态中，双方都会不冒危险地在大大缩小了的范围内进行活动。

如果我们承认（其实也不能不承认）政治目的对战争具有这样的影响，那么，这种影响就不再有什么界限了，而且我们甚至不能不承认还存在着目的仅仅在于威胁敌人以支持谈判的战争。

如果战争理论要成为而且一直成为哲学的探讨，那么，它在这个问题上显然就会陷入束手无策的境地。它在这里找不到包含于战争概念中的一切必然的东西，因而它就会失去它所以能够成立的一切根据。尽管如此，不久就有了一条自然的出路。军事行动中的缓和因素越多，或者更确切地说，行动的动机越弱，行动就越消极被动，行动就越少，就越不需要指导原则。这样，整个军事艺术就仅仅是小心谨慎，它的主要任务就在于使摇摆不定的均势不致突然发生对自己不利的变化，使半真半假的战争不致变成真正的战争。

二、战争是政治的一种工具

直到目前为止，我们一直是在战争的性质与个人和社会团体的利益相对立的情况下进行探讨的，我们有时从这一方面，有时从另一方面进行探讨，以免忽视这两个对立着的因素的任何一个，这种对立的根源存在于人的本身，因此，通过哲学的思考是不能解决的。现在，我们想寻找这些矛盾着的因素在实际生活中由于部分地相互抵销而结成的统一体。如果不是有必要明确地指出这些矛盾和分别考察各个不同的因素，我们本来在一开始就可以谈这种统一体。这种统一体是这样一个概念：战争只不过是政治交往的一部分，而决不是什么独立的东西。

当然，人们都知道，战争仅仅是由政府与政府、人民与人民之间的政治交往引起的。但是，人们通常作这样的想象：似乎战争一爆发，政治交往即告中断，就出现一种只受本身规律支配的完全不同的状态。

与此相反，我们却认为，战争无非是政治交往用另一种手段的继续。我们所以说用另一种手段，就是为了要同时指出，这种政治交往并不因战争而中断，也不因战争而变成某种完全不同的东西，无论使用怎么样的手段，政治交往实质上总是继续存在的；而且，战争事件所遵循并受其约束的主要路线，只能是贯穿整个战争直到媾和为止的政治交往的轮廓。难道还可以作其他的设想吗？难道随着外交文书的中断，人民之间和政府之间的政治关系也就中断了吗？难道战争不正是表达它们的思想的另一种文字和语言吗？当然，战争有它自己的语法，但是它并没有自己的逻辑。

因此，决不能使战争离开政治交往。如果离开政治交往来考察战争，那么，就会割断构成关系的一切线索，而且会得到一种毫无意义和毫无目的的东西。

甚至当战争是彻底的战争，完全是敌对感情这个要素的不受限制的发泄时，也必须这样看问题，因为所有那些作为战争的基础的和决定战争的主要方向的因素，如我们在第一篇第一章中所列举的：自己的力量、敌人的力量、双方的同盟者、双方的人民和政府的特点等，不是都带有政治的性质吗？它们不是都同整个政治交往紧密结合而不可分的吗？同时，现实战争并不像战争的概念所规定的那样是一种趋向极端的努力，而是一种本身有矛盾的不彻底的东西；这样的战争是不可能服从其本身的规律的，必须把它看作是另一个整体的一部分，而这个整体就是政治；如果我们再考虑到这些，那么就更必须像上面那样看问题了。

政治在使用战争时，总是不管那些产生于战争性质的严密的结论的，它很少考虑最终的可能性，而只以最直接的概然性作为依据。如果整个行动因而出现了大量的不确实性，以致变成一种赌博，那么，每个政府的政治就都想在这场赌博中，用机智和锐敏的眼力胜过敌人。这样一来，政治就把战争这个摧毁一切的要素变成一种单纯的工具，把要用双手和全身气力才能举起作致命一击的可怕的战刀，变成一把轻便的剑，有时甚至变成比赛用的剑，政治用这把剑可以交替地进行冲刺、虚刺和防刺。

这样一来，战争使秉性胆怯的人所陷入的矛盾就自行解决了，如果这可以算作是一种解决的话。

既然战争从属于政治，那么，战争就会带有政治所具有的特性。政治越是宏伟而有力，战争也就越宏伟而有力，甚至可能达到其绝对

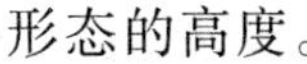

形态的高度。

因此，当我们这样看待战争时，不但没有必要忽视这种具有绝对形态的战争，而且相反地还应该经常不断地考虑到它。

只有根据这样的看法，战争才又成为一个统一体，只有这样，我们才能把所有的战争看作是同一类的事物，而且只有这样，在判断时才能有一个正确而恰当的立足点和观点，而这种立足点和观点是我们制订和评价大的计划时所应当依据的。

……

因此，我们也没有在一开始就急于提出这个观点。在研究个别问题时，这个观点不但对我们用处不大，反而会在一定程度上分散我们的注意力；但是在制订战争计划和战局计划时，它却是不可缺少的。

一般地说，在生活中最重要的莫过于准确地找出理解和判断事物所必须依据的观点并坚持这一观点，因为只有从一个观点出发，我们对大量的现象才能有统一的理解，而且也只有观点的统一，我们才不致陷入矛盾。

因此，既然制订战争计划时不能有两个或更多的观察事物的观点；例如忽而根据军人的观点，忽而根据行政长官的观点，忽而根据政治家的观点等等，那么，我们就要问：其他一切都必须服从的是否必然是政治呢？

我们探讨问题的前提是：政治在它本身中集中和协调内政的一切利益，也集中和协调个人的一切利益和哲学思考所能提出的一切其他利益；因为政治本身不是别的，它无非是这一切利益的代表（对其他国家而言），至于政治有时会具有错误的方向，会主要地为统治者的野心、私利和虚荣服务，这不是这里所要讨论的问题，因为军事艺术在任何情况下都不能作为政治的导师。在这里我们只能把政治看作是整个社会的一切利益的代表。

因此，现在的问题仅仅是：在制订战争计划时，是政治观点应该让位于纯粹的军事观点（假设这种观点可以想象的话），即政治观点完全消失或从属于纯粹的军事观点，还是政治观点仍然是主导的，而军事观点应该从属于它。

只有在战争是单纯由敌对感情引起的殊死斗争的情况下，才可以设想政治观点会随着战争的爆发而消失。然而，正像我们上面说过的那样，现实战争无非是政治本身的表现。使政治观点从属于军事观点，那是荒谬的，因为战争是由政治产生的。政治是头脑，战争只不过是工具，不可能是相反的。因此，只能是军事观点从属于政治观点。

让我们想一想现实战争的性质，回忆一下在本篇第三章中已经讲过的，我们首先应该根据由政治因素和政治关系产生的战争的特点和主要轮廓的概然性来认识每次战争，而且时常在今天，我们甚至可以说在大多数情况下，都必须把战争看作是一个各个部分不能分离的有机的整体，也就是说，各个部分的活动都必须汇集到整体中去，并从整体这个观念出发。这样，我们就会完全确信和明白，借以确定战争主要路线和指导战争的最高观点不能是别的，只能是政治观点。

从这一观点出发，制订的战争计划就会像一个铸件那样完整，对它的理解和评价就比较容易和合乎情理，它的说服力就比较强，它所依据的理由就比较充分，历史也就比较容易理解了。

从这一观点出发，政治利益和军事利益之间的冲突就至少不再是事物的性质决定的，因此，如果出现了这种冲突，也只能认为是由于人的认识能力不完善的缘故。如果政治向战争提出战争所不能实现的要求，那么它就违背了政治应该了解它想使用的工具这一前提，也就是违背了一个应该有而不可缺少的前提。如果政治能正确地判断战争事件的进程，那么，确定什么样的战争事件和战争事件的什么样的方向是同战争目标相适应的，就完全是而且只能是政治的事情。

简而言之，军事艺术在它最高的领域内就成了政治，当然不是写外交文书的政治，而是打仗的政治。

根据这一观点，对一个大规模的战争事件或它的计划进行纯军事的评价是不能容许的，甚至是有害的。在制订战争计划时向军人咨询，像有些政府常做的那样，让他们从纯军事观点来进行判断，那确实是荒谬的。而有些理论家要求把现有的战争手段交给统帅，要统帅根据手段制订一个纯军事的战争计划或战局计划，那就更荒谬了。一般的经验也告诉我们，尽管今天的军事非常复杂，而且有了很大的发展，战争的主要轮廓仍始终是由政府决定的，用专门的术语来说，只是由政治当局，而不是由军事当局决定的。

这完全是事物的性质决定的。如果对政治关系没有透彻的了解，是不可能制订出战争所需要的主要计划来的。当人们说政治对作战的有害影响时（人们是常常这样说的），他们所说的实际上完全不是他们想要说的意思，他们指责的其实并不是政治对作战的影响，而是政治本身。如果政治是正确的，也就是说，如果政治同它的目标是一致的，那么，政治就其本身的意图来说就只能对战争发生有利的影响。当这种影响同目标不一致时，其原因只能到政治的错误中去寻找。

只有当政治期待从某些战争手段和措施中得到同它们的性质不相符合因而不可能得到的效果时，政治才会通过它的决定对战争发生有害的影响。正像一个人用不十分熟练的语言有时不能正确地表达正确的思想一样，政治也常常会作出不符合自己本来意图的决定。

这种情况经常不断地发生，于是人们就感觉到进行政治交往时必须对军事有一定程度的了解。

……

要使一次战争完全同政治意图相符合，而政治又完全同战争手段相适应，如果没有一个既是政治家又是军人的统帅，那么就只有一个好办法，只好使最高统帅成为内阁的成员，以便内阁能参与统帅的主要活动。但是，只有当内阁即政府就在战场附近，从而不必费很多的时间就能决定各种事情时，这才是可能的。

……

我们再重复一遍：战争是政治的工具；战争必不可免地具有政治的特性，它必须用政治的尺度来加以衡量。因此，战争就其主要方面来说就是政治本身，政治在这里以剑代笔，但并不因此就不再按照自己的规律进行思考了。

（选自克劳塞维茨著，中国人民解放军军事科学院译：《战争论》（第三卷），商务印书馆，1978 年 7 月版，第八篇，第四、五、六章。）

5.8.1　A. 约米尼：战争艺术（节选）

A. 约米尼（Antoine Henri Jomini，1779 ~ 1869 年），无师自通的战略思想奇人，法国启蒙思想的延续者与集大成者。26 岁时即将其军事学专著呈拿破仑而深得赏识，但一直未获重用。34 岁时已是国际知名的战略学者，并以军事幕僚、参谋长的身份转战奥地利、德国和西班牙战场。1813 年其担任俄国沙皇的军事顾问，并致力于俄国军官学校的奠基工作。1829 年以上将军衔身份退休，旅居布鲁塞尔和巴黎等地，从事军事理论和军事历史的撰写。至逝世时，被公认为一时无二的兵学大师。《战争艺术》乃是其传世之作，他在书中将战争的基本观念与原理做了澄清的解释和客观分析，他将科学研究的精神与方法带入这个一向被认为不能“科学化”的神秘领域，使人们认清智慧在战场中的重要地位。但他同时告诫后人，战争虽有几条基本原理，但不可过于书卷气。

序

战争的艺术是永远存在着，尤其是战略，从凯撒以至于拿破仑，都是完全一样的。但是这种艺术（以对于古今名将的了解为限度）却是在过去的书籍中所找不到的。这些书都是枝枝节节的，通常都只是以战术为其讨论的对象，而且还不太完全。也许，战争只有在这一部分，可能还会有一定的规律可循。

这些作家们对于他们所想要开发的矿山，都渗入得不够深。要了解 18 世纪中叶对于战争艺术的正确观念，我们必须研读沙克斯元帅（Marshal Saxe）在他的《战争艺术论》（*Reveries upon the Art of War*）中所写的序文。他说：

“战争是一种充满了阴影的科学，在这种阴影之下，一个人在行动时是很难有把握的。它的基础就是惯例和偏见，这又都是无知的天然后果。”

“所有的科学都有原理，唯有战争的科学独无。那些曾经著书立说的名将们，并不能把任何原理赐与我们。那只不过是一些战例而已，至于它们的原理，我们还是完全不知道。”这是在腓特烈大帝发动七年战争以前所写的，而这位沙克斯元帅本人对于这些阴影也并没有设法去廓清它，所写的东西还是不脱前人的窠臼。

……

当我在年轻的时候，曾经遍读兵书以来教育我自己。但是我却发现只有在战术方面还多少有一点可学的东西，而对于整个战争的观念就都不完全，并且还互相冲突矛盾。于是我又转而研究战史，想从这方面找到前人所不能给予我的答案。从腓特烈大帝的记事中，我发现了他在李沙（Lissa）大获全胜的秘密。我认为这个秘密实在很简单，就是集中他的主力去攻击敌人的一翼而已——不久英国军事学家劳易德（Lloyd）也发表了同样的见解，使我的信心更为坚定。以后，我又发现拿破仑在意大利的最初胜利，也正是由于同样的原因。于是我就明白了在战略上是的确有原理存在的，这就是一切战争科学的钥匙。

从此以后，我就在战史中去加以发掘。我深信我已经找到了研究战争理论的不二法门，从此就可以发现它的真正规律。于是我摒弃一切其他的路线，而像一个狂热的新教徒一般，从事我自己的工作。

1831 年，普鲁士的克劳塞维茨将军死了，他的太太把他那个尚未完成的原稿印刷发表。这本书在德国曾经轰动一时，可是使我感到遗憾的，就是该书作者在写作之前，并没有能够先看一看我这本《战争艺术》，否则对于他一定会有所裨益的。

任何人都不能否认，克劳塞维茨将军是一个饱学之士，而且还有一支如椽的巨笔。不过他的笔法有时却不免太玄妙了，尤其是对于说教时的讨论是不很适合——因为此时所最应注意的是简单和明了。此外，他对于整个军事科学而言，其所持的怀疑态度似乎也未免过火。在他的书中：第一卷是痛驳一切的战争理论，而以下的两卷则又充满了理论上的教条。这可以证明作者相信他自己的教条是绝对有效的，但是对于人家的东西却认为一钱不值。

假使沙克斯元帅今天再复活，他对于我们今天军事著作的丰富情形，一定会感到惊喜莫名，而且不会再抱怨说这是一种充满了阴影的科学了。所以在今天，对于好学之士而言，并非没有好书可读，因为在今天我们已经有了原理，而当他们在 18 世纪的时候却只有个别的方法和体系。

把所有赞成和反对的意见作一个比较研究，再把近 30 年来军事科学的巨大进步和克劳塞维茨的怀疑论作一个对比，我认为我可以作出下述的结论：那就是有许多作家对于所列举的原理，并没有真正的了解，有些人把它们胡乱地加以应用，有些人从它们引出一些想入非非的见解，那都是我从不曾梦想到的。因为像我这样一个人，曾经做过将军，对于十几次的战役都曾经有参与的经历，当然应该知道战争实在是一幕伟大的游戏，有1000种精神和物质上的因素都与它有关系，这是不可能用数学计算的方式来解决的。

而且我也有资格大胆地宣布说，凭着20余年的经验，我具有下述的信念：

战争的确有几条基本原理，若是违反了它们，就一定会发生危险；反之，若是能好好地运用，则差不多总是可以成功的。

从这些原理所引出来的应用规律也只少数几条，虽然依照不同的环境，有时常常应该加以修改；可是一般说来，在战争的混乱和动荡中，都可以当作是一个指南针，指导军队的主将完成困难而复杂的任务。

真正的天才当然毫无疑问地会运用这些原理，而不必去钻研它们；可是这些简单的理论（一点书卷气也没有）对于天才也还是有补助的作用，可以使他在参证之后，对自己的信心更为坚定。

一切战争艺术的理论，其唯一合理的基础就是战史的研究。它固然具有一定数目的原理和规律，但是它可以使一个真正的天才在对战争的一般指导中具有极大的自由度。

反之，最戕贼天才和最容易误事的，却莫过于那些书卷气过重的理论。它的基础是一种错误的观念，认为战争是一种“真正”的科学，一切的行动都可以用计算的方式来决定。

最后，少数作者的“形而上学”观念和“怀疑论”的见解，并不足以使人就相信战争是毫无规律的。因为他们的著作并不能推翻这些规律，甚至他们自己也相信这些规律。

我希望在发表了上述这一段声明之后，大家不应该再指控我是想要把这种艺术变成一种机械性的例行公事，同时也绝不是认为只要读过本书的某一章之后，就可以豁然贯通，而具有一切指挥军队的才能。在各种的艺术方面，也和整个的人生一样，知识和技巧完全是两件不同的东西。一个人常常只要有技巧即可以成功，但是一定要两者配合在一起，才可能成为一个优秀的人才，而确保完全的成功。同时为了避免人家攻击我书卷气太重起见，我又要特别声明，知识的主要问题不在于博，而在于精。换言之，我们只要懂得与我们的任务特别有关系的一切就足够了。

对于凡是能够深切了解这些道理的读者，我愿把这一本新书献给

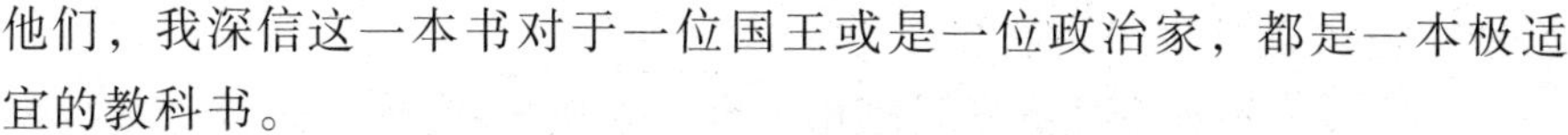

他们，我深信这一本书对于一位国王或是一位政治家，都是一本极适宜的教科书。

今天绝不可以说战争的艺术发展到这种程度就已经尽善尽美，不可能再进一步了。在太阳底下没有哪一样东西是尽善尽美的！就是把古今的名将都汇集于一堂，让他们组织一个委员会去研究这个问题，他们也还是不可能把战争的一切阶段制成一套完善、绝对和不变的理论。

定义

战争的艺术一般说来包括五种纯粹军事方面的学问——战略学、大战术学、后勤、工程学和小战术学。另外还有第六种学问而为一般人所不认识者，似乎可以叫作“外交与战争的关系”。虽然这一门学问与政治家的关系要比与军人更深。不过这却是不可以否认的，假使说这种学问对一个低级将领没有什么用处，可是一个军团司令以上的高级将领则绝不可不懂得这些知识。它和战争的发生、战争的指导都有重要的关系，所以本书对于这一方面也要详加阐述。

再重述一遍战争的艺术包括下列六个不同的部分：

（一）大战略——政治家的行为与战争的关系。

（二）战略——在战场上指挥大军的艺术。

（三）大战术。

（四）后勤——调动军队的艺术。

（五）工程学——要塞的攻守技术。

（六）小战术。

本章所准备分析的对象就是前四个部分的综合关系，而略去后两个部分的讨论。

假使只想做一个好的步兵、骑兵或是炮兵军官，也许不必了解这么多的东西；但是对于一位将官或一位参谋人员而言，这种知识却是绝对不可以缺少的。

第一章　大战略

在这一个项目之下，所要讨论的是根据哪些考虑，一个政治家才可以决定这个战争是否正当、适合时机或是无可避免；并且决定采取哪些步骤，以求达到战争的目的。

一个政府为了下述的各种理由才会加入战争：

（一）收回某种权利或是保卫某种权利。

（二）保护和维持国家的最大利益，例如商业、工业、农业等。

（三）援助邻国，它的存亡与本国的安全或均势局面的维持具有必要关系。

（四）履行攻守同盟的义务。

（五）推行某种政治或宗教理论，打倒某种政治或宗教理论，保卫某种政治或宗教理论。

（六）用夺取土地的方式来增加国家的势力和权力。

（七）保卫国家的独立不受到威胁。

（八）报复对于国家荣誉的侮辱。

（九）满足征服欲。

不同的战争方式，可以使战争执行的性质和范围受到某种程度的影响。不过发动战争的方面也可能改取守势，而被侵略的国家也可能转取攻势；另外还有许多其他的环境，足以影响到战争的性质和执行的方法，例如：

（一）一个国家可能单独与另一个国家交战。

（二）一个国家可能与几个其他国家所组成的同盟交战。

（三）一个国家可以与别的国家结成同盟，再与其他的国家交战。

（四）一个国家在战争中可以是主要的分子或是辅助的分子。

（五）在上项所述的情形，一个国家可以在战争开始时参加，也可以在战争已经发生之后再参加。

（六）战场可以在敌方的境内，在盟国境内，或是在本国境内。

（七）假使是一个侵入性的战争，目标可能是邻近的地区或是遥远的地区；有时要采取谨慎的行动，有时却又要采取果敢的行动。

（八）它可能是一个民族性的战争。

（九）它可能是一种内战或是宗教战争。

战争的执行应该尽量地遵照战争艺术中的各大原则，但是在实际行动时，却又应该看环境的需要，而作极大限度的自由运用。

举例来说：当20万法军想去征服西班牙的时候，西班牙人民却能团结一致，共御外侮，所以法军的行动就应该和他们向维也纳进军的时候完全不同。当法军在意大利米兰地区清剿游击队的时候，他们所采取的战术当然又和与俄军在波罗地诺（Borodino）作战的时候完全不同。一个团在每一次作战时所采取的方法也许可以大致相同，但是一位指挥全局的高级将领则必须要随机应变。

对于这些不同的复杂情况的分析，多少都是属于政略学的范围，不过有时也还要加上纯军事性的考虑。所以可以给它们另拟一个新名词，叫做“军事政策学”（Military Policy），因为它们既不完全属于外交方面，也不完全属于战略方面。但是，对于贤相名将而言，却都是一个最重要的基本学问。

一、为了收回权利的攻势战争

当一个国家向另外一个国家提出权利的要求时，并不一定总是要用武力来达到这种目的。所以在采取行动之前，必须要先视民意的向背。

最具有正当理由的战争是为了毫无疑问的权利而战的，或者是战争可以使国家获得很大的利益，足以值得冒险一试。不幸，在我们这个时代中，有许多战争所争的权利都是很可怀疑的。例如路易十四承继西班牙的王位，本是有合法的根据，而欧洲各国却偏要反对他，于是才会发生一场大战。

反之，当奥法两国正在交战的时候，普鲁士的腓特烈二世突然提出一项古老的权利要求，用武力进占西里西亚（Silesia），这样就使普国的国力增加了一倍。这要算是一个天才的行为，即令他失败了，也可以为人所谅解，因为这次战争是利重害轻，得可偿失的。

对于这一类的战争并无成规可循，所能够说明的就只是“待机而动”。攻势的行动一定要与所获的目的相称。最自然的步骤就是首先占领那个引起争执的土地，然后再看当时的环境和双方的实力，以便决定攻势行动的限度。实际上这就是以攻为守，目的只是确保这个夺获的土地不为敌人所夺回，而方法却是威胁他国的心脏部分，使他不能不放手。在攻势行动中，尤应特别谨慎，不要引起其他国家的疑忌心理，而使他们群起援助对方。政治家应有这种责任，在事先就看到这种危机，并设法避免它，例如事先作一种适当的解释，或是给予其他的国家以适当的保证。

二、政治上取守势而军事上取攻势的战争

当甲国向乙国提出某种收回固有权利的要求，而向乙国发动攻势时，乙国通常总是不惜一战的。任何国家都愿意保卫它自己的领土，而且不战就放弃土地对于国家荣誉也是一种损失。虽然如此，不过最好还是先发制人，首先攻入敌国，而不要在自己的境内等待敌人的攻击。

侵入性的战争有许多的利益，但是在自己境内等待敌人也有它的优点。一个国家假使在国内没有内在的纠纷，在国外不必害怕第三国的干涉，那么在敌人境内去作战总是利多弊少的。因为这可以使自己的领土不遭到战争的蹂躏，让敌人去担负战争的损失，刺激我军的攻击精神，而打击敌方的士气。反之，从纯粹军事的立场上来说，在自己国土以内作战也具有很多的利益：我军的环境熟悉，有天然和人工的掩护，到处都可以受到本国人民的支持。

这些明显的真理是对于所有各种的战争都可以适用的。不过战略原理虽然总是完全相同，但是战争的政治方面却是常有变化的，它受着当前的局势、当时的民意，以及军政领袖人物个性的影响。这个千变万化的事实就可以证明战争是没有规律的。军事科学的基础就只是某些广泛的原则，假使你的敌人活跃而敏捷，那么你若是违反了这些原则，你马上就可能会有失败的危险。不过战争的精神方面和政治方面，又都可以使这些原则发生变化。作战的计划一定要配合环境的需要，但是执行这些计划时，却又必须遵守主要的战争原理。

三、争权夺利的战争

腓特烈二世侵入西里西亚和西班牙王位承继权的战争，都可以算是一种争权夺利的战争。

这种战争又可分为两大类：（一）一个强国为了经济上和政治上的理由，设法夺占在天然形势上有利的疆界。（二）为了减弱一个具有危险性的敌人的力量，或是遏制它的侵略野心，也可以发动战争。关于后一种情形，一个国家很少单独地去攻击一个具有危险性的强敌，为了达到这个目的，多半是先行组成一个同盟。

这些观念，与政略和外交的关系比较深，而与战争本身的关系却反而较浅。

四、战争与同盟国的关系

假使各种其他的条件都相等，则战争的胜负就决定于盟国的有无。虽然一个强大的国家也许可以不必害怕许多小国的联合攻击，但是“寡固不足以敌众”总是一条普遍的原理。同盟的作用不仅是使作战的兵力增多，而且还可以使敌人原本是安全的疆界受到新的威胁，而形成“备多力分”的状态。历史告诉我们，即令是一个强国，也绝不可以忽视任何小国的力量和它的重要性。

五、干涉性的战争

一个国家参加一个早就已经开始了的战争，其所获得的利益，要比任何其他的战争所获得的还要更多。这个理由非常的明显，因为它可以选择最好的时机，并且把它的力量作具有决定性的使用。这样一来，当它的全部重量和影响加上去之后，战局的平衡状态马上就会突然改观。

干涉性的战争（War of Intervention）也可以分为两大类：（一）干涉邻国的内政；（二）干涉邻国的外交。

不管在道义上看，第一类的干涉是否合理，但是历史上的事例却比比皆是。罗马帝国是用这种方法建立起来的，而英国征服印度也是大致相同。这种干涉他国内政的行动不一定都完全成功。俄国干涉波兰和奥国的内政，结果都使它的国威有所提高；可是在法国大革命的时候，企图干涉法国的内政，却使它大吃其亏。

干涉其他国家的外交是比较合法，也可能比较有利的。一个国家有无权利干涉其他国家的内政，固然在法理上颇有疑问，不过假定甲国的行动影响到乙国的权利，那么丙国起而干涉，就不能说它是无理的了。

为了干涉他国的外交而引起战争的理由可以分为两点：（一）受条约义务的束缚，有援助其他国家的义务；（二）为了要维持国际间的均势局面；（三）使已经发生了的战争不产生某种不利的后果，或是想要在这次战争中获得某种利益。

历史上充满了例证，有许多的国家因为忽略了下列的原则而终于走上了衰亡的途径：“当一个国家容许它的敌国无限制扩张它的侵略野心，而不加以阻止的时候，那么这个国家就注定要开始衰败了。而一个二等的国家，假使在适当的时机能够把它的重量投入，以影响平衡的局面，那么它也照样可以做国际局势中的仲裁人。”

从军事的观点上来看，当双方势均力敌的时候，突然有一支新的强大部队，以第三方面的姿态出现，那么毫无疑问的，这是一个决定胜负的最后因素。不过对于早已在战场上搏斗的野战军而言，它的影响却要看地理位置而定。举例来说，1807 年的冬天，拿破仑渡过了维斯杜拉河（Vistula），冒险向哥尼斯堡（Konigsberg）进攻，面对着俄国人，而让奥国人威胁他的背面。假使当时，奥国人能够集中一支 10 万人的军队，从波希米亚（Bohemia）向奥得河（Oder）进攻，那么拿破仑也许就完了；因为事后看来，有种种理由可以证明他是回不了莱茵河（Rhine）地区的。但是奥国人却偏偏按兵不动，想等到他们凑足了 60 万人的实力再动手。两年之后，他们居然在战场上用到了这样大的兵力，可是结果还是不免为拿破仑所击败；而在当时，只要有 10 万人用在恰到好处的地方，就可以决定欧洲的命运。

由于这两种不同的干涉，又可以产生几种不同种类的战争：

（一）“干涉”只是一种辅助性的行动，只用少数的兵力和同盟国的兵力合作执行。

（二）“干涉”的目的是援助弱小的邻国，保卫它的领土，把战争移到其他的地方去打。

（三）当几个国家联合向一个国家实行“干涉”时，由于地理上的位置接近，某一个国家可能会成为作战的主力。

（四）一个国家可以在战争已经进行之后，或是尚未宣战之前，参加这种干涉的行动。

当一个国家因为履行条约的义务，只派遣少数的兵力，参与一种国际间的“干涉性战争”，那它只是处于辅助的地位，而对于主要的作战计划，殊少发言的资格；这个与派出大军，作为干涉行动的主力国家来说，情形当然完全不同。

在这些战争里面，军事上的机会各有不同。譬如说在七年战争中，俄军事实上是奥法两军的辅助兵力，但是在它占领普鲁士以前，在北面它却还是担负着攻击的主力。不过当俄军深入到勃兰登堡（Brandenburg）之后，则它的一切行动就是为了配合奥国的利益，这些军队远离他们自己的基地，其命运就完全寄托在同盟国的身上。

这种远赴异国的远征是很危险的，很难于运用。1799 年和 1805 年的战役足以作为不幸的例证，以后在第十九节中，我们将就这种远征作战的军事特性，再作详细的讨论。在这种远征作战的情况下，军队的安全当然是要受到相当的威胁。不过唯一有利的收获，却是它的本国对于被敌人侵入的危险相对减少了。因为战场的距离愈远，则本国愈感安全。对于战场上的将领而言，这是一个不幸的难题，而对于国家本身而言，则却自有其利益。

在这一类的战争当中，最重要的就是要选择一个将领，能够同时具有政治家和军人的修养；对于同盟国以及每一个盟国在战争中所应担负的责任，都有深切的了解；懂得为了公共的利益而牺牲成见，保持和谐，以达到共同的目标。因为事先不注意这些问题，在历史上，多数的同盟都是“从散约解”，而终归于失败，实可为殷鉴。

第三类的“干涉战争”，是一个国家可以用它的全力来从事战争，而战场又与它的国界最为接近，这可以说是最为有利的一种战争。奥国在 1807 年有这样一个机会，但是它却没有利用上，不过它在 1813 年又再度获得了一个机会。拿破仑刚刚在撒克逊集中他的军队，奥国人就从相反的方面进攻，使用 20 万人的兵力，志在必胜。两个月之内，它收复了意大利，并且在日耳曼恢复了它的影响势力，这是已经丧失了 15 年之久的权利。在这一次干涉行动中，奥国在军事和政治两方面，都获得了极大的利益，真可以说是一箭双雕。

它之所以能够这样大获全胜的原因，一方面是因为战区十分接近它的边境，使它可以一下就出动最大数量的兵力；另一方面，它也是当这战争早已打得难分难解的时候，才开始参加，而且更是拣着最有利的时机，突然地使用它的全部实力，作具有决定性的一击。这种双重的利益实在是太具有决定性了，它不仅可以使一个强国对于国际形势发挥控制的作用；即令是一个小国，若是懂得如何运用这一套工夫，那么它也可以称霸一时。

历史上可以找到很多的例证，证明这种适当时机的干涉行动是具有极大重要性的。

六、侵略性的战争

侵入性的行动可以分为两种：一种是攻击邻近接壤的国家；另外一种是超过中间的地区（它的人民可能有中立可疑和含有敌意的分别），去侵入一个遥远的地方。

征服性的战争往往能够一帆风顺，亚历山大、凯撒、拿破仑的经历都是明证。不过，这种战争却自有其天然的限制，若是超过了这种限制，则一定会遭遇极大的灾难。拿破仑的征俄失败就是这个真理的明证。不过拿破仑的动机并不仅是为了发挥征服的欲望；而是他的个人地位和他对英国的战争都逼得他非铤而走险不可。诚然，他爱好战争以及战争所给予的机会，但最后他却也是被逼如此，不是胜利就是向英国投降。也许我们可以说，天之所以要生拿破仑的原因，就是要把他来做一个榜样，以教会全世界的政治家和军人，使他们知所趋避。他的胜利告诉人们应如何活跃、果敢和巧妙地作战；而他的失败也可以作为后人的前车之鉴。

毫无理由地侵入他国，对于人道而言，这是一种罪恶；但是假使为了更大利益或是良好的动机，则此种行动虽不一定值得嘉许，但却至少可以原谅。

1808 年和 1823 年的两次对西班牙的侵入战，其在目的上和结果上都可以说是完全不同。第一次完全是一种贪鄙的侵略，它威胁着整个西班牙民族的生存，结果使侵略者本身也同样受到极大的损失。第二次则完全不同，它是要打倒一种具有危险性的主义，因为受到西班牙大多数人民的拥护，所以很快就胜利结束了。

这个例证就足以说明侵入性的战争可以有不同的性质。前者对于拿破仑的崩溃具有极大的贡献，而后者则重新建立了法西两国的邦交，甚至于使他们之间从此不会再互相仇视。

我们希望侵入性战争的机会将会愈来愈少。宁可先下手攻击，也不要等待敌人侵入。让我们记着，要克服征服者的野心，最可靠的方法就是在适当的时机，先发制人。

一个侵入性的战争，若是要想成功，其规模的大小一定要和所想达到的目的和所要克服的障碍能够成比例。一个心怀怒火的民族，准备不惜一切牺牲，而且又有强大邻国的援助，那么对它实行侵略，才真是一种危险的行为。1808 年的西班牙战争，1792 年、1793 年和 1794 年的革命战争都是很好的例子。

虽然环境各有不同，但俄军侵略土耳其也同样引起整个民族的抵抗。土耳其人由于宗教上的仇恨，不惜拼死作战，而希腊人虽然在数量上有土耳其人的两倍，但却缺乏这种动机，使他们也同样地奋勇拼命。

当侵入邻国境内之后，若对于当地的居民无所畏惧，则战略的原理可以单独决定它的路线。当拿破仑侵入意大利、奥国和普鲁士的时候，民意都发生了很大的影响（这些军事方面的讨论见第三章第十四节）。当侵入遥远的地方，中间要经过很远的距离时，它的成功多半是要靠外交，而不是靠战略。要保证成功，第一个步骤就是要使接近敌人的国家，成为我方的忠实同盟国，它可以增援我们的兵力，而更重要的却是供给稳妥的作战基地，物资的囤积地区，以及在战败时的安全避难地带。同盟国若与侵入者具有相同的利害，则这些条件就都有可能性。

对于远距离的长征，外交固然是具有决定性的作用，但是对于邻近的侵入行动，也是同样的重要。因为在这种情形之下，一个含有敌意的“干涉”行为，常常可以发挥极大的功效。拿破仑在 1805 年和 1809 年两次侵入奥国的时候，假使当时普鲁士能适时加以干涉，则结果可能会完全不同。［译者注：侵略性战争（Aggressive War）与侵入性战争（War of Invasion）意义并不完全相同。侵略者固然一定要侵入他国，但侵入他国有时却不一定都是侵略性的行为。］

七、思想的战争

虽然思想战争、民族战争和内战有时常常容易发生混淆，但是它们之间具有足够的差异，应该加以个别的考察。

所谓的思想战争可以采取内战的形式、内战外战合并使用的形式和完全外战的形式。

两国之间的思想战争，也同样可以算是“干涉性的战争”，因为它的起因或者是甲方想把某种主义推行到乙方的境内去；或者是甲方要想摧毁乙方所坚持的某种主义，其结果足以使甲方干涉到乙方的内政，因而引起了战争。虽然这种战争的起因是由于宗教上和政治上的理论冲突，但是它却会发展成为极可怕的苦战，像民族性战争一样，它最容易引起普遍的怒火，而使战祸变得残酷不堪。

回教徒的战争、十字军的战争、30 年战争和同盟战争，几乎都是代表同样的性格。宗教常常只是以夺取政治权利为借口，而战争本身却另有目的。这种思想的教条不仅是一种借口，而且也是一个强大的援助，因为它足以刺激人民的热忱，而建立一个党派。譬如说在30年战争中，瑞典人在民间的势力，其强大就远超过他们的军队。

当十字军东征的时候，由于宗教的不同，遂使被侵入的国家，到处都是死硬的强敌，所以这种反抗就变得非常的激烈。

对于政治思想的战争，拥护和反抗的两种机会大致是相等的。我们很容易回想到1792年的法国大革命，当时激烈的革命思想，突然地在整个欧洲流行着。使那些既存的政府大感恐慌，纷纷动员兵力想去扑灭革命的怒火，好像是要把火山口里喷出的熔岩再送回火山口里去，然后再使它们熄灭掉。这种方法并不中用，因为战争和侵略，对于这种从人类内心中发出的怒火并不是一个有效的对策。对于一切的暴动思想和所有的无政府主义，时间就是一个最好的应付方法。一个文明的民族可能在短期之内突然变得疯狂，但是这个风暴不久就会雨过天晴，而理性也终会恢复对它的控制。要想用外国的军队来约束这些暴乱的群众，就好像是火药都已经点着了之后，还要想使地雷不爆炸一样。最好的方法还是等它爆炸之后，再去填平弹坑，而不要想去阻止它爆炸，冤枉送掉了自己的性命。

在详细地研究过法国革命的历史之后，我认为若不是有了外国军队的威胁，那么革命党人也许就不会杀害路易十六。要不是法国将领杜穆里埃（Dumourizez）大败，使敌军有侵入国境的危险，那么山狱党也就不会夺取到政权。假使让他们本身之间去发生斗争和冲突，则恐怖时代也许就不会来临，而法国的国会也会走向温和的途径。

从军事的观点来看，这种战争是非常可怕的，因为侵入军所遇到的将不仅是敌国的军队，而是到处都会受到人民的攻击。当然，侵入者在民间也可能获得一部分的拥护者，而形成一个对立的集团。不过，假使大多数的人民都站在一边，而且握有一切的军事资源，则少数的人民虽然支持侵入者，也不会有多大的作用。

历史上像法国大革命这样的事实，只能找到这样一个单独的例证，这个例证似乎已经很明白地表现出来，要想攻击一个愤激如狂的民族，其结果是如何的危险。不过哪一次侵入者在军事上失策，都是失败的一个重大原因。当法军在杜穆里埃大败之后，假使各国的联军不去破坏和占领那些要塞，反而向法军的将领宣布，他们与法国并无仇恨，实行安抚政策，并率领两万精兵直取巴黎，那么他们也许可能使法国的王室复辟。不过这完全是一个假想。他们当然也可能因为引兵深入的关系，而导致全军覆没。这只是一个存而不论的问题，只有实际上的试验才可以决定真正的答案。

关于思想战争的军事规律，大致与民族性战争相同，仅只有一个主要的异点：在民族性的战争中，国家要加以征服和占领，要塞要加以包围和拆毁，野战军要加以歼灭；而在思想战争当中，上述的事项都是次要的工作，最大的努力就是要尽快达到作战的目标，对于细节应该暂时不问，以免延误。尤其是要经常地注意，不要影响到民族的独立和领土的完整，以刺激敌方人民的反抗心理。

1823 年的西班牙战争，也和法国革命战争一样，可以当作一个很好的战例。虽然条件略有不同，因为 1792 年的法军还是正规军比较多，不像西班牙的军队完全是乌合之众。法国革命战争是由思想战争、民族战争和内战三者合为一体的。

1808 年的西班牙战争是一个纯民族性的战争，而 1823 年的西班牙战争却只有一部分是思想战争，但毫无民族性的意味，所以结果当然也就完全不同。此外，安果林公爵（Duke of Angouleme）的远征也具有良好的计划，他不攻击要塞，而完全照着上述的原则进行他的战争。迅速地挺进到厄波罗河（Ebro），然后把兵力分散，攻占凡是足以增强敌人实力的一切资源，这种工作他可以放心地去做，因为他已经获得了大多数人民的拥护。假使他听了内阁的指示，循序渐进地去征服这个国家，并且拆毁庇里牛斯（Pyreeneas）与厄波罗河之间的要塞，那么他就很可能会完成不了他的使命，至少会使这个战争变成一场长期的血战。因为若是占领了这个国家，就会和 1808 年一样刺激西班牙人的民族精神。

由于受到了人民的热烈欢迎，他才明白这是一个政治性的战争，而不是一个军事性的战争，他感到应该迅速地结束这一次战争。他的行为与 1793 年的联军完全不同，今后凡是担负这种任务的人，都应该以他为楷模。三个月之内，他的军队就已经到达了卡地兹城下。

八、民族性的战争

在上文讨论侵入战争的时候，就已经提及了这种所谓的“民族战争”。这个名词应用的范围，仅对一个统一的民族，或该民族中的绝大部分作战为限。这个民族是充满了一种光荣的信念，决心为他们的自由奋斗到底的。在这种战争中，可以说是遍地荆棘，军队仅仅只能守住他们的营地，只有使用武力才能够获得补给，而交通运输线也到处都有被截断的危险。一个民族全体自动奋起抗战的景象实在是非常的壮观；虽然这种伟大光荣的精神值得我们敬佩，但是其后果却是十分可怕的，站在人道的立场上，我们希望今后永远不要再看见它。这种民族自发的抗战，与一个国家的有组织国防，意义不同，不可混为一谈。

平常最冰炭不相容的分子，在民族抗战中却可以结合成为一体。在政治号召下，农奴们可能会揭竿而起，而那些地主们也因为爱国心的号召，会以身作则而成为农奴军的指挥官。同样的，一些无神论的狂热分子却可以受一个神父的领导；一切在政治上意见不合的人，这个时候都可能携手合作。

对于民族战争的结果，海洋的控制十分重要。假使一个民族具有绵长的海岸线，并且拥有制海权，或是与一个拥有制海权的强国缔结了同盟，那么它的抵抗力就可以增加数倍以上。因为一方面海洋可以使它的供应来源永远不会匮竭；另一方面利用制海权的弹性，可以到处袭击敌人，使它感到运作自如。

国家的天然形势对于防御也很有利。在山地地区，人民似乎是最强悍的，其次就是遍地都是森林的国家。

瑞士人之所以能够屡次击退外来的侵略，俄国人花了极大的工夫才征服了高加索民族，这些例证都足以证明山地的人民要比平地的人民具有更强的抵抗力。这不仅是天然形势的不同，而且民族性也颇有区别。

深林狭路也和山区一样，是有利于这一类的防守作战。此外，河川纵横、丛林遍野的地区也可以构成坚强的防御。

在民族战争中，也和在思想战争中一样，在军队前进的道路上都将遭遇各种重大的困难，而使领兵作战的将领们感到难以应付。荷兰人如何对付腓力二世（Philin Ⅱ），美国人如何应付法国人，凡此种种都是一些极好的例证。假使这个民族拥有一支纪律严明的军队作为抵抗的核心，则侵入军所遭遇到的困难就会更大。侵入者所有的就不过只是一支军队，而他的对方却不仅是有一支军队，而且还有一个几乎全部武装了的民族。这些人民会各自为战，分别用尽一切可能的方法来打击敌人，侵入者除了他们占据的地区以外，离此一步就到处都是敌人，而且愈深入，则危险愈大。若是国家的地形险恶，那么这些障碍物就更会变得无法通过。每一个武装的人民都熟悉当地的小路和其间的联系；他到处都可以找到亲友来帮助他；指挥官也同样地熟悉地形，并且能够立即知道敌人的动静，而采取最好的方法去击败他们。至于侵入面则完全不同，他们得不到可靠的情报，并且不敢派小队的人员去进行侦察；除了用刺刀，就找不到一点物资的供应；除了用密集的纵队，就无法保障安全；一切的行动都有盲人瞎马之感。在极谨慎的计划和极迅速的行动之后，侵入军觉得这一次一定可以达到目的，一定可以一网打尽，可是到头来才发现又是扑了一个空。当侵入军正感到进退两难的时候，他的对手却已开始在切断他的交通线和歼灭他的留守部队，袭击他的运输车队和仓库，闹得他四面受敌，应接不暇。这样支持了一个阶段之后，侵入军就一定会知难而退了。

任何精锐的军队，若是碰到一个巨型的民族使用上述的战略，就一定会被击败的。除非它的实力足以占领全国所有的重点，保护一切的交通线，并且还集中一支机动的兵力，足以随时随地迎击敌军的袭击。不过，假使守方也有相当强大的军队，作抵抗的核心，而另外又有无数的民众作外围，那么侵入军一方面要守住一切的要点和交通线，另一方面还要到处都保持优势的兵力，这似乎是不可能的。

假使在这种战争当中要想获得胜利，则下述的一般方略似乎是必须要遵守的：兵力必须雄厚，与所要遭遇到的障碍和抵抗能够成比例；使用一切可能的方法来实行安抚政策；用时间和耐性消磨对方的锐气；对于当地人民采取恩威并用的手段，尤其是要作公正的统治。在历史上，这样作战成功的人也不乏前例。

由于民族性战争对于侵入者是一个极大的障碍，所以就有人联想到，这也许可以唤醒侵略者的幻梦，使他认识到征服的困难，而减少战争的机会。这种想法固然不无理由，但是却只看到其中一面。由于民族性战争的效力是如此的巨大，因此也容易产生一种危险，即：使各国不想再进行过去的小战，而一打起来就是整个民族的死拚，这样一来，在未来的世界中，战祸就只有更加惨烈了。

站在一个军人的身份上来说，我宁可看见那种具有侠士风度的古代战争，而不愿看见这种有组织的大规模屠杀行为。我也承认这是一种偏见，但是想到在那古老的时代中，英法两国的战士互相礼让、请对方先开火的遗风，还是不禁令人神往的。

九、内战和宗教战争

凡与国外纠纷无关的内战，其起因通常都是由于在政治上或宗教上有了极大的思想冲突。在中世纪的欧洲，封建集团间的冲突也很多，不过最残酷的却还是宗教性的战争。

一个政府为了在政治上的统一，迫不得已而使用兵力来对付自己的人民，这还是情有所原的；但是为了强迫人民信仰某种宗教，而不惜杀害他们，这实在是一种荒唐的行为。若是宗教战争再牵涉到国外的干涉，那结果更会糟不可言。

对于这一类的战争，若是想给它定上一个规律，那也是一种荒谬的想法。有一条规律应该是所有有思想的人都会表示同意的，那就是：国内两个对立的派别，首先应该联合起来将外来的势力赶走，然后再来订一个条约，以求解决彼此间的权利冲突。毫无疑问的，以宗教为借口而实行干涉的第三国家，一定是具有其他的野心。

十、双重战争和两面作战的危险

罗马人有一条著名的古训，那就是千万不要同时进行两个大规模的战争。

一个政府可能会被迫地和两个邻国同时作战。但是为了它自己的安全和政治平衡的维持起见，在这种情形之下，若是找不到一个可以帮助它的同盟国，那实在可以说是很不幸的。不过，联合起来向它进攻的两个邻国，对于战争的兴趣却不一定完全相同，也许其中有一个并不使用它的全力，而只是作一种助攻的姿态，那么这种情形又和普通的战争是差不多一样的。

法国的路易十四、普鲁士的腓特烈大帝、俄皇亚历山大和法皇拿破仑，都曾经和欧洲的联军作战。假使这种群起而攻之的情形是由于某国的侵略野心所引起的，那只可以说是咎由自取，毫不值得同情；不过有时一个国家也会被动地、逼不得已地与几个国家同时作战，在这种情形之下，它最重要的应付方法就是要赶紧寻求同盟国，并且用各种手段来抵消敌人的优势。

路易十四之所以受到欧洲联军的攻击，名义上是为了西班牙问题，但是实际上却是他的侵略野心已经使各邻国感到忧惧不安。腓特烈大帝只获得了英国的少许援助，但是却和欧洲三个最大的王国发生了战争，不过他的敌人既不合作且又愚笨，才使他勉强度过了难关。

这两次战争，以及俄皇亚历山大在1812年所遭遇到的战争，似乎都应该算是无法避免的。从某一方面说，在近代的各国统治者当中，只有拿破仑一个人曾经自动挑起两方面，甚至于三方面的大战——对西班牙，对英国和对俄国。不过在最后一种情形之下，他是认为普奥两国都会帮助他，而土耳其和瑞典则更是有绝对的把握。所以大家虽然觉得他是冒了很大的危险，但是拿破仑本人的看法却又不同。

当一个国家和另外一个国家作战，而有一个第三国只以辅助的姿态帮同敌人作战时，这种形式的战争与真正的两面作战并不相同。因为这种情形实际上不过是比普通的战争稍为复杂而已。

一般说来，真正的两面作战，是应该尽量设法避免。假使对于两个国家同时都有开战的理由，那么就应该谨慎地在某一方面采取忍辱负重的态度，而等待有了适当的机会，再来算旧账。不过，这条规律当然不是没有例外，双方的实力对比、当时的情况、同盟国的关系都可以产生相当的影响。

（选自A. 约米尼：《战争艺术》，范林森译：《西方战略经典》，时事出版社，2002年4月版，第3～28页。）

5.9.1 A.T. 马汉：海权对历史的影响（节选）

A.T. 马汉（Alfred Thayer Mahan，1840～1914年），美国海军历史学家，海权理论的创立者。出身于军人家庭，父亲为西点军校教授。从海军学校毕业后，在海军学院任教，后两度担任海军学院院长。马汉一直从事海军军事理论研究，其思想深受古希腊雅典海军统帅地米斯托克利及政治家伯里克利的影响。《海权对历史的影响（1660～1783）》是其“海权论”的代表作，他提出了“海洋中心”说。马汉分析了英国具有全球影响的历史后认为：海上力量决定国家力量，谁能有效控制海洋，谁就能成为世界强国；控制海洋，特别是控制具有战略意义的狭窄航道，对于大国的地位至关重要，并就此提出了“海军威力＝力量＋位置”的海军发展战略模式和“积极出击，不能消极防御”的作战思想。海权论的思想，对美国军事战略思想界具有重要影响，美国总统西奥多·罗斯福称马汉是“美国生活中最伟大、最有影响的人物之一。”《海权对历史的影响（1660～1783）》不断再版，并被译为多种文字流传世界，马汉也被后人公认为海权论的鼻祖。

绪论

海权的历史，虽然不全是，但是主要是记述国家与国家之间的斗争，国家间的竞争和最后常常会导致战争的暴力行为。海上贸易对各国的财富和实力的深远影响，早在指导海上贸易的发展和兴旺的正确原理被发现之前，就已经被人们清楚地认识到了。一个国家为了确保本国人民能够获得不均衡的海上贸易利益，或是采用平时立法实施垄断，或是制定一些禁令来限制外国的贸易，或是当这些办法都失败时，便直接采取暴力行动来尽力排除外国人的贸易。这种各不相让的夺取欲望，即或不能占有全部，至少也要占有大部分贸易利益，和占领那些尚未明确势力范围的远方贸易区域，这些利益冲突，所激起的愤怒情绪往往导致了战争。另一方面，由其它原因引起的战争，其实施方法和结局也在很大程度上受到是否控制海洋所制约。因此，海权的历史，从其广义来说，涉及了有益于使一个民族依靠海洋或利用海洋强大起来的所有事情。但是海权的历史主要是一部军事史。因此，在下面的章节里，虽然不是全部的，但是主要是叙述有关这方面的情况。

一些伟大的军事领导人物曾告诫过，我们应该像这样去研究过去的军事历史，这种研究对于纠正我们的思想，对于巧妙地从事未来的战争都是必不可少的。拿破仑是一位很有抱负的军事家，他从他所研究的战役中列举了亚历山大、汉尼拔和恺撒实施的战役。但是，这些人还不知道黑色火药。于是在专职作家中似乎成了一项重要的默契，即虽然战争的许多条件，从一个世纪到另一个世纪随着武器的发展有了变化，但是在历史学中有一些正确的学说被保留了下来，现在继续存在，因而成为普遍适用的学说，而且可以上升为总的原则。同样的理由，尽管在过去半个世纪里，由于科学进步和采用了蒸汽作为动力，使海军武器发生了很大的变化，但是我们将会看到，研究过去的海战史，通过它来说明海战的总的原则，将是很有教益的。

像我们这样有鉴别地研究帆船时代的历史和海战经验，是有双重必要性的。因为，这种研究能提供现在进行运用和评价所需要的教训，另一方面，到目前为止，蒸汽舰队海军的历史还较短，尚未能够形成明确的学说。对于帆船，我们已经有了许多实践经验；而对蒸汽舰船，实际上我们还没有任何实际经验。因此，有关未来海战的理论几乎全部都是推断的；尽管我们曾试图通过详细研究蒸汽舰队与历史悠久的、闻名的靠桨航行的单层甲板桨帆战船舰队之间的相似点，使这些理论具有比较坚实、可靠的基础；但是未来的海战在还没有完全经过验证之前，海战的理论一定不能过多地依赖蒸汽舰船与桨帆战船之间的这种相似点，尽管这种相似决不只是表面的。蒸汽舰船和单层甲板桨帆战船的共同特点是，它们都具有不依靠风力可以向任何方向航行的能力。可是蒸汽动力，又使这些不同级别的蒸汽舰船同帆船有了根本的区别；至于帆船，有风时只能向有限的几个方向航行，无风时必然是寸步难行。但是人们既要懂得观察事物的相似点，同时也应善于观察事物的不同方面。因为当人们的想象热衷于所发现的相似点时——这是精神追求的一种最愉快的事情——容易对新发现的相似物中的不同之处产生厌恶情绪，因此便会忽略或拒绝承认这种不同点。单层甲板桨帆战船和蒸汽舰船，虽然得到了不同的发展，并且都具有上面已经提到的那些性能，但是它们至少又有两点是不同的；因此我们要从单层甲板桨帆战船的历史中给蒸汽战舰提供有关的教训时，必须牢记它们的相似点和不同点，否则就会做出错误的判断。单层甲板桨帆战船的动力，使用时必然会迅速衰减，这是因为人的体力不能长期维持这种消耗。其结果是虽然单层甲板桨帆战船可以进行战术运动，但是进行战术运动的时间是有限的；其次，单层甲板桨帆战船时期的攻击武器不仅是短距离的，而且战斗几乎全部都是短兵相接。单层甲板桨帆战船的这两个条件必然导致交战双方进行短距离的快速突击。当然，并不排除双方在进行短兵相接之前，企图巧妙地对敌舰实施包抄或迂回。根据这种快速突击和混战，当代海军中出现了一种很盛行的、比较一致的、甚至是很著名的意见，认为现代海军武器发展的必然结果——就是必将进行一种大混战，在这种混战中，正如其历史所表明的那样，将很难分辨敌友。不管怎样证明这种意见是有价值的，但是，决不能单凭单层甲板桨帆战船和蒸汽舰船在船艏都装配有撞角，和都可以随时直接驶向敌人的事实作为这种意见的历史根据，而不顾单层甲板桨帆战船和蒸汽舰船两者之间的区别。因为到目前为止，这种意见还只是一种推断，所以最好要经过实战检验，有待这种战法的优劣进一步明朗化，才可以做出最后的判断。既便这种战法获得肯定的判断，人们也会提出不同的见解——两支实力不相上下的舰队之间实施混战，战术和技术就是无足轻重的了。在现代，海军装备有复杂的、威力巨大的武器，实施混战不是其最佳的选择。如果一位舰队司令具有较强的自信心，其舰队战术展开较好，他的舰长们也都很出色，他必然不愿意与同等兵力的敌人展开一场混战。因为在这种混战中，上述这些有利条件将不能充分利用，而运气将起最重要的作用，并且等于把他的舰队看作是一伙过去从没有在一起活动的舰艇凑集成的乌合之众。至于什么时候混战是适宜的，什么时候不适宜，历史上已经有很多的教训。

当时的单层甲板桨帆战船只有一点非常类似于现在的蒸汽舰船；而在其它方面却有许多不同之处；但是因为这些不同之处不是一目了然，所以很少受到重视。相反，就帆船而言，其显著的特点正是它与现代蒸汽舰船的不同之点；所以帆船和蒸汽舰船的相同之处，尽管存在也容易看到，但是不是那么一目了然，因此不大能够引起人们的注意。与蒸汽舰船相比，由于意识到了帆船要依赖于风的这种严重的弱点，加深了它们之间的不同点的印象。

除去这一点，帆船与帆船作战时，其战术运用方面的教训还是很有教益的。鉴于单层甲板桨帆战船不会因为无风而使其丧失战斗能力，因此在我们这个时代，它的战术运用应该比帆船更受到人们的青睐；但是事实是帆船取代了单层甲板桨帆战船，并且在使用蒸汽舰船之前，它一直是最好的舰船。帆船具有能从很远的地方去攻击敌人的能力，而且这种机动不管需要实施多长时间都不会使人员精疲力竭，这样就可以使大部分船员都去操纵武器投入进攻，而无需耗费精力去操纵桨橹。这些正是帆船和蒸汽舰船的相同之处。如果从战术角度考虑，这些能力至少与单层甲板桨帆战船在无风或顶风运动时的能力一样重要。

人们在寻找相同之处时，不仅有一种容易忽视不同点的倾向，而且还容易根据自己的想象把相同点进行夸大。可以这样去考虑，我们指出了帆船有穿透力较强、射程较远的舰炮和射程较近但破坏力很大的臼炮时，也指出了现代蒸汽舰船有射程较远的舰炮和鱼雷。鱼雷只是在有限的距离内，通过猛力撞击使敌舰造成损坏，而舰炮与过去一样，其目的是穿透敌舰。虽然这些只是从战术角度去考虑的，但是无疑它们必然会影响舰队司令和舰长们的计划；这种相似是实际的，不是勉强的。帆船和蒸汽舰船都希望与敌军实施舰对舰地直接交锋，帆船通过强行登上敌舰将其俘获，蒸汽舰船通过撞角将其击沉；但是对于帆船和蒸汽舰船来说要完成这种任务困难是很大的，因为为了有效地达成这种任务，必须使舰船航行到战场的一个独特的位置上，而抛射武器却不是这样，它可以从广阔海域的许多点上实施射击。

依据风向而定的两艘帆船或两支舰队的相对位置，涉及最重要的战术问题，并且可能是那个时代的海军将领们最关心的问题。

从表面上看，似乎在现在条件下，它对蒸汽舰船是无关紧要的，因此，这方面的历史教训也就没有什么价值了。如能比较认真地考虑一下下风和上风“相对位置”的显著特点，主要是抓住它们的主要特征，而不去考虑其它的枝节，就会证明这种看法是错误的。

舰艇占据上风位置的显著优点是能随意进行战斗和撤出战斗，随后又能在选择攻击方法时形成有利的进攻态势。但是这种优势又会带来某些弊端。例如，往往会打乱战斗队形，会暴露于敌纵射炮火之下，并使攻击者的部分舰炮或全部舰炮失去作用。这些都是在向敌人逼近时常出现的情况。占据下风的舰艇或舰队不能进攻，如果不想撤退，其战斗只能局限于防御，并且只能按照敌人的意图进行战斗。但是如能镇定自若，那就能较容易地保持战斗队形，而且可在敌舰无法还击的时候持续不断地对其实施舰炮攻击，这样便能弥补上述不利条件。从历史的角度来看，这些有利的和不利的特点，在所有各个时代的进攻和防御作战中都是极其相似的。进攻者为接近和消灭敌人，要担一些风险和遭到一些损失；但是防御者，一直是这样，不愿意冒险前进，严密保持良好的战斗队形，并且还可以利用攻击者的自我暴露。透过一些细节可以清楚地看出上风和下风之间的这些根本区别。英国人常常喜欢占领上风位置，因为英国人的一贯政策是袭击消灭他们的敌人；而法国人通常都习惯于占领下风位置，因为这样做常常使他们在敌人逼近时，能够削弱敌人的战斗力，并且可以避免决定性的遭遇战，从而可以保存自己舰队的实力。法国人几乎总是一贯地把海军作战服从于其它军事考虑，他们不愿意把钱花在海军身上，并且力求节省海军开支，使其保持防御态势，并将其作用限制在击退敌人的攻击上。为了贯彻这种方针，只要敌人是为了显示武力，而不是为了进行作战，法国人就会欣然采用这种运用娴熟的下风战法。但是，当英国海军将军罗德尼不但为了进攻，而且表明要利用上风，在敌战线的某一部分大量集中兵力时，他的谨慎的对手——法军舰队司令戴吉尚便改变了战术。罗德尼与戴吉尚进行过三次交战，在第一次交战中，法军占领了下风；但是当戴吉尚意识到了罗德尼的目的之后，便向顺风方向移动，不去进攻，而是撤退，除非条件对他有利时，他才去进攻。现在采取攻势或撤退，不再依赖于风力了，而是取决于舰队是否具有较快的速度。在一支舰队里，这种速度不仅只依赖风：每艘单舰的速度，而且还要依赖于他们的战术行动的统一。从今以后，具有较快速度的舰艇将能够占有有利位置。

因此，我们从帆船和单层甲板桨帆战船的历史中寻找有用的教训，不是像许多人想象的那样是一种徒劳的期望。帆船和单层甲板桨帆战船都有与现代舰艇相同的地方，也都有与现代舰艇截然不同的地方。这些不同的地方，使我们不能引用他们的经验或作战样式作为仿效的战术先例。但是一个先例的作用不同于并小于一条原则的作用。一个先例可能本来就是错误的，或者由于情况的变化，可能已经不再适用了；而原则反映事物的本质，尽管随情况变化，可以有各种不同的运用，但是它们仍然是一个准则，按照这一准则去进行战斗，必然会取得胜利。战争确有这样一些原则，它们是通过对过去多次战争的胜利和失败的研究而确立的，是永远不变的。情况和武器都会有所改变，但是为了妥善地应付情况或成功地使用武器，就必须遵循那些永恒的历史教导，在战场上采取正确的战术，或者正确地实施大规模作战活动，也即采取正确的战略行动。

但是，在包括整个战场的这些大规模作战中，和可能涉及地球大部分的海上竞争中，历史的教训具有比较明显和比较经久的作用，因为许多条件是较长时期不变的。战区可能大些或小些，其困难可能明显或不明显，敌对两军可能强或弱，必要的调动可能难或易，但是所有这些只是规模和程度的不同，不是本质上的不同。随着野蛮被现代文明取而代之，随着通信手段倍增，道路畅通，河流上架起了桥梁和食物来源不断增加，作战活动也随之变得更容易、迅速、广泛，但是作战活动所必须遵循的原则仍然没有变。当用汽车运送部队代替徒步行军时，当火车代替汽车时，作战距离增加了，或者也可以说缩短了作战时间；但是诸如决定部队应当集中的地点、需要运动的方向、要进攻的敌阵地的哪一部分，以及保护交通线等，这些原则都没有变。在海上也是这样，从提心吊胆地由一个港口缓慢地航行到另一个港口的单层甲板桨帆战船，发展到可以大胆地航行到天涯海角的帆船，又从帆船发展到我们现在的蒸汽舰船，海军作战活动的范围扩大了，舰艇的速度也加快了，但指导海军作战的原则，却无需改变。因此，前面所引用的2300年前赫莫克拉蒂斯的讲话中包含有一个正确的战略计划，其中的一些原则和当时一样，现在也适用。在交战双方的陆军或舰队进入“接触”之前（用“接触”这个词可能比其它的词更好，它指出了战术和战略之间的界限），有许多问题需要指挥员做出决定，其中包括整个战场的全部作战计划。这些计划包括海军在战争中的确切职能；海军的真正目标；海军应当集中的某一地点或某些地点；建立燃料和各种补给的仓库；保持这些仓库与本国基地之间的交通畅通；还包括研究作为一种决定性或辅助性的作战活动——破坏贸易的军事价值；以及破坏贸易采取的最有效方法：采用分散巡航或者是采用重兵把守商船所必经的一些重要交通枢纽。所有这些都属于战略问题，而有关这方面的问题历史上已经有过很多记载。最近在英国海军界展开了一种有意义的讨论，其主要内容是关于英国两位有名的舰队司令，豪勋爵和圣文森特勋爵，在同法国作战时，对英国海军部署所采用的方针的功过进行比较。这个问题完全属于战略问题，而不只是对历史感兴趣的问题，这也是当前极其重要的问题。海军部署所依据的原则，现在和当时一样没有变。圣文森特的部署方针挽救了英国，使其免遭入侵，而在纳尔逊将军和他的同事手中把英国直接引入了特拉法尔加角海战。

所以，在海军战略方面，过去一些具有重要意义的学说，其重要性仍然没有减少。这些重要学说的作用，不仅可以用来阐释原则，而且在条件相对未变的情况下还可以用来作为先例。当从战略角度考虑需要使舰队在某一地点投入战斗时，但从战术的角度来看，它不一定十分正确。人类在不断进步，武器也在不断地变化；随着武器的变化，必然引起作战方式的不断变化，即部队或舰艇在战场上的运用和部署的变化。于是在与海上事件有许多联系的部门内出现了一种倾向，认为研究过去的经验不会得到什么教益，并且认为这是浪费时间。尽管出现这种看法是很自然的，但是他们不仅完全看不见导致各国把舰队部署于海上的那些广泛的战略意图，甚至对战术的看法也是狭隘的和片面的。舰队已经表明了它们的活动范围，并且舰队已经如此改变了，并且将继续改变世界历史。过去一些战斗的成功或失败，取决于这些战斗是否能贯彻作战原则。因此海军若仔细地研究这些战斗成功或失败的原因，不仅会发现而且会逐渐领会这些原则，还会不断学会把这些原则运用到他那个时代所使用的舰艇和武器的战术中去。他还会看到战术的变化不仅发生于武器变化之后，而且武器的变化必然会引起战术的改变。人们还会看到武器和战术的两次变化之间的间隔时间是相当长的。其原因多半是武器的改进是通过一两个人努力的结果，而改变战术原则必须战胜保守阶层的习惯势力，而这种习惯势力非常顽固。只有真正承认每种变化，认真研究新舰或新武器的威力和局限性，继而采用适应于它的特点的战术，才能够纠正这种习惯势力。历史已经表明，希望军人们都普遍努力这样做是徒劳的；但是如果有人能承认这种变化，那么对于作战将是大有裨益的，因为教训本身就是很有价值的。

因此，我们现在可以接受一位法国战术家莫罗盖的见解，他在125年前这样写道：“海军战术是建立在各种条件基础之上的，引起这些条件变化的主要原因是武器，武器是可能发生变化的；武器的变化反过来必然引起舰艇构造的变化，操纵舰艇方法的变化，最后引起舰队部署和舰队指挥的变化。”莫罗盖进一步阐述：“海军战术不是一门以绝对不变的原则为基础的科学，”海军战术更易于受到批评。更确切地说这些战术原则的运用要依据武器的变化而变化。无疑战略原则的运用也不时地发生变化，但是这种变化是很小的；因此比较容易承认战略的基本原则。上面的阐述对于我们要从历史事件中找到一些说明这个题目的例证来说是十分重要的。

……

在世界历史一段非常惹人注目、非常重要的时期里，人们还没有认识到海权在战略上所具有的重要性和影响。现在我们还找不到足够的材料，以供详细研究海权对第二次布匿战争结局的影响；但是就目前所遗留下的一些迹象，有充分理由可以断言，海权在布匿战争中是一种决定性的因素。……

通常给“战略”这个词所下的定义，是把它局限在包括一个，或几个完全独立或相互依赖的战场的联合军事行动上，总是注目于战争中现实的或当时的几场战斗。不过这可能是指岸上战略，最近一位法国作者非常正确地指出，这种定义对海军战略来说范围太窄了。他说：“海军战略区别于军事战略，在于平时和战时，都十分需要制定自己的战略。实际上，平时通过收买或签订条约，可以在一个国家中，占领有时甚至难以用战争手段取得的最好的据点，从而获得决定性胜利。这种战略会指导我们利用各种机会，在某海岸上一些选定的地点驻足，起初只是暂时占领，然后明确提出占有这些地方。”有一代人会欣然接受这位作者的意见，他们已经看到英国在10年之内，以一些貌似暂时的条款和条件相继占领了塞浦路斯和埃及，但是这些条款和条件迄今没能使之放弃所占领的地方。实际上，现在所有的海上强国都坚持不懈地把他们的人民和舰艇，渗透到各海洋中去，寻找那些远不如塞浦路斯和埃及著称和有价值的一个又一个的战略要地，这些事实就足以说明这种看法是正确的。“事实上，海军战略就是为了自身的目的，无论是平时还是战时，都要建立、维护和不断发展本国的海权。”因此，研究海军战略对于一个自由国家的全体公民来说，是一件有意义、有价值的事情，尤其是对于那些负责国家外交和军事的人来说更是如此。

在本书中，我们将仔细研究一个依赖海洋强大起来的国家，所具备的必要条件和影响其强大的一般条件；然后，我们将较多地专门思考17世纪中叶，本书开始其历史评述时欧洲几个海洋国家的情况，这将有益于说明这个总的题目，并会得出正确的结论。

（选自A. T. 马汉著，安常容、成忠勤译：《海权对历史的影响（1660～1783）》，解放军出版社，1998年2月版，第1～25页。）

5.10.1 麦金德：大陆心脏说（简介）

哈·麦金德（Halford J. Mackinder，1861～1947年），英国地理学家，被公认为“陆权论”的创立和集大成者。麦金德1861年2月15日出生于英国林肯郡的盖恩斯巴勒，父亲是一位乡村医生。他分别于1883年和1884年获得英国剑桥大学的生物学学位和近代史学学位，曾任伦敦大学地理学教授、英国国会议员、伦敦经济学院院长、英国航运会主席、英国枢密院顾问兼帝国经济委员会主席、英国皇家地理学会会长等多种职务，并于1919～1920年担任英国驻南俄高级专员，获“爵士”称号。麦金德1904年在英国《地理学月刊》上发表《历史中的地理学枢纽》一文，首次系统阐述他的地缘政治学理论。麦金德认为，世界历史从根本上来说，就是陆上国家与海上国家反复斗争的历史。1919年在《民主的理想与现实》中阐发了他的“大陆心脏说”，试图为世界和平提供地理学上的保证。

同马汉一样，麦金德也看到了地理与技术的密切联系。如果说早期的技术使海洋力量的机动性超过了陆地力量，那么20世纪初的技术进步则使陆地力量占据了统治地位。铁路及后来内燃机车的出现、现代化公路网的铺设，使欧亚大陆大部分地区拥有快捷的运输成为了可能。在这以前，欧亚大陆腹地一直为陆地所包围。麦金德注意到，欧亚大陆水系没有流入世界上任何主要海洋。北极的冰冻封住了欧亚大陆北部的大部分海岸。但是随着铁路的出现，20世纪初期，德国已能够经过陆路到达中东，同以前英国经海路到达中东一样便利。虽然，作为岛国的英国被麦金德称为是贬值遗产的继承人（legmee），但欧亚的强国们却囊括了最雄厚的人力和物力资源。麦金德认为，陆权和海权之间的较量是贯穿历史的一条主线。海权发展的第一周期是马其顿占有了地中海的全部周边地区。麦金德指出，在海权发展的第二个周期，陆上强国罗马打败了海上强国迦太基，地中海再次成为内海。在

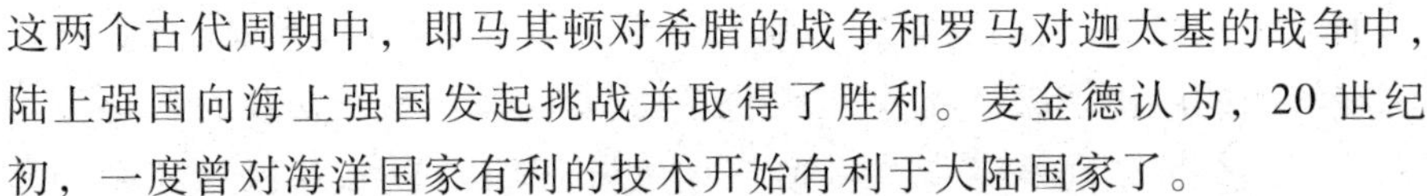

这两个古代周期中，即马其顿对希腊的战争和罗马对迦太基的战争中，陆上强国向海上强国发起挑战并取得了胜利。麦金德认为，20 世纪初，一度曾对海洋国家有利的技术开始有利于大陆国家了。

1904 年，麦金德在伦敦的英国皇家地理学会宣读了著名的论文，并首次在论文中提出了自己的理论。他后来又在第一次世界大战结束不久出版的《民主的理想与现实》（*Democratic Ideals and Reality*）一书中提出了自己的理论：国际政治的中枢地区是从东欧平原一直延伸至西伯利亚平原的广阔地域。他写道：

> 在粗略回顾较大的历史潮流之后，某种一贯的地理关系难道不是很明显了吗？世界政治的中枢地域难道不是欧亚之间的广阔地区吗？那里，船舶不能到达，但古代却有马背上的游牧民族纵横驰骋。而今天，这块广阔的地区将布满纵横交错的铁路网。

这块与沙俄帝国疆域一致的地区，“占据了战略中心位置”，并拥有“非常丰富”的资源。（麦金德把这个中枢地区称为“大陆心脏”）他提出，这个区域被“内心月”地区所包围，“内心月”地区包括欧亚大陆边缘的国家，如德国、土耳其、印度和中国。“内心月”地区反过来又被“外心月”地区包围，“外心月”地区包括英国、南非、日本等国家。

麦金德提出了这样的著名论断：

> 谁统治了东欧，谁就能控制大陆心脏；
> 谁统治了大陆心脏，谁就能控制世界岛欧亚大陆；
> 谁控制了世界岛，谁就能统治世界。

麦金德担心德国以及后来的苏联等大陆强国会成长为海上强国。麦金德强调陆权越来越重要，但并不贬低海权的作用。海权同以往一样对于谋求世界权力至关重要。20 世纪，控制大陆心脏的国家也可以成为主要的海上强国，就像马其顿和罗马一样——最初是陆地国家，但最终控制了海洋。实际上，麦金德准确地预见到，20 世纪上半叶的国际政治主要是德苏之间为控制大陆心脏以及欧亚大陆边缘地区所进行的斗争。当然，他没能预见到苏联解体。苏联解体的原因在于它无法在统一的政治框架内把中东欧包括德国的部分地区在政治上连接起来，而这个框架能从欧亚大陆心脏向大陆边缘及以外地区施加影响和压力。麦金德曾认为，大陆心脏的资源对世界权力影响巨大，可事实证明共产主义在组织上和意识形态上的失败对世界权力的影响更大。

美国的政策制定者不一定提到麦金德，或者像他那样明确地陈述自己的设想，但他们的一个主要目标向来都是防止一个敌对国家统治欧亚大陆——因此，美国人对同西欧、日本、韩国结盟感兴趣，愿意为保证欧亚大陆边缘地带的其他地区的安全做出承诺，其中包括中东。美国的外交就是出自这一理念，20 世纪 70 年代尼克松—基辛格的对外政策及冷战末期的政府政策表现得尤为明显。这些政策都是要加强与中华人民共和国的联系，从而避免欧亚大陆上两个最大的陆上强国（中国和苏联）和解。随着冷战的结束，美国及其欧洲盟国开始更新和扩展北约，增加新成员，努力使俄罗斯及其他原苏联加盟共和国接近北约和其他欧洲—大西洋组织。在亚太地区，冷战后美国仍然认为它在本地区的安全与日本和韩国密切相关，将后两者视为地区安全安排中不可缺少的组成部分。同时，美国也试图与中国建立“战略伙伴关系”。所有这些努力与麦金德的理论都是一致的。

第二次世界大战期间，麦金德修正了自己的理论，把大西洋共同体包括进来，作为平衡或抵消欧亚大陆力量的一种手段。他准确地预测到，第二次世界大战以后，苏联会成为“地球上最强大的陆地国家”，并占据着“最稳固的战略防御阵地”，但北大西洋两岸的各国将组成一种与之抗衡的力量。实际情况正是如此。在第二次世界大战结束后的最初几年，随着东西方关系紧张的加剧，大西洋联盟于 1949 年宣告成立。麦金德认为，英国、法国和美国联合起来，就有足够的力量，既可以防止德国东山再起，又可以对抗苏联。尼古拉斯·斯拜克曼和斯蒂芬·琼斯等其他理论家提出，如果在欧亚大陆的周围建立起新的工业力量和交通中心，那么欧亚大陆的边缘地区在战略上会比大陆心脏更为重要。边缘地区假设是对苏联实行遏制政策的主要理论基础。遏制政策始于 1947 年的杜鲁门主义和马歇尔计划，贯穿冷战的全过程，并一直延续到 20 世纪 90 年代。

飞机的出现以及随后进入外层空间工具的出现，给地缘政治学增

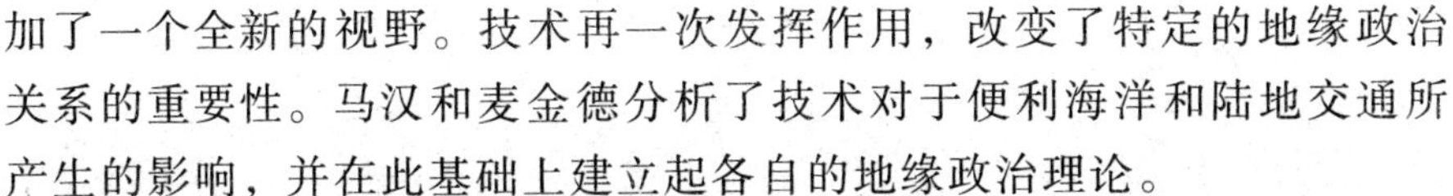

加了一个全新的视野。技术再一次发挥作用，改变了特定的地缘政治关系的重要性。马汉和麦金德分析了技术对于便利海洋和陆地交通所产生的影响，并在此基础上建立起各自的地缘政治理论。

（选自詹姆斯·多尔蒂等著，阎学通、陈寒溪等译：《争论中的国际关系理论》第五版，世界知识出版社，2003 年 1 月版，第 170 ~ 174 页。）

5.11.1　富勒：战争指导（节选）

富勒（John Frederick Charles Fuller，1878 ~ 1966 年），英国军事理论家和军事史学家，与李德·哈特私交甚笃，两人并称 20 世纪前期的战略大师。参加过第一次世界大战，获少将军衔。他一生著述颇多，涉及的军事领域也十分广泛，先后研究过步兵战术、机械化战争理论。其最重要的理论贡献还是在机械化战争论方面。自从坦克面世，并与战舰和飞机成为现代常规战争中陆海空三大具有代表性的武器，他便与最早提出制海权的马汉、最早提出空军制胜论的杜黑并列成为装甲制胜论的首创者。在 1917 年著名的康布雷战役中，富勒成功地进行了坦克战，当时英军出动了 378 辆坦克，对绵延 9.6 公里的德军防线发动了大规模突击，连续突破四层堑壕障碍，纵深 6.5 公里，缴获 100 门火炮，俘虏 4000 名德军。英军只损失了 1500 人。后来有人认为，如果不用坦克，按传统的步兵进攻，最起码得死伤 40 万。据此，富勒称坦克的潜能是无限的。后曾设想以坦克为主战武器，突破德军防线，直逼德国本土，但是因第一次世界大战的结束而未实践。但是，其基本理念却在二战中得以发扬。二战期间很多国家都是坦克冲锋，飞机轰炸配合，这与富勒的理论有极大关系。法国的戴高乐、美国的巴顿、苏联的朱可夫、德国的古德里安等都对此深信不疑。然而，这种唯武器论的偏颇也是不言而喻的。富勒更因为在其后半生公开认可法西斯主义的一些思想，在政治上步入歧途。

序

战争的指导像医道一样，是一种艺术。医师的目的是预防、治疗或减轻人类身体上的疾病，所以政治家与军人的目的也就应该是预防、治疗或减轻国际“身体”上的疾病，那就是战争。很不幸，这种道理却是很少有人知道，到了今天，医疗的艺术已经被定位在一种科学化的基础之上，可是战争的指导却仍然滞留在炼金术的阶段中，更坏的是在目前这个世纪中，它又已经退步到一种毁灭和屠杀的野蛮形式了。

假使读者对此表示怀疑，那么让他回顾上两次世界大战好了。假使他对这两次战争的指导感到满意，则这本书就不是为他而写的。假使他并不感到满意，则他就应该能够看得出来，这种战争指导不但不是治疗性的，反而是具有毒害的，治疗比疾病更糟糕：整个的时代都被搞得颠三倒四。许多帝国沉沦，欧洲被撕成了碎片，德国被分裂，世界上到处都发生了革命。到今天，毁灭的恐惧控制了每个人的心灵；在这个世界上已经没有任何安定感或安全感，更坏的是在国际社会中更无互信和荣誉可言。

欧洲曾经发生过许多战争，1000 年来战争一直是欧洲人的经常性生活。尽管如此，但自 30 年战争以来，却从来没有任何战争像这个世纪中的战事那样为害惨烈。可原因却又不应在战争的本身中去寻找，而是应在其指导中去寻找，后者又与自 1789 年以来所发生的各种伟大革命具有密切的关系：君主制度的崩溃和民主制度的兴起，工业与资本主义的发展，群众与社会主义的出现，科学与技术的进步，人口的增加和言论自由的开放，宗教的崩溃与唯物主义的流行。所有这些巨大的改变已经将人类的文明改铸了，假使对于它在战争上的影响能早一点加以解析，并根据这种研究来决定战争指导的方式，那么今天的世界也许就不会变得如此一团糟了。

政治家与将军们首要的、最伟大的和最具有决定性的判断行动，就是应了解其所进行的战争。不要把战争当作是某种东西，或是想要把它做成某种东西，那是其本质所不可能做到的。

这是克劳塞维茨在 130 年前所说的话，假使两次世界大战中的政治家与将军们能够重视这种思想，他们所犯的错误也许就不会那样的严重。

不要把战争当作某种东西，“那是根据其关系的本质所不可能做到的”，这也是一个历史的问题，一个文明的变化对人类斗争的影响问题。而检讨这些变化，并分析它们对于战争指导的影响，即为这本书的主旨。据我个人所知，这个主题在过去是从来不曾获得深入研究的。它是如此的浩繁，如此的复杂，所以我的研究也只能算是不完全和尝试性的。

因此，这本书并不是一本战史和专门研究自 1789 年以来所曾经打过的战争，其对于战争指导的看法也并非以纯军事的角度为主，反之却更重视一切政治性、经济性和社会性的发展对于战争的影响。为了使这本书的篇幅不至于太冗长起见，我也不想分析所有的发展，而只选择我认为比较重要者。对于每一场战争也并不想作详细的讨论，主要是把它当作一种例证来说明其指导是否适当而已。

……

作为对读者的一种指导，我还应提及下述各点。

在本文所检讨的时代中，战争可以分为两大类：一种是具有有限的政治目标，另一种则具有无限的政治目标。使胜利者获得利益的往往是第一种而非第二种。

在战争中你自己切勿受到绝对观念的约束。你自己万不要作茧自缚，受到无可挽回的条约或决定的拘束。像一个凭机会游戏一样，战争并无预定的目标。行动必须经常与环境适应，而环境却又往往是流动的。

在战争中，野蛮性往往是得不偿失的，这是一条很少例外的真理。此外，绝不要迫使你的敌人作困兽之斗，因为你固然可能赢得战争，但却几乎必然会延长战争的时间，而使你受到不利的影响。

从古往今来的战史上看，我们可以发现友与敌时常调换其位置。所以，当你已经把一个敌人击败了之后，你最好还是让他能有再度站起来的机会，因为在下一次的斗争中，你往往有机会需要他的帮助。

最后，我愿意以一个建议来当作结论，关于战争已经有许多教范存在，虽然我本人对于官定的教科书并无太多好感，但我写这一本书的时候，却曾经偶然想到，若是有一个人想写一本官定的“战争指导”教范，那却是大有可为的。那应该是同时为政治家和军人而写的，并且应该当作一种必读之书（强迫性的读物），为了便利起见，它也许可以分为两个部分。第一个部分是“应如何指导一个战争”，第二部分是

“不应如何指导一个战争”。关于第二部分，诚如本书所指出来的，已有非常丰富的原始资料可供利用。

（选自富勒：《战争指导》，范林森译：《西方战略经典》，时事出版社，2002年4月版，第245~248页。）

第六章

马克思主义经典中的安全战略思维

历史赋予马克思主义者的使命是：如何科学地认识资本主义社会尖锐的阶级与阶级对立，人类社会的前途何在？马克思剩余价值学说和历史唯物主义的创立，科学地揭示了资产阶级剥削的秘密，从理论上武装了无产阶级；指出了人类社会发展的历史规律，使社会主义从空想变为科学。马克思和他的战友，他的继承者们根据不同时期面临的不同挑战，从理论与实践的结合上加以回答，这无疑是对于人类面临的一系列重大问题，包括战争与和平、阶级与阶级斗争等问题的战略思考。可是，近年来有一些食洋不化的所谓学者，以西方的大战略观的尺度，硬是否认马克思主义的战略思想。本文选编马克思主义经典作家的部分论述，旨在为一切学习、思考安全战略思维的学人提供马克思主义关于安全战略思维最基本的思想资料，掌握马克思主义安全战略思维的要旨，在国际安全战略思维领域坚持马克思主义指导。

6.1.1　马克思、恩格斯：共产党与共产主义（选粹）

卡尔·马克思（Karl Marx，1818～1883年），弗里德里希·冯·恩格斯（Friedrich Von Engels，1820～1895年），马克思主义的创始人。马克思主义是近代最广泛、精深的学说之一，学说的范围包括了政治、哲学、经济、社会、战略等广泛的领域。世界公认是影响19世纪中后期至今的历史进程的最伟大的思想，世界上的社会主义国家和许多政党以马克思主义为指导思想，即使在西方思想界，也大多程度不同地肯定马克思主义的理论贡献。马克思、恩格斯对人类社会的发展规律的揭示，对实现世界和平的条件、困难和实现途径的宏观思考，是他们对国际安全战略思维的开创性贡献。在《共产党宣言》中指出的无产阶级所肩负的历史使命不仅是要在一个国家内，而且要在世界范围内消灭压迫、消灭剥削、消灭阶级、消灭政治不平等，“无产阶级只有解放全人类才能最后解放自己”的命题，揭示了无产阶级争取解放的斗争有赖于国际团结和彻底解放的条件，奠定了马克思主义国际安全战略思维的理论基础，影响了一代代马克思主义者。

……

至今一切社会的历史都是阶级斗争的历史。

……

从封建社会的灭亡中产生出来的现代资产阶级社会并没有消灭阶级对立。它只是用新的阶级、新的压迫条件，新的斗争形式代替了旧的。

但是，我们的时代，资产阶级时代，却有一个特点：它使阶级对立简单化了。整个社会日益分裂为两大敌对的阵营，分裂为两大相互直接对立的阶级：资产阶级和无产阶级。

……

大工业建立了由美洲的发现所准备好的世界市场。世界市场使商业、航海业和陆路交通得到了巨大的发展。这种发展又反过来促进了工业的扩展，同时，随着工业、商业、航海业和铁路的扩展，资产阶级也在同一程度上得到发展，增加自己的资本，把中世纪遗留下来的一切阶级排挤到后面去。

由此可见，现代资产阶级本身是一个长期发展过程的产物，是生产方式和交换方式的一系列变革的产物。

……

资产阶级在历史上曾经起过非常革命的作用。

资产阶级在它已经取得了统治的地方把一切封建的、宗法的和田园诗般的关系都破坏了。它无情地斩断了把人们束缚于天然生长的形形色色的封建羁绊，它使人和人之间除了赤裸裸的利害关系，除了冷

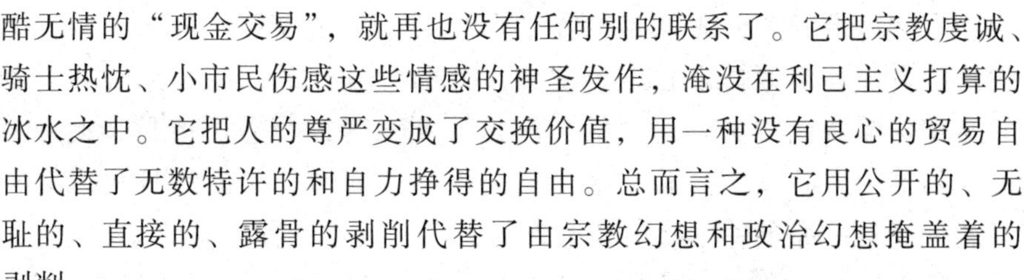

酷无情的“现金交易”，就再也没有任何别的联系了。它把宗教虔诚、骑士热忱、小市民伤感这些情感的神圣发作，淹没在利己主义打算的冰水之中。它把人的尊严变成了交换价值，用一种没有良心的贸易自由代替了无数特许的和自力挣得的自由。总而言之，它用公开的、无耻的、直接的、露骨的剥削代替了由宗教幻想和政治幻想掩盖着的剥削。

资产阶级抹去了一切向来受人尊崇和令人敬畏的职业的灵光。它把医生、律师、教士、诗人和学者变成了它出钱招雇的雇佣劳动者。

资产阶级撕下了罩在家庭关系上的温情脉脉的面纱，把这种关系变成了纯粹的金钱关系。

资产阶级揭示了，深受反动派称许的中世纪的那种力的野蛮表现，是以极端怠惰作为相应补充的。它第一个证明了，人的活动能够取得什么样的成就。它创造了完全不同于埃及金字塔、罗马水道和哥特式教堂的奇迹；它完成了完全不同于民族大迁徙和十字军征讨的远征。

资产阶级除非对生产工具，从而对生产关系，从而对全部社会关系不断地进行革命，就不能生存下去。反之，原封不动地保持旧的生产方式，却是过去的一切工业阶级生存的首要条件。生产的不断变革，一切社会状况不停的动荡，永远的不安定和变动，这就是资产阶级时代不同于过去一切时代的地方。一切固定的古老的关系以及与之相适应的素被尊崇的观念和见解都被消除了，一切新形成的关系等不到固定下来就陈旧了。一切等级的和固定的东西都烟消云散了，一切神圣的东西都被亵渎了。人们终于不得不用冷静的眼光来看他们的生活地位、他们的相互关系。

不断扩大产品销路的需要，驱使资产阶级奔走于全球各地。它必须到处落户，到处开发，到处建立联系。

资产阶级，由于开拓了世界市场，使一切国家的生产和消费都成为世界性的了。使反动派大为惋惜的是，资产阶级挖掉了工业脚下的民族基础。古老的民族工业被消灭了，并且每天都还在被消灭。它们被新的工业排挤掉了，新的工业的建立已经成为一切文明民族的生命攸关的问题；这些工业所加工的，已经不是本地的原料，而是来自极其遥远的地区的原料；它们的产品不仅供本国消费，而且同时供世界各地消费。旧的、靠本国产品来满足的需要，被新的、要靠极其遥远的国家和地带的产品来满足的需要所代替了。过去那种地方的和民族的自给自足和闭关自守状态，被各民族的各方面的互相往来和各方面的互相依赖所代替了。物质的生产是如此，精神的生产也是如此。各民族的精神产品成了公共的财产。民族的片面性和局限性日益成为不可能，于是由许多种民族的和地方的文学形成了一种世界的文学。

资产阶级，由于一切生产工具的迅速改进，由于交通的极其便利，把一切民族甚至最野蛮的民族都卷到文明中来了。它的商品的低廉价格，是它用来摧毁一切万里长城；征服野蛮人最顽强的仇外心理的重炮。它迫使一切民族——如果它们不想灭亡的话——采用资产阶级的生产方式；它迫使它们在自己那里推行所谓的文明，即变成资产者。一句话，它按照自己的面貌为自己创造出一个世界。

资产阶级使乡村屈服于城市的统治。它创立了巨大的城市，使城市人口比农村人口大大增加起来，因而使很大一部分居民脱离了乡村生活的愚昧状态。正象它使乡村从属于城市一样，它使未开化和半开化的国家从属于文明的国家，使农民的民族从属于资产阶级的民族，使东方从属于西方。

资产阶级日甚一日地消灭生产资料、财产和人口的分散状态。它使人口密集起来，使生产资料集中起来，使财产聚集在少数人的手里；由此必然产生的后果就是政治的集中。各自独立的，几乎只有同盟关系的、各有不同利益、不同法律、不同政府、不同关税的各个地区，现在已经结合为一个拥有统一的政府、统一的法律、统一的民族阶级利益和统一的关税的统一的民族。

资产阶级在它的不到一百年的阶级统治中所创造的生产力，比过去一切世代创造的全部生产力还要多；还要大。自然力的征服，机器的采用，化学在工业和农业中的应用，轮船的行驶，铁路的通行，电报的使用，整个大陆的开垦，河川的通航，仿佛用法术从地下呼唤出来的大量人口，——过去哪一个世纪料想到在社会劳动里蕴藏有这样的生产力呢？

由此可见，资产阶级赖以形成的生产资料和交换手段，是在封建社会里造成的。在这些生产资料和交换手段发展的一定阶段上，封建社会的生产和交换在其中进行的关系，封建的农业和工业组织，一句话，封建的所有制关系，就不再适应已经发展的生产力了。这种关系

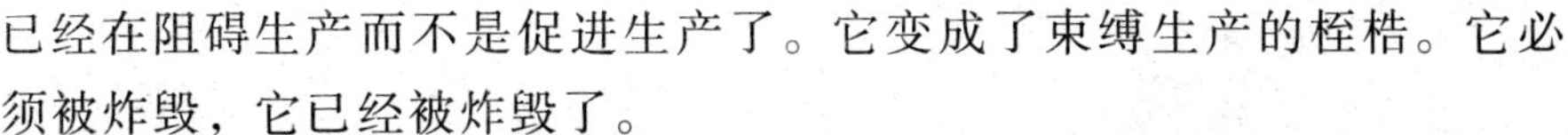

已经在阻碍生产而不是促进生产了。它变成了束缚生产的桎梏。它必须被炸毁，它已经被炸毁了。

取而代之的是自由竞争以及与自由竞争相适应的社会制度和政治制度，资产阶级的经济统治和政治统治。

现在，我们眼前又进行着类似的运动。资产阶级的生产关系和交换关系，资产阶级的所有制关系，这个曾经仿佛用法术创造了如此庞大的生产资料和交换手段的现代资产阶级社会，现在像那个魔法师一样不能再支配自己用法术呼唤出来的魔鬼了。几十年来的工业和商业的历史，只不过是现代生产力反抗现代生产关系、反抗作为资产阶级及其统治的存在条件的所有制关系的历史。只要指出在周期性的重复中愈来愈危及整个资产阶级社会生存的商业危机就够了。在商业危机期间，总是不仅有很大一部分制成的产品被毁灭掉；而且有很大一部分已经造成的生产力被毁灭掉。在危机期间，发生一种在过去一切时代看来都好像是荒唐现象的社会瘟疫，即生产过剩的瘟疫。社会突然回到了一时的野蛮状态；仿佛是一次饥荒、一场普遍的毁灭性战争，使社会失去了全部生活资料；仿佛是工业和商业全被毁灭了，——这是什么缘故呢？因为社会上文明过度，生活资料太多，工业和商业太发达。社会所拥有的生产力已经不能再促进资产阶级文明和资产阶级所有制关系的发展；相反，生产力已经强大到这种关系所不能适应的地步，它已经受到这种关系的阻碍；而它一着手克服这种障碍，就使整个资产阶级社会陷入混乱，就使资产阶级所有制的存在受到威胁。资产阶级的关系已经太狭窄了，再容纳不了它本身所造成的财富了。——资产阶级用什么办法来克服这种危机呢？一方面不得不消灭大量生产力，另一方面夺取新的市场，更加彻底地利用旧的市场。这究竟是怎样的一种办法呢？这不过是资产阶级准备更全面更猛烈的危机的办法，不过是使防止危机的手段愈来愈少的办法。

资产阶级用来推翻封建制度的武器，现在却对准资产阶级自己了。

但是，资产阶级不仅锻造了置自身于死地的武器，它还产生了将要运用这种武器的人——现代的工人，即无产者。

……

在当前同资产阶级对立的一切阶级中，只有无产阶级是真正革命的阶级。其余的阶级都随着大工业的发展而日趋没落和灭亡，无产阶级却是大工业本身的产物。

……

过去一切阶级在争得统治之后，总是使整个社会服从于它们发财致富的条件，企图以此来巩固它们已经获得的生活地位。无产者只有消灭自己的现存的占有方式，从而消灭全部现存的占有方式，才能取得社会生产力。无产者没有什么自己的东西必须加以保护，他们必须摧毁至今保护和保障私有财产的一切。

过去的一切运动都是少数人的或者为少数人谋利益的运动。无产阶级的运动是绝大多数人的、为绝大多数人谋利益的独立的运动。无产阶级，现今社会的最下层，如果不炸毁构成官方社会的整个上层，就不能抬起头来，挺起胸来。

如果不就内容而就形式来说，无产阶级反对资产阶级的斗争首先是一国范围内的斗争。每一个国家的无产阶级当然首先应该打倒本国的资产阶级。在叙述无产阶级发展的最一般的阶段的时候，我们循序探讨了现存社会内部或多或少隐蔽着的国内战争，直到这个战争爆发为公开的革命，无产阶级用暴力推翻资产阶级而建立自己的统治。

……

共产主义的特征并不是要废除一般的所有制，而是要废除资产阶级的所有制。

但是，现代的资产阶级私有制是建筑在阶级对立上面、建筑在一些人对另一些人的剥削上面的产品生产和占有的最后而又最完备的表现。

从这个意义上说，共产党人可以把自己的理论概括为一句话：消灭私有制。

……

共产主义并不剥夺任何人占有社会产品的权力，它只剥夺利用这种占有去奴役他人劳动的权力。

……

有人还责备共产党人，说他们要取消祖国，取消民族。

工人没有祖国。决不能剥夺他们所没有的东西。因为无产阶级首先必须取得政治统治，上升为民族的阶级，把自身组织成为民族，所以它本身还是民族的，虽然完全不是资产阶级所理解的那种意思。

随着资产阶级的发展，随着贸易自由的实现和世界市场的建立，随着工业生产以及与之相适应的生活条件的趋于一致，各国人民之间的民族分隔和对立日益消失。

无产阶级的统治将使它们更快地消失。联合的行动，至少是各文明国家的联合的行动，是无产阶级获得解放的首要条件之一。

人对人的剥削一消灭，民族对民族的剥削就会随之消灭。

民族内部的阶级对立一消失，民族之间的敌对关系就会随之消失。

当阶级差别在发展进程中已经消失而全部生产集中在联合起来的个人的手里的时候，公共权力就失去政治性质。原来意义上的政治权力，是一个阶级用以压迫另一个阶级的有组织的暴力。如果说无产阶级在反对资产阶级的斗争中一定要联合为阶级，如果说它通过革命使自己成为统治阶级，并以统治阶级的资格用暴力消灭旧的生产关系，那末它在消灭这种生产关系的同时，也就消灭了阶级对立的存在条件，消灭了阶级本身的存在条件，从而消灭了它自己这个阶级的统治。

代替那存在着阶级和阶级对立的资产阶级旧社会的，将是这样一个联合体，在那里，每个人的自由发展是一切人的自由发展的条件。

（选自中共中央马克思恩格斯列宁斯大林著作编译局编：《马克思恩格斯选集》（第一卷），《共产党宣言》，人民出版社，1989 年版，第 250～273 页。）

6.1.2　马克思：唯物主义历史观（选段）

本篇及下面恩格斯的二段论述是马思历史唯物主义的经典论述，是马克思主义国际政治经济学的理论基础，也对西方的国际政治经济学有着很大的影响。国际安全的发展表明，马克思主义的国际政治经济学较之其他种种安全战略思维，更能反映国际安全的规律，以此为理论指导，更能做出国际安全的顶层设计。其基本的理论与方法是有长久的指导意义。

……

我的研究得出这样一个结果：法的关系正像国家的形式一样，既不能从它们本身来理解，也不能从所谓人类精神的一般发展来理解，相反，它们根源于物质的生活关系，这种物质的生活关系的总和，黑格尔按照十八世纪的英国人和法国人的先例，称之为“市民社会”，而对市民社会的解剖应该到政治经济学中去寻求。我在巴黎开始研究政治经济学，后来因基佐先生下令驱逐移居布鲁塞尔，在那里继续进行研究。我所得到的、并且一经得到就用于指导我的研究工作的总的结果，可以简要地表述如下：人们在自己生活的社会生产中发生一定的、必然的、不以他们的意志为转移的关系，即同他们的物质生产力的一定发展阶段相适合的生产关系。这些生产关系的总和构成社会的经济结构，即有法律的和政治的上层建筑竖立其上并有一定的社会意识形式与之相适应的现实基础。物质生活的生产方式制约着整个社会生活、政治生活和精神生活的过程。不是人们的意识决定人们的存在，相反，是人们的社会存在决定人们的意识。社会的物质生产力发展到一定阶段，便同它们一直在其中活动的现存生产关系或财产关系（这只是生产关系的法律用语）发生矛盾。于是这些关系便由生产力的发展形式变成生产力的桎梏。那时社会革命的时代就到来了。随着经济基础的变更，全部庞大的上层建筑也或慢或快地发生变革。在考察这些变革时，必须时刻把下面两者区别开来：一种是生产的经济条件方面所发生的物质的、可以用自然科学的精确性指明的变革，一种是人们借以意识到这个冲突并力求把它克服的那些法律的、政治的、宗教的、艺术的或哲学的，简言之，意识形态的形式。我们判断一个人不能以他对自己的看法为根据，同样，我们判断这样一个变革时代也不能以它的意识为根据；相反，这个意识必须从物质生活的矛盾中，从社会生产力和生产关系之间的现存冲突中去解释。无论哪一个社会形态，在它们所能容纳的全部生产力发挥出来以前，是决不会灭亡的；而新的更高的生产关系，在它存在的物质条件在旧社会的胎胞里成熟以前，是决不会出现的。所以人类始终只提出自己能够解决的任务，因为只要仔细考察就可以发现，任务本身，只有在解决它的物质条件已经存在或至少是在形成过程中的时候，才会产生。大体说来，亚细亚的，古代的、封建的和现代资产阶级的生产方式可以看作社会经济形态演进的几个时代。资产阶级的生产关系是社会生产过程的最后一个对抗形式，这里所说的对抗，不是指个人的对抗，而是指从个人的社会生活条件中生长出来的对抗，但是，在资产阶级社会的胎胞里发展的生

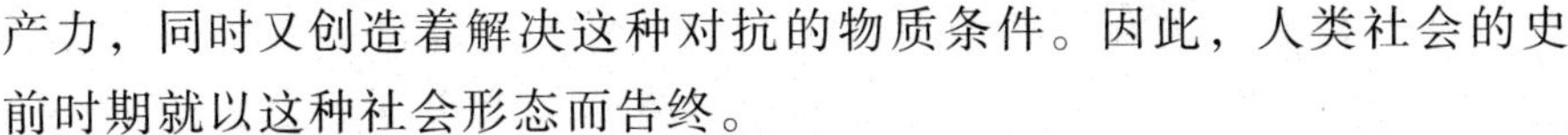

产力，同时又创造着解决这种对抗的物质条件。因此，人类社会的史前时期就以这种社会形态而告终。

（选自中共中央马克思恩格斯列宁斯大林著作编译局编：《马克思恩格斯选集》第二卷，《〈政治经济学批判〉序言》，人民出版社，1972 年 5 月版，第 82 ~ 83 页。）

6.2.1　恩格斯：关于历史唯物主义（选段）

1890 年 9 月 21 ~ 22 日于伦敦

……根据唯物史观，历史过程中的决定性因素归根到底是现实生活的生产和再生产。无论马克思或我都从来没有肯定过比这更多的东西。如果有人在这里加以歪曲，说经济因素是唯一决定性的因素，那末他就是把这个命题变成毫无内容的、抽象的、荒诞无稽的空话。经济状况是基础，但是对历史斗争的进程发生影响并且在许多情况下主要是决定着这一斗争的形式的，还有上层建筑的各种因素：阶级斗争的各种政治形式和这个斗争的成果——由胜利了的阶级在获胜以后建立的宪法等等，各种法权形式以及所有这些实际斗争在参加者头脑中的反映，政治的、法律的和哲学的理论，宗教的观点以及它们向教义体系的进一步发展。这里表现出这一切因素间的交互作用，而在这种交互作用中归根到底是经济运动作为必然的东西通过无穷无尽的偶然事件（即这样一些事物，它们的内部联系是如此疏远或者是如此难于确定，以致我们可以忘掉这种联系，认为这种联系并不存在）向前发展。否则把理论应用于任何历史时期，就会比解一个最简单的一次方程式更容易了。

我们自己创造着我们的历史，但是第一，我们是在十分确定的前提和条件下进行创造的。其中经济的前提和条件归根到底是决定性的。但是政治等等的前提和条件，甚至那些存在于人们头脑中的传统，也起着一定的作用，虽然不是决定性的作用。普鲁士国家也是由于历史的，归根到底是经济的原因而产生出来和发展起来的。但是，恐怕只有书呆子才会断定，在北德意志的许多小邦中，勃兰登堡成为一个体现了北部和南部之间的经济差异、语言差异，而自宗教改革以来也体现了宗教差异的强国，这只是由经济的必然性所决定，而不是也由其他因素所决定（在这里首先起作用的是这样一个情况：勃兰登堡由于掌握了普鲁士而卷入了波兰事件，并因而卷入了国际政治关系，后者在形成奥地利王室的威力时也起过决定的作用）。要从经济上说明每一个德意志小邦的过去和现在的存在，或者要从经济上说明那种把苏台德山脉至陶努斯山脉所形成的地理划分扩大成为贯穿全德意志的真正裂痕的高地德意志语的音变的起源，那末，要不闹笑话，是很不容易的。

但是第二，历史是这样创造的：最终的结果总是从许多单个的意志的相互冲突中产生出来的，而其中每一个意志，又是由于许多特殊的生活条件，才成为它所成为的那样。这样就有无数互相交错的力量，有无数个力的平行四边形，而由此就产生出一个总的结果，即历史事变，这个结果又可以看作一个作为整体的，不自觉地和不自主地起着作用的力量的产物。因为任何一个人的愿望都会受到任何另一个人的妨碍，而最后出现的结果就是谁都没有希望过的事物。所以以往的历史总是像一种自然过程一样地进行，而且实质上也是服从于同一运动规律的。但是，各个人的意志——其中的每一个都希望得到他的体质和外部的、终归是经济的情况（或是他个人的，或是一般社会性的）使他向往的东西——虽然都达不到自己的愿望，而是融合为一个总的平均数，一个总的合力，然而从这一事实中决不应作出结论说，这些意志等于零。相反地，每个意志都对合力有所贡献，因而是包括在这个合力里面的。

其次，我请您根据原著来研究这个理论，而不要根据第二手的材料来进行研究——这的确要容易得多。马克思所写的文章，没有一篇不是由这个理论起了作用的。特别是《路易·波拿巴的雾月十八日》，这本书是运用这个理论的十分突出的例子。《资本论》中的许多提示也是这样。再次，我也可以向您指出我的《欧根·杜林先生在科学中实行的变革》和《路德维希·费尔巴哈和德国古典哲学的终结》，我在这两部书里对历史唯物主义作了就我所知的目前最为详尽的阐述。

青年们有时过分看重经济方面，这有一部分是马克思和我应当负责的。我们在反驳我们的论敌时，常常不得不强调被他们否认的主要原则，并且不是始终都有时间、地点和机会来给其他参与交互作用的因素以应有的重视。但是，只要问题一关系到描述某个历史时期，即关系到实际的应用，那情况就不同了，这里就不容许有任何错误了。可惜人们往往以为，只要掌握了主要原理，而且还并不总是掌握得正确，那就算已经充分地理解了新理论并且立刻就能够应用它了。在这方面，我是可以责备许多最新的“马克思主义者”的；这的确也引起过惊人的混乱……

（选自中共中央马克思恩格斯列宁斯大林著作编译局编：《马克思恩格斯选集》第四卷，《致约·布洛赫》，人民出版社，1972 年 5 月版，第 477 ~479 页。）

6.2.2　恩格斯：经济与历史发展（选段）

1894 年 1 月 25 日于伦敦

1. 我们视为社会历史的决定性基础的经济关系，是指一定社会的人们用以生产生活资料和彼此交换产品（在有分工的条件下）的方式说的。因此，这里面也包括生产和运输的全部技术装备。这种技术装备，照我们的观点看来，同时决定着产品的交换方式，以及分配方式，从而在氏族社会解体后也决定着阶级的划分，决定着统治和从属的关系，决定着国家、政治、法律等等。此外，包括在经济关系中的还有这些关系赖以发展的地理基础和事实上由过去沿袭下来的先前各经济发展阶段的残余（这些残余往往只是由于传统或惰力才继续保存下来），当然还有围绕着这一社会形式的外部环境。

如果像您所断言的，技术在很大程度上依赖于科学状况，那末科学状况却在更大的程度上依赖于技术的状况和需要。社会一旦有技术上的需要，则这种需要就会比十所大学更能把科学推向前进。整个流体静力学（托里拆利等）是由于十六和十七世纪调节意大利山洪的需要而产生的。关于电，只是在发现它能应用于技术上以后，我们才知道一些合理的东西。在德国，可惜人们写科学史时已惯于把科学看作是从天上掉下来的。

2. 我们认为，经济条件归根到底制约着历史的发展。种族本身就是一种经济因素。不过这里有两点不应当忽视：

（a）政治、法律、哲学、宗教、文学、艺术等的发展是以经济发展为基础的。但是，它们又都互相影响并对经济基础发生影响。并不是只有经济状况才是原因，才是积极的，而其余一切都不过是消极的结果。这是在归根到底不断为自己开辟道路的经济必然性的基础上的互相作用。例如，国家就是通过保护关税、贸易自由、好的或者坏的财政制度发生作用的。甚至德国庸人们那种致命的疲惫和软弱，一度源于1648~1830年时期德国经济的可怜状况，最初表现于虔敬主义，而后表现于多愁善感和对诸侯贵族的奴颜婢膝，也不是没有对经济起过作用。这对于重新振兴曾是一大障碍，而这一障碍只是由于革命战争和拿破仑战争使得慢性穷困尖锐化起来才动摇了。所以，这并不像某些人为着简便起见而设想的那样是经济状况自动发生作用，而是人们自己创造着自己的历史，但他们是在制约着他们的一定环境中，是在既有的现实关系的基础上进行创造的，在这些现实关系中，尽管其他的条件——政治的和思想的——对于经济条件有很大的影响，但经济条件归根到底还是具有决定意义的，它构成一条贯穿于全部发展进程并唯一能使我们理解这个发展进程的红线。（b）人们自己创造着自己的历史，但是到现在为止，他们并不是按照共同的意志，根据一个共同的计划，甚至不是在某个特定的局限的社会内来创造这个历史。他们的意向是相互交错着的，因此在所有这样的社会里，都是那种以偶然性为其补充和表现形式的必然性占统治地位、在这里透过各种偶然性来为自己开辟道路的必然性，归根到底仍然是经济的必然性。这里我们就来谈谈所谓伟大人物问题。恰巧某个伟大人物在一定时间出现于某一国家，这当然纯粹是一种偶然现象。但是，如果我们把这个人除掉，那时就会需要有另外一个人来代替他，并且这个代替者是会出现的，——或好或坏，但是随着时间的推移总是会出现的。恰巧拿破仑这个科西嘉岛人做了被战争弄得精疲力竭的法兰西共和国所需要的军事独裁者，——这是个偶然现象。但是，假如不曾有拿破仑这个人，那末他的角色是会由另一个人来扮演的。这点可以由下面的事实来证明，即每当需要有这样一个人的时候，他就会出现：如凯撒、奥古斯都、克伦威尔等等。如果说马克思发现了唯物史观，那末梯叶里、米涅、基佐以及1850年以前英国所有的历史学家就证明，已经有人力求做到这一点，而摩尔根对于同一观点的发现表明，做到这点的时机已经成熟了，这一观点必将被发现。

历史上所有其他的偶然性和表面的偶然性都是如此。我们所研究的领域愈是远离经济领域，愈是接近于纯粹抽象的思想领域，我们在它的发展中看到的偶然性就愈多，它的曲线就愈是曲折。如果您划出曲线的中轴线，您就会发觉，研究的时期愈长，研究的范围愈广，这个轴线就愈接近经济发展的轴线，就愈是跟后者平行而进。

在德国，达到正确理解的最大障碍，就是出版物中对于经济史的不可原谅的忽视。不仅很难于抛掉那些在学校里已被灌输的关于历史发展的观念，而且更难于搜集为此所必要的材料。例如，老古·冯·居利希在自己的枯燥的材料汇集中的确收集了能够说明无数政治事实的大量材料，可是他的著作又有谁读过呢！

总之，我认为马克思在《雾月十八日》一书中所作出的光辉范例，定能对您的问题给予颇为完满的回答，因为那是一个实际的例子。我还认为，大多数问题都已经在《反杜林论》第一编第九至十一章，第二编第二至四章和第三编第一章或导言里，以及在《费尔巴哈》一书最后一章里谈到了。

请您不要过分推敲上面所说的每一字句，而要始终注意到总的联系；可惜我没有时间能像给报刊写文章那样清晰而明确地向您阐述这一切……

（选自中共中央马克思恩格斯列宁斯大林著作编译局编：《马克思恩格斯选集》第四卷，《致符·博尔吉乌斯》，人民出版社，1972 年 5 月版，第 505 ~ 508 页。）

6.3.1　普列汉诺夫：论个人在历史上的作用问题（选段）

格奥尔基·瓦连廷诺维奇·普列汉诺夫（1856 ~ 1918 年），是把马克思成熟思想表述为辩证唯物主义的第一人，是马克思与列宁的承前启后者。他的代表作《论一元论历史观的发展》全面地阐述了马克思主义的唯物史观，他坚信以辩证方式加以运用的经济决定论是一种完美的世界观。他的

《论个人在历史上的作用问题》探讨了历史发展中的个人，特别是伟大人物的地位与作用，丰富了马克思主义的理论宝库。普列汉诺夫阐述的世界观与方法论是马克思主义的国际安全战略思维的一大亮点。本文选特意将《论个人在历史上的作用问题》推荐给读者，希望能有助于读者科学地认识伟人的作用，客观地认识个人的思维如何影响社会历史进程。

由此可见，个人因其性格的某种特点而能影响到社会的命运。这种影响有时甚至是很大的，但这种影响发生的可能及其范围，却要依当时的社会组织以及当时的社会力量对比关系来决定。个人的性格只有在社会关系所容许的那个地方、时候和程度内，才能成为社会发展的“因素”。

也许有人会说，个人影响的范围也与个人的才能有关系。是的，我们同意这种意见。但个人只有在社会上占有为此所需的地位时，才能够表现出自己的才能。为什么法国的命运竟能操在一个既没有什么能力，也没有什么热心去替社会服务的人物手中呢？这是因为法国当时的社会组织就是如此。正是这种社会组织决定了某些贤明人物或庸碌分子在某某时候所能起的作用．因而也就能表现出所发生的社会影响。

（选自普列汉诺夫著，唯真译：《论个人在历史上的作用问题》，三联书店，1975 年 9 月版，第 24 ~ 25 页。以下只注页码。）

除此而外，还要注意到如下一点。我们在讨论伟大人物在历史上的作用时，差不多总是发生一种错觉。向读者指出这一点，是会有益处的。

拿破仑既担起了挽回社会秩序的“宝剑”使命，于是就排除了所有其余的将军担负这种使命的机会，虽然这些将军中间也许有些人是能像他那样或差不多像他那样执行这种使命的。社会要有一个坚毅的军事统治者，这种需要一旦获得满足，社会组织就堵住了其余一切有才能的军人成为军事统治者的途径。于是这种组织的力量就成了阻碍其余的这类有才能的人表现其才能的力量，由此就有我们现在所说的那种错觉发生。一般人未免过分夸大了拿破仑个人的力量，因为他们竟把提出和支持了这种力量的全部社会力量通统归到他一个人名下去了。于是大家就觉得拿破仑个人的力量是唯一无二的力量，因为所有其余与他相类似的力量都没有由可能变成为现实。而当人们听说假如没有拿破仑情形就会不知怎样的时候，人们的想象就混乱起来，竟以为如果没有拿破仑，就根本不会发生拿破仑个人的力量和影响所凭借的那种社会运动。

在人类智慧发展史中，因某一个人物获得成功而妨碍另一个人物获得成功的情形，是要稀少得无比。但是人们在这方面也不能完全避免上述那种错觉。当一定的社会局势在其精神代表人物面前提出某种任务的时候，那末这些任务在杰出人物尚未把它们解决以前是始终引起杰出人物注意的。而当他们一旦解决这种任务，他们的注意力就会转移到别的对象上去。当一个杰出人物 A 已把任务 X 解决时，从而他就把杰出人物 B 的注意力引开这个已经解决的任务而转向另一个任务，即任务 Y。而当有人问到如果 A 还没把任务 X 完成就不幸死去，那末结果又会怎样的时候，我们就会以为社会智慧发展的线索将因此中断。殊不知 A 死去之后，这个任务是会由 B 或 C 或 D 去担任解决的，所以虽然 A 不幸早死，社会智慧发展的线索依然是会完整无缺的。

为了使一个拥有某种才能的人能运用他的这种才能来对事变进程发生重大影响，就需要有两个条件。第一，他所具备的才能应当使他比别人更加适合那个时代的社会需要：如果拿破仑所具备的不是他那种军事才能，而是贝多芬的音乐才能，那他当然就不会做到皇帝。第二，当时的社会制度不应阻碍具备有恰合当时需要并于当时有益的特性的那个人物施展其能力。如果法国旧制度再延续七十五年之久，拿破仑也许终身也不过是个不大著名的波拿巴将军或者上校。在 1789 年，达乌、德宰、马尔蒙和麦克唐纳还不过是少尉；贝尔纳多还只是个上士；霍什、马尔索、勒非夫尔、皮士格律、米歇尔、奈、马森那、弥拉特、苏尔特还是些军曹；奥什洛还是个剑术教师；朗恩还是个染色工人；古维昂·圣西尔还是个演员；茹尔丹还是个小贩；别西尔还是个理发师；布隆还是个排字工人；茹伯尔和茹诺还是个法科学生；克莱贝尔还是个建筑师；摩尔退直到革命发生时还没在军中服役。

若是旧制度至今仍然存在，那末现在谁也不会想到十八世纪末法国曾有过一些演员、排字工人、理发师、染色工人、律师、小贩和剑术教师，原来是些可能的军事天才哩。

早就有人说过，凡是有便于杰出人物发挥其才能的社会条件的时候和地方，总会有杰出人物出现。这就是说，每一个真正显出了本领的杰出人物，即每一个成了社会力量的杰出人物，都是社会关系的产物。但既然如此，就不难了解，为什么杰出人物，正如我们所说过的，只能改变当时事变的个别外貌，却不能改变当时事变的一般趋势；他们自己只是由于这种趋势才出现的；没有这种趋势，他们永远也跨不过由可能进到现实的门槛。（第 30 ~ 33 页）

总之，领导人物的个人特点能决定历史事变的个别外貌，所以我们所说的那种偶然成分在这种事变进程中始终起着某些作用，但这种进程的趋势归根到底要由所谓普遍原因，即实际上是由生产力的发展以及依此种发展为转移的人们在生产的社会经济过程中的相互关系来决定。（第 35 页）

但我们还是言归正传吧。一个伟大人物之所以伟大，并不是因为他的个人特点使伟大的历史事变具有个别的外貌，而是因为他所具备的特点，使他自己最能为当时在一般的和特殊的原因影响下所发生的伟大社会需要服务。卡莱尔在其论英雄人物的著名著作中，把伟人称呼为创始人。这是极其适当的名称。伟大人物确实是创始人，因为他的见识要比别人的远些，他的愿望要比别人的强烈些。他把先前的社会智慧发展进程所提出的科学任务拿来加以解决；他把先前的社会关系发展过程所造成的新的社会需要指明出来；他担负起满足这些需要的发起责任。他是个英雄。其所以是个英雄，并不是说他能阻止或改变事物的自然进程，而是说他的活动是这个必然和不自觉进程的自觉的和自由的表现。他的全部作用就在于此，他的全部力量就在于此。但这是一种莫大的作用，是一种极大的力量。

事变的这种自然进程是怎么一回事呢？

俾斯麦曾说，我们不能创造历史，而应该等待它自行造成。但历史究竟是由谁造成的呢？它是由社会的人造成的，社会的人是历史的唯一“因素”。社会的人自己造成自己的关系，即社会关系。但社会的人在某一时期造成某种关系而不是造成别种关系，这当然不是没有原因的，而是受生产力状况制约的。任何一个伟大人物都不能够强迫社会去接受已经不适合于这种生产力状况的或者还不适合于这状况的关

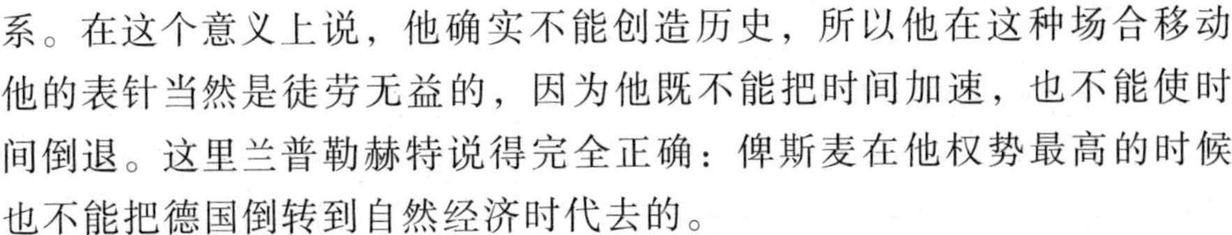

系。在这个意义上说，他确实不能创造历史，所以他在这种场合移动他的表针当然是徒劳无益的，因为他既不能把时间加速，也不能使时间倒退。这里兰普勒赫特说得完全正确：俾斯麦在他权势最高的时候也不能把德国倒转到自然经济时代去的。

莫诺认为，历史上真正重大的事变和人物之所以重大，只在于两者都是社会制度和经济条件发展的符号和象征。这一意见颇为公允，显然表述得很不确切；但正因为这种意见公允，所以决不可把伟大人物的活动同这种条件和制度的“缓慢变动”对立起来。“经济条件”较为缓慢的变更过程，到一定的时候就会使社会必然要较为迅速地改造自己的制度。这种改造从来不是“自行”发生，而是始终需要人们来干预的，因此人们担负有伟大的社会任务。所谓伟大人物，也就是最能帮助解决这种任务的人物。解决任务，当然不能只算是任务解决的“象征”和“符号”。（第 38 ~ 41 页）

6.4.1　列宁：论帝国主义（选段）

弗拉基米尔·伊里奇·列宁（1870 ~ 1924 年），著名的马克思主义者、革命家、政治家、理论家、布尔什维克党创立者。列宁对马克思主义国际安全思维的继承与发展，突出地表现在三大方面：第一，科学地分析了资本主义发展的不平衡，指出无产阶级社会主义革命可以在资本主义锁链比较薄弱的一环突破，首先取得胜利，并在世界上建立了第一个社会主义国家——苏联；第二，深刻分析了帝国主义是资本主义发展的最高阶段，帝国主义是现代战争的根源，只有革命才能制止战争；第三，社会主义国家面临世界资本主义包围，有必要采取正确的战略、策略，不惜以妥协争取和平共处。列宁的理论和实践改变了资本主义世界的一统天下，为无产阶级人民大众实现自己消灭阶级对立、争取永久和平的美好理想，跨出了具有历史意义的一步。本文选摘选了较能反映列宁国际安全战略思维的三篇文章的主要段落。

如果必须给帝国主义下一个尽量简短的定义，那就应当说，帝国主义是资本主义的垄断阶段。这样的定义包括了最主要的内容，因为一方面，金融资本是与工业家垄断同盟的资本融合起来的少数垄断性的最大银行的银行资本；另一方面，世界的分割，就是由无阻碍地向未被任何一个资本主义强国占据的地区扩张的殖民政策，过渡到垄断地占有已经瓜分完了的世界领土的殖民政策。

过于简短的定义虽然很方便，因为它概括了主要的内容，但是要从定义中特别引申出应该规定的那个现象的极重要的特点，那毕竟是不够的。因此，一方面不要忘记，所有的定义都只有有条件的、相对的意义，永远也不能包括充分发展的现象的各方面联系，同时也应该给帝国主义下这样一个定义，其中要包括帝国主义的如下五个基本特征：（1）生产和资本的集中发展到这样高的程度，以致造成了在经济生活中起决定作用的垄断组织；（2）银行资本和工业资本已经融合起来，在这个“金融资本”的基础上形成了金融寡头；（3）与商品输出不同的资本输出有了特别重要的意义；（4）瓜分世界的资本家国际垄断同盟已经形成；（5）最大资本主义列强已把世界上的领土分割完毕。帝国主义是发展到垄断组织和金融资本的统治已经确立、资本输出具有特别重大的意义，国际托拉斯开始分割世界、最大的资本主义国家已把世界全部领土分割完毕这一阶段的资本主义。

（选自列宁：《论帝国主义》，人民出版社，1974年1月版，第15～16页。以下只注页码。）

最新资本主义时代向我们表明，资本家同盟在从经济上分割世界的基础上形成了一定的关系，与此同时、与此有联系的是，各个政治同盟、各个国家在从领土上分割世界、争夺殖民地，“争夺经济领土”的基础上也形成了一定的关系。（第28页）

帝国主义战争是帝国主义者、统治阶级、地主和资本家的政治的继续，它遭到了人民群众的反对，是使人民群众革命化的最好手段。帝国主义战争使我们俄国轻而易举地推翻了君主政体，推翻了地主土地占有制和资产阶级，其所以如此，完全是因为帝国主义战争是帝国主义政治的继续，是帝国主义政治更激烈更露骨的表现。（第50～51页）

战争是政治的继续……“世界霸权”是帝国主义政治的内容，而

这种政治的继续便是帝国主义战争。（第 51 页）

资产阶级不会对无产阶级实行和平的让步，一到决定关头，他们就会用暴力来保卫自己的特权，这不但是很可能的，甚至是极其可能的。那时，工人阶级要实现自己的目的，除了革命就别无出路。

为了推翻资产阶级，击退资产阶级反革命的尝试，就必须建立无产阶级这个唯一彻底的革命阶级的专政。无产阶级专政问题具有非常重要的意义，谁否认无产阶级专政或仅仅口头上承认无产阶级专政，谁就不配作社会民主党的党员。然而不能否认，在某些个别例外的情况下，例如，在某一个小国家里，当它的大邻国已经完成社会革命时，如果这个国家的资产阶级知道反抗已没有用处，而为了保存自己的脑袋，它可能和平地把资产阶级的政权交出来。当然，更有可能的是，即使在小国家里，不进行国内战争，社会主义也不能实现，因此，国际社会民主党的唯一纲领必须承认这种战争，虽然对人们使用暴力并不是我们的理想。（第 57 页）

帝国主义的一个重要的特点，是几个大国都想争夺霸权，即争夺领土，其目的不完全是直接为了自己，主要还是为了削弱敌方，摧毁敌方的霸权（对德国来说，比利时是一个特别重要的反英据点，对英国来说，巴格达是一个特别重要的反德据点，等等）。（第 64 页）

殖民政策和帝国主义并不是资本主义的一种病态的可以纠正的偏差（并不像包括考茨基在内的庸人们所想象的那样），而是资本主义基础发展的必然结果。因为各个企业之间的竞争只能这样提出问题：或者是自己破产，或者是使别人破产；各个国家之间的竞争只能这样提出问题：或者是居于第九位，永远摆脱不了比利时那样的遭遇，或者是使其他国家破产并征服它们，取得“大”国的地位。（第 65 页）

从马克思主义即现代科学社会主义的观点来看，在社会主义者讨论应该怎样评价战争、应该怎样对待战争的时候，主要的问题是要弄清楚这个战争是由什么引起的，它是由哪些阶级准备和进行的。我们马克思主义者并不无条件地反对一切战争。我们说，我们的目的是要建立社会主义社会制度，消灭人类划分为阶级的现象，消灭人剥削人和一个民族剥削另一个民族的现象，从而使得战争根本不能发生。（第 78 页）

“费边帝国主义”和“社会帝国主义”是一个东西：口头上的社会主义实际上的帝国主义，即机会主义变成了帝国主义。这种转变在现在，在1914～1918年的战争期间和战后，已成为世界的事实了。不了解这一事实，是“伯尔尼”国际即黄色国际最严重的盲目无知，是它的最大的罪行。机会主义或改良主义必然要转变为具有世界历史意义的社会主义帝国主义或社会沙文主义，因为帝国主义造成一小撮最富有的先进国家去掠夺全世界，从而使这些国家的资产阶级能够用自己的垄断超额利润（帝国主义就是垄断资本主义）来收买这些国家的工人阶级上层分子。

看不见帝国主义时代这一事实的经济必然性的，只能是十足的傻瓜或伪君子，这些伪君子欺骗工人，重复着关于资本主义的一般原理，以此来掩盖社会主义内部整整一个派别转到帝国主义资产阶级方面去的沉痛事实。（第86～87页）

马克思和恩格斯两人都没有活到全世界资本主义进入帝国主义的时代，因为这个时代最早也只能说是在1898～1900年间开始的。

……

帝国主义作为资本主义的最高阶段，到1898～1914年间先在欧美然后在亚洲最终形成了。美西战争（1898年）、英布战争（1899～1902年）、日俄战争（1904～1905年）以及欧洲1900年的经济危机，这就是世界历史新时代的主要历史标志。

马克思主义者从来没有忘记，暴力是整个资本主义彻底崩溃和社会主义社会诞生的必然伴侣。暴力将是一个世界性的历史时期，是充满着各式各样战争（帝国主义战争，国内战争，二者相互交织着的战争，民族战争，即受帝国主义者以及在大规模国家资本主义，军事托拉斯和辛迪加时期必然结成各种联盟的帝国主义列强压迫的民族的解放战争）的整个时代。这个遭受巨大破坏，实行大规模军事强力和充满危机的时代已经开始了，我们清楚地看到这个时代，然而这仅仅是开始。（第95～96页）

6.4.2 列宁：社会主义与战争（节选）

·社会党人对战争的态度

社会党人一向谴责各民族之间的战争，认为这是一种野蛮的和残

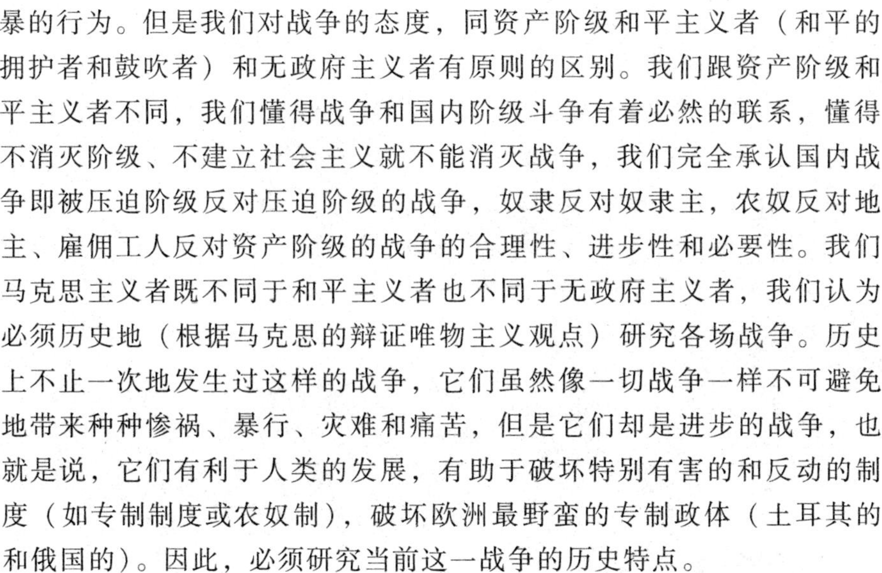

暴的行为。但是我们对战争的态度，同资产阶级和平主义者（和平的拥护者和鼓吹者）和无政府主义者有原则的区别。我们跟资产阶级和平主义者不同，我们懂得战争和国内阶级斗争有着必然的联系，懂得不消灭阶级、不建立社会主义就不能消灭战争，我们完全承认国内战争即被压迫阶级反对压迫阶级的战争，奴隶反对奴隶主，农奴反对地主、雇佣工人反对资产阶级的战争的合理性、进步性和必要性。我们马克思主义者既不同于和平主义者也不同于无政府主义者，我们认为必须历史地（根据马克思的辩证唯物主义观点）研究各场战争。历史上不止一次地发生过这样的战争，它们虽然像一切战争一样不可避免地带来种种惨祸、暴行、灾难和痛苦，但是它们却是进步的战争，也就是说，它们有利于人类的发展，有助于破坏特别有害的和反动的制度（如专制制度或农奴制），破坏欧洲最野蛮的专制政体（土耳其的和俄国的）。因此，必须研究当前这一战争的历史特点。

·目前的战争是帝国主义战争

几乎所有的人都承认目前的战争是帝国主义战争，但是多半曲解了这个概念，不是认为这个概念只适用于交战一方，就是总想在这个概念中悄悄地塞进点东西，说这一战争可能具有资产阶级进步的、民族解放的意义。帝国主义是资本主义发展的最高阶段，这个阶段只是在二十世纪才达到的。没有民族国家的建立，资本主义就不能推翻封建主义，然而，这些旧的民族国家现在已经阻碍资本主义的发展了。资本主义集中发展到这样的程度，以致整个的工业部门都操纵在辛迪加、托拉斯这些资本家亿万富翁的同盟手中，整个地球几乎都被这些“资本大王”所瓜分，他们或者占有殖民地，或者用金融剥削的无数绳索紧紧缠住其他国家。垄断、夺取投资场所和原料输出地等等趋向代替了自由贸易和竞争。在帝国主义时代，资本主义已由反封建主义斗争中的民族解放者变为最大的民族压迫者。资本主义已由进步变为反动，它已经使生产力发展到这样的程度，以致人类面临着要么过渡到社会主义，要么在几年内、甚至在数十年内熬受各“大”国为勉强保存资本主义（通过侵占殖民地，实行垄断，建立特权，实行各种各样的民族压迫）而进行的武装斗争。

·“战争是政治通过另一种手段〈即暴力〉的继续”

这是造诣极高的军事问题著作家克劳塞维茨说过的一句至理名言。马克思主义者始终把这一原理公正地看作考察每一战争的意义的理论基础。马克思和恩格斯一向就是从这个观点出发来考察各种战争的。

以这个观点来考察当前这场战争，你们就会看到，英、法、德、意、奥、俄这些国家的政府和统治阶级几十年来，几乎半个世纪以来实行的政治都是掠夺殖民地、压迫异族、镇压工人运动。当前这场战争正是这一政治的继续，也只能是这一政治的继续。例如无论在奥地利或俄国，无论平时或战时的政治都是奴役各民族，而不是解放各民族。相反地，近几十年来在中国、波斯、印度和其他一些附属国里，我们看到的政治却是亿万人民觉醒起来争取民族生存，从反动“大”国的压迫下解放出来。在这种历史条件下进行的战争，现在仍然只能是资产阶级进步的、民族解放的战争。

在考察当前这场战争时，只要把这场战争视为“大”国及其主要阶级的政治的继续，就立刻可以看出，认为在当前这场战争中可以为“保卫祖国”的思想辩护，那完全是反历史的、虚伪的和骗人的。

（转引自中国人民解放军军事科学院编辑：《列宁军事文集》，战士出版社，1981年10月版，第226~232页。）

6.4.3 列宁：不作任何妥协吗？（选段）

为了推翻国际资产阶级而进行的战争，比国家之间通常进行的最顽强的战争还要困难百倍，费时百倍，复杂百倍，进行这样的战争而事先拒绝采用机动办法，拒绝利用敌人之间利益上的矛盾（哪怕是暂时的矛盾），拒绝同各种可能的同盟者（哪怕是暂时的，不稳定的、动摇的，有条件的同盟者）通融和妥协，这岂不是可笑到了极点吗？这岂不是正像我们千辛万苦攀登一座未经勘察、人迹未到的高山，却预先拒绝有时要迂回前进，有时要向后折转，放弃已经选定的方向而试着向各种不同的方向走吗，而那些如此缺乏觉悟、如此没有经验的人（如果这真是因为他们年轻，那还算好；上帝本来就让青年在一定的时间内说这种蠢话的)，居然还能得到荷兰共产党的某些党员的支持（不管是直接或间接的，公开或隐蔽的，完全或部分的支持，都是一样)!

在无产阶级第一次的社会主义革命之后，在一国内推翻了资产阶级之后，这个国家的无产阶级在很长时期内，依然要比资产阶级弱，这不只是因为资产阶级有很广泛的国际联系，还因为在这个推翻了资产阶级的国家里，小商品生产者自发地、经常地使资本主义和资产阶级复活和再生。要战胜更强大的敌人，只有尽最大的努力，同时必须极仔细，极留心，极谨慎、极巧妙地一方面利用敌人之间的一切“裂痕”，哪怕是最小的“裂痕”，利用各国资产阶级之间以及各个国家内资产阶级各个集团或各种类别之间利益上的一切对立，另一方面要利用一切机会，哪怕是极小的机会，来获得大量的同盟者，尽管这些同盟者是暂时的、动摇的、不稳定的、不可靠的、有条件的。谁不懂得这一点，谁就是丝毫不懂得马克思主义，丝毫不懂得现代的科学社会主义。谁要是没有在相当长的时期内和在各种相当复杂的政治情况中，在实践上证明他确实会运用这个真理，谁就没有学会帮助革命阶级去进行斗争，使全体劳动人类从剥削者的压榨下解放出来。以上所说的一切，对于无产阶级夺取政权以前和以后的时期，都是同样适用的。

（选自《共产主义运动中的“左派”幼稚病》，《列宁选集》第四卷，人民出版社，1965 年版，第 237 ~238 页。)

6.5.1　斯大林：战略与策略（节选）

约瑟夫·维萨里奥诺维奇·斯大林（1878 ~1953 年)，国际共产主义运动活动家，长期担任苏联共产党中央委员会总书记、苏联部长会议主席（总理)。他是世界上屈指可数的经历了两次世界大战的大国主要领导人，尤其是他在第二次世界大战中领导的苏联和盟军击败纳粹德国和日本法西斯的重要作用是任何人无法否定的。斯大林的独特经历，使他比任何人都坚信：“要消除战争的不可避免性，就必须消灭帝国主义。”同时，“他接手的是一个犁耕手种的俄国，而留下的却是装备有原子武器的苏联”（丘吉尔语），斯大林在领导世界第一个社会主义国家时所面临的艰难、复杂的国际环境，要求他必须具备高度的战略素养和高超的斗争艺术。斯大林的战略与策略思想是留给一切面对并希望战胜强敌的国家和民族的宝贵精神财富。本文选选录的“战略与策略”是其在1924年以“论列宁主义基础”为题在斯维尔德洛夫大学的演讲的第七部分。《关于资本主义国家之间战争不可避免的问题》一文，是他晚年（1952年）对联共（布）中央为评定政治经济学教科书的意见中，对国际环境的分析。

（4）战略指导。革命的后备军有两种：

直接的：（一）本国的农民以至所有过渡阶层，（二）邻国的无产阶级，（三）殖民地和附属国的革命运动，（四）无产阶级专政的胜利品和成果，而无产阶级为了收买强大的敌人并取得喘息时机，可以在保持自己的实力优势的条件下暂时放弃一部分胜利品和成果。

间接的：（一）本国各个非无产者阶级之间的矛盾和冲突，这些矛盾和冲突是无产阶级可以利用来削弱敌人并加强自己的后备军的，（二）和无产阶级国家敌对的各个资产阶级国家之间的矛盾、冲突和战争（例如帝国主义战争），这些矛盾、冲突和战争是无产阶级在进攻时或者在被迫退却相机行事时可以利用的。

关于第一种后备军用不着多说，因为它们的意义是大家都知道的。至于第二种后备军，因为它们的意义并不是任何时候都很明显的，所以必须指出，它们有时候对于革命进程具有头等的意义。例如第一次革命时期和第一次革命后小资产阶级民主派（社会革命党人）和自由君主派资产阶级（立宪民主党人）之间的冲突的巨大意义是未必可以否认的，因为这种冲突在使农民摆脱资产阶级影响这件事情上无疑起了相当的作用。十月革命时期各主要帝国主义者集团之间进行决死的战争这一事实的巨大意义更是不可否认的，当时帝国主义者忙于相互之间的战争，没有可能集中力量来反对年轻的苏维埃政权，正因为如此，无产阶级就有可能来切实地组织自己的力量，巩固自己的政权，并准备扑灭高尔察克和邓尼金。现在，当帝国主义集团之间的矛盾日益加深，当它们彼此之间的新战争不可避免的时候，这种后备军对于无产阶级一定会有愈益重大的意义。

战略指导的任务就是要正确运用这一切后备军来达到革命在某一发展阶段上的基本目的。

怎样才是正确运用后备军呢？

就是要执行一些必要的条件，其中主要的是：

第一，当革命时机已经成熟，当进攻在以全力进行，当起义已经迫在眉睫，当使后备军跟上先锋队已经成为决定胜负的条件的时候，在这个决定关头，要把革命的主要力量集中在敌人最易致命的地方。党在1917年四至十月这一时期的战略可以说是这样运用后备军的实例。毫无疑问，这个时期敌人最易致命的地方是战争。毫无疑问，党正是在这个基本问题上把广大群众集合到无产阶级先锋队的周围。党在这个时期的战略就是通过游行示威来训练先锋队去进行街头的发动，同时通过后方的苏维埃和前线的士兵委员会使后备军跟上先锋队。革命的结局表明，当时后备军是运用得正确的。

列宁在谈到革命力量的战略运用这个条件时，把马克思和恩格斯关于武装起义的著名原理变动了一下说：

“（1）任何时候都不要玩弄起义，在开始起义时就要切实懂得，必须干到底。

（2）必须在决定的地点，在决定的关头，集中很大的优势力量，否则，更有准备，更有组织的敌人就会把起义者消灭。

（3）起义一旦开始，就必须以最大的决心行动起来并坚决采取进攻。‘防御是武装起义的死路。’

（4）必须在敌军还分散的时候，出其不意地袭击他们。

（5）每天（如果以一个城市来说，可以说每小时）都必须取得胜利，即使是不大的胜利，无论如何要保持‘精神上的优势’。”

第二，要选择危机已经达到顶点、先锋队已经具有战斗到底的决心、后备军已经具有援助先锋队的决心，敌人内部已经极端慌乱的时机作为实行致命打击的时机，开始起义的时机。

列宁说：决战时机可以说完全成熟了，如果“（1）一切敌视我们的阶级力量已经十分混乱，彼此之间的厮杀已经十分厉害，由于进行力不胜任的斗争已经十分疲惫”；如果“（2）一切犹豫的、动摇的、不坚定的中间分子，即和资产阶级不同的小资产阶级，小资产阶级民主派，已经在人民面前充分暴露自己，由于实际破产而大丢其丑”；如果“（3）在无产阶级中，群众支持采取最坚决、最奋勇的革命行动来反对资产阶级的情绪，已经开始产生并且大大地高涨起来。那时候，革命就成熟了；那时候，如果我们正确地估计到上面所指出的……一切条件，并且正确地选定时机，我们的胜利就有保证了”。

举行十月起义可以说是这种战略的模范。

违背这个条件，就会造成危险的错误，即所谓“失其速度”，就是说，党就会落在运动进程的后面，或者向前跑得太远，造成失败的危险。有一部分同志在1917年九月企图从逮捕民主会议的50名代表来开始起义，可以说是这种“失其速度”的例子，不善于选择起义时机的例子，因为当时在苏维埃内部还有动摇情绪，前线还犹豫不决，后备军还没有跟上先锋队。

第三，要越过前进道路上的种种阻难和障碍，一往直前地实行既定的方针，只有这样，才能使先锋队不致失去斗争的基本目的，使群众不致迷失道路，而能向着这个目的前进并努力团结在先锋队的周围。违背这个条件，就会造成莫大的错误，即海员们所熟悉的所谓“失其方向”。我们党在紧接民主会议以后所采取的决定参加预备议会这一错误的步骤，可以说是这种“失其方向”的例子。当时党似乎忘记了预备议会是资产阶级企图把国家从苏维埃道路转到资产阶级议会制度道路上去的手腕，党参加这种机关就会打乱全部计划，就会使那些在“全部政权归苏维埃!”的口号下进行革命斗争的工农迷失道路。这个错误因为布尔什维克退出预备议会而被纠正了。

第四，当敌人力量强大，当退却不可避免，当接受敌人的挑战显然对自己不利，当在一定的力量对比下退却是使先锋队免受打击并保存其后备军的唯一手段的时候，要机动调度后备军来实行正确的退却。

列宁说：“革命政党应当补习。它们学习过进攻。现在必须了解，除了学会进攻以外，还必须学会正确地退却。必须了解，——而革命阶级也正在从本身的痛苦经验中领会到，——不学会正确的进攻和正确的退却，就不能取得胜利。”

这种战略的目的就是要赢得时间，瓦解敌人，养精蓄锐，以便后来转为进攻。

缔结《布列斯特和约》可以说是这种战略的模范。这个和约使党有可能赢得时间，利用帝国主义阵营中的冲突，瓦解敌人的力量，为自己保留农民，养精蓄锐准备向高尔察克和邓尼金进攻。

当时列宁说："我们缔结单独和约，就能在目前可能的最大程度上摆脱两个彼此敌对的帝国主义集团，利用它们相互之间的敌视和战争，——这种敌视和战争阻碍它们勾结起来反对我们，——取得一定时期的行动自由，来继续进行和巩固社会主义革命。"

《布列斯特和约》签订后过了三年，列宁说："现在就连头号傻瓜也看得见，《布列斯特和约》这个让步加强了我们的实力，分散了国际帝国主义的力量。"保证有正确的战略指导的主要条件就是这样。

（5）策略指导。策略指导是战略指导的一部分，是服从战略指导的任务和要求的。策略指导的任务就是要掌握无产阶级的一切斗争形式和组织形式，保证这些形式的正确运用，以便在一定的力量对比下取得为准备战略胜利所必需的最大成果。

（选自斯大林著，中共中央马克思恩格斯列宁斯大林著作编译局译：《论列宁主义基础》，人民出版社，1959 年 8 月版，第 65 ~ 69 页。）

6.5.2　斯大林：关于资本主义国家之间战争不可避免的问题

某些同志断定说，由于第二次世界大战后新的国际条件的发展，资本主义国家之间的战争已经不再是不可避免的了。他们认为：社会主义阵营和资本主义阵营之间的矛盾，比资本主义国家之间的矛盾更为剧烈；美国把其他资本主义国家已经控制到了这种程度，能够不让它们互相作战和彼此削弱；资本主义的先进分子对于给整个资本主义世界带来严重损害的两次世界大战的经验教训已经汲取到这种程度，不会让自己再把资本主义国家卷入相互间的战争，——由于这一切，资本主义国家之间的战争便不再是不可避免的了。

这些同志错了。他们只看见显露在表面上的外部现象，而没有看见那些暂时还没有明显地发生作用、但终究会决定事变进程的潜在力量。

从外表上看来，一切都好象是"平安无事"：美国已使西欧、日本和其他资本主义国家仰其配给；德国（西德）、英国、法国，意大利、日本都陷入了美国的铁爪中，顺从地执行着美国的意旨。但是如果以为，这种“平安无事”会“永世地”保存下去，以为这些国家将无止境地忍受美国的统治和压迫，以为它们不会设法挣脱美国的镣铐，而走上独立发展的道路，那就错了。

我们首先看一看英国和法国吧。无疑地，这两个都是帝国主义国家。无疑地，廉价的原料和有保证的销售市场，对于它们具有头等重要的意义。可不可以设想，当美国人在按照“马歇尔计划”进行“援助”的掩盖下，打入英国和法国的经济，竭力把它变成美国经济的附属品的时候，当美国资本在英、法殖民地夺取原料和销售市场，从而为英、法资本家的高额利润制造奇灾大祸的时候，英法两国竟会无止境地忍受现在的这种情况吗？如果这样说：资本主义的英国，接着还有资本主义的法国，归根到底将不得不从美国的怀抱里挣脱出来，同美国发生冲突，以便保证自己的独立地位，当然也保证自己的高额利润，——这岂不是更正确吗？

我们现在来看一看主要的战败国德国（西德）和日本吧。这两个国家现在在美帝国主义的铁蹄下过着可怜的生活。它们的工业和农业，它们的商业，它们的对外政策和对内政策，它们的整个生活，都被美国的占领“制度”加上了镣铐。要知道，这些国家昨天还是震撼了英国、美国、法国在欧洲和亚洲的统治基础的帝国主义大国。如果认为这些国家不会设法重新站起来，打破美国的“制度”，奔上独立发展的道路，这就等于相信神怪。

有人说，资本主义和社会主义之间的矛盾比资本主义国家之间的矛盾更为剧烈。从理论上讲来，这当然是对的。这不仅在现时、在目前是对的，在第二次世界大战以前也是对的。这是资本主义国家的领导者们也多少懂得的。然而，第二次世界大战终究不是从对苏联作战开始，而是从资本主义国家之间的战争开始的。为什么呢？第一，因为对于资本主义说来，对苏联作战，即对社会主义国家作战，是比资本主义国家之间的战争更加危险，因为资本主义国家之间的战争所提出的问题，只是某些资本主义国家对其他资本主义国家取得优势的问题，而对苏联作战所一定要提出的问题，却是资本主义本身存亡的问题。第二，因为资本家虽然为了“宣传”的目的叫嚷什么苏联的侵略，可是他们自己也不相信苏联会侵略，因为他们估计到苏联的和平政策，并且知道苏联自己是不会进攻资本主义国家的。

在第一次世界大战以后，也曾经有人认为德国是被彻底击溃了，正如现在某些同志认为日本和德国是被彻底击溃了一样。当时也有人谈论和在报刊上叫嚷美国已使欧洲仰其配给，说德国再也不能站起来，说从此以后，资本主义国家之间的战争再也不会发生了。虽然如此，但是，德国却在被打败后，经过这么十五至二十年的工夫，又从奴役下挣脱出来，走上了独立发展的道路，作为一个强国站立起来并站住了脚。同时值得注意的是，帮助德国在经济上站立起来并提高它的军事经济潜力的不是别人，而正是英国和美国。当然，美国和英国帮助德国在经济上站立起来，意在指使德国站立起来之后反对苏联，即利用它来反对社会主义国家。然而，德国却首先用自己的力量去反对英、法、美集团。而当希特勒德国向苏联宣战的时候，英、法、美集团不仅没有与希特勒德国联合起来，反而不得不同苏联结成联盟来反对希特勒德国。

可见，当时资本主义国家之间争夺市场的斗争以及它们想把自己的竞争者淹死的愿望，在实践上是比资本主义阵营和社会主义阵营之间的矛盾更为剧烈。

试问，有什么保证能使德国和日本不重新站立起来，不设法从美国的奴役下挣脱出来，从而过自己的独立生活呢？我认为这样的保证是没有的。

由此可见，资本主义国家之间战争的不可避免性是仍然存在的。

有人说，既然现今已经有强大的人民力量成长起来，它们正在保卫和平、反对新的世界大战，所以列宁关于帝国主义不可避免地要产生战争的论点，应该认为是已经过了时的。这种说法是不对的。

现今的和平运动，其目的是唤起人民群众去为维护和平、防止新的世界大战而斗争。因而，它所抱的目的不是推翻资本主义和建立社会主义，——它只限于为维护和平而斗争的民主目的。在这一点上，现今维护和平的运动与第一次世界大战时期变帝国主义战争为国内战争的运动是不同的，因为后一运动曾经走得远些，它抱有社会主义的目的。

可能，在各种情况的一定凑合下，争取和平的斗争会在某个地方发展成争取社会主义的斗争，但这将不再是现今的和平运动，而是推翻资本主义的运动了。

最可能的是，现今的和平运动即维护和平的运动，在获得胜利的情况下，会使上述这个战争得以防止，使它暂时推迟，使当前的和平暂时维持，使好战政府辞职而代之以别的愿意暂时维持和平的政府。这当然是好的。甚至是很好的。但是，这仍然不足以根本消除资本主义国家之间战争的不可避免性。其所以不足，是因为纵然有保卫和平运动的这一切胜利，但帝国主义仍然保持，仍然存在，因而战争的不可避免性也仍然是存在的。

要消除战争的不可避免性，就必须消灭帝国主义。

（选自《苏联社会主义经济问题》，载中国人民解放军军事科学院编：《斯大林军事文集》，战士出版社，1981 年 7 月版，第 416～419 页。）

6.6.1 毛泽东：中国革命战争的战略问题（节选）

毛泽东（1893～1976 年），革命家、战略家、理论家和诗人，中国共产党、中国人民解放军和中华人民共和国的主要缔造者和领袖。他将马克思列宁主义创造性地应用于中国的实际，形成了具有中国特色的马克思主义——毛泽东思想。在长期的武装革命斗争实践中，他和他的战友们创造了人民战争的战略战术，被誉为“游击战之父”，世界军事思想史上继孙子和克劳塞维茨之后的第三个高峰。建国后毛泽东根据国际战略形势的变化，审时度势，敢于斗争、敢于胜利，善于斗争、善于胜利，将中国传统的谋略智慧用得炉火纯青，表现出了高超的外交艺术。研究国际安全战略思维，要研究古人的、洋人的，更要研究体现当代中国战略思维最高水平的毛泽东的国际安全战略思维。

第一章　如何研究战争

第二节　战争的目的在于消灭战争

战争——这个人类互相残杀的怪物，人类社会的发展终究要把它消灭的，而且就在不远的将来会要把它消灭的。但是消灭它的方法只有一个，就是用战争反对战争，用革命战争反对反革命战争，用民族革命战争反对民族反革命战争，用阶级革命战争反对阶级反革命战争。历史上的战争，只有正义的和非正义的两类。我们是拥护正义战争反对非正义战争的。一切反革命战争都是非正义的，一切革命战争都是正义的。人类的战争生活时代将要由我们之手而结束，我们所进行的战争，毫无疑义地是属于最后战争的一部分。但是我们所面临的战争，毫无疑义又是最大的和最残酷的战争的一部分。最大的和最残酷的非正义的反革命的战争，迫临在我们的头上，我们如果不打起正义战争的旗帜，人类的大多数就要遭受摧残。人类正义战争的旗帜是拯救人类的旗帜，中国正义战争的旗帜是拯救中国的旗帜。人类的大多数和中国人的大多数所举行的战争，毫无疑义地是正义的战争，是拯救人类拯救中国的至高无上的荣誉的事业，是把全世界历史转到新时代的桥梁。人类社会进步到消灭了阶级，消灭了国家，到了那时，什么战争也没有了，反革命战争没有了，革命战争也没有了，非正义战争没有了，正义战争也没有了，这就是人类的永久和平的时代。我们研究革命战争的规律，出发于我们要求消灭一切战争的志愿，这是区别我们共产党人和一切剥削阶级的界线。

第三节　战略问题是研究战争全局的规律的东西

只要有战争，就有战争的全局。世界可以是战争的一全局，一国可以是战争的一全局，一个独立的游击区、一个大的独立的作战方面，也可以是战争的一全局。凡属带有要照顾各方面和各阶段的性质的，都是战争的全局。

研究带局部性的战争指导规律，是战役学和战术学的任务。要求战役指挥员和战术指挥员了解某种程度的战略上的规律，何以成为必要呢？因为懂得了全局性的东西，就更会使用局部性的东西，因为局部性的东西是隶属于全局性的东西的。说战略胜利取决于战术胜利的这种意见是错误的，因为这种意见没有看见战争的胜败的主要和首先的问题，是对于全局和局部各阶段的关照得好或关照得不好。如果全局和各阶段的关照有了重要的缺点或错误，那个战争是一定要失败的。说："一着不慎，满盘皆输"，乃是说的带全局性的，即对全局有决定意义的一着，而不是那种带局部性的即对全局无决定意义的一着。下棋如此，战争也是如此。

然而全局性的东西，不能脱离局部而独立，全局是由它的一切局部构成的。有的时候，有些局部破坏了或失败了全局可以不起重大的影响，就是因为这些局部不是对于全局有决定意义的东西。战争中有些战术上或战役上的失败或不成功，常常不至于引起战争全局的变坏，就是因为这些失败不是有决定意义的东西。但若组成战争全局的多数战役失败了，或有决定意义的某一二个战役失败了，全局就立即起变化。这里说的多数战役和某一二个战役，就都是决定的东西了。战争历史中有在连战皆捷之后吃了一个败仗以至前功尽弃的，有在吃了许多败仗之后打了一个胜仗因而开展了新局面的。这里说的"连战皆捷"和"许多败仗"，都是局部性的，对于全局不起决定作用的东西。这里说的"一个败仗"和"一个胜仗"，就都是决定的东西了。所有这些，都在说明关照全局的重要性。指挥全局的人，最要紧的，是把自己的注意力摆在照顾战争的全局上面。主要地是依据情况，照顾部队和兵团的组成问题，照顾两个战役之间的关系问题，照顾各个作战阶段之间的关系问题，照顾我方全部活动和敌方全部活动之间的关系问题，这些都是最吃力的地方，如果丢了这个去忙一些次要的问题，那就难免要吃亏了。

说到全局和局部的关系，不但战略和战役的关系是如此，战役和战术的关系也是如此。师的动作和团营动作的关系，连的动作和排班动作的关系，就是实例。任何一级的首长，应当把自己注意的重心，放在那些对于他所指挥的全局说来最重要最有决定意义的问题或动作上，而不应当放在其他的问题或动作上。

说重要，说有决定意义，不能按照一般的或抽象的情况去规定。必须按照具体的情况去规定。作战时选择突击方向和突击点，要按照当前的敌情、地形和自己兵力的情况去规定。在给养丰富的地方要注意不使战士吃得太饱，在给养不足的地方却要注意不使战士饿肚。在白色区域，可以因为仅仅一个消息的走漏而使尔后的战斗失败，在红色区域，则走漏消息的问题常常不是最重要的。某些战役，高级指挥

员有亲自参加之必要，其他则无此必要。一个军事学校，最重要的问题，是选择校长教员和规定教育方针。一个民众大会，主要应注意动员民众到会和提出恰当的口号。如此等等。总之，一个原则，就是注意于那些有关全局的重要的关节。

学习战争全局的指导规律，是要用心去想一想才行的。因为这种全局性的东西，眼睛看不见，只能用心思去想一想才能懂得，不用心思去想，就不会懂得。但是全局是由局部构成的，有局部经验的人，有战役战术经验的人，如肯用心去想一想，就能够明白那些更高级的东西。战略问题，如所谓照顾敌我之间的关系，照顾各个战役之间或各个作战阶段之间的关系，照顾有关全局的（有决定意义的）某些部分，照顾全盘情况中的特点，照顾前后方之间的关系，照顾消耗和补充，作战和休息，集中和分散，攻击和防御，前进和后退，隐蔽和暴露，主攻方面和助攻方面，突击方面和箝制方面，集中指挥和分散指挥，持久战和速决战，阵地战和运动战，本军和友军，这些兵种和那些兵种，上级和下级，干部和兵员，老兵和新兵，高级干部和下级干部，老干部和新干部，红色区域和白色区域，老区和新区，中心区和边缘区，热天和冷天，胜仗和败仗，大兵团和小兵团，正规军和游击队，消灭敌人和争取群众，扩大红军和巩固红军，军事工作和政治工作，过去的任务和现在的任务，现在的任务和将来的任务，那种情况下的任务和这种情况下的任务，固定战线和非固定战线，国内战争和民族战争，这一历史阶段和那一历史阶段，等等问题的区别和联系，都是眼睛看不见的东西，但若用心去想一想，也就都可以了解，都可以捉住，都可以精通。这就是说，能够把战争或作战的一切重要的问题，都提到较高的原则性上去解决。达到这个目的，就是研究战略问题的任务。

（选自《毛泽东选集》（第一卷），人民出版社，1991 年 6 月版，第 170 ~ 178 页。）

6.6.2　毛泽东：论持久战（节选）

·为永久和平而战

（五七）中国抗日战争的持久性同争取中国和世界的永久和平，是不能分离的。没有任何一个历史时期像今天一样，战争是接近于永久和平的。由于阶级的出现，几千年来人类的生活中充满了战争，每一个民族都不知打了几多仗，或在民族集团之内打，或在民族集团之间打。打到资本主义社会的帝国主义时期，仗就打得特别广大和特别残酷。二十年前的第一次帝国主义大战，在过去历史上是空前的，但还不是绝后的战争。只有目前开始了的战争，接近于最后战争，就是说，接近于人类的永久和平。目前世界上已有三分之一的人口进入了战争，你们看，一个意大利，又一个日本，一个阿比西尼亚，又一个西班牙，再一个中国。参加战争的这些国家共有差不多六万万人口，几乎占了全世界总人口的三分之一。目前的战争的特点是无间断和接近永久和平的性质。为什么无间断？意大利同阿比西尼亚打了之后，接着意大利同西班牙打，德国也搭了股份，接着日本又同中国打。还要接着谁呢？无疑地要接着希特勒同各大国打。“法西斯主义就是战争”，一点也不错。目前的战争发展到世界大战之前，是不会间断的，人类的战争灾难不可避免。为什么又说这次战争接近于永久和平？这次战争是在第一次世界大战时已开始的世界资本主义总危机发展的基础上发生的，由于这种总危机，迫使各资本主义国家走入新的战争，首先迫使各法西斯国家从事于新战争的冒险。我们可以预见这次战争的结果，将不是资本主义的获救，而是它的走向崩溃。这次战争，将比二十年前的战争更大，更残酷，一切民族将无可避免地卷入进去，战争时间将拖得很长，人类将遭受很大的痛苦。但是由于苏联的存在和世界人民觉悟程度的提高，这次战争中无疑将出现伟大的革命战争，用以反对一切反革命战争，而使这次战争带着为永久和平而战的性质。即使尔后尚有一个战争时期，但是已离世界的永久和平不远了。人类一经消灭了资本主义，便到达永久和平的时代，那时候便再也不要战争了。那时将不要军队，也不要兵船，不要军用飞机，也不要毒气。从此以后，人类将亿万斯年看不见战争。已经开始了的革命的战争，是这个为永久和平而战的战争的一部分。占着五万万以上人口的中日两国之间的战争，在这个战争中将占着重要的地位，中华民族的解放将从这个战争中得来。将来的被解放了的新中国，是和将来的被解放了的新世界不能分离的。因此，我们的抗日战争包含着为争取永久和平而战的性质。

（五八）历史上的战争分为两类，一类是正义的，一类是非正义的。一切进步的战争都是正义的，一切阻碍进步的战争都是非正义的。我们共产党人反对一切阻碍进步的非正义的战争，但是不反对进步的正义的战争。对于后一类战争，我们共产党人不但不反对，而且积极地参加。前一类战争，例如第一次世界大战，双方都是为着帝国主义利益而战，所以全世界的共产党人坚决地反对那一次战争。反对的方法，在战争未爆发前，极力阻止其爆发；既爆发后，只要有可能，就用战争反对战争，用正义战争反对非正义战争。日本的战争是阻碍进步的非正义的战争，全世界人民包括日本人民在内，都应该反对，也正在反对。我们中国，则从人民到政府，从共产党到国民党，一律举起了义旗，进行了反侵略的民族革命战争。我们的战争是神圣的、正义的，是进步的、求和平的。不但求一国的和平，而且求世界的和平，不但求一时的和平，而且求永久的和平。欲达此目的，便须决一死战，便须准备着一切牺牲，坚持到底，不达目的，决不停止。牺牲虽大，时间虽长，但是永久和平和永久光明的新世界，已经鲜明地摆在我们的前面。我们从事战争的信念，便建立在这个争取永久和平和永久光明的新中国和新世界的上面。法西斯主义和帝国主义要把战争延长到无尽期，我们则要把战争在一个不很久远的将来给以结束。为了这个目的，人类大多数应该拿出极大的努力。四亿五千万的中国人占了全人类的四分之一，如果能够一齐努力，打倒了日本帝国主义，创造了自由平等的新中国，对于争取全世界永久和平的贡献，无疑地是非常伟大的。这种希望不是空的，全世界社会经济的行程已经接近了这一点，只须加上多数人的努力，几十年工夫一定可以达到目的。

· 战争和政治

（六三）“战争是政治的继续”，在这点上说，战争就是政治，战争本身就是政治性质的行动，从古以来没有不带政治性的战争。抗日战争是全民族的革命战争，它的胜利，离不开战争的政治目的——驱逐日本帝国主义、建立自由平等的新中国，离不开坚持抗战和坚持统一战线的总方针，离不开全国人民的动员，离不开官兵一致、军民一致和瓦解敌军等项政治原则，离不开统一战线政策的良好执行，离不开文化的动员，离不开争取国际力量和敌国人民援助的努力。一句话，战争一刻也离不了政治。抗日军人中，如有轻视政治的倾向，把战争孤立起来，变为战争绝对主义者，那是错误的，应加纠正。

（六四）但是战争有其特殊性，在这点上说，战争不即等于一般的政治。“战争是政治的特殊手段的继续。”政治发展到一定的阶段，再也不能照旧前进，于是爆发了战争，用以扫除政治道路上的障碍。例如中国的半独立地位，是日本帝国主义政治发展的障碍，日本要扫除它，所以发动了侵略战争。中国呢？帝国主义压迫，早就是中国资产阶级民主革命的障碍，所以有了很多次的解放战争，企图扫除这个障碍。日本现在用战争来压迫，要完全断绝中国革命的进路，所以不得不举行抗日战争，决心要扫除这个障碍。障碍既除，政治的目的达到，战争结束。障碍没有扫除得干净，战争仍须继续进行，以求贯彻。例如抗日的任务未完，有想求妥协的，必不成功；因为即使因某种缘故妥协了，但是战争仍要起来，广大人民必定不服，必要继续战争，贯彻战争的政治目的。因此可以说，政治是不流血的战争，战争是流血的政治。

（六五）基于战争的特殊性，就有战争的一套特殊组织，一套特殊方法，一种特殊过程。这组织，就是军队及其附随的一切东西。这方法，就是指导战争的战略战术。这过程，就是敌对的军队互相使用有利于己不利于敌的战略战术从事攻击或防御的一种特殊的社会活动形态。因此，战争的经验是特殊的。一切参加战争的人们，必须脱出寻常习惯，而习惯于战争，方能争取战争的胜利。

· 抗日的政治动员

（六六）如此伟大的民族革命战争，没有普遍和深入的政治动员，是不能胜利的。抗日以前，没有抗日的政治动员，这是中国的大缺陷，已经输了敌人一着。抗日以后，政治动员也非常之不普遍，更不说深入。人民的大多数，是从敌人的炮火和飞机炸弹那里听到消息的。这也是一种动员，但这是敌人替我们做的，不是我们自己做的。偏远地区听不到炮声的人们，至今还是静悄悄地在那里过活。这种情形必须改变，不然，拼死活的战争就得不到胜利。决不可以再输敌人一着，相反，要大大地发挥这一着去制胜敌人。这一着是关系绝大的；武器等等不如人尚在其次，这一着实在是头等重要。动员了全国的老百姓，就造成了陷敌于灭顶之灾的汪洋大海，造成了弥补武器等等缺陷的补救条件，造成了克服一切战争困难的前提。要胜利，就要坚持抗战，坚持统一战线，坚持持久战。然而一切这些，离不开动员老百姓。要胜利又忽视政治动员，叫做"南其辕而北其辙"，结果必然取消了胜利。

（六七）什么是政治动员呢？首先是把战争的政治目的告诉军队和人民。必须使每个士兵每个人民都明白为什么要打仗，打仗和他们有什么关系。抗日战争的政治目的是"驱逐日本帝国主义，建立自由平等的新中国"，必须把这个目的告诉一切军民人等，方能造成抗日的热潮，使几万万人齐心一致，贡献一切给战争。其次，单单说明目的还不够，还要说明达到此目的的步骤和政策，就是说，要有一个政治纲领。现在已经有了《抗日救国十大纲领》，又有了一个《抗战建国纲领》，应把它们普及于军队和人民，并动员所有的军队和人民实行起来。没有一个明确的具体的政治纲领，是不能动员全军全民抗日到底的。再次，怎样去动员？靠口说，靠传单布告，靠报纸书册，靠戏剧电影，靠学校，靠民众团体，靠干部人员。现在国民党统治地区有的一些，沧海一粟，而且方法不合民众口味，神气和民众隔膜，必须切实地改一改。而且，不是一次动员就够了，抗日战争的政治动员是经常的。不是将政治纲领背诵给老百姓听，这样的背诵是没有人听的；要联系战争发展的情况，联系士兵和老百姓的生活，把战争的政治动员，变成经常的运动。这是一件绝大的事，战争首先要靠它取得胜利。

· 战争的目的

（六八）这里不是说战争的政治目的，抗日战争的政治目的是"驱逐日本帝国主义，建立自由平等的新中国"，前面已经说过了。这里说的，是作为人类流血的政治的所谓战争，两军相杀的战争，它的根本目的是什么。战争的目的不是别的，就是"保存自己，消灭敌人"（消灭敌人，就是解除敌人的武装，也就是所谓"剥夺敌人的抵抗力"，不是要完全消灭其肉体）。古代战争，用矛用盾：矛是进攻的，为了消灭敌人；盾是防御的，为了保存自己。直到今天的武器，还是这二者的继续。轰炸机、机关枪、远射程炮、毒气，是矛的发展；防空掩蔽部、钢盔、水泥工事、防毒面具，是盾的发展。坦克，是矛盾二者结合为一的新式武器。进攻，是消灭敌人的主要手段，但防御也是不能废的。进攻，是直接为了消灭敌人的，同时也是为了保存自己，因为如不消灭敌人，则自己将被消灭。防御，是直接为了保存自己的，但同时也是辅助进攻或准备转入进攻的一种手段。退却，属于防御一类，是防御的继续；而追击，则是进攻的继续。应该指出：战争目的中，消灭敌人是主要的，保存自己是第二位的，因为只有大量地消灭敌人，才能有效地保存自己。因此，作为消灭敌人之主要手段的进攻是主要的，而作为消灭敌人之辅助手段和作为保存自己之一种手段的防御，是第二位的。战争实际中，虽有许多时候以防御为主，而在其余时候以进攻为主，然而从战争的全体来看，进攻仍然是主要的。

（六九）怎样解释战争中提倡勇敢牺牲呢？岂非与“保存自己”相矛盾？不相矛盾，是相辅相成的。战争是流血的政治，是要付代价的，有时是极大的代价。部分的暂时的牺牲（不保存），为了全体的永久的保存。我们说，基本上为着消灭敌人的进攻手段中，同时也含了保存自己的作用，理由就在这里。防御必须同时有进攻，而不应是单纯的防御，也是这个道理。

（七〇）保存自己消灭敌人这个战争的目的，就是战争的本质，就是一切战争行动的根据，从技术行动起，到战略行动止，都是贯彻这个本质的。战争目的，是战争的基本原则，一切技术的、战术的、战役的、战略的原理原则，一点也离不开它。射击原则的“荫蔽身体，发扬火力”是什么意思呢？前者为了保存自己，后者为了消灭敌人。因为前者，于是利用地形地物，采取跃进运动，疏开队形，种种方法都发生了。因为后者，于是扫清射界，组织火网，种种方法也发生了。战术上的突击队、钳制队、预备队，第一种为了消灭敌人，第二种为了保存自己，第三种准备依情况使用于两个目的——或者增援突击队，或者作为追击队，都是为了消灭敌人；或者增援钳制队，或者作为掩护队，都是为了保存自己。照这样，一切技术、战术、战役、战略原则，一切技术、战术、战役、战略行动，一点也离不开战争的目的，它普及于战争的全体，贯彻于战争的始终。

（七一）抗日战争的各级指导者，不能离开中日两国之间各种互相对立的基本因素去指导战争，也不能离开这个战争目的去指导战争。两国之间各种互相对立的基本因素展开于战争的行动中，就变成互相

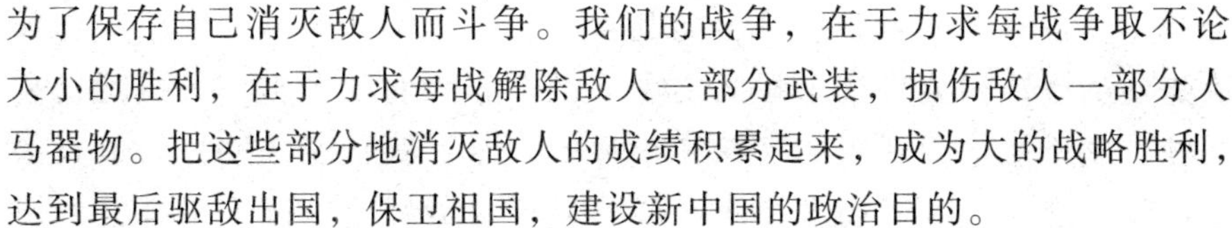
为了保存自己消灭敌人而斗争。我们的战争，在于力求每战争取不论大小的胜利，在于力求每战解除敌人一部分武装，损伤敌人一部分人马器物。把这些部分地消灭敌人的成绩积累起来，成为大的战略胜利，达到最后驱敌出国，保卫祖国，建设新中国的政治目的。

·兵民是胜利之本

（一一一）日本帝国主义处在革命的中国面前，是决不放松其进攻和镇压的，它的帝国主义本质规定了这一点。中国不抵抗，日本就不费一弹安然占领中国，东四省的丧失，就是前例。中国若抵抗，日本就向着这种抵抗力压迫，直至它的压力无法超过中国的抵抗力才停止，这是必然的规律。……那些希望日本资产阶级中和派出来停止战争的，仅仅是一种幻想而已。日本的资产阶级中和派，已经作了地主和金融寡头的俘虏，这是多年来日本政治的实际。日本打了中国之后，如果中国的抗战还没有给日本以致命的打击，日本还有足够力量的话，它一定还要打南洋或西伯利亚，甚或两处都打。欧洲战争一起来，它就会干这一手；日本统治者的如意算盘是打得非常之大的。当然存在这种可能：由于苏联的强大，由于日本在中国战争中的大大削弱，它不得不停止进攻西伯利亚的原来计划，而对之采取根本的守势。然而在出现了这种情形之时，不是日本进攻中国的放松，反而是它进攻中国的加紧，因为那时它只剩下了向弱者吞剥的一条路。那时中国的坚持抗战、坚持统一战线和坚持持久战的任务，就更加显得严重，更加不能丝毫泄气。

（一一二）在这种情况下，中国制胜日本的主要条件，是全国的团结和各方面较之过去有十百倍的进步。中国已处于进步的时代，并已有了伟大的团结，但是目前的程度还非常之不够。日本占地如此之广，一方面由于日本之强，一方面则由于中国之弱；而这种弱，完全是百年来尤其是近十年来各种历史错误积累下来的结果，使得中国的进步因素限制在今天的状态。现在要战胜这样一个强敌，非有长期的广大的努力是不可能的。应该努力的事情很多，我这里只说最根本的两方面：军队和人民的进步。

（一一三）革新军制离不了现代化，把技术条件增强起来，没有这一点，是不能把敌人赶过鸭绿江的。军队的使用需要进步的灵活的战略战术，没有这一点，也是不能胜利的。然而军队的基础在士兵，没有进步的政治精神贯注于军队之中，没有进步的政治工作去执行这种贯注，就不能达到真正的官长和士兵的一致，就不能激发官兵最大限度的抗战热忱，一切技术和战术就不能得着最好的基础去发挥它们应有的效力。我们说日本技术条件虽优，但它终必失败，除了我们给以歼灭和消耗的打击外，就是它的军心终必随着我们的打击而动摇，武器和兵员结合不稳。我们相反，抗日战争的政治目的是官兵一致的。在这上面，就有了一切抗日军队的政治工作的基础。军队应实行一定限度的民主化，主要地是废除封建主义的打骂制度和官兵生活同甘苦。这样一来，官兵一致的目的就达到了，军队就增加了绝大的战斗力，长期的残酷的战争就不患不能支持。

（一一四）战争的伟力之最深厚的根源，存在于民众之中。日本敢于欺负我们，主要的原因在于中国民众的无组织状态。克服了这一缺点，就把日本侵略者置于我们数万万站起来了的人民之前，使它像一匹野牛冲入火阵，我们一声唤也要把它吓一大跳，这匹野牛就非烧死不可。我们方面，军队须有源源不绝的补充，现在下面胡干的“捉兵法”、“买兵法”，亟须禁止，改为广泛的热烈的政治动员，这样，要几百万人当兵都是容易的。抗日的财源十分困难，动员了民众，则财政也不成问题，岂有如此广土众民的国家而患财穷之理？军队须和民众打成一片，使军队在民众眼睛中看成是自己的军队，这个军队便无敌于天下，个把日本帝国主义是不够打的。

（一一五）很多人对于官兵关系、军民关系弄不好，以为是方法不对，我总告诉他们是根本态度（或根本宗旨）问题，这态度就是尊重士兵和尊重人民。从这态度出发，于是有各种的政策、方法、方式。离了这态度，政策、方法、方式也一定是错的，官兵之间、军民之间的关系便决然弄不好。军队政治工作的三大原则：第一是官兵一致，第二是军民一致，第三是瓦解敌军。这些原则要实行有效，都须从尊重士兵、尊重人民和尊重已经放下武器的敌军俘虏的人格这种根本态度出发。那些认为不是根本态度问题而是技术问题的人，实在是想错了，应该加以改正才对。

（一一六）当此保卫武汉等地成为紧急任务之时，发动全军全民的全部积极性来支持战争，是十分严重的任务。保卫武汉等地的任务，

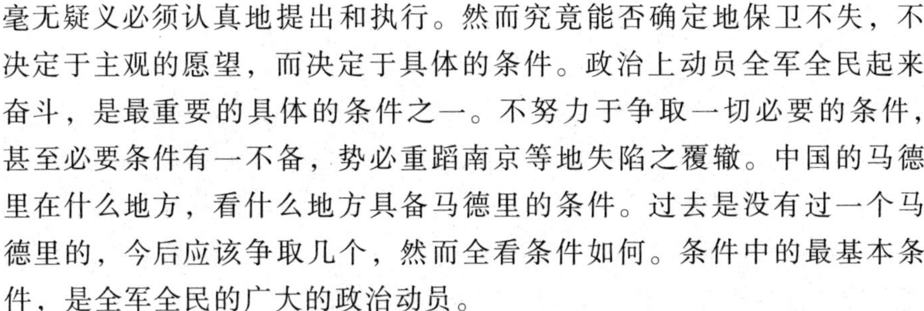

毫无疑义必须认真地提出和执行。然而究竟能否确定地保卫不失，不决定于主观的愿望，而决定于具体的条件。政治上动员全军全民起来奋斗，是最重要的具体的条件之一。不努力于争取一切必要的条件，甚至必要条件有一不备，势必重蹈南京等地失陷之覆辙。中国的马德里在什么地方，看什么地方具备马德里的条件。过去是没有过一个马德里的，今后应该争取几个，然而全看条件如何。条件中的最基本条件，是全军全民的广大的政治动员。

（一一七）在一切工作中，应该坚持抗日民族统一战线的总方针。因为只有这种方针才能坚持抗战，坚持持久战，才能普遍地深入地改善官兵关系、军民关系，才能发动全军全民的全部积极性，为保卫一切未失地区、恢复一切已失地区而战，才能争取最后胜利。

（一一八）这个政治上动员军民的问题，实在太重要了。我们之所以不惜反反复复地说到这一点，实在是没有这一点就没有胜利。没有许多别的必要的东西固然也没有胜利，然而这是胜利的最基本的条件。抗日民族统一战线是全军全民的统一战线，决不仅仅是几个党派的党部和党员们的统一战线；动员全军全民参加统一战线，才是发起抗日民族统一战线的根本目的。

（选自《毛泽东选集》（第二卷），人民出版社，1991 年版，第 474 ~ 512 页。）

6.6.3　毛泽东：十大军事原则

我们的军事原则是：（1）先打分散和孤立之敌，后打集中和强大之敌。（2）先取小城市、中等城市和广大乡村，后取大城市。（3）以歼灭敌人有生力量为主要目标，不以保守或夺取城市和地方为主要目标。保守或夺取城市和地方，是歼灭敌人有生力量的结果，往往需要反复多次才能最后地保守或夺取之。（4）每战集中绝对优势兵力（两倍、三倍、四倍、有时甚至是五倍或六倍于敌之兵力），四面包围敌人，力求全歼，不使漏网。在特殊情况下，则采用给敌以歼灭性打击的方法，即集中全力打敌正面及其一翼或两翼，求达歼灭其一部、击溃其另一部的目的，以便我军能够迅速转移兵力歼击他部敌军。力求避免打那种得不偿失的，或得失相当的消耗战。这样，在全体上，我们是劣势（就数量来说），但在每一个局部上，在每一个具体战役上，我们是绝对的优势，这就保证了战役的胜利，随着时间的推移，我们就将在全体上转变为优势，直到歼灭一切敌人。(5) 不打无准备之仗，不打无把握之仗，每战都应力求有准备，力求在敌我条件对比下有胜利的把握。(6) 发扬勇敢战斗、不怕牺牲、不怕疲劳和连续作战（即在短期内不休息地接连打几仗）的作风。(7) 力求在运动中歼灭敌人。同时，注重阵地攻击战术，夺取敌人的据点和城市。(8) 在攻城问题上，一切敌人守备薄弱的据点和城市，坚决夺取之。一切敌人有中等程度的守备、而环境又许可加以夺取的据点和城市，相机夺取之。一切敌人守备强固的据点和城市，则等候条件成熟时然后夺取之。(9) 以俘获敌人的全部武器和大部人员，补充自己。我军人力物力的来源，主要在前线。(10) 善于利用两个战役之间的间隙，休息和整训部队。休整的时间，一般地不要过长，尽可能不使敌人获得喘息的时间。以上这些，就是人民解放军打败蒋介石的主要的方法。这些方法，是人民解放军在和国内外敌人长期作战的锻炼中产生出来，并完全适合我们目前的情况的。蒋介石匪帮和美国帝国主义的在华军事人员，熟知我们的这些军事方法。蒋介石曾多次集训他的将校，将我们的军事书籍和从战争中获得的文件发给他们研究，企图寻找对付的方法。美国军事人员曾向蒋介石建议这样那样的消灭人民解放军的战略战术，并替蒋介石训练军队，接济军事装备。但是所有这些努力，都不能挽救蒋介石匪帮的失败。这是因为我们的战略战术是建立在人民战争这个基础上的，任何反人民的军队都不能利用我们的战略战术。在人民战争的基础上，在军队和人民团结一致、指挥员和战斗员团结一致以及瓦解敌军等项原则的基础上，人民解放军建立了自己的强有力的革命的政治工作，这是我们战胜敌人的重大因素。

（选自《目前形势和我们的任务》，载《毛泽东选集》（第四卷），人民出版社，1991 年版，第 1247～1248 页。）

第七章

当代西方主流安全战略思维

国际主流安全战略思维从来就是在世界上占主导地位国家的思维。随着美国由经济实力到国际影响全面取代英国，当代世界从第一次世界大战结束开始，美国的理想主义与现实主义安全战略思维逐渐成为西方居主流地位的安全战略思维。

7.1.1　伍德罗·威尔逊：十四点计划

伍德罗·威尔逊（Thomas Woodrow Wilson，1856～1924年），1902年担任普林斯顿大学校长，1911年当选新泽西州州长，1913年入主白宫，成为美国第28届总统。1918年1月8日，其在国会演说中提出了著名的“十四点原则”，作为实现战后“世界的和平纲领”，这是美国登上国际舞台后第一次为世界和平设计的蓝图。威尔逊主义的核心是：人性善，在国际政治中应当遵循道德律令和多边律令，一个国家不能单靠自己来寻求安全，而应当通过多边组织或国际组织来寻求共同安全，这才是世界和平的保障，“要让世界为民主提供安全保障”。威尔逊由此被称为理想主义学派“最雄辩的和最有影响的代言人”。

伍德罗·威尔逊总统于1918年1月8日在美国国会发表演说，提出“十四点原则”作为建立“世界和平的纲领”。其内容为：1. 公开地达成和平条约，不得附有任何秘密的国际谅解。2. 无论平时或战时，必须保证领海以外的公海航行绝对自由。3. 取消一切经济壁垒，建立平等的贸易关系。4. 各国军备必须保证裁减至符合维持国内安全的最低限度。5. 对所有关于殖民地的要求作出公正的调整。此种调整必须严格遵守如下原则：在决定其主权问题时，必须重视殖民地居民的利益。6. 从俄国领土上撤出外国军队，保证使俄国能独立决定自己的政治发展和国家政策，保证它能在自己选择的制度下进入自由国家的社会。7. 从比利时撤军，恢复比利时的领土和主权。8. 被侵占的法国领土必须归还法国，1871 年普鲁士在阿尔萨斯—洛林问题上对法国的侵犯必须予以纠正。9. 意大利边界的调整必须按照明显的民族界线来实现。10. 奥匈帝国统治下的各民族必须给予最自由的机会，使之获得自治的发展。11. 必须从罗马尼亚、塞尔维亚和门的内哥罗撤出外国军队，被占领土必须归还；塞尔维亚应获得出海口；巴尔干各国间的相互关系应以历史上建立起来的政治归属和民族界线为准则；对巴尔干各国的政治经济独立和领土完整应予以国际保证。12. 保证奥斯曼帝国对目前土耳其部分的主权，同时必须保证受土耳其统治的其他民族生活的真正安全和自治发展的机会。保证达达尼尔海峡作为所有国家的自由通道永远开放。13. 建立独立的波兰国，并使之获得一个自由的稳固的出海口；用国际条约保证波兰的独立和领土完整。14. 建立国际联盟，以使大小国家都能相互保证政治独立和领土完整。十四点计划在 1918 年 11 月 4 日为协约国所接受，但附有下述保留条件：它们在公海航行自由问题上有自行处置的“完全自由”，“德国应对协约国和平居民的生命和财产的一切损失进行赔偿”。后一条成为以后拟定协约国与德国和平条约的法律基础。

（转引自刘绪贻、李世洞主编：《美国研究词典》，中国社会科学出版社，2002 年 6 月版，第 798 ~ 799 页。）

7.2.1　E. H. 卡尔：国际秩序（选粹）

E. H. 卡尔（Edward Hallett Carr，1892 ~ 1982 年），英国人，是当代国际关系现实主义理论大师，《20 年危机（1919 ~ 1939）：国际关系研究导论》是卡尔的代表作，是现实主义理论发展中里程碑式的经典理论著作，引发了国际关系学的第一次学理论战，为第二次世界大战之后现实主义的发展奠定了基础。至今，这部著作仍然是国际关系专业学生和学者的必读书，理所当然也是国际安全战略思维研究的必读书。书中阐述的观点对现实主义学派的发展产生了很大的影响。在这部著作中，卡尔将国际关系思想划分为理想主义（乌托邦主义）和现实主义两大流派，分析了两次世界大战期间的国际局势，批判了当时占据主导地位的理想主义，阐述了现实主义的国际政治理论。他批判了理想主义六大弊端：以应该如何替代现实如何；将道义绝对化；过分强调和谐，忽视冲突；忽视权力作用；过分强调国际法和国际组织的作用；世界政府不可能出现。这六点深深击中理想主义的要害。书中提出的基本论点，诸如国际体系处于无政府状态，权力在国际关系中具有重大的作用，国家之间存在根本的利益冲突等，都成为现实主义国际关系理论的核心命题，本文选自该书的第九章。由于两次大战的破坏，战争期间大批著名学者逃亡或移居美国（如摩根索、霍夫曼、多伊奇、基辛格等），战后美国的崛起，西方国际关系研究的中心就从西欧移到了美国，便如霍夫曼所说："卡尔的最初努力未能在欧洲生根，反而在美国开花结果。"

· 旧秩序的终结

危机时期是历史上司空见惯的事情。1919 年至 1939 年 20 年危机时期的典型特征是，人们从前十年满怀虚幻的希望陡然跌落到后十年充满悲凉的失望，从无视现实的乌托邦理想状态陷入了断然剔除任何理想成分的现实中去。

这种乌托邦思想的第一个最明显的悲剧是它凄惨的崩溃以及这种崩溃所带来的绝望。

100 多年以来，冲突的现实悄悄地溜出了西方文明中思想家的视野。20 世纪 30 年代的人们，面对世界的自然状态，既感到震惊，又茫然困惑。18、19 世纪只有在文明人和野蛮人之间才发生的那些残酷行为现在却发生在文明人群之间。极权主义显然不是危机的原因，而是危机的结果。极权主义不是疾病本身，而是疾病的症状。危机在哪里发生，哪里就会出现这样的症状。

乌托邦主义崩溃的第二个悲剧比较微妙。它来自第一个悲剧，同时又加重了后者的悲剧色彩。在19世纪后半期，冲突日益严重，已经危及了利益的和谐。当时，一剂达尔文主义的猛药挽救了世界的理性。人们承认了冲突这一现实。但是，冲突是以强者的胜利而告终的，强者的胜利自然是进步的条件。于是，弱者的牺牲拯救了人类的荣誉。

我们既不能接受达尔文主义，也不能接受利益自然和谐论。前者认为，强者的利益就是整体的利益，因此毫无愧疚地盘算着怎样消灭弱者；后者过去曾经扎根于现实，但现在却丢失了现实的根基，因而必然成为特权阶层维护既得利益的口实。这两种理论都已无法成为国际道德的基础。由于它们的失败，我们没有现成的方法去解决如何协调国家利益和世界社会利益这一问题。国际道德正处于消散流失的状态。

我们沿着什么方向才能找到国际道德复兴的路途呢？当然，国际道德可能无法得以复兴，世界可能正在滑向一个倒退和混乱的时期，现有的社会形态会土崩瓦解，新的社会模式终将以某种熟悉的形式呈现出来。如果情况如此．那就不可能是一种短暂的、没有痛苦的经历。那些相信世界革命是通向乌托邦的捷径的人完全无视历史的教训；近年来，持这种观点的人数似乎是减少了。有人曾经认为、闹革命而不是在绝望中逃避才是世界的出路。我们没有埋由继续相信这种观点了。我们的使命是探讨国际秩序崩溃的缘由，是要发现在什么基础之上才能够重建国际秩序。这个问题像其他政治问题一样，必须从权力和道德并重的视角予以考虑。

· 国际新秩序中的权力

在任何政治秩序中，权力都是不可或缺的组成部分。从历史上看，在过去，向世界社会迈进的每一种途径都是伴随着一个大国的崛起而产生的。

现在，大多数英国人意识到，19世纪使英国得以全面崛起的那些条件已经不复存在。但是，他们有时仍然自我安慰，梦想英国的主导地位并没有完全消失，而是转化为一个更高级、更有效的形式，这就是讲英语的人民共同崛起。不列颠治下的和平将继续发挥作用，成为盎格鲁—撒克逊统治下的和平，位于英美两国之间的英国自治领地会被巧妙地融入英美合作的框架之中。这种浪漫的想法可以回溯到19世纪最后的几年。当时，英国已经意识到作为世界主导国家的负担越来越重，也有人提出建立基于英美伙伴关系的世界帝国。

1922年的《华盛顿海军条约》或多或少地是英国有意识的要求，希望在管理世界事务中与美国享有同等的伙伴地位。在两次世界大战之间的年代里，英国政治家一再重提这个要求。当然，美国表现出来的敏感也使英国政治家采取了保留和谨慎的态度。

在大西洋彼岸，却是一派完全不同的景象。美国不是一家老公司，自然不会迫切希望在两国伙伴关系中注入新鲜血液，以此恢复自己的活力。美国是一个年轻力壮、生机勃勃的国家，依靠的是自己的实力。但是，它并不清楚自己的实力可以使它发挥多大的作用。直到世纪之交，美国才公开要求被承认为世界大国。但是，不久之后，美国领导人就开始产生占据世界主导地位的念头。……这个梦想终于成真。1918年，在几乎一致赞同的情况下，世界领导权被交付于美国。当时的世界领导权已被削弱，但这并不意味着它在未来某个时候不会再度掌握在强国手中。如果历史先例还有借鉴价值的话，那么，在分裂和虚弱的欧洲实施美利坚治下的和平，比建立基于英语国家平等伙伴关系之上的盎格鲁—撒克逊治下的和平要更加容易。

· 国际新秩序中的道德

所有关于世界秩序依赖于一个超强国家崛起的理论，都有一个难以避免的缺陷：这些理论最终都承认强者有权占据世界的领导地位。罗马治下的和平是罗马帝国主义的产物；不列颠治下的和平是英国帝国主义的产物。美国在拉丁美洲实施的“睦邻友好”政策，不是对抗“美国帝国主义”的措施，而是美国帝国主义政策的继续和结果，因为只有强者才能够一方面维护自己的主导地位，一方面维持“友好睦邻”关系。所以，在理论上没有理由剥夺其他国家追求世界主导地位的权利。

无视权力因素是乌托邦意识。但是，如果无视世界秩序中的道德因素，则是一种不现实的现实主义思想。在国家之内，每个政府都需要权力支撑自己的权威，但它同样需要被统治者的许可作为自己的道德基础。国际秩序也是如此，它不能仅仅建立在权力的基础之上。原因很简单：从长远看，人类总要反抗赤裸裸的权势。任何国际秩序的先决条件都是高度的普遍认可。如果我们夸大道德可能起到的作用，我们势必感到失望。政治具有致命的两重性，总会使对道德的考虑与对权力的考虑缠绕在一起。我们永远也不会建立起一种政治秩序，使弱者和少数人的要求会与强者和多数人的要求受到同样及时的重视。权力可以打造为权力服务的道德，强制可以有效地达成意见的一致。在考虑到所有这些因素之后，还有一个需要注意的因素：国际新秩序和新的国际利益和谐只能建立在一个上升大国的基础之上，这个大国至少要被普遍认为是容忍度高、非强制性的，至少要比其他任何可能的替代方式更能得到人们的接受。创造这些条件是一个或诸个上升大国的道德责任。

（选自 E. H. 卡尔著，秦亚青译：《20 年危机（1919 ~ 1939）：国际关系研究导论》，世界知识出版社，2005 年 1 月版，第 204 ~ 213 页。）

7.3.1　卡尔·多伊奇：一体化理论（节选）

卡尔·多伊奇（Karl Deutsch，1912 ~ 1992 年），美国著名国际政治学者、科学行为主义学派的主要代表人物、哈佛大学政治学教授。1912 年 7 月 21 日生于捷克，青年时代在布拉格攻读法律和政治学，获博士学位。1948 年加入美国国籍。1951 年在哈佛大学再次获博士学位，接着在麻省理工学院、耶鲁大学任教。1967 年起任哈佛大学政治系教授，曾先后兼任普林斯顿大学、芝加哥大学、斯坦福大学、日内瓦大学、巴黎大学、苏黎士大学的客座教授。现在是美国艺术科学学院院士、全美政治学学会理事。其主要代表著作有：《民族主义和社会沟通》（1953 年）、《政治联合与北大西洋地区》（1957 年）、《政治的神经》（1963 年）、《国际关系分析》（1968 年）、《政治学的数学研究方法》（1973 年）。力图用心理学、数学的方法精准地分析国际冲突。其对后人启迪颇多：一体化理论揭示在联系中把握世界，对后人的相互依存论影响巨大；沟通理论重视行为体间的沟通以促进一体化，极有见地；博弈理论提供了研究冲突的重要模式，至今还被广泛应用。但是，复杂的国际问题不可能简单求解，更由于心理学的不够成熟，企图对国际行为进行心理分析，也只能停留在经验的水平。

·国际一体化和超国家一体化

……

一体化可以比作权力，因为我们知道，权力可以被看作一种关系，其中至少某个行动者在不存在权力的情况下，就会用不同的方法去行动。一体化的领域和权力的领域一样，由地理上结合在一起的全体居民组成。像权力一样，一体化也有其行为范畴，它是适于一体化关系的诸方面行为集成的。像英格兰和威尔士不仅通过现代福利国家的许多政策在政治上达到一体化，而且通过由它们共同的国家支持的并由君主领导的英格兰教会在宗教上达到一体化。但是，在美国（尽管在其他许多方面实行了一体化）就没有各州间的（像马萨诸塞、马里兰、犹他，内华达和纽约这些有不同传统的州）官方的宗教的一体化。联合国成员间实现的一体化则更是微乎其微。

政治一体化的范围或许也可与权力的范围相比。我们可以把一体化的范围看作是由使一体化关系得以保存的、对其成员实行的一系列赏罚所组成。这一范围对于一些小的国际组织来说也许是不太合适的，因为这些组织对于其成员国来说没什么太大的重要性，它们的成败存亡对其成员国来说也是得失甚微。然而，这种正反两方面的一体化约束所起的作用可以是很大的：成功会带来巨大的收获与希望，失败或分离则会受到严厉的惩罚。……

一个一体化系统应内聚到这种程度，它能够承受压力和紧张，能保持平衡，防止分裂。一个系统能够承受的紧张越厉害，我们可以说它的内聚性越大。在十九世纪各自完成了民族统一的德国和意大利就获得了这种内聚力和稳定性，这可以从它们在遭受了第一、第二次世界大战的惨祸之后没有一个成员地区试图脱离的事实看出来。而1918年的类似的危机却瓦解了奥匈帝国和英意联盟。

一体化的四个方面——领域、范畴、范围、力量——的差异，将有助于我们区分一体化政治共同体的不同类型：

具有全部领域的共同体我们称作“世界性的”，例如万国邮政联盟在原则上，而且差不多在实践中都不同于那些其成员仅限于一些特定国家的地区性共同体（如阿拉伯联盟，或比利时、荷兰、卢森堡的比荷卢关税同盟）。国际组织的有限能力使它只能择其中一种。有的组织能为全世界提供定向服务，例如国际电讯联盟，它在众多的国家间协调国际电报的服务项目，它对所有有资格的申请国都是开放的。有的组织或共同体则可在限定的某个特殊的地区或国家集团中承担广泛多样的散向服务。在邦联条例（1781～1791）下的美国就是后一种共同体，在联邦宪法（1791 年批准）下的美国就更是如此。

在评述由于领域和范畴的区别而产生的国际组织和共同体的不同形式之前，我们必须首先明确“政治共同体”概念的含义。政治共同体是由政治行为者组成，他们之间的充分的相互依存对相互间的一些有关决定的结果足以产生根本性的影响。根据这个最基本的定义，共同体简单说来就是相应的相互依存程度，不管其中的政府和人民是否意识到这点，这是个客观的事实。一场比赛中的两个对手，或是竞争、冲突中的两个国家，在这一最基本的但是现实的意义上，乃是一个共同体中的成员，不管他们是否喜欢，其中任何一方行为的结果在极大程度上均取决于另一方的行动。

如果有关的两个单位、集团或国家意识到他们之间的相互依存，抑或意识到其相互依存的程度，他们也许会据此而修正他们的行为。他们也许会像个共同体成员那样行动，会充当竞争或合作的角色以适应于与他们密切有关的在经济、战略或政治等方面的相互依存。如果这基本上是个冲突的共同体，对于 A 有利的即是对 B 的打击或处罚，他们就会像竞争者或敌手一样行动，如果他们的利益是共同的，并依赖于他们协调的行动，他们就是处于一个积极的利益共同体中，并会努力进行合作．然而，无论是合作还是冲突，他们都会以共同体成员的方式行动，而完全不同于他们过去所采取的方式。

冲突的共同体将其成员（无论是个人，集团还是民族）集中于一种相互冲突在整体上或极大程度上处支配地位的关系中。可是，有趣的是，尽管在他们的“传统”或“世袭”的对手中间通常很少或几乎不存在一体化，结果却像许多历史和哲学学者们所观察到的那样，其人民和国家趋向于以许多方式显示出他们所恨的东西。爱尔兰的爱国者乔治·拉塞尔（他以笔名写作）曾经指出，一些最英国化的爱尔兰人，也就是那些声称最憎

恨英国的人。

最通常的情况是，许多民族被共同卷入一个以成分混杂、各怀动机的争斗为特征的共同体。他们的利益在一些重要方面是对立的，但是在另一些方面他们又得益于相互间的协调行动。在这种情况下，如果存在着明显的可以被双方接受的“最佳解决方案”的话，那么它就能帮助双方协调他们的目标和行动。这种协调的基本形式通常渊源于国际惯例和国际法。

（选自卡尔·多伊奇著，周启朋等译：《国际关系分析》，世界知识出版社，1992年2月版，第268～270页。以下只注页码。）

·相互依存，依赖和促进平等：世界将走哪一条道路？

“世界是个圆形的整体，

象一颗心脏，

如果它被一分为二，

就一定会死亡。”

这几行诗句是捷克的年青诗人乔治·沃克在一次大战后写的，它们引起了当代许多人们情感上的共鸣。……

其他人的设想与此相反：民族国家和民族权力这种最高存在将会在世界政治中世世代代存在下去，就象过去的世世代代的存在一样。在这一点上，至少深孚众望的学者汉斯·摩根索曾提出过，二十世纪将会与十九世纪相似，亚历山大·汉密尔顿、卡米罗伯爵、奥托·冯、俾斯麦的治国本领在本世纪末或更长的时间里仍将给领导人提供现实的教训。……（第348页）

·一体化的稳固性

某种一体化政治共同体可能会度过危难，生存下去，而另一种即便是遇到较小的危难也可能归于崩溃。相互依存是否稳固，就象一体化是否稳固一样，可以根据它已度过的过去的危难程度进行测度或估计。……（第357页）

·相互依存极不平等：帝国主义与依存

然而相互依存并不总是发展为一体化。“相互依存”这个词说明依存是双向的而不是单向的。在国家和其他国际行为者之间，它意味着一种相互影响的关系。行为者A身上发生的事会影响行为者或相反。看上去，这种相互影响似乎是对等的，但其实不然。

如一个大国与一较小的国家相互依存，大国一个相对小的变化可能导致小国的大变化。美国和加拿大通过很多渠道紧密相联，但美国的人口是加拿大的十倍，收入是加拿大的十五倍。加拿大的一位作者说过，“美国打个喷嚏，加拿大就得肺炎。”况且加拿大是与美国类似的工业、文化、政治都高度发达的国家，而且加拿大在其政治生活、对外政策、教育制度、舆论工具等多方面的政策是成功的、自主的，是有自己的方向的。

在其他许多国家中其相互依存也远远不是对等的，如美国与危地马拉，法国与象牙海岸、英国与加纳、苏联与外蒙古、印度与尼泊尔。越是不平等，权力和影响越是单方面发生作用，则穷国和弱国的人民就越喜欢讲“帝国主义”和“依赖”。当今世界，这些词的涵义究竟是什么呢?

·帝国主义：通过新旧手段思想统治

使一国或其人民的命运依赖于另一国统治者的旨意，其方法诸多，而且，纵观历史，似已一一尝试过了。最古老的方法是直接的军事占领和对战败者的吞并，使之置于战胜国的直接的政治统治与控制之下——古罗马称之为imperium（最高权力、绝对统治）。后来法语和英语的empire（帝国）就是由此衍生而来的。这种赤裸裸的强权的imperium意味着通过最高中央政府或统治者对这一地区实行至高无上的政治和军事统治，并通常伴之以强征税收和贡赋。（第358~359页）

7.4.1 莱因霍尔德·尼布尔：基督教现实主义（选粹）

莱因霍尔德·尼布尔（Reinhold Niebuhr，1892~1971年），尼布尔是美国近代著名的神学家、思想家，基督教现实主义的奠基者和代表人物，他的思想和活动深刻影响了20世纪的美国社会，是美国社会变革的推动力量。特别是他所倡

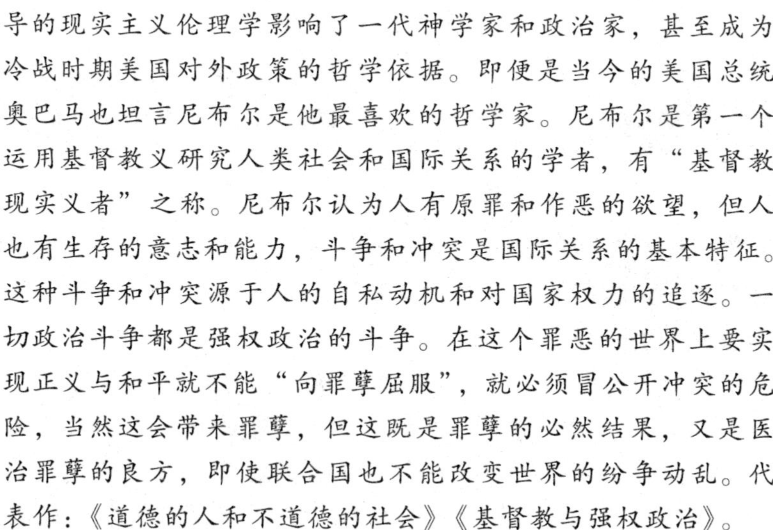
导的现实主义伦理学影响了一代神学家和政治家，甚至成为冷战时期美国对外政策的哲学依据。即便是当今的美国总统奥巴马也坦言尼布尔是他最喜欢的哲学家。尼布尔是第一个运用基督教义研究人类社会和国际关系的学者，有“基督教现实义者”之称。尼布尔认为人有原罪和作恶的欲望，但人也有生存的意志和能力，斗争和冲突是国际关系的基本特征。这种斗争和冲突源于人的自私动机和对国家权力的追逐。一切政治斗争都是强权政治的斗争。在这个罪恶的世界上要实现正义与和平就不能“向罪孽屈服”，就必须冒公开冲突的危险，当然这会带来罪孽，但这既是罪孽的必然结果，又是医治罪孽的良方，即使联合国也不能改变世界的纷争动乱。代表作：《道德的人和不道德的社会》《基督教与强权政治》。

如果我们试图把基督伦理观变成能用来证实我们深谋远虑的有关标准与战略，那么只是把基督伦理观视为终极原则而不认为它应该在罪恶世界里直接服务于实现正义的任务，那是愚蠢透顶的，这样的话就等于把伦理观沦为新的信奉教法（与信奉福音相对）。确切地说，仁爱之律的意义在于它不仅仅是一种法则，而是凌驾于一切之上的法则。

人们可以清楚地看到，只有明智公正的政治家才会不仅尽力避免冲突而且避免在冲突中使用暴力。议会政治中的争斗就是限制政治争斗的一种方法，用以避免为争夺利益而发生暴力冲突，但这种实际的差别和“天国”的伦理观与所有政治策略之间的基本差别却大相径庭。在天国中，从不向人的罪孽让步，而政治策略则认为人有罪孽，试图在自私罪孽的人们中间最大程度地确保和平与正义。

如果和平主义者不急于冲淡基督伦理观使之符合其形式独特的非暴力政治，如果他们并不过于关注基督伦理观和战争事实间明显的差别，他们可能已经注意到，“屈从罪孽”只是我们违犯总伦理观中的一部分，这一戒律我们不仅在战时，而且在日常生活中也常常违犯。他们还注意到公开冲突只是人类存在的特征的一种极端的、生动的展现。这个总伦理观可用两个训喻简练地概括出来，即“不必为生命担忧”和“像爱自己一样爱他人”。但事实上，“担忧”是和人类自由相伴而生的，而且担忧是不可避免的罪孽之本，它体现于每个人的活动和创造力中。不折不扣地遵从“不必为生命担忧”这个训喻的人是找不到的，这就是人的罪孽酿成的悲剧，这是依赖上帝却寻求启主自足的人的悲剧。同样。也没有生灵不违背“像爱自己一样爱他人”这条训喻，没有谁像理想主义者那样执迷不悟，他们喋喋不休地告诉人们，“只要”各个国家遵从基督法则，战争就可以避免。

人类集体生活的道德水准无疑要比个人生活的道德水准低，然而个人生活中却体现了种族和国家生活的特征。傲慢和渴求强权的罪孽以及由此产生的暴政和非正义在个别人的生活中也处处可见。

和平主义者不懂人的本质和仁爱之律与人的罪孽之间的矛盾密切相关。他们看不出罪孽把冲突带到世界上，即使是最亲密的关系也无法摆脱冲突。他们仅仅断言“如果”人们互相亲善，一切复杂的，有时是可怕的现实政治秩序就可绝处逢生。他们不明白这个“如果”是以了解人类历史最根本问题为条件的。因为人是有罪孽的人，所以只有一方面通过某种程度的压制，另一方面通过对压制和暴政的反抗，正义才能实现。人们的政治生活必然会不断地在前有岩礁妖魔的无政府状态和后有漩涡的暴政状态之间摇摆不定。

人的利己主义使得人们不可能在纯自愿的基础上进行大规模合作，政府必须进行强制，然而这种强制就会产生罪孽。如果为压制强权而不是为社会福利目的服务，随时都会存在危险。我们不能笃信任何统治阶级或大国的动机，这就是为什么对权力中心加以民主制衡之非常重要的原因。如果一个统治阶级、一个国家或一个种族侵犯了已建立起来的相对正义的标准，就有必要加以抵制，这种抵制就意味着战争。它未必是公开的暴力或冲突，但如果反抗暴政的人对暴力公开表示反对，暴虐的强权则只需以使用暴力的威胁来对付非暴力的压力致使反抗者保持沉默就够了。

不承认罪孽给世界带来冲突，意味着主张以暴政克服无政府状态(战争)，而这种主张是不近情理、不合道德的。如果有人说只要不向暴政挑战，它会自行消亡，那最好的回答是，如果不抵抗，暴政将继续加强。如果暴政受到抵抗，就必须冒公开冲突的危险。有人主张别的国家不要抵抗德国的暴政，因为德国会适可而止，这种主张只注重国内战争，而不注重国际战争，从道义上也是讲不通的。而且这种主张还没有考虑到，一个暴政国家会强大起来以致于无法用纯国内压力

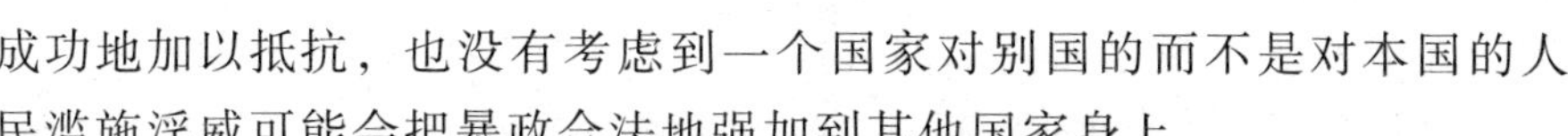

成功地加以抵抗，也没有考虑到一个国家对别国的而不是对本国的人民滥施淫威可能会把暴政合法地强加到其他国家身上。

和平主义者就下面这一点是完全正确的：他们宣称仁爱是真正的生命法则。仁爱不是和人类历史毫不相关的某种最终可能性。人的自由，人超越自然局限和传统的历史社会条件的行为，使得不符合仁爱之律的各种人类社会自惭形秽。仁爱之律因此仍然是对一切社会形式进行批判的原则，在这些社会里强制和冲突破坏了最亲密的伙伴关系。

以基督王国的眼光看人类社会就知道，在所有政治秩序用之以确立正义的权宜之计中，总有罪孽的因素，这就是为什么看来是最稳定的正义也会周期性地蜕变为暴政或无政府状态。但是必须承认，政治中的罪孽因素是不可能消除的。用圣奥古斯丁的话来说，它们既是罪孽的必然结果，又是罪孽的医治良方，基督教义应该使我们相信，政治纷争总是有罪之人相互间的冲突而不是正义之人和有罪之人之间的冲突。它否定了在所有人类冲突中必然会出现正义的看法。悔悟精神是正义感的重要组成部分，如果这种精神很强烈，它可能会抑止住复仇的冲动，体面的正义才能出现。不可否认，一次大战后基督徒的良心没能遏止复仇的行为，目前欧洲在估计二次大战的后果时，又面临着这么一个重要的问题。显然，喜好以正义自居过去也常常成为复仇的主要动力。和平主义者从事实得出结论说，正义离不开惩罚，但我们不应该因此就与敌人进行抗争。这种论点未指出如果屈服于敌人则将受到更残酷的惩罚。

基督教的终极原则与任何正义问题始终是密切相关的，它们为每个社会形态提供理想的可能性，但这不意味着它们能简单地取代当前相对正义的手段。有人认为，所谓的民主国家无权抵御暴政公开形式，因为它们各自的历史违背帝国主义的动机，这种看法只有当它使任何国家都可能取得彻底的正义并使国家生活完全摆脱帝国主义动机时才有意义可言。然而，这是不可能做到的，因为帝国主义集中体现了人类生存特有的追逐强权的罪孽。和平主义者对此所持的观点，暴露了和平主义完全沉醉于其对待人类本质的幻觉。这该当受责，因为没有任何深知自己心灵的人会屈身于这些幻觉。

从根本上讲，正义有赖于均势，一个人或集体或国家掌握了不应有的权力，如果不用可能的批判和抵抗对这种权力加以抑制，它随时都会无节制地膨胀起来。这种支撑所有正义结构的均势，除非形成一个力量控制中心，否则会变成无政府状态。旨在国际关系中防止非正义产生的均势之所以会有规律地蜕化为公开的无政府状态，原因之一就是还没找到什么方法来建立均势的控制中心和稳定的国际审判制度。

均势不同于和谐的仁爱，它比仁爱要略逊一筹。对于人类的罪孽来说，它是正义的基本条件，这种均势并不排斥仁爱。事实上，没有了仁爱，均势的摩擦和紧张状态会令人无法忍受，但失去了均势，即便是最亲密的关系也会沦为非正义的关系，而仁爱则会成为非正义的保护伞。在这点上，家庭关系对我们很有启发。尽管家庭关系很亲密，但妇女别想从男人那儿得到公正，直到她们获得足够的经济实力向男人的独裁提出挑战时，局面才会改观；从本质上看，这种均衡中的紧张状态会公开化，而公开的紧张状态会转化为冲突。起防止冲突陷入无政府状态作用的权力中心也会堕落成暴政。阻止无政府或暴政产生的锦囊妙计是不存在的。

生灵涂炭是件糟糕事。人与人之间，国家与国家之间的冲突是一场悲剧。如果有谁宣称，无论后果如何都不加入这场大屠杀，基督教徒应该对全社会说，我们对此深为理解并深表敬意。这盖出于坚信人类真正的结局是情同手足，坚信仁爱是生命的法则。我们这些把自己卷入战争的人需要证明，是有独裁者在反对我们，而不是我们认为世界上的战争是天经地义的，不是我们对战争恐怖无动于衷，也不是我们忘记了自己扑朔迷离的行为和动机，以及冒了风险却未从身陷其中的暂时无政府状态捞到长期的好处。

一个典型的现代理性主义者说："如果找不到社会非正义的真正原因，我们就得被迫倒退到荒谬的原罪论的老路上去。"这句话反映了现代理性主义的客观性。基督教原罪思想不为人们所接受，这在非基督教世界是很好理解的。但荒唐的是现代基督教却带着如此悲哀急迫的心情拒绝接受原罪，并煞费苦心地想要证明基督教徒恰恰应该和现代非宗教主义者同样地受到尊重。难道他不是死抱住"人之初性本善"这个同样荒谬的教条不放？难道他不是可怜巴巴地希望，如果教育、社会、政治或经济制度中这样那样的缺点得到纠正，人类就不再会是自己和同类的灾星吗？这种以乐观主义看待人类本性的观点，其困难所在，就是混淆了现代世界中的一切政治问题。现代基督教根本没有

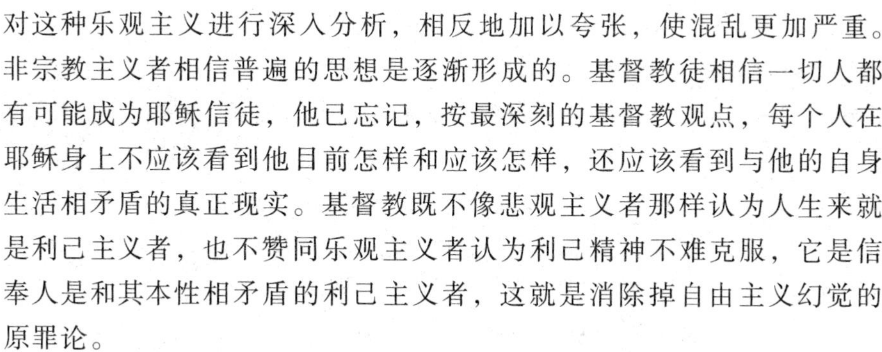

对这种乐观主义进行深入分析，相反地加以夸张，使混乱更加严重。非宗教主义者相信普遍的思想是逐渐形成的。基督教徒相信一切人都有可能成为耶稣信徒，他已忘记，按最深刻的基督教观点，每个人在耶稣身上不应该看到他目前怎样和应该怎样，还应该看到与他的自身生活相矛盾的真正现实。基督教既不像悲观主义者那样认为人生来就是利己主义者，也不赞同乐观主义者认为利己精神不难克服，它是信奉人是和其本性相矛盾的利己主义者，这就是消除掉自由主义幻觉的原罪论。

国际和平、国际政治和国际经济的公正原则及一切社会成就代表了一种不稳定结构，在这种结构里人的利己主义既受到抑制，又被视为天经地义，人类的同情心和爱怜心已经被剥蚀得残缺不全，荡涤殆尽。普遍和平的实现既不能依赖普遍文化也不能依靠普遍仁爱。如果我们是指国家间不折不扣的和谐与人们之间尽善尽美的正义，那么实际上不会有普遍和平之类的东西存在。对西方社会来说，有可能取得较高程度的社会政治一致，以避免完全的无政府状态，但这种可能性有赖于一定程度的政治现实主义，而现在不论是在我们的宗教文化还是世俗文化中都缺少这种现实主义，这种现实主义认为各种社会和平与正义是不堪一击，稍纵即逝的。

正是因为现代人看不到有什么东西能使他在发现人类生存和人类本性的可悲现实后可以摆脱绝望，所以他便拼命地追求人本善的幻觉。理想的基督徒相信，有一种神赐恩惠能克服人类从未成功地加以克服的人类历史的冲突。但实际上现代基督教徒，尤其在美国，更信奉现代世俗主义。如果欧洲发难，只要相信美国不会卷入，就会勇气倍增。其实我们是西方社会的一部分，如果让欧洲暴政得势，不仅天理不容，而且终究会向我们的国家利益提出挑战。然而，我们却不顾一切地企图说服自己一切都不是真的。这就是所有歇斯底里的“使美国置身战外”运动的基础。不论是就芬兰、波兰或中国的情况而言，对侵略的受害者表示任何同情都被诋毁为要将美国拖进战争。

……

真正的问题并不在于运用权力，而在于国家利益与超越国家的普遍价值观之间的关系。每个国家都会尽力维护自身，在和他们发生争斗时，有可能的话它就扩张自己的权力和威望。每个国家都宣称它如此行事不仅是为了自身生存，也是为了超越其存在的某些价值观念，这种说法未必完全是蛊惑人心。事实上，如果还想使可能性变为现实性的话，就不会是彻头彻尾的欺骗。如果在捍卫某一事业的必要性和维护国家整体的要求之间并无共同点，那么没有哪个国家会忠于这样的事业。另一方面，每个国家都自称它从根本上是遵循普遍的价值准则的。就此而言，在所有国家生活中，在所有人类生存中都含有这种欺骗的因素。

（选自莱因霍尔德·尼布尔著，张同俊译：《基督教与强权政治》，第2、7～16、22～30、36～42、75～78、108～109页。）

7.5.1 汉斯·摩根索：现实主义六原则（选章）

汉斯·摩根索（Hans J. Morgenthau，1904～1980年），出生于德国的美国政治科学家，现实主义流派的主要代表人物。认为人的本质是利己的，国家的本质和人的本质是一样的。人为了自身的安全追求权力，国家为了本国的利益也要追求权力，这种都为自身利益而追求的结果，就是在国与国关系中产生相互怀疑和互不信任，乃至国际冲突。因为国家在追求权力的过程中总是希望自己的权力比其他国家更强。不能从道德的角度去对国家的权力加以解释，只有从权力去理解国家行为才是研究国际政治现象的正确途径。代表作：《科学人和强权政治》《国家间政治》。

·国际政治的现实主义理论

本书旨在提出一种国际政治理论，用以检验这个理论的标准不应是先验的和抽象的，而必须是经验的和实用的。换言之，其检验标准不是与现实无关，先入之见的抽象原则与概念，而是这个理论所要达到的目的，即将国际政治中大量凌乱不堪和不易理解的现象理出头绪并赋予意义。这个理论必须经受经验的和逻辑的双重检验。这个理论对事实的解释是否符合实际？它得出的种种结论是否在逻辑上与它的目标一致？简言之，这个理论是否符合事实？理论本身是否符合逻辑？

现实主义理论提出的问题涉及一切政治的本质。现代政治思想的历史是两个不同学派对立的历史，它们对于人类，社会和政治的本质持有根本不同的看法。一个学派相信，富有理性和道义的政治秩序渊源于一些普遍正确的抽象原则，这种秩序随时随地都可以建立。它认为人性本来是善的，并且有无限可塑性。而社会秩序之所以不能达到理性阶段，全由下列因素所致：人们的愚昧和缺乏谅解，社会机构之不合时宜，某些社团和个人的腐败堕落。但它相信，这些缺陷可以通过教育、政策和偶尔诉诸武力而得到改正。

另一学派则认为，这个世界之所以在理性的观念来看是不完美的，正是人类本性固有的各种力量互相作用的结果。要改善这个世界，就必须与这些力量合作，而不应与之对立。世界本来就充满了利益的对立，人类的冲突也是固有的，道德的原则永无充分实现之日。不过，权宜的利益平衡和对冲突的非持久性解决却可使道德的原则得到近乎完善的实现。于是，这个学派便在一种奉行控制和均衡原则的体系中发现了一项适用于一切多元社会的普遍原理。它的依据是历史先例而不是抽象原则，其宗旨不过是让这个世界少一些恶，而不是梦想什么绝对的善。

由于这个理论关心的是活生生的人类天性和不断发生的真实历史过程，因而获得了“现实主义”这一名称以飨读者。那么，什么是政治现实主义的宗旨？目前尚无法就其哲学意义作系统解释，姑列六项基本原则如下，以正视听。

1. 政治现实主义的六项原则

（1）政治现实主义认为，政治同社会一样都受植根于人类本性的客观规律的支配。改善社会，首先得了解这个社会赖以存在的规律。这些规律不以人类的意志为转移，向它挑战必定要冒失败的危险。

现实主义既确信政治有客观规律可循，必然也相信，一个反映这些客观规律的合理的理论（尽管是不完善的和片面的）是可能产生的。现实主义于是进而认为，可以把政治中的真理和看法区别开来。真理是客观和合理的真实在事实的基础上得到理性的阐发，看法仅仅是主观的判断，它脱离事实，为偏见和意愿所左右。

自古代中国、印度和希腊的哲学致力于发现植根于人类本性的政治规律以来，人性至今尚未改变。因此，标新立异在政治理论中未必称好，老一套不一定就坏。人们往往会对某个未经听说的政治理论大加非议，这是一个方面。另一方面对一个已有几百或几千年历史的理论诸如均势理论，就无人指责它陈旧过时，应予废弃。政治理论必须受到理性和经验的双重检验。如因某个理论已盛行了多少世纪就将它打入冷宫，这决非依据理性，而是咬定昔不如今的现代派偏见。把某个诸如此类理论的再度流行说成是“时髦”加以推崇或贬为“陈旧”应予废弃，如此说来，在政治事务中岂非只有看法而无真理了吗？

对现实主义说来，政治理论应包含这两个内容：弄清事实并赋予意义。它认为，只有通过对政治行为及其可预见的结果进行检验，才能搞清某项外交政策的特点。这样，我们便可以发现，政治家们实际上做了些什么，并根据他们的行为结果推测他们的动机。

然而，仅仅检验事实还不够。为了对外交政策的事实素材赋予意义，我们必须首先为政治现实勾划出某种理性的轮廓，也就是一幅可以向人们提示外交政策可能含意的地图。换言之，我们不妨设身处地，设想一位政治家在某种情况下遇到某个外交政策上的问题，那么，这位政治家（假定他一贯从理性出发）可以有哪些选择？他可能做出哪种选择？正是上述这种对事实和结果作合理假定的试验，使我们得以对国际政治的事实赋予意义，从而可能形成一种政治理论。

（2）由权力界定的利益的概念是为政治现实主义在国际政治领域中指明方向的主要路标。这一概念把试图理解国际政策的理性与被理解的事实二者联系起来。它将政治作为一个独立的行为和理解领域而与其他领域诸如经济学、伦理学、美学或宗教等区分开来。如果没有由权力界定的利益的概念，要建立一个（不管是有关国际政治或国内政治的）政治理论几乎是不可能的。因为我们将无从区别政治和非政治的事实，也无从在政治领域内建立一个至少在某种程度上可成体系的秩序。

历史事实证实了现实主义理论的假设，即政治家是根据由权力界定的利益的信条来思考和行动的。这一假设又使我们能够追溯和预测政治家过去、现在和将来在政治舞台上的表演——看他怎样写公文，听他如何与同僚谈话，了解和预测他的思想，如果我们也根据由权力界定的利益的信条来思考（就像他根据这个信条思考一样），作为局外人，就能比这位政治舞台上的演员更清楚地了解他自己的思想和行动。

由权力界定的利益的概念为观察者提出了理智的原则，为政治问题输入了理性的程序，从而使人们能够从理论的角度来理解政治。它为行为者提供了理性的行为原则，并使外交政策具有令人惊异的延续性。这种延续性使无论美国、英国还是苏联的外交政策都表现出一种明智的、合理的统一，而且还符合一定的规矩，尽管相继就任的政治家们各有各的动机、爱好、智力和道德素质。这样，国际政治的现实主义理论将有助于防止出现两种常见的谬误：即过于注重政治家的动机及其意识形态的偏好。

完全根据政治家的动机去寻找外交政策的线索是徒劳无益的，同时容易上当受骗。因为动机是最虚幻的心理上的东西，行为者和旁观者出于各自的利益和感情将它加以歪曲，往往搞得面目全非。其实，我们能说对自己的动机真正了解吗？既然如此，又谈何对他人动机的了解？

即使我们对政治家们的真实动机有所接触，也谈不上能为我们对外交政策的理解带来什么益处，只会使我们大大地失误。确实，对某位政治家动机的了解也许能为我们提供一点线索，来推测他的外交政策的大致方向，但却无法提供对他的外交政策进行预测的线索。历史证明，动机的素质与外交政策的素质之间没有严格的和必要的联系，就像道义素质和政治素质之间也没有联系一样。

即使某位政治家的愿望是好的，我们也不能就此得出结论，认为他的外交政策在道义上是值得赞赏的，在政治上是成功的。根据他的动机，我们可以说他无意推行不道义的政策，但决不能就此说这些政策是可能成功的。如果我们要了解他的行为的道德性和政治性，就不能去看他的动机，而要看他的行为。政治家怀着改善世界的良好愿望，结果却使世界变得更糟，为了寻求达到某个目的，最终却适得其反，这种情况不是比比皆是，难道还少见吗？

……良好的动机能防止人们故意制定有害的政策，但不能保证由此而产生的政策实际上是道义的，政治上是成功的。如果人们想要了解外交政策，重要的不在于政治家的动机，而在于政治家理解外交政策精髓的思想能力，以及将他所理解的转化为成功的政治行动的政治能力。同样，政治家动机的道德性应由抽象的伦理观念加入衡量，而他的才智、意愿和行为的政治性质则由政治理论来加以判定。

国际政治的现实主义理论还可避免产生另一个常见的谬误，那就是将某位政治家推行的外交政策与他的哲学观或政治观等同视之，并由后者推导前者。政治家（尤其是当代政治家）为了获得公众的支持，往往有这样的习惯，爱用自己的哲学观或政治观来表述他提出的外交政策。但他们认为“官方职责”（即根据国家利益来思考和行动）和“个人愿望”（即希望看到自己的道德价值和政治原则在全世界实现）是有区别的，这与林肯的观念迥然不同。政治现实主义不是不要政治理想和道德原则，它也不会宽恕无视政治理想和道德原则的做法，而是力求在主观愿望与实际可能性之间，在无时无处不存在的主观愿望与具体的时空条件所允许的可能性之间，作出明确而截然的区分。

当然，并不是所有的外交政策都能遵循这种理性的、客观的和非感情用事的方向。一切偶然因素诸如个人性格、偏见和主观爱好，以及一切在才智上和制约行动的意志上的弱点，都必然会影响外交政策的理性进程。尤其当外交政策是在民主政体的条件下执行时，这种赢得公众对外交政策支持的需要，不能不使这个政体本身所应具有的理性遭到削弱。不过，作为寻求理性的外交政策理论，必须按其本身要求，暂且把非理性因素抽象掉，从实际经验中归纳出外交政策的理性要素，但也不包含偶尔偏离理性的因素，尽管它们也来自实际。

现实中的国际政治以及由此产生的理性的理论这两者之间的区别，犹如照片与肖像画。照片显示的是肉眼可见的一切，即传其貌，肖像则不同，它并没有把肉眼可见的一切统统表现出来，而是表现或力求表现那个肉眼所不及的东西：画中人的心灵，即传其神。

政治现实主义除具有理论的意义外，尚有规范的意义。它认为，政治现实中充满了偶然性，这些偶然性对外交政策会产生典型化的影响。但是，为了在理论上便于理解，它同一切社会理论一样，需要强调政治现实中的理性因素，因为，正是这些理性因素才使现实为理论所理解。政治现实主义为理性的外交政策提出的理论构架，是经验所永远无法充分取得的。

政治现实主义还认为，理性的外交政策是好的外交政策。因为：只有富有理性的外交政策才能化风险于最小，收利益于极限，从而既做到道德准则所告诫的审慎，又在政治上获得成功。政治现实主义要求政治世界的摄像尽可能接近绘制的肖像。由于好的（即理性的）外交政策与实际中的外交政策之间必然存在差距，政治现实主义因而认为，除了应将理论对准政治现实中的理性因素外，还应使外交政策的道义目的和实践目的符合理性。

因此，认为本书所提出的理论不符合或无法付诸外交政策实践，这是对本书意图的误解。本书的目的不在于对政治现实作不偏不倚的叙述，而在于提出一套富有理性的国际政治理论，因而它的内容不能不有所选择。比如说，现实中很难找到一项完美无缺的均势政策，但现实主义却并不因之束手无策，而是先假定现实在这方面是有所欠缺的。

（3）现实主义理论赋予其核心概念——权力界定的利益的含义并不是永久不变的，利益的概念委实是政治的精髓，它不受时空条件的影响。塔西陀总结古希腊经验说："无论在国家或个人之间，利益的一致是最可靠的纽带。"索尔兹伯里爵士在19世纪旧话重提，他说，要保持国家之间"联盟的纽带——只有消除一切利益冲突"。马克斯·韦伯在本世纪表述了同样的意思，并加以阐发：

直接支配人们行为的，是（物质的和思想的）利益而不是思想。但由思想缔造的"世界形象"却老是起着转换器的作用，它决定着作为动力的利益让行动朝什么方向移动。

然而，在特定的历史时期，利益如何决定政治行动则要看当时外交政策形成的政治和文化背景。各国外交政策过去和今后所追求的目标，大都如出一辙。

关于权力的概念也是如此。权力的内容及行使的方式均由政治、文化环境所决定。所谓权力，就是建立和保持人对人的控制。因而，权力包含了一切为这一目的服务的社会关系，从暴力行为到最微妙的心理联系（人们以此达到对他人的思想控制）。权力包含了人支配人的一切方面，不论在它受到道义目的之约束和西方民主制的宪法的限制时，还是在它仍处于粗暴野蛮状态，即人们尚未发现它的规律，只认识它的力量及其扩张的好处时，都是如此。

政治现实主义认为，当前的外交政策是在极其不稳定和前所未有的大规模暴力威胁的形势下运转的，但这种情况并非不可改变。比如，均势确是一切多元社会的永恒因素，这早就为《联邦党人》撰稿人所熟知，但只有在比较稳定和冲突较小的情况下，例如在美国，均势才能建立。如果那些导致稳定形势的因素能够在国际舞台上再度出现，那么，在某些国家之间已有长期历史的稳定、和平的国际局面也就形成了。

适应于国际关系一般特点的，也适应于作为现阶段外交政策最后归结点的民族国家。现实主义者诚然相信，利益乃判断和指导政治行为的永恒标准，但利益与国家之间的联系达到目前的状况，却是历史的产物，因而必将在历史的进程中消亡。但现实主义者并不因此而认为当今按民族国家划分的政治世界将由某些性质完全不同的，较大的单位取而代之，以便与当代世界的技术状况和道德需要相适应。

在关于如何改造当代世界这个十分重要的问题上，现实主义者与其他学派的看法大相径庭。现实主义者认为，只有通过对那些塑造世界的过去和未来的永恒力量实现巧妙的控制，才能改变世界。现实主义者还认为，政治现实有其内在规律，单凭抽象的理想而拒绝考虑这些规律，是无法改造世界的。

（4）政治现实主义深知政治行为的道德意义，深知成功的政治行动势必与道德上的要求相冲突，出现紧张状况。但它不愿意掩饰或抹杀这种紧张状况，一方面使严酷的政治现实在道义上显得比实际上要令人满意些，另一方面又使道德的法则显得比实际上要宽容些，以此来冲淡道德与政治间的冲突。

现实主义认为，不能根据抽象的公式对各国的政治行为套用普遍的道德原则，而应该考虑具体的时空条件。个人可以说，“即使世界毁灭了，也要主持正义。”作为国家，却无权代表它的人民这样说。个人和国家都应该根据普遍的道德原则诸如自由的原则来判断政治行为。个人可以为了维护这一道德原则而牺牲自己，但国家则无权因不容自由的原则遭到侵犯而妨碍某一政治行动的成功，因为此时激励它的道德原则是民族生存。政治道德无不审慎行之，换言之，必须考虑外表上看来是道德行为的政治后果。因此，现实主义认为，权衡各种政治行动后果的审慎态度，乃是政治中最高尚的美德。抽象的伦理学以道德原则衡量行为，政治伦理学则以政治后果衡量行为。古典哲学和中世纪哲学都认识到这一点。此外，林肯也有过同样的看法，他说：

我就我所知所能尽力而为，自始至终，假如结果好，一切指责都无足轻重了。假如结果不好，即使有十位天使来证明我的正确也无济

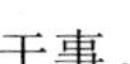

于事。

（5）政治现实主义认为，不能把某个国家在道义上的追求与普遍的道德原则等同起来。这犹如真理之区别于见解而使真理和盲目崇拜完全不同。一切国家几乎都情不自禁地以普遍的道德目的来掩饰具体的愿望和行为。即使人们懂得国家应服从道德法则，也不能由此断定他们能认清国际关系中的善恶是非。有人信奉国家应受人类所不可思议的上帝的裁决，也有人亵渎神明，认为上帝总是与他同在，他的意志即上帝的意志。可见，信念是大不相同的。

把某一种民族主义轻易地说成是天命所至，在道义上是站不住脚的，因为这正好犯了古希腊悲剧作家和圣经中的先知一再告诫君王和臣民不应犯的傲慢罪。此外，把二者等同起来在政治上是有害的，因为它容易使人们陷入十字军式的疯狂盲目性从而作出错误的判断，以致在道德理想和上帝名义下把国家和文明毁于一旦。

从另一方面来说，正是这个以权力规定利益的概念使人们不致陷入滥用道义和政治愚昧的泥坑。如果我们把所有的国家（当然也包括我们自己的）都视为寻求各自以权力界定的利益的政治实体，我们就能对它们主持公道了。同时，这样的主持公道可以具有双重意义：首先，可以在对等的基础上对别国和对本国进行判断，然后即可在尊重别国利益的基础上推行自己的政策，维护和增进本国的利益。由此可见，政策上的温和中庸不可能不反映道德看法上的温和中庸。

（6）综上所述，政治现实主义与其他学派的分歧是实在的和深刻的。不管人们对政治现实主义的理论会产生多少误解，它对政治事务所持鲜明的理智态度和道德观念不容置疑。

（选自汉斯·摩根索著，徐昕等译：《国家间政治——权力斗争与和平》，第一章“国际政治的现实主义理论”，北京大学出版社，2006年11月版，第28~37页。）

7.6.1　肯尼思·华尔兹：战争的根源（选粹）

肯尼思·华尔兹（Kenneth N. Waltz，1924~2013年），美国著名国际关系理论家，将传统现实主义与科学行为主义结合为结构现实主义，为新现实主义的创始人。于 1950 年和 1954 年在哥伦比亚大学分别获得政治学硕士和博士学位，曾先后在哥伦比亚大学、哈佛大学、布兰代斯大学任教或从事研究，1971 年起任加利福尼亚州立大学伯克莱分校教授，兼任美国对外政策委员会委员、全美政治学学会理事等职，同时还是颇有影响的理论刊物《世界政治》的编委。其主要著作有：《人，国家与战争》(1959 年)、《对外政策和民主政治(1967 年)、《国际政治的冲突》(1971 年)、《国际政治理论》(1979 年) 等。

华尔兹围绕"战争的主要根源是什么"，提出了著名的关于战争根源的三个概念，体现了传统现实主义的观点。均势问题在华尔兹的国际政治理论中占有非常重要的地位。华尔兹认为国家不是谋求权力最大化而是寻求权力的均衡分配。均势的实质是大国间实力的平衡分配。同时，在华尔兹看来，参与者数量越多越不利于稳定，相反地，参与者数量越少就越有利于体系的稳定。所以在他看来，两极均势体系是最安全的。他认为，简单的两极关系及其所产生的很大的压力会使两个国家变得保守起来，双方都力图维持现状，即使发生战争，也是维持均势的战争，目的在于制止另外一个大国建立霸权。

……考察国际政治理论问题的最佳方法就是提出一个核心问题，进而发现并确认能够给出的答案。应该从哪里去寻找导致战争的主要根源呢？人们也许会从政治哲学中去探寻这一问题的答案……为了更好地把握这些纷繁复杂的答案，我们可以根据以下标题将其分析为三种类型：源自人本身；源自单个国家的结构；源自国家体系……随后，对于战争根源的这三种估计将被视为国际关系的三种意象（images），并按照上述顺序加以排列，而每一种意向则根据人们所认定的战争根源的核心要素加以定义。

（选自肯尼思·N. 华尔兹著，信强译：《人，国家与战争》，上海世纪出版集团，导论部分。下面只注页码。）

……

根据国际关系的第一种意象，战争最重要的根源在于人的本性和人类的行为。自私、被误导的侵略性冲动和愚蠢，都将导致战争的发生。而其他诱因则都是次要的，并且必须根据上述这些内容来加以诠释。如果这些因素是导致战争发生的首要根源，那么想要消除战争，就必须提升人类的道德，启迪人类的良知，或者确保实现其心理—社会层面的重新调整。在许多严肃的、研究人类事务的学者——从孔子直至当代的和平主义者——的著述中，上述对于战争起源以及根除方法的观点居于主导地位。同时这也是许多现代行为科学家所研究的主题。（第 14 页）

……

上述大量不同的例证对第二种意象作出了部分解释，即认为国家内部弊端导致了它们之间的战争。然而，我们可以认为战争之所以产生，是由于某些或所有国家存在弊端，但是却不相信只需消除这些弊端就可以奠定永久和平的基础……我们即将讨论的命题是：通过对国家加以改革，可以减少或永远消除战争。但是，究竟以什么样的方式才能改变国家的结构呢？定义一个“好”国家的标准是什么？（第 67 页）

……

由于主权国家为数众多，由于国家之间并不存在具有强制约束力的法律体系，又由于每个国家都是在自身理智和欲望的支配下来评判各自的不幸与雄心，从而导致冲突（有时则会导致战争）势所难免。为了在冲突中获致有利的结果，任何一个国家都不得不依赖其自身的策略，并且必须对这些策略的相对有效性予以持续的关注。这就是本章予以考察的第三种意象的理念。（第 125 页）

……

在某种意义上，本书所论及的三种意象均为事物本质的一部分。对于任何理解国际关系的努力而言，人、国家和国家体系这三个根本因素都是如此重要，以致于任何一个分析家无论多么执着于某一种意象，也很少能够完全忽视另外两种意象。（第 126 页）

……在独立的主权国家之间始终存在着战争的可能性……通过对第三种意象的分析会得出一个明显的结论，即世界政府是解决世界战争的方法。这一解决方法尽管在逻辑上无懈可击，但在实践中却不可

能实现。第三种意象也许能为世界政治提供一种乌托邦式的研究方法。（第 187 页）

7.6.2 肯尼思·华尔兹：国际事务管理（选粹）

如果权力未必能够导致控制，那么权力究竟能够做什么呢？权力主要有以下四种作用。首先，当别国使用武力时，权力可以用来维持本国的独立自主。其次，享有更大权力的国家可以拥有更为广阔的行动余地，同时使行为结果难以确定。第三，与弱国相比，强国享有更大的安全余地，并对于进行何种博弈游戏以及如何进行更具有发言权。第四，巨大的权力使其拥有者在系统中具有重大利益，并赋予其为实现其利益而采取行动的能力。

（选自肯尼斯·N. 华尔兹著，信强译：《国际政治理论》第九章，上海人民出版社，2008 年 8 月版，第 209 页。下面只注页码。）

在国家关系中，如果竞争得不到制约，便会不时爆发战争。尽管从某一方面来看，战争也是通过国际系统加以调整的一种手段，但战争的爆发常常被误认为是系统本身已然解体的标志。……鉴于权力在国际层面不受任何控制，期待国家不以战争作为调节手段，而是通过各自独立的政策来调整相互间的关系是否明智呢？对此我们应更多地从国际政治系统中，而不是从国内政治、经济状况中去寻找答案。（第 211 页）

在国际上，公共事业可能无法得以实现，原因在于各行其是的国家很难确保进行合作。在国际上，集体物品可能无法得到提供，因为那些逃避支付费用的国家也能够分享提供者所提供的服务。通过组织起来，借以对不合作的个体施加压力，或是向搭便车的个体收取费用是极端困难的。在国际上，微小决定的专制未被打破，集体物品也没有得到充分的提供。这是否意味着在国际上任何工作都无法完成呢？当然，比起国内的工作来说，国际的工作能做成的较少，但并不等于没有。能够完成什么，如何完成，取决于该系统中大国的数量。对此，大多数学者得出的结论是“越多越好”，因为他们认为在权力政治游戏中，当参与的国家数量至少增长到5个以上的情况时，和平的机会就可能增加。但是我们却没有注意到另一句绝妙的古谚："与人人相关的事无人关心"（Everybody's businesses is nobody's business）。多个强国的存在被认为可以使对权力分配的调节得到缓和，虽然我们知道并非如此，但不管怎样，国际政治并不被认为是关乎任何人的事务。于是，注意力再次被集中在关系上，而结构则被排除在外，因而得到强调的是调整，而非控制。（第212～213页）

国际上，怎样解决保证对集体任务的支付和参与的问题呢？强国的数量越少，少数几个最强大的国家和许多其他国家实力差距越大，前者越可能为整个系统的利益而采取行动，并参与管理或干涉较小国家的事务。当大国数量减少到两个时，大国试图管理整个系统的可能性最大。如果有许多强国，它们中的某些国家将只关注区域性事务，而非全球性事务。……（第214页）

……在多极世界里，一个强国，或者两三个强国结合在一起，可以通过战争使其他国家丧失强国地位。把多极世界变为三极或两极世界将改变系统的结构。旨在消灭强大的竞争者的战争是导致系统改变的战争。在现代历史上只有第二次世界大战属于此列。在一个两极世界里，其中的一个大国也许会试图谋求霸权，或者通过促进一些中等国家的合并来增加大国的数量。自二战以来，美国在大多时候都试图谋求这两个难以彼此调和的目的。这段时间美国表现得更为活跃，所以我们先考虑一下它的政策。

美国可以用以下两种方法或是其中的一种来为其在国外的行为正名。首先，我们可以夸大苏联或共产主义的威胁并对轻微的危险做出过度反应。如果要以传统的安全理论为边缘性的军事行为提供辩护，那么多米诺骨牌理论就变得十分必要。第二，我们可以为其他人的利益行动。就像一些早期的强国，美国可以把富者和强者帮助他人的既定义务与美国自己对一个更好的世界该如何的信念等同起来。…… 国家的安全利益开始等同于对特定秩序的维持。对于处于权力顶端的国家而言，这是可以预测的行为。它们把对系统状态的关注与对安全的必要的或夸大的忧虑混杂起来。一旦一个国家的利益达到了一定程度，它们就有自我增强作用。美国在努力构建国际安全秩序的过程中，也加强了自身的经济利益，并表达了它对世界

的政治热望。（第215～216页）

无论是通过建立世界霸权，还是通过帮助一个地区寻求政治联合以使其加入大国行列，由此导致的系统变化将是人类历史上一项宏大的工程。但是，即便这一努力归于失败，我们也无需惊讶或是悲伤。人类用来表达心中热望的华丽辞藻，以及其中所包含的明显的良好意愿，都不应该掩饰其中蕴含的种种危险。首先就霸权而论，没有人可以假定二个具有超凡实力的国家的领导人总是能够明智地决策，深谋远虑地设计策略，并且克制地运用武力。拥有强大的权力往往诱使国家不必要地或是愚蠢地运用权力，这是我们无可避免的恶习。……（第217页）

……一个强大国家所遭受的重大痛苦，如果不是它自己造成的，那么就是由于其他大国的政策所导致的后果，无论这种后果是否符合其他大国的意图。……（第217～218页）

国家竭力保持其自主权。为了这个目标，多极世界中的强国施展策略、结成联盟、偶尔也会兵戎相见。一些国家发动战争是为了避免出现有利于他国的权力失衡。出于自身的利益考虑，大国为维持均势而战。……

在两极世界中，我们应该期望并且已经感受到比多极世界中更多地进行管理的努力。管理者的注意力只分散在彼此身上，而且如我们所知，它们有充分的动机去认真监督全球事务。……国家，尤其是些大国，并不只为了自己的利益而行动。它们也为实现世界的共同利益而行动，但它们各自对共同利益所作的界定却又彼此冲突。与那些只关注自身狭隘利益的国家的自私自利相比，全球事务承担者的傲慢无理也许更让人们感到害怕。拥有强大能力的行为体有可能会运用其能力来帮助别人，也有可能用来对他人造成伤害。（第221～222页）

在一个由民族国家构成的世界里，常常迫切需要对军事、政治和经济事务加以调控。谁能提供这种调控呢？在那些最重要的事件中——例如具有长远而重要的经济意义的事件，或是有可能引发军事暴力的事件——美国常常是惟一拥有适当时机进行有效干预的国家。在这些事件中，一个适当时机并不一定是最佳时机。在提供帮助的过程中，我们确实获得了一些控制能力。我们影响其他国家奉行的政治—军事战略，并偶尔对他们是否应该发动战争做出决策。因此基辛格在1973年秋警告以色列大使丁尼兹（Dinitz）："不要先发制人。"我们的大使基廷（Keating）也对这一警告加以强调，他告诉以色列人如果他们在没有确凿的证据证明阿拉伯人发动侵略的情况下便首先实施打击，他们将孤军奋战（Stoessinger，1976，p. 179）。美国并没能阻止阿以战争，但它约束了战争并推动双方走向和解。（第223～224页）

尽管实施国际管理困难重重，但对二战以来许多世界事务的管理，美国可能插手过多。在两极世界中，危险与义务可以得到清晰的界定，从而易于使将自身安全与世界秩序的维持等同起来的国家做出过度反应。在将近三分之一世纪的时间里，我们对世界诸多事务给与关注，这很容易使我们认为如果我们停止这种关心，世界将变得越来越糟糕。有人担心在越战结束后美国会过于迅速地放弃其全球责任。这种担忧是毫无根据的。原因有三：首先，在集体物品的消费方面，即使得不到适当的报偿，但是拥有超群实力的大国所具有的利益，足以使其担负起提供这些产品的责任。即便它们将为自己以及他国的利益付出相同的努力，而其他国家只为此支付不成比例的一小部分代价，它们也会乐于为了普遍和平和更广泛的国家安全而采取行动。由此，奥尔森（Mancur Olson，Jr.）推理出一种"小国'剥削'大国的趋势"（Olson，1965，p. 35）。在对世界事务的管理中，领袖国发挥着最重要的作用，而随着大国数量减少到两个，它们所做的就更多。其次，其他国家可能担心我们承诺的可信度，但我们不会。我们的可信度是它们要考虑的问题，不是我们的，虽然在20世纪70年代中期许多美国领导人将这个问题搞颠倒了。有时，我们有理由承担他人的责任；但是当它们对我们可靠性的忧虑有助于促使它们为自己多做一些工作，进而使我们减轻一些负担，那么我们就无需分担它们的这种忧虑。第三，三十多年来形成的管理习惯根深蒂固，使我们至今面临的危险依然是避免做的太多，而非相反。（第224～225页）

当我们问及管理世界事务的可能性有多大时，我们也应该问问这种管理的必要性有多大。随着紧密相互依赖的发展，对管理的需要进一步增长。如果相互依赖的确十分紧密，那么每个国家对他国行为的反应都将受到束缚，就仿佛这些行为是发生在它们本国境内的事件一样。依赖的相互性使每个国家都谨慎地、心存疑虑地注视着他国。而相互依赖的减弱将削弱对控制的需要。也许有人会希望，我们已经懂得多米诺骨牌理论在经济或军事上都是无法成立的。某种程度的自给自足以及拥有强大实力可以削弱来自国家疆域之外的反对运动所导致的影响，从而使一个国家独立于世界。与此同时，相互依赖的减弱意味着权力的高度集中，从而赋予那些处于权力金字塔顶端的少数强国在实施控制时享有更大的利益和更强的能力。两大强国的规模给予它们一定的控制能力，同时也在相当程度上使它们不受其他国家行为的影响。当相互依赖的程度较低时，国家间实力的不平等产生了一种均衡状态。在缺少权威调控的情况下，松散的联合和大国一定程度的控制有助于促进和平与稳定。如果某一无政府领域中的成员彼此间相互依赖的程度较低，那么，为了达到共同目标而采取一致行动的需要将随之减少。重要的是进行控制而非精确的调控，是避免谋求积极成就，而非为此进行协同合作。通过武力的威胁而制止使用武力，以武力反对武力，通过武力威胁或武力的使用以影响国家政策，曾经是而且仍将是对安全事务进行控制的最重要手段。世界权力分配极不平等，通过运用武力威胁，某些国家能够减少他国在国际上对武力的使用。也正是由于其具有超强的权力，一旦它们没有或是无法控制暴力的发生，它们也能够吸收由此而可能产生的不稳定变化。（第 224～225 页）

那么，如何应对那些需要多个国家协同努力来加以解决的问题呢？我所说的四“P”问题——贫穷（poverty）、人口（population）、污染（pollution）和核扩散（proliferation），它们有时候会逐渐成为国际议事日程的首要关注。……（第 226 页）

没有人会否认对共同问题进行解决或某种方式的管理需要集体的努力。现在，为实施共同的计划而开展合作，比战后初期更为需要。全球问题的解决无法由某一国家独力承担，而只能由多个国家共同完成。但是谁能够提供解决手段，又由谁来承担主要费用呢？除非我们来做，否则国家间合作的程度和效果都将十分有限。对于我们在经济和其他事务中所起的作用，对我们从自身相对独立的地位中获得的权力，对苏联（不管其倾向如何）在世界非军事事务的管理中的无能为力，我已进行了充分的论述。美国在经济上依然遥遥领先。如果领袖国不再进行领导，其他国家就无法追随于后。所有国家也许共处于一条渗漏的世界之舟上，但其中一个国家掌握着最大的汲水器。在经济和社会事务中，就像在军事事务中一样，其他国家倾向于将大部分责任留给我们。根据公认的观点，相互依赖的增强使地球变小了，并为对世界事务进行中央管理创造了可能。相互依赖的增强的确增加了对国际事务加以管理的需要，但却无法产生具有管理能力的管理者。从全球或宏观视角来看，美苏两国最需要得到管理。我的理论则将这一视角转变为微观视角。我的理论所解释的问题并非是如何对世界以及世界上的大国进行管理，而是关于大国对国际事务进行建设性的管理的可能性是如何随着系统的变化而变化的。（第 227 页）

7.7.1　斯坦利·霍夫曼：评均势（选段）

斯坦利·霍夫曼（Stanley Hoffmann，1928～2015 年），出生于奥地利，1952 年在哈佛大学获得政治学硕士学位，后又取得博士学位，1955 年加入美国国籍。他是美国最著名的国际政治学者之一，哈佛大学教授。均势理论是西方国际关系学中影响最大、历史最久的传统理论。在国际关系实践中对西方国家对外政策的影响也最显著。学者们对均势概念的使用，其含义无非是两大类：一类是指国家发展对外关系的一种战略或策略，一类是指国际关系的一种均衡状态。用于国际关系的均衡状态是力量对比相对均衡的结果，一般来说是比较稳定的状态。以谋求力量对比的均衡来实现国际局势的稳定的战略就是均势战略的本意。

进入 21 世纪，特别是“9·11”事件，使霍夫曼不得不重新思考：既有的理论模式都是有待检验的。并且大胆预言：一个唯一的大国统治着世界，但它自己的经济却可能陷入危机，也可能被未来的恐怖袭击所扰乱。参见收入本书的另一篇文章：《全球化的冲突》（2003 年）。我们看到了一代现实主义大师是如何直面现实、与时俱进的：既保留现实主义流派的基本特征，又注意研究、吸纳理想主义等其他学派的思路和观点。

按照雷蒙·阿隆的说法，均势状态是一种“战略——外交行为”。

国际关系的实质就如各国在一起下棋一样，每个选手都试图牺牲别人的利益，以最大限度地膨胀自己的权力，并且在存在着战争可能的情况下，使军事潜力成为权力的主要衡量标准。

在过去的岁月，要维持均势体系，必须实现四个条件。首先，国际社会主要行为者必须是多于两个——通常是五六个即使不是势均力敌也是相差无几的对手。……

维持均势体系的第二个条件是要有一个关键的制衡系统：几个主要国家联合起来以威慑，削弱一个或几个强国的扩张能力。……

维持有效的均势的第三个条件是：在主要行为者之间必须要有共同的语言和行为的准则。……

在过去，维持有效的均势体系的第四个条件与国际权力等级有关。由于通讯手段的落后，国际体系是很简单的：国际成员少，少数几个强国主宰着世界。没有资源的西欧小强国凭借平衡机制而保持其独立的地位，而大国则瓜分欧洲以外的世界。而今天，虽然世界上到处有超级大国的影子，但还有一百三十多个独立的国家。由于核僵局的出现，一些小国甚至可以使大国感到头疼。任何保持秩序的国际体系都需要一种权力的等级制，但是从最上层到最下层国家的关系，以及划分上层的范围是各不相同的。在未来的国际秩序中，这种关系将更多地体现在外交中，而寡头政治将层出不穷。

在1971年的印巴战争中，美国、中国和巴基斯坦未能与印度和苏联保持“平衡”，美中也没有派出军队，美国为了保持与中国对话的渠道和警告苏联，在言辞上倾向于巴基斯坦，结果使苏联从印度要肢解巴基斯坦的企图中渔翁得利，使苏印关系反而得到了加强。传统的均势体制要求各国收敛自己的野心，但是条件是别国也这样做，如果下的赌注太小而风险太大，那么就不能维持均势。

越南战争给我们以深刻的教训。美国没有使战争升级到这一点，即割断莫斯科和北京给河内的援助的通道。结果，我们要求苏联不要让越南成为一个强国的愿望落了空。越南战争表明：过分强调大国的均势，但忽视地区性事件，会在这个地区造成灾难性的后果。

国家单位的增多和核战争的影响一样，改变了传统的世界格局。我们现在要维持的不仅是全球均势，也包括地区均势。传统均势模式并没有给我们提供什么灵丹妙药，世界并不简单地只有五个强国，关键还是首先在于两个争夺全球势力范围的超级大国及它们拥有所有的军事手段，其次，也不能光注意中国、西欧和日本，还要注意许多别的国家。

昨天的辩证法是介于一批强国和帝国主义之间的中心均势，明天的辩证法是全球性和地区性的复杂均势，是核僵持条件下的战略——外交争夺，在联合国内，人们还将不断地发生争吵……

我们不能把我们的目标——形成一个稳定的国际体系，建立一种与对手之间新的关系，调整与盟国的外交和经济关系——给搞混了；光着眼于五角世界，既不能满足这个世界对我们复杂的要求，也不符合我们的各种愿望。重建已成过去的世界不可能带来一个“和平结构”，而重新发现“稳健与妥协的时尚”则需要人们丰富的想象力和惊人的创新精神。

（选自约翰·吉尔伯特编：《美国对外政策的新时代》（1973 年），第 92、102、107、114 页。）

7.7.2　斯坦利·霍夫曼：全球化的冲突（选段）

·一个新的范式？

大家都知道“9·11”事件标志着一个新时代的开始。但这个突发事件究竟意味着什么？传统的国际关系理论认为，战争应爆发于国家之间。但在 2001 年 9 月，一小撮装备简陋的个人却突然挑战、震惊和重创了一个主宰世界的超级大国。这表明，全球化带来的一个后果就是使绝望的狂热主义者更容易发起一场恐怖的国际暴力活动。恐怖主义是国际关系与全球社会之间的血腥联系。随着无数个人和团体与国家一起成为全球社会的行为者，行为者的不安全性和易受攻击性也增加了。因此，为评估当今令人忧心的世界形势，有必要问几个问题：什么概念有助于解释新的全球秩序？国际关系中国家间部分（interstate part）的状态如何？形成中的全球市民社会对世界秩序会起什么作用？

·有待检验的理论模式

在 20 世纪 90 年代，有两个理论模型颇为轰动。第一个是由弗朗西斯·福山（Francis Fukuyama）提出的“历史终结”论。这个理论还没有被国际事件所验证。需要指出的是，他的主要论点是预言意识形态冲突的终结，而不是历史本身的终结，预言政治和经济自由主义将最终在全球成功。狭义上说这个观点是正确的：上个世纪“世俗宗教”彼此间的血腥争斗现在已不存在了。然而，福山没能注意到民族主义仍然非常活跃。此外，他也忽视了蔓延到伊斯兰世界大部分地区的宗教战争随时都有爆发的可能。

几年后，福山的学术导师、政治科学家塞缪尔·亨廷顿（Samuel Huntington）描述了一个不同的、更为灰暗的世界。亨廷顿预言，由于国际无政府状态、缺乏共同的价值观和组织机构而产生的暴力活动将会发生在文明之间而不是在国家或意识形态之间。但是，亨廷顿对于什么构成文明在概念上是模糊的。他未能充分考虑到每个所谓“文明”的内部的冲突，也过高估计了宗教在非西方精英分子的行为中的重要性，因为这些人士常常已经世俗化和西化了。结果是他不能清晰定义一个文明与该文明成员国的外交政策之间的关系。

其他不那么轰动的理论模型也还有其追随者。“现实主义”的正统学派坚持认为，自修昔底德（Thucydides）和马基雅维利（Machiavelli）以来国际关系的本质并没有变化：一个国家的命运是由其军事和经济力量决定的；相互依存和国际机构的作用是次要的和脆弱的；对生存和安全构成的威胁影响一个国家的目标。这是一个亨利·基辛格描述的世界。不幸的是，这个古老的国际关系模型很难容纳变化，特别是全球化的发展和非国家行为者的大量出现。它也忽视了国际合作的必要性，像大规模杀伤性武器扩散这样的新威胁的出现使国际合作变得非常必要。此外，现实主义理论也忽略了被雷蒙·阿隆称之为“一个世界意识的萌芽”的东西，即发达国家共同维护的自由和市场原则。

许多学者继承了阿隆的观点，从全球化成功的角度来解读当今世界，认为新的信息和通讯技术淹没了国家的边界。他们认为，在这个世界里一个闭关自守的国家将不可避免地面临衰退和国民日益增多的不满，因为他们渴望物质上的进步。然而一旦采取了开放政策，那么国家的职能就会减弱。国家的作用将主要限于社会保障，限于消除内战和抵御外来侵略以及维护民族身份的认同。这个倡导者是《纽约时报》的专栏作家托马斯·弗里德曼（Thomas Friedman），他对比了闭关自守与开放、社会退化与现代化以及国家控制与自由市场之间不同的情形。在全球化中他看到黎明的曙光和“金色的紧身衣”，它将迫使观点不同的人们接受全球化的逻辑是和平的逻辑（因为战争会中断全球化及其发展）和民主的逻辑（因为新技术增加了个人自主性并鼓励主动性）。

· 回归现实

这些理论模式难以解释三个客观事实：第一，可以肯定地说，强权之间的对立（和小国家利用这些对立的能力）并没有消失。但是在相当一个时期里，核武器的存在给拥有核武器的大国之间的关系带来了一定程度的谨慎。这些大规模杀伤性武器带来的风险缓和了这场角逐，使核武器成为不轻易使用的最后手段。然而，当更多的国家开始寻求其他的大规模杀伤性武器，以缩小与核俱乐部国家之间的差距时，这场角逐就激化了。出售这些武器也因此成了很有争议的重大问题。减缓所有大规模杀伤性武器的扩散（尤其是扩散到危险的“无赖”国家）的努力，可能反过来成为产生暴力活动的新原因。

第二，如果说国家之间的战争正在减少，那么国家内部的战争却有增无减。我们在前南斯拉夫、伊拉克、非洲大部分地区和斯里兰卡都能看到这种现象。没有卷入这些战争的国家对于采用干预行动最初都趋于犹豫，不愿意卷入这些复杂的冲突。但为了防止这些冲突演化为地区性灾难，它们（有时候）也进行干预。然后干预者又寻求联合国或区域性组织的支持，试图重建这些国家，促进稳定，防止将来的分裂和不幸。

第三，国家的对外政策不仅取决于诸如经济和军事力量这样的现实主义的地缘政治因素，而且也取决于国内政治。即使在非民主的政权里，像恐外情绪、经济上的不公平和跨国种族团结等因素都大大增加了决策的复杂性，减少了政策的可预见性。许多国家（尤其是美国）在与它们交往时常常身不由己地陷入竞争的政府部门间的相互牵制之中。此外，领导人个人和他们的个性在国际事务研究中的重要性经常被低估。

跨国恐怖主义给现实主义者提出了一个难题。假如国家是恐怖分子这样的个人行为者的受害者，那么国家就要消灭这些恐怖组织，摧毁他们的避难所并惩罚接纳他们的国家。国家利益要求受到攻击的国家要么采取武装行动打击支持恐怖分子的政府，要么对它施加一系列审慎而有效的压力使恐怖分子得以绳之以法。两种方法都对国家主权这一现实主义理论的神圣概念提出了质疑。在国家的世界里摩根索和阿隆的古典现实主义可能还有其生命力，但在面对恐怖主义的威胁时该理论就变得越来越似是而非了，提供的选择也很勉强。

另一方面，全球化的真实世界也并不像弗里德曼所欢呼的那样。事实上，全球化有三种形式，每种形式都有其问题。第一种是经济全球化，它来源于最近在技术、信息、贸易、对外投资和国际商业领域的革命性发展。行为者除了国家和国际组织外主要也包括公司、投资人、银行、私营的服务性产业。马克思和恩格斯早就预见到这种资本主义形式，在效率和公平之间存在一个根本的难题。企业的专业化和融合可能会带来财富总量增加，但纯粹的资本主义逻辑并不利于社会公正。经济全球化因而成了引起国家之间和国家内部不平等的重要原因，也让人担心全球竞争限制了国家和其他行为者解决这些问题的能力。

第二种是文化的全球化。它来源于技术革命和经济全球化，两者共同促进了文化产品的国际交流。这里关键的问题是要在文化的单一性（通常被称为“美国化”）和多样性之间做出选择。其结果既是世界的觉醒（用马克斯·韦伯的话来说），也是一种抗拒文化单一性的反应。后者的表现形式是地方文化和语言的复兴，也包括对西方文化的攻击。西方文化被谴责为一种傲慢的、会对当地文化造成革命性冲击的世俗意识形态的载体，被谴责为美国霸权主义的外衣。

第三种是政治全球化，它是前两种全球化的结果。政治全球化的特点是美国和美国的政治组织在其中占绝对优势，它由大量的国际性和区域性组织以及跨政府的联系网络（特别是在政策、移民和司法领域）组成。它也包括那些既非政府的也不完全属于一个国家的民间组织，如“无国界医生组织”或“大赦国际”。但这些组织中许多都缺乏民主，在活动范围、力量和权威方面也很有限。进而言之，政治全球化的不确定性与美国霸权的命运休戚相关。美国的霸权不仅在国外遭遇到很大的阻力，而且也受到美国自身在霸权主义与孤立主义之间摇摆不定的影响。

全球化的好处是无可否定的，但弗里德曼式的乐观主义是建立在脆弱的基础之上的。第一，就全球化而言，它既不是不可避免的，也不是不可抗拒的。相反，它主要是美国的产物，起源于二战后美国的外交政策，建立在美国强大的经济力量之上。美国的一次深层而漫长的经济危机会像大萧条那样对全球化造成灾难性的影响。

第二，全球化触及的地区还很有限，因为它不包括许多贫穷的国家，也不包括那些面对全球化做出别种反应的国家。这源于各国内部经济和社会条件的多样性和政党政治。这个世界远远没有达到在市场、服务和生产要素方面的完美一体化。有时单单边界的存在就减缓了甚至是瘫痪了这种一体化，有时候又使这种一体化带有明显的占统治地位的国家的风味和色彩。

第三，国际市民社会还处于萌芽状态。许多非政府组织只代表其成员国人口的很小的一部分。它们主要代表现代化了的国家或政府控制不强的国家。通常非政府组织不可能完全不受政府的影响。

第四，国际货币基金组织、世界银行和世界贸易组织等公共机构在其活动中存在不透明的弊端，它们的裁定常常是武断的和不公平的。

第五，通过消除壁垒来改善世人的生活状况是种很有吸引力的想法，但其效果还不确定。实际上，全球化不过是各种技术手段（录音和录像带、因特网、即时通讯）的总和，它们可以为国家和个人行为者所用。促使他们使用这些技术的是个人的兴趣和意识形态而不是人道主义的原因。他们的行为与全球化所描绘的景象是不同的。全球化被看成是一个科学的、理性的和世界性的启蒙运动。多种原因诸如悲惨的境遇、不公正、蒙受耻辱、依附传统和不只是追求更好的生活水平，使这种启蒙式的全球化引起了反感和不满。

另一种矛盾也在起作用。一方面，市场波动、国家保护不力和国家无力改善自己命运等因素会造成不平等。为保证全球化不被这种不平等所破坏，国际和跨国合作是必要的。另一方面，这种合作又假设国家和富裕的民间参与者都是无私的（这肯定不是国际关系的实质），或异常慷慨地追求长远利益。但实际上，富裕的国家仍然拒绝提供足够的发展援助，或拒绝干预像卢旺达种族灭绝这样的危机事件。与美国打击“基地”组织和塔利班的热情相比，其中的差别非常鲜明。这不是说这种爱国主义热情是错的，而是说当救助其他国家受害者对美国的国家利益并不明显的时候，人道主义的动力就太微弱了。

·想象中的社区

在全球化对国际关系的众多影响中，有三点特别重要。第一个与国际组织有关。与现实主义的描述相反，大多数国家并不总是在与他国交战。许多国家和地区都能安享和平。更多的情况是，暴力发生在国家内部而不是国家之间。并且由于没有哪个政府可以单独实现其所有的目标，所以国家之间的组织就应运而生了。其结果可称之为“全球社会”，它是要减少国家的法规对全球一体化动力可能造成的破坏性的影响。但它也寻求在世界市场中确保公平，在诸如贸易、通讯、人权、移民和难民领域创建国际权威的管理机构。这个努力的主要障碍是国家不愿接受全球性机构的指示，因为它可能会束缚国内市场的发育并进而削弱国家主权。因此联合国的权力是有限的，有时纯粹是理论上的。国际刑事司法合作仍然是偶尔使用的并颇有争议的最后手段。在世界经济中，缺乏全球集中性治理的世界市场是国家间妥协合作的主要受益者。但即使如此，全球机构的联系网络仍然是条块分割的和不完整的。对外投资继续由双边协议来规范。环境保护没有得到认真执行，像移民和人口增长这样的问题基本上被忽视了。国际机构的联系网络还没有足够力量来对付不受约束的短期资本流动，在破产和竞争领域还缺少国际法规，富国之间的协调也刚刚开始。再说现在存在的全球“治理”也是不完整的。当经济全球化要剥夺许多国家独立的货币和财政政策时，当国家被迫在经济竞争和保护社会安全网之间做出艰难的选择时，全球“治理”就变得很脆弱了。对于制约美国自由行动的国际组织，美国总是表现出越来越明显的不耐烦。要演化为一个世界国家看来越来越不可能。

第二，全球化并没有从根本上挑战长期存在的世人的国民性。经济生活在全球范围展开，但个人的身份还是有国别的，因此文化的同化遭遇到了强大的抵抗。在过去的几个世纪中，权力越来越集中的国家扩大了国家的职能，并努力使其国民具有共同身份的认同感。但在当今世界，没有一个跨国的中央权力机构能做到同样的事情，即使欧洲联盟也做不到。在那里，单一的货币和先进的经济协调机制也没有产生一个统一的经济体或法律上自治的强大的中央机构，也没有出现

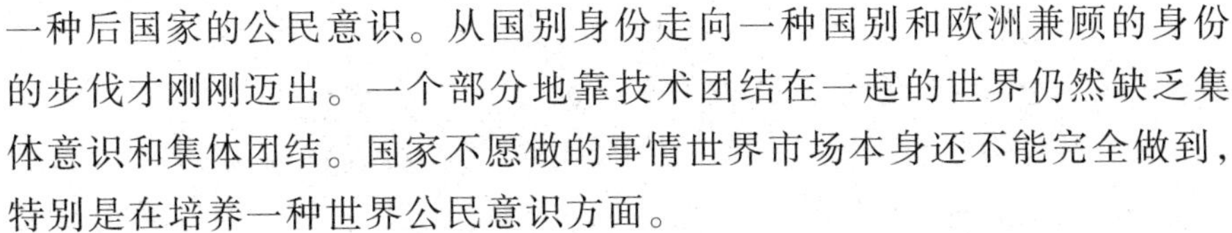

一种后国家的公民意识。从国别身份走向一种国别和欧洲兼顾的身份的步伐才刚刚迈出。一个部分地靠技术团结在一起的世界仍然缺乏集体意识和集体团结。国家不愿做的事情世界市场本身还不能完全做到，特别是在培养一种世界公民意识方面。

第三，全球化和暴力之间存在着关系。传统的战争状态即使范围有限但仍然存在。在中东和东亚爆发区域性战争的风险还很大，而且这些战争会严重影响大国间的关系。因为这种威胁，也因为现代武器日益昂贵，由国家组成的“无政府主义社会”缺乏纠正全球化明显缺陷的资源。这些成本再加上国际行为者之间长期的缺乏信任，阻碍了一个更令人满意的世界政治机构的出现，例如增加联合国的权力。如果赋予全球社会充分的力量去预防冲突或恢复和平，那么这一步是可以迈出的，然而它并没有出现。

全球化不但没有传播和平，而且似乎在滋生冲突和怨恨。到目前为止，全球化使某些人富裕但也使更多的人背井离乡，那些贫穷和颠沛流离的人就可能运用恐怖主义来寻求报复和自尊。

· 全球化和恐怖

恐怖主义是几种力量结合产生的毒果。在国家之间或国家内部的长期冲突中，就像在克什米尔或巴勒斯坦的领土上那样，恐怖主义可以成为弱者的武器，它也可以被视为全球化的产物。各种各样通讯工具的出现使跨国恐怖主义成为可能。例如，伊斯兰恐怖主义不只是支持巴勒斯坦的斗争和反对美国侵略式的军事存在，抗拒不公正的经济全球化和西方文化对当地的宗教和文化的威胁也起到了火上加油的作用。

如果全球化常常为恐怖主义的暴力活动提供便利，那么没有边界地打这场战争对经济发展和全球化进程就是个潜在的灾难。反恐怖措施限制了人员的往来和资金的流动。新的恐怖攻击可能会产生一种反全球化的反应，其危害性可与20世纪30年代沙文主义的出现相比。全球恐怖主义不是国家和非国家之间战争的简单延续。因为它摈弃了传统的战争方式。它既不尊重敌国的主权，也不尊重保护它的盟国的主权。这使受害国在正当防卫的名义下，明目张胆地采取行动侵犯那些被指控为支持恐怖主义活动的国家的主权（毕竟美国进入阿富汗不是由于塔利班在国内违反人权，而是塔利班支持奥萨马·本·拉登）。

然而，所有这些侵犯主权这一神圣原则的事件并不代表全球社会的进步。全球社会在恐怖主义的定义上或在反对恐怖主义的共同政策上还没有取得一致。确实，反恐怖战争的受益者是那些不自由的贫穷国家。近来它们已经丧失了这么多主权，现在打击恐怖活动使它们得以加强对国民、物品和货币的控制。它们能找到许多新的理由以共同防备不安全的名义，违反个人人权，并进而停止迈向国际刑事司法合作的步伐。

另一个受益者是美国。美国是惟一的一个有能力在世界的任何角落开展反恐怖战争的国际行为者。然而，尽管美国有强大的力量，它也不能完全使自己免遭新的恐怖袭击，也不能完全消除对国家间合作的复杂心情。因为这种合作会限制美国的行动自由。因而恐怖主义是个全球现象，在它试图摧毁国家这个敌人的同时却最终强化了它。成为恐怖活动目标的国家没有任何兴趣在打击恐怖分子时遵守战争法；相反，它们很乐意把恐怖分子当做罪犯和贱民对待。全球化的倡导者有时也看到在经济全球化中“残酷”的一面，但几乎没有人预见到在全球恐怖主义和反恐怖主义暴力中类似的“残酷”的一面。

最后，美国的独特地位对世界事务的未来提出了一个严肃的问题。在国家间关系上，美国的行为将决定非超级大国和弱国是否还会把美国视为友好的大国（或至少是一个可以容忍的霸权），或者它们是否会被华盛顿的傲慢所激怒而联合反对美国。华盛顿还没有理解，对于一个“超强的大国”来说没有什么比单边主义的诱惑更危险的了。有人认为既然国际秩序只需要美国的价值观和力量，那么国际协议和组织的限制就没有必要了。但实际上，这同样的限制为领导者提供的机会比傲慢地表现出蔑视他人观点的做法要好得多，同时它也为限制其他国家的单边主义行为提供了有效的方法。一个想延长其统治的霸权国应该特别热情地支持国际主义的方法和机构，因为由此赢得的影响力要大大超过自由行动所能得到的。

全球化会给较贫穷的国家带来损失。对于这些损失，美国是否能改变它那种漠不关心的态度，对全球社会的发展将起很大作用。现在华盛顿很不愿意为全球经济发展投入资源，而且继续对监控和规范全球市场的国际机构不友好。美国政治体制的右倾势力经常推动美国的

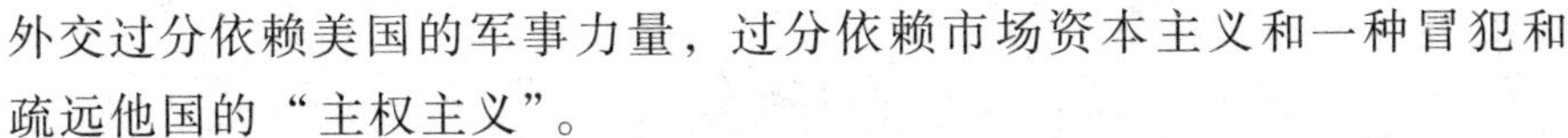

外交过分依赖美国的军事力量，过分依赖市场资本主义和一种冒犯和疏远他国的“主权主义”。

·落单的人

在这些紧张关系中，美国对这场反恐怖主义的战争还可能会谨慎地加以控制，其他国家的政府也可能会优先解决由国家间对立和全球化的弊端带来的许多内部问题。但这个世界面临着被逼到一个新的前有“锡拉岩礁”（Scylla）后有“卡律布迪斯漩涡”（Charybdis）的危险境地的风险。“卡律布迪斯漩涡”是指美国领导人采取单边主义的做法处处干预他国事务。因为他们相信世界面临的巨大威胁赋予了美国全球性的使命。由于这场反恐怖主义战争被描绘成善良和邪恶的史诗般较量，所以为他们提供了一个团结全体国民和避免国内分裂的最好方法。“锡拉岩礁”是指面对将来本·拉登可能发动的新的恐怖袭击、新的人道主义灾难和可能升级的区域性战争等世界乱象，人们束手无策，只有明智的判断才能在这中间规划出一条胜利之路。

我们可以分析现在，但我们无法预测未来。我们生活的世界是一个发展不平衡的全球社会。现实中的国家与全球社会经常重叠，并受累于脆弱的公共机构和欠发达的市民社会。一个惟一的大国统治着世界，但它自己的经济却可能陷入危机，也可能被未来的恐怖袭击所扰乱。因此要有把握地预测未来是非常不谨慎的或者是太天真的做法。但有一点是肯定的，那就是虽然这个世界度过了许多危机，但即使在没有大规模杀伤性武器的时代它也为此付出了很高的代价。

正因为未来既难解释又难预测，所以国际关系的研究者面临着两个使命：他们必须通过清点现有的“问题”和理清国际事务的来龙去脉，来努力理解世界的现状；他们不应该由于担心把经验与规范混杂起来而不以政治哲学家的身份去写作，特别是许多哲学家已经把他们正义社会的概念引申到了国际关系领域。一个人如何能使全球大厦更适合居住呢？回答这个问题假设了一个政治哲学的存在，它既是正义的，又能为抱有其他价值观的人所接受。就像已故的哲学家朱迪思·夏克勒（JudithShklar）所做的，我们可以把暴力和压迫的受害者的命运和悲惨境遇作为一个出发点和一个线索；我们的目标应该是寻求物质和精神的解放。只要我们对令人担心的世界上的紧张关系认真思考，就可能使它缓和下来。

（选自《世界经济与政治》，2003年第4期。）

7.8.1 亨利·基辛格：世界新秩序的构建（选段）

亨利·基辛格（Henry Alfred Kissinger，1923年～），美国著名的外交家，现实主义理论家。1951～1971年担任哈佛大学国际论坛负责人。1969～1975年曾任美国总统国家安全事务助理。1973～1977年任美国国务卿。在现实主义代表人物中他与凯南一样兼学者与决策者为一身，其个人的悲剧式经历造就了他对人性和社会的现实主义认识。均势是其外交思想的核心，认为在多变的“多极”世界上，美国以实力和均势作为外交决策的依据，在均势的基础上建立和平结构，以均势来维持国际体系的稳定，被舆为“均势大师”，对西方的战略界和外交界具有重大影响。自其参与打开中美关系大门以来，长期对华持友好立场。

· 世界新秩序

冷战使传统权力观念受到相当大的破坏。人类历史上大多是军事、政治及经济实力彼此呼应，通常其消长是相互对等的，但冷战时期构成实力的各个因素却“各自为政”。苏联在军事上是超级强权，在经济上却是侏儒。也有国家可能是经济巨人，军事上却无足轻重，日本即是一例。

在后冷战世界里，这些因素很可能愈来愈趋于一致与对称。美国的相对军事力量会逐渐衰落。缺少明确的敌人会使国内产生压力，要求将资源转移到其他的优先要务上，此种发展现象已然出现。一旦单一的威胁消失，各国都会从本国的观点来考虑其危险，那些过去受美国庇护的国家会感觉必须要为本国的安全负起更大的责任。因此新的国际体系会朝均势的方向发展，即使在军事领域也不例外，虽然那或许需要数十年才能达成。这种趋势在经济上会更为明显，美国在这方面的绝对优势已开始动摇，挑战美国的危险性已缩小。二十一世纪的国际秩序会出现一个似乎相矛盾的特点：一方面愈来愈分散；一方面又愈来愈全球化。在国与国之间的关系上，这个新秩序会更接近十八、十九世纪的欧洲民族国家体系，较不像冷战时期严格划分的两大阵营。彼时至少会有六大强权：美国、欧洲、中国、日本、俄罗斯，可能再加印度，另有许许多多中小型国家；与此同时，国际关系已首次真正地全球化了。通信已是瞬间完成；全球经济活动在各大洲同步进行；有许多问题只能以全球式的方案加以解决，如核子扩散、环境、人口爆炸及经济依存度升高等。

对美国而言，在地位不分重轻的国家间，协调不同的价值观与迥然不同的历史经验，将是一种全新的经验，与上一世纪的孤立或冷战时期的霸主地位都会完全不同，这也是本书写作的主旨。其他主要国家同样面临适应新出现的世界秩序的难题。

在现代世界中唯有欧洲曾有过多国体系，发明民族国家、主权及权力均衡等观念的也是欧洲。这些观念左右国际事务近三百年之久。但过去实践国家意志的欧洲国家中，目前没有一个足堪在新国际秩序中担当大任。为弥补这种相对弱势，他们正设法缔造一个统一的欧洲，这个目标令他们耗费不少心力。但即使得以成功，仍不会自动出现现成的行为准则，供统一后的欧洲在全球舞台上行事时作为依据，因为以往从不曾有这样的政治实体存在过。

自有史以来，俄罗斯一直是个特例。她很晚才步上欧洲的政治舞台，比法国及英国的统一晚了许多，而且欧洲传统的外交原则似乎都不适用。俄罗斯与欧、亚、穆斯林世界等三种截然不同的文化为邻，其人口中这三类民族都有，因此她从不是欧洲人观念中的民族国家。随着历代君主不断并吞邻国的领土，使版图不断扩大，俄罗斯的规模与欧洲任何一国都不成比例。更何况每征服一处新领土，纳入一个强悍的非俄罗斯新民族，就会使国家特征大为改观；此即俄国觉得非维持庞大的军队不可的原因之一，俄军的规模往往与真实的外在威胁无关。

在强迫性不安全感及宗教般狂热两相激励之下，在欧洲的要求及亚洲的诱惑两相拉锯之下，俄国在欧洲均势中始终占有一席之地，但在情感上从不属于欧洲。征服与安全这两方面的需要在俄国领袖心中合而为一了。自维也纳会议后，俄国在外国土地上用兵的次数多过其他强权。论者常以不安全感来解释俄国的扩张主义，但俄国作家更常把其向外侵略说成是弥赛亚式的宗教使命。俄罗斯向外扩张很少懂得适可而止；一旦遭遇挫败，则愤愤不平、怨天尤人。在其历史上，俄国几乎总是一个不断寻找机会的国家。

苏联解体后的俄国发觉，自己置身于史无前例的疆界中。她必须像欧洲一样，花费一番苦心为国家重新定位。她是否会回归历史的循环，设法恢复往昔的帝国？她会否将重心向东移，更积极地参与亚洲的外交？她会根据什么原则及方法应对四周的动乱，尤其是动荡的中东地区？俄罗斯对世界秩序永远都很重要，而回答上述问题必然会带来的纷扰，对世界秩序也构成潜在的威胁。

中国也面临前所未有的世界秩序。中华帝国大一统的局面维持了两千年之久，事实上这个正统也曾有动摇的时候。战争在中国发生的频率不下于欧洲，但中国的战争通常因争夺帝位而起，其性质多属内战，而非国际战争，而且迟早必然会导致新的中央政权出现。

回顾历史，仿佛每一国际体系都必然有一个内在的一致性。一旦某个体系建立之后，我们很难想象如果作了不同的选择历史会如何演变，或是当时究竟可不可能作其他的选择。

在国际秩序形成之初，或许有许多的抉择可选，但任一选择均会挤压其他选项的空间。由于愈复杂愈难保持弹性，因此最初的抉择尤为重要。国际秩序是稳定，如维也纳会议后的情势；或是动荡不安，如威斯特伐利亚和约及凡尔赛和约后的情势，取决于这一国际秩序对相关各方对于安全与正义的要求能够作何种程度的协调。

最稳定的两种国际秩序，即维也纳会议的产物及美国在二次大战后主导的国际秩序，占了观念一致的优势。参与维也纳会议的领袖，是对抽象事物有相同看法、对基本原则有共识的各国贵族；而塑造战后世界的美国领袖，则出身于极为一贯且历久不衰的思想传统。眼前正在成形的世界秩序，则有待来自截然不同文化背景的政治领袖们加以建构。由于他们主掌着庞大而错综复杂的官僚体系，不得不耗费更多心力于行政管理，反而无暇顾及大局；他们崛起于政坛所依靠的也不必然是主政者所应具备的条件，更别论建立国际秩序了。目前唯一可资借鉴的多国体系范例是欧洲社会所建立的，因此可能遭致许多国家反对。

但过去建立在多国基础上的世界秩序，不论是威斯特伐利亚和约或当代，其兴起及衰落是了解现今政治领袖所面临的挑战惟一可资借鉴的经验。研究历史虽不能提供我们即学即用的操作手段；但历史教训是类比式的，可帮助我们了解类似的情形可能有什么结果，而且每一世代必须自行决定，哪些情形确实可与历史相类比。

学者分析国际体系的运作；政治领袖则建立国际体系，分析者与从政者的观点大异其趣。分析者可自定研究主题，而政治人物所面对的却是客观环境塑造的问题。分析者可投入充分的时间追求确切的结论；但政治领袖最大的挑战却是时间压力。学者没有风险，如果结论错误，大可重新来过；政治领袖却只有一次选择，一旦出错便覆水难收，学者可掌握所有相关事实，其成败取决于个人学养；政治人物必须在眼前无法断定利弊得失的情况下当机立断，历史对他的评价将根据他如何明智地面对无可避免的变局，尤其是他如何维护和平而定。这正是为什么分析政治领袖如何解决世界秩序问题，检讨成败及其成因，只可说是一个开端，却绝非研究当代外交的止境。

（选自亨利·基辛格著，顾淑馨、林添贵译：《大外交》，海口出版社，1998年1月版，第11~20页。）

7.9.1　罗伯特·基欧汉、约瑟夫·奈：权力与相互依赖（节选）

罗伯特·基欧汉（Robert O. Keohane，1941年~）与约瑟夫·奈（Joseph S. Nye，Jr. 1937年~）是当代西方最具影响力的新自由主义代表人物。约瑟夫·奈先后在卡特、克林顿政府出任要职，负责国际安全事务。1995年12月，出任肯尼迪政府学院院长。基欧汉为美国人文与科学学院院士。25岁获哈佛大学政治学博士学位，导师是新现实主义大师斯坦利·霍夫曼（著名欧洲问题研究专家雷蒙·阿隆的学生）。20世纪70年代美苏两极格局开始松动，两大阵营之间的交流不断增加；美国的经济霸主地位发生动摇，世界经济的“从属性一致”被“相互依赖的不一致”所取代；全球范围内的各国经济联系空前加强，跨国公司、国际组织、国际制度发展迅速，以非国家角色的积极姿态登上国际舞台。基欧汉和奈摒弃“国家是唯一行为者”的主张，重视对超越国界的相互联系、结盟关系和相互依赖的研究，将现实主义学派的权力政治理论和科学行为主义学派较早提出的相互依存论有机地结合起来进行考察，并进一步剖析两者之间的内在关系，并且在对政治、经济、生态、军事等方面进行综合研究的基础上提出了“复合相互依赖”的新概念。1977 年，《权力与相互依赖》出版，构成新自由制度主义兴起的理论基石，标志着新自由主义国际关系学派挑战新现实主义理论霸主地位的开始。该书多次再版，两位学者将全球化、国际机制与相互依赖概念相整合，对21 世纪初的世界政治进行严肃的理论分析，成为代表新自由制度主义发展的巅峰之作。以新自由制度主义获得与新现实主义并驾齐驱的学术主导地位。

·21 世纪的权力与相互依赖

就国际关系著作的影响力而言，《权力与相互依赖》堪称长盛不衰。……

……我们试图回答两个问题：(1) 当相互依赖尤其是经济相互依赖广泛存在时，世界政治的主要特征是什么？(2) 国际机制如何、如何改变？为回答这些问题我们提出了不对称相互依赖的概念，视之为运用权力的手段。这一研究议程与盛行的现实主义方式相契合，但却将权力分析的范畴延伸到军事安全之外那些不受关注的领域。我们也提出了解释国际关系的理想模式，我们称之为“复合相互依赖”。就此，我们推翻了现实主义的三个假设：(1) 国家是唯一重要的行为体；(2) 安全是主导性的目标；(3) 武力是最重要的工具。我们随即推断出权力斗争——谁在什么时间、以什么方式得到什么——将在这一想象的条件下进行。我们针对管控国际议题的机制如何变化，提出了四个因果模式：经济模式、基于总体权力结构的模式、基于问题领域内权力分配的模式、国际组织模式。本书的重要性持续得到认可，大多可以通过所谓的“全球化”这一事实得到解释，后者使得世界在诸如气候变化金融市场等特定问题或世界某些地区（如发达民主国家之间）

的关系更接近复合相互依赖。同时，我们承认武力继续发挥作用，认为武力与经济相互依赖之间存在着互动……

……本书初版至今，对我们观点构成挑战的三个最重大事件分别是1989~1991年的冷战结束；2001年9月11日的恐怖主义袭击及其回应、2008年的金融危机。……在评估这些挑战时，很重要的是承认我们所做分析的局限性。……《权力与相互依赖》从未声称预测未来或提供预测未来的方法，而是想提供一些概念，有助于世界政治观察者理解或解释他们所看到的林林总总，他们可以用某些普遍性模式予以解释，现实主义政治理论此前提出的中央集权式安全框架对当前的变化震惊不已，他们却并不感到惊奇。对这一框架有效性的检验并不在于其是否预测了这些事件的发生，或导致践行者这样做（或不这样做），而在于是否有助于我们理解其细节，即一系列事件发生之后的"冲击波"。

……

· 结论

……我们深感兴奋的是，我们对不对称各种形式的分析表明，权力关系伴随着相互依赖，我们提出的机制变迁模式依旧有说服力。

（选自罗伯特·基欧汉、约瑟夫·奈著，门洪华译：《权力与相互依赖》第四版序言，北京大学出版社，2012年版，第29~30、36页。下文仅注章节、页码。）

《权力与相互依赖》并不认为世界政治"一切都是崭新的"。1989年，我们曾经强调这一点非常重要，现在依然如此。我们并不企图否认现实主义所有论点——我们在读研究生期间学习过的——的正确性，或提出新的"自由主义"理论来替代现实主义。我们的目标是，寻求建立一种看待世界政治的方法，帮助我们理解政治与经济的关系、制度化国际合作的模式，同时保留现实主义关于世界政治中权力和利益的核心洞见。……

相比现实主义而言，当前中国在多个问题领域面临的情况更接近于我们提出的复合相互依赖理想模式。戴着现实主义的眼睛看待复合相互依赖将扭曲现实并导致政策失误。对21世纪初的中国学者、公民和决策者而言，本书确实提供了第二副眼镜，透过这副眼镜我们可以更清晰、更好地专注于认识复合相互依赖、相互依赖与权力相结合的更为宽泛的模式。

（中文版序言，第39～40页）

·关于相互依赖的新探讨

冷战期间，“国家安全”是美国领导人用以引导人们支持其政策的一个口号。“国家安全”的辞令用以证明，以相当代价巩固“自由世界”的经济、军事和政治结构的战略设计是正确的。同时，国家安全的说法，为国际合作和支持联合国提供了理论基础，还证明了联盟、对外援助和广泛的军事介入的正当性进行了辩护。

国际主义者（internationalists）赞成美国更多地卷入世界事务，国家安全成为他们喜爱的象征。增加干涉的国际主义者们最喜欢的标志。白宫的核心外交政策协调机构的被命名为国家安全委员会。杜鲁门政府以苏联对美国安全威胁为理由，促使国会批准给予英国贷款及“马歇尔计划”的提案。肯尼迪政府也以安全问题为由，敦促国会通过了1962年的《促进贸易法案》。有的总统借国家安全为名来控制国会中的某些利益集团，特别是那些支持保护主义贸易政策的利益集团。某些国会议员对自己选区的，经济利益受到不利影响和加税表示不满，政府对此的解释是，“国家安全利益”要求他们做出牺牲——而国会议员也这样向自己的选民解释。同时，利益集团也常常假借国家安全的名义达到自己的目的，例如国内石油生产商及其政治盟友极力督促对石油进口实施配额制度。

如此象征性地使用“国家安全”，主要源于冷战以及美国人的严重威胁感。现实主义分析加重了其说服力，因为现实主义坚持认为，国家安全是最重要的国家目标，在国际政治中，安全威胁恒久存在。……

随着冷战式安全威胁感的减弱，国外经济竞争和国内分配冲突增加了。种种相互矛盾的卷入均假借“国家安全”的名义，国家安全概念的模糊性越发明显。……

以军事安全为中心的国家安全概念越来越难以准确地反映现实情境，其象征性作用也在下降。……

政治领导人常常把相互依赖描述为一种自然需要或政策（和国内

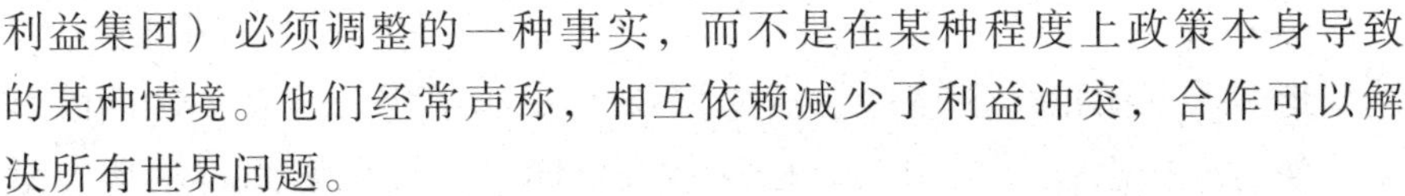

利益集团）必须调整的一种事实，而不是在某种程度上政策本身导致的某种情境。他们经常声称，相互依赖减少了利益冲突，合作可以解决所有世界问题。

“我们从事的是一个共同的事业。世界经济的持续发展有一定的限度，没有任何国家或国家集团可以超越该限度而获益。把进步建立在武力尝试的基础之上是徒劳无益的。”（基辛格语）……对那些期望维护美国世界领导地位的人而言，相互依赖成为新辞令的一部分，用以应对国内的经济民族主义和国外的强力挑战。尽管相互依赖的内涵与国家安全差别甚大，但二者都为美国在世界事务中的最高领导地位提供了合法性。

然而，相互依赖的辞令与国家安全的象征意义共处是非常困难的。极言之，前者认为利益冲突已经过时，而后者认为利益冲突是而且仍将是根本性的，存在激化的可能性。何种分析模式适用于世界政治的困惑，与美国应采用何种政策所引起的困惑交织在一起。因此，相互依赖和国家安全都不能为广泛的相互依赖的问题指供可靠的指导方针。

……

我们并不认为，当相互依赖普遍存在时，国际冲突就消失得无影无踪。相反，国际冲突会以新的形式出现，甚至会呈现上升趋势。但是，理解世界政治冲突的传统方式无法充分解释相互依赖条件下的国际冲突。运用错误的方式和言辞诠释这些问题，将导致漏洞百出的分析和蹩脚的政策。

· 作为一个分析概念的相互依赖

一般而言，依赖（dependence）指的是为外力支配的或受其巨大影响的一种状态。……世界政治中的相互依赖，指的是以国家之间或不同国家的行为体之间的相互影响为特征的情形。

这些影响往往来源自国际交往——跨越国界的货币、商品、人员和信息流动。……然而，这种联系并不等同于相互依赖。人类交往对相互依赖中的影响取决于与之相关的制约与成本。……当交往产生需要有关各方付出代价的相互影响时，相互依赖便出现了。如果交往并没有带来显著的需要各方面都付出代价的结果，则它不过是相互联系而已。这种区别对我们理解相互依赖的政治至关重要。

……

我们并不把相互依存这一概念仅仅局限于互利的场合。这样的解说会使这一概念仅仅适用于分析世界流行的现代派的观点，军事力量的威胁是微乎其微的，冲突的程度也是微不足道的。它将把相互依存中对等依赖的情形排斥于外，如美苏间的战略相互依存；更何况，它将使工业国和不发达国家考虑相互间的关系是否要依赖时，变得捉摸不定。其内容就会基于双边关系是否互利的固有的主观判断。

我们认为，相互依赖并不局限于互利的情境。……

……没有任何事物能够保证我们所说的相互依赖关系以互利为特征。

……

有人认为相互依赖的增加将创造一个充满合作的，美好的新世界，以取代充满国际冲突的、恶劣的旧世界。我们必须谨慎看待这个问题。为人父母者皆知，馅饼做得再大，也不能解决孩子们分多分少的争吵。乐观主义的方法忽视了经济乃至生态相互依赖在充满竞争的国际政治中的作用。

传统的国际政治学与经济相互依赖的区别，与“零和”世界（一方所得为另一方所失）和“非零和”游戏之间的区别迥然有异。军事相互依赖未必一定是零和的。军事盟友确实积极寻求相互依赖，以求增进共同安全。甚至势力均衡也未必是零和的。……因此，传统的军事安全、政治与经济、生态相互依赖与政治之间既有重要的连续性，又存在重大差别。

我们还需要注意的是，不能将相互依赖完全局限于均衡的（evenly balanced）彼此依赖。最有可能影响行为体应对过程的是依赖的非对称性。依赖性较小的行为体常常将相互依赖作为一种权力来源，在某问题上讨价还价甚至借之影响其他问题。纯粹对称的另一个极端是纯粹依赖；但是这种情形非常罕见。在现实生活中多数情况介于二者之间，这也正是相互依赖政治谈判进程的核心之所在。

· 权力与相互依赖

……

权力可以被视为一种能力，即某行为体促使其他行为体做其原本

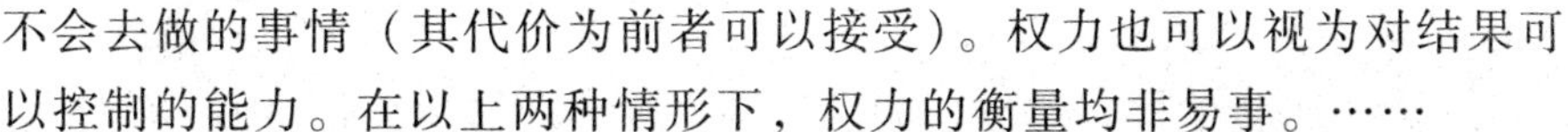

不会去做的事情（其代价为前者可以接受）。权力也可以视为对结果可以控制的能力。在以上两种情形下，权力的衡量均非易事。……

理解权力在相互依赖中的作用，我们必须区分所谓敏感性（sensitivity）和脆弱性（vulnerability）二者之间的关系。敏感性指的是某政策框架内做出反应的程度——一国内的变化给另一国带来有代价的变化的速度多块，所付出的代价有多大？衡量敏感性并非只有跨国界交往一个尺度，交往变化所付出的代价对社会和政府的影响也是衡量尺度之一。敏感性相互依赖产生于政策框架内的互动。敏感性假定，政策框架保持不变。而一系列政策保持不变也许反映了在短时期内形成的新政策的困难，或许反映出对某些国内或国际规则的承诺。

……

敏感性相互依赖既表现在经济方面，也表现在社会或政治方面。……

……相互依赖的脆弱性程度取决于各行为体获得替代选择的相对能力及其付出的代价。

……

就理解相互依赖的政治结构而言，脆弱性尤其重要。从某种意义上讲，脆弱性着重表明哪些行为体是“别无其他情形下”的确定者；或哪些行为体能够确定游戏规则。……

脆弱性既适用于社会政治关系，也适用于社会政治经济关系。……

……

脆弱性相互依赖包含战略意义，而敏感性相互依赖恰恰缺少这一点。但这并不意味着，敏感性在政治上是不重要的。敏感性的迅速上升往往导致对相互依赖的抱怨以及改变相互依赖现状的政治努力，哪些实行多元政治制度的国家尤其如此。……

由此，我们可以得出如下结论，对国际相互依赖进行政治分析，一个颇有用途的起点是，将非对称相互依赖视为行为体的权力来源。……

当然，权力与相互依赖的关系不仅局限于此。认识到操纵相互依赖关系可以成为一种权力工具是重要的，而认识到这一工具的局限性也同样重要。非对称相互依赖本身并不能解释讨价还价的后果，即便是在传统的国际关系中亦然如此。

· 国际机制变迁

……我们将对相互依赖关系产生影响的一系列控制性安排（governingarrngements）称为国际机制（international regimes）。本书研究的第二个问题是：国际机制如何、为何发生变迁？尽管该问题的重要性不像政治谈判进程那样显而易见，但对于理解权力与相互依赖而言，它具有同等重要价值。

世界政治中的规则和程序从来不像井然有序的国内政治制度那样完整和得以实施，各种制度（institutions）也不像前者那样强有力或具有自主性。世界政治的游戏规则包括某些国内规则、某些国际规则、某些个人规则——而且许多领域根本就不存在任何规则。由于国际组织的软弱无能和实施国际法的困难，许多观察家误以为国际机制无足轻重，他们有时甚至无视国际机制的存在。总体而言，全球一体化还很薄弱；但具体的国际机制对数国或多个国家在某个具体问题上的相互依赖关系常常影响巨大。……

（第一章，第6~19页）

· 复合相互依赖的特征

复合相互依赖具有如下三个基本特征：

其一，各社会之间的多渠道联系，它包括政府精英之间的非正式联系或对外部门的正式安排；非政府精英之间的非正式联系（包括面对面的交流或通过电讯联系）；跨国组织（如多国银行或多国公司）等。这些渠道可以概括为国家间联系、跨政府联系和跨国联系。……

其二，国家间关系的议程包括没有明确或固定等级之分的问题。……

其三，当复合相互依赖普遍存在时，一国政府不在本地区内或在某些问题上对他国政府动用武力。……

（第二章，第23~24页）

复合相互依赖显然是一个自由主义而非现实主义的概念。我们并未试图将复合相互依赖与现实主义的权力和结构概念统合起来。相反，我们的复合相互依赖观点与现实主义者关于世界政治的理想模式是对

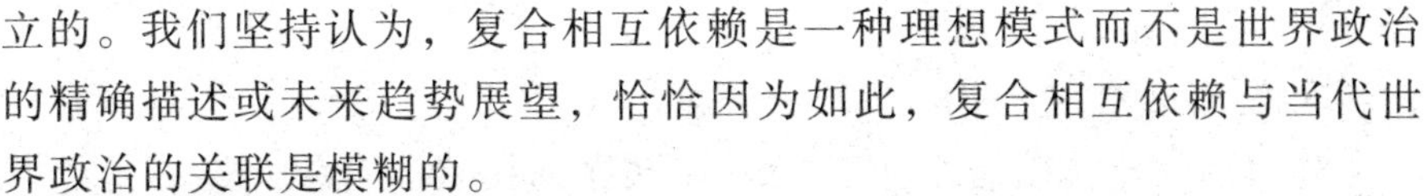

立的。我们坚持认为，复合相互依赖是一种理想模式而不是世界政治的精确描述或未来趋势展望，恰恰因为如此，复合相互依赖与当代世界政治的关联是模糊的。

（跋，第306页）

· 需要国际机制

……国际治理与国内治理大不相同。……国际治理并没有被视为与联合国的众多机构等同，因为有的人只看到联合国机构的价值，有的则只看到了缺陷。影响各国管理其相互依赖关系的一系列规则和制度非常复杂，而联合国体系不过是其中的一部分而已。国际体制——确定行为体在各问题上可接受行为限度的规则和程序——的拓展远远超出了联合国的范畴。国际机制常常包括正式组织，但并不局限于此。机制是广义上的制度：确定游戏规则的、被认可的实践模式。

……那些运行良好的机制至少体现了如下功能：

其一，机制促进了负担共享。……

其二机制向各国政府提供信息。……

其三有助于大国通过外交途径获得各种利益。……

（“为多边主义喝彩？三思而后行”，第324～326页）

7.9.2　罗伯特·基欧汉：霸权之后（选段）

现实主义学派中的“霸权稳定论”认为，国际体系要维持稳定，必须要有一个霸权国家或霸主的存在，而合作和霸权不是对立的，霸权的领导作用有助于产生一种秩序的模式，霸权取决于某种非对称的合作，成功的霸主总是支持和维持这种非对称合作。基欧汉认为与其说是霸权国家，不如说是霸权国家领导下的国际机制在确保着世界政治经济中的合作与和平。总的说来，基欧汉的国际安全战略思维修正多于创新，他不是倡导新的国际政治与经济秩序，而是在维护旧的体制。

· 合作与国际机制

霸权的领导作用有助于产生一种秩序的模式。合作并不是与霸权相对立的，相反，霸权取决于某种非对称的合作，成功的霸主总是支持和维持这种非对称合作。我们在第八章将会详细看到，当代国际经济机制是在战后美国的庇护下构造起来的。霸权常常在解释国际机制的创立上扮演着重要的地位，甚至是关键的地位。

……

这个问题的提出还使我们回到经济和政治问题之间所存在的关键的紧张状况：在一个相互依赖的世界经济中，国际政策协调似乎是非常有益的，但是世界政治中的合作又是特别的困难。缓解这种紧张状况的一种办法，是假设国际市场的运行会自动产生最优的结果，这样一来我们就可以放弃关于国际经济政策协调是有价值的之类的假设（Gorden，1981）。不过，这种论调的主要缺陷，是在没有国际合作的情况下，各国政府将会单方面干预市场以追求它们所认为的自身利益，不管那些反对干预的自由主义经济学家会对此说些什么：它们会干预外汇市场，对进口施加各种限制，对国内的工业部门实行补贴，对一些商品例如石油实行定价（Strange，1979）。即使一国接受合作去维持自由市场的运行，但是如果没有其他形式的政策协调，进一步的缺陷仍然会提出来，那就是经济市场的失灵可能会发生（Cooper 1983，pp. 45 ~46）。由于集体行动问题等各种各样的原因，可能出现交易的次优结果。因此，我们需要从观念上就自由市场必然能够带来最优结果的问题，进行一个变革和飞跃。

在驳斥了那种认为在世界政治经济中合作是没有价值的幻想以后，我们就不得不去面对这样的事实，即合作是很难组织的。一种补助（recourse）的办法很容易滑入宿命论的误区中，这种观点承认破坏性的经济冲突是由于政治分裂的结果。虽然逻辑上看，这一点对那些相信霸权稳定论的人来说是站得住脚的，但是即使霸权稳定论最坚强的支持者也不愿意去接受这个索然无味的合乎规范的说法（Gilpin，1981）。本书并不忽视在没有霸权的情况下困扰政策协调努力的那些困难，本书认为，没有霸权的合作也是可能的，这种合作可以通过国际机制的作用而得到促进。

……

· 和谐、合作与纷争

我们必须将合作与和谐区别开来。和谐是指一种状态，在这种状态中，行为者的政策（追求自身利益而不考虑其他人）能够自动地促进其他行为者目标的实现。关于和谐最经典的例子是古典经济学世界中所假设的竞争性市场，在这个市场中，“看不见的手”使个体追求自身利益的行为自动为整体利益做出贡献。在这种理想化的、不现实的世界中，没有任何人的行动会伤害到其他人，这里不存在经济学家所说的晦涩难懂的“消极外部性”问题。在和谐盛行的地方，合作是不必要的，甚至还是有害的，如果合作意味着某些个体密谋剥削他者的话。亚当·斯密本人就是对那些反对自由贸易的行会和阴谋团体持激烈批评态度的人（Smith，1776/1976）。因此，合作与和谐状态决不是相同的，我们不应该将两者混淆起来。

合作需要通过谈判的过程（即我们常说的政策协调）将各个独立的个体或组织的行动（并不是处于先在的和谐状态）变得互相一致起来。林德布洛姆把政策协调界定为：

如果在一系列决策中出现调整的现象，以使任何一种决策对他人产生的消极后果在一定程度上和一定的次数上得到避免、减少或者抵消，那么这一系列决策就处在协调之中（Lindblom，1965，p. 227）。

通过政策协调过程，当行为者将它们的行为调整到适应其他行为者现行的或可预料的偏好上时，合作就会出现。用更加正规的语言对此作一总结，就是：作为政策协调过程的结果，当一国政府遵从的政策被另外国家的政府视为能够促进它们自己目标的相互认识时，政府间的合作就会发生。

……

纷争常常引起行为者采取措施诱导其他行为者改变它们的政策，当这些措施遭遇抵抗时，政策冲突就产生了。然而到目前为止，由于用于政策调整上的努力能够成功地使各种政策变得更加协调和一致，合作还是能够保证的。……当然，协商和谈判的确经常会出现，这种情况一般会伴随着其他一些行动，目的在于诱导其他行为者调整其政策以适应自己的目标。每个政府都追求自己所认为的自身利益，但是都希望谈判来给各方带来收益，虽然这种收益并不必然就是平等的。

和谐与合作之间的区别常常并不是很清晰的。然而在世界政治研究中，它们应该得到清晰的界定。和谐是非政治的，在这种情况下，沟通是没有必要的，也不需要施加影响能力。相反，合作是高度政治的，不管怎样，行为模式必须要作出改变，这种改变可能通过积极性的诱因和消极性的诱因而完成。实际上，国际危机的研究，以及博弈论的实验和模拟研究，已经显示在一定的条件下，涉及威胁和惩罚以及承诺和奖赏的战略在获得合作性的结果上，要比那些完全依赖劝说和善良力量以达到合作的例子更加有效（Axelrod，1981，1984；Lebow，1981；Snyder and Diesing，1977）。

因此合作并不意味着没有冲突，相反，它显然是与冲突混合在一起的，并部分说明要采取成功的努力去克服潜在或现实冲突的必要性。合作只会在行为者认为它们的政策处于实际或潜在冲突的情况下而不是和谐的情况下才会发生。合作不应该被视为没有冲突的状态，而应该被视为对冲突或潜在冲突的反应。没有冲突的凶兆，也就没有必要进行合作了。

……

那些看重权力和冲突问题的世界政治研究者们，应该注意这种界定合作概念的方式，因为我的概念并没有把合作归到各个权力平等的国家间关系的虚构世界中去。确切地说，霸权状态下的合作并不是矛盾的。我希望，在与和谐相比较的意义上定义合作，应该使那些带有现实主义理论取向的读者认真地对待世界政治中的合作问题，而不是弃之不顾。然而，对那些也相信霸权稳定论的马克思主义者来说，甚至这样一种关于合作的概念，对当代世界政治经济来说也是没有意义的。从他们的视角看，相互的政策调整不大可能解决困扰着体系的各种矛盾，因为这些矛盾是资本主义固有的，而不是在没有共同政府状况下利己主义的行为者之间面临的协调问题。试图通过国际合作解决这些矛盾仅仅只是将这些议题转移到了一个更深也更加难以驾驭的层面上。因此，马克思主义关于国际政治经济学的分析，绝少例外地避免纠缠在研究什么条件下主要资本主义国家间合作会出现这样的问题上，这是毫不奇怪的。马克思主义者认为，研究主要资本主义强国与处于世界资本主义外围的弱国之间的剥削和冲突关系，更加重要。从列宁的立场上看，研究国际合作的条件而不首先分析资本主义国家之间的矛盾，不承认资本主义国家之间冲突的不可调和性，这是资产阶级学者的错误。这与其说是一种论证，还不如说是一种信仰的陈述。因为持续的国际宏观经济政策协调从来未被试过，认为这种协调只会加剧体系面临的矛盾纯属猜测性的。而从其证据的匮乏上说，这种主张甚至可以说是很粗糙的。实际上，近年来最富洞察力的一位马克思主义学者海默明确地承认，资本主义国家面临着诸多集体行动问题，它们正在寻找至少暂时成功的可能方法去克服这些集体行动问题。就如他所承认的，资本国际化上的任何成功都可能对社会主义者的宏伟抱负构成严峻的威胁，从最低程度上讲，这种现象的发生至少会将矛盾转移到新的紧张阶段和地步（Hymer，1972）。因此，就算我们同意本质的问题是由资本主义间的矛盾提出的而不是国家间体系的内在紧张状态引起的，研究在什么条件下国际合作可能会出现之类的问题，也是有意义的。

· 国际机制与合作

……

国际机制的概念不仅能够帮助我们描述合作的模式，还能帮助我们解释合作和纷争问题。虽然国际机制自身依赖那些有助于达成国家之间的协议的条件，但是它们也能促进进一步的努力去协调国家间的政策。下面两章关于国际机制功能的论述，说明它们是怎样对各个利己政府的合作倾向产生影响的。要理解国际合作，有必要理解制度和规则是怎样不仅仅反映着世界政治、同时也影响着世界政治的事实。

· 机制的界定和辨别

当鲁杰在 1975 年将国际机制这个概念引入国际政治文献中时，他把机制定义为“由一群国家接受的一系列相互的预期、规则与规章、计划、组织的能量以及资金的承诺”（Ruggie，1975，p. 570）。最近，在一次以国际机制为主题的会议上，形成了一个共同的概念，把国际机制定义为“一系列围绕行为体的预期所汇聚到的一个既定国际关系领域而形成的隐含的明确的原则、规范、规则和决策程序。原则是指对事实、因果关系和诚实的信仰；规范是指以权利和义务方式确立的行为标准；规则是指对行动的专门规定和禁止；决策程序是指流行的决定和执行集体选择政策的习惯”（Krasner，1983，p. 2）。

这个概念为我们的分析提供了一个有用的起点，因为它从一般的作为社会制度的机制概念出发，并对这个概念作了进一步的阐述。不过，“规范”这个概念是模棱两可的。简单地从“以权利和义务方式确立的行为标准”这个意义上来理解“规范”这个概念是重要的。另一种用法，是通过确定一个社会体系中的参与者以道德上的约束而不是从狭隘的自我利益出发，来遵守规范而不是规则和原则，从而将规范同规则和原则区别开来。但是，把规范作为并限定为一个国际机制特征的一部分，将会使基于严格的以自我利益为基础来定义的机制概念在措辞上成为一个矛盾。既然本书把机制主要视为以自我利益为基础，我将坚持把规范的概念简单地作为行为的标准，不管这些规范是否以自我利益为基础而被各方所接受。只是在第七章，当有些机制可能包含以超越自我利益范围的价值为基础，并被各国政府在道德基础上视为义务的规范和原则时，我们才会再次认真地考虑这个问题。

一般来说，机制的原则确定了其成员期望追求的目标。例如，战后贸易和货币机制的原则强调国际经济交往中开放的非歧视模式的价值；核不扩散机制的基本原则强调核武器的扩散是危险的。规范包含某些比较清楚的关于其成员合法和非法行为的禁制性的内容，并在相对普遍的意义上界定成员的责任和义务。例如，关税及贸易总协定（GATT）的规范并不要求其成员立刻实行自由贸易，但是对其成员却包含禁制性的内容，要求它们实行非歧视和互惠，朝更加自由化的贸易方向发展。核不扩散机制基本包括这样的规范，即这个机制中的成员国不应该以促进核扩散的方式来行动。

……

国际机制的概念是复合的，因为它是在四个不同的内容上来定义的：原则、规范、规则和决策程序。选择这些特性中的一个——特别是原则和规范或者规则和程序——作为机制的限定性特征是颇为吸引人的（Krasner，1983；Ruggie，1983b）。然而这种方法会在原则同规则和程序之间导致一种错误的两分法。就如我们已经指出的，规范和规则在概念的边缘地区是很难清晰地作出相互区别的。即使能够说出一种广泛含义背后的隐含规则与一种广为理解的相对专门性的运行原

则之间的区别，作这样的概念界定也是困难的。规则和原则都会影响行为者的预期甚至价值观。在一个很强的国际机制中，原则和规则之间的联系极有可能是很紧密的。实际上，正是原则、规范和规则之间的紧密联系，赋予机制以合法性。既然规则、规范和原则是如此紧密地交织在一起，根据规则是否发生变迁，作为判断机制变迁或者机制内部变迁的依据，必然具有武断的成分。

原则、规范、规则和决策程序，对行为都具有禁制的含义（injunctions）：它们限定着特定的行动并禁止其他的行动。它们含有义务和责任，即使这些义务和责任通过一个等级的法律体系是不可强制实施的。因此，从禁制的意义上思考机制，机制的概念就能得到较好的界定。有些禁制是影响深远的，具有极为重要的意义，它们可能发生很少的变化；在另外一个极端上，禁制也许只是技术性的，为了方便的缘故，它们的改变不会带来很大的政治和经济影响。禁制是介于下面两种情况之间的，它们非常明确和具体，以致对禁制的违背在理论上是可以识别的，其发生的变化也是可以观察到的，另外，它们还具有足够的重要性，以致它们的变化对行为者的行为和国际政治经济的特性具有独特的意义。正是这种介于两者中间的禁制含义——其在政治上是重要的但也是具体和明确的，足以使我们确定违背禁制的行为以及禁制所发生的变化——我才将其视为国际机制概念的核心内容。

……

· 自助行为和国际机制

……

主权和自助原则意味着国际机制中的原则和规则必然要比国内社会中的要弱。在一个市民社会中，这些规则“在宪法原则的框架下确定着交换的关系和内容”（North，1981，p. 203）。在世界政治中，国际机制中的原则、规范和规则必然是脆弱的，因为它们有与主权原则和相关的自助规范发生冲突的风险。它们可能会促进合作，但是它们足以依靠的一个组织良好社会中所存在的本质秩序基础，却是不存在的。不与国家这样牢固的依托相联系，国际机制的作用就会漂忽不定。

然而即使主权和自助原则限制了国际机制的信用程度问题，它们也并不会使国际合作因此成为不可能的。正统的理论，是依靠相互间的利益去解释合作形式的，国家利用这些合作的形式作为竞争的工具。根据均势理论，像政治—军事联盟之类的合作性的尝试必然是在自助的体系中形成的（Waltz，1979）。解释合作的行动，是在相互利益能够足够充分地使国家克服它们之间相互猜疑的基础上进行的。但是既然正统的理论是以相互的利益为基础的，它的支持者们拒绝按照这种假设去对体系范围的合作现象作阐释，多少是有一点站不住脚的。为什么世界政治中的相互利益，只被局限在将各种力量结合起来以反对对手的那种利益上，这在逻辑和经验上是没有理由的。就像经济学家们所强调的，为了保证能够从自愿交换的市场中获得充分的收益，或者确保寡头垄断者从通过市场控制和操纵而产生的租金中得到充足的回报，各个行为者之间同样可能存在相互的利益。

国际机制不应该被视为构成一种“超越民族国家之上”的新国际秩序的要素。重要的是，它们应该从行为者自身利益的推动下所达成的一系列协议安排的意义上去理解，因为在国际体系的组成部分中，主权仍然是一种宪法性的原则。这意味着，就如现实主义者所强调的，国际机制很大程度上将由体系中追求自身利益的那些最有力的成员所设计。但是，国际机制同样会影响国家的利益，因为自身利益的含义本身是弹性的，具有很强的主观性。自身利益的认识既取决于行为者对特定行动所产生的可能的结果的预期，也取决于它们本质性的价值观念。国际机制当然能够影响预期以及价值观念。国际机制这个概念既与有差别的权力的重要性联系在一起，也与关于自身利益的一种成熟的观点联系在一起，这一点与持有国际行为主要是由权力和利益决定的观点并不是矛盾的。国际机制的理论既可能融合了现实主义关于权力和利益作用的看法，同时也揭示出某些理论的不足之处，这些理论从如此狭窄的立场上定义利益的概念，以致它们不能考虑到国际制度的地位和作用。

国际机制不仅与自身利益是一致的，而且在一些条件下对有效地追求自身利益来说是必要的。它们促进非集中的国际政治体系的平稳运转，并因此对各个国家具有重要的作用。在一个日益相互依赖的世界政治经济中，国际机制可能对那些希望解决共同问题和追求互补的目标，而又不愿将自己从属于一个等级控制体系的各国政府来说，变得越来越有用。

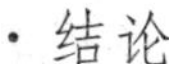

· 结论

从理论的角度讲，国际机制可以被看作是世界政治的基本特征（例如国际权力配置和国家与非国家行为者的行为）中间的调解性因素（intermediate factors），或者是“干扰性的变量”（intervening variables）。国际机制这个概念有助于我们解释合作和纷争问题，要理解国际机制的影响，并不必然需要对世界政治中的行为者持理想主义的假设。相反，机制中的规范和规则能够对行为施加一种影响，即使它们并不体现共同的理想，但是它们被那些关心自身利益的国家和公司不断用于相互的政策调整过程中。

（选自罗伯特·基欧汉著，苏长和等译：《霸权之后——世界政治经济中的合作与争斗》，上海人民出版社，2006 年 1 月版，第 49 ~ 63 页。）

7.9.3 罗伯特·基欧汉：新现实主义及其批判（选段）

《新现实主义及其批判》展示了新现实主义、新自由主义、社会建构主义、后现代主义、西方马克思主义等理论流派的学术精粹，集中探讨了当代国际政治理论的若干核心问题，同样是国际安全战略思维的基本问题。本文选录其中的两段。

· 世界政治理论——结构现实主义及其超越

现实主义承载着自修昔底德以后的悠久传统，继续为国际关系的有价值的研究提供着依据。只要看一看明确地从现实主义传统那里汲取养分的作家，就可证明这一观点；而简单地考察一下马克思主义学者中的一些著作，这种观点则可得到加强。如果他们尽管对现实主义观点持普遍的反感，却又吸纳了现实主义成分的话，那么，我们就更会理直气壮地得出结论：现实主义反映了世界政治的持久现实。

对马克思主义者来说，影响世界政治的根本力量是阶级斗争和不平衡发展等因素。世界历史是不断发展的、辩证的，而不是循环往复的。现实主义所着重研究的国家行动，反映了资本主义发展的阶段和发展的矛盾。不过，马克思主义在分析资本主义统治下的世界政治的表面现象时，还是采取了与现实主义者相类似的范畴。权力是至关重要的；控制着经济、军事资源的霸权周期性地主导世界体系。

列宁对帝国主义给出了与现实主义不同的定义。但是列宁在分析帝国主义的运行时，某种程度上像一个现实主义者。他认为，“在资本主义条件下，除了核算瓜分的参与者们的实力外，再也想象不出有其他基础，来支撑他们合作瓜分势力范围、瓜分利益、瓜分殖民地等等”(Lenin 1916/1939：119)。

伊曼纽尔·沃勒斯坦为我的观点提供了另一例证。他颇费心机地强调，现代世界历史应当被视为世界体系的资本主义历史。除了由地理、历史独特性或运气（它在历史的重要关头给一个国家以胜于他国的优势）引起的“相对不重要的偶然事件”之外，“是世界市场的各种力量的运动，突出了各种差异，将它们制度化，并使得它们在很长的时期内不可能被超越”（1979：21）。然而，当他的注意点转向具体的历史时段时，沃勒斯坦强调了霸权以及军事力量的作用。他以典型的现实主义风格论述道，荷兰在17世纪的经济霸权，不是被世界市场体系的运作所摧毁，而是被英国的武装和法国的武器所摧毁（Wallerstein 1980：38～39）。

现实主义的洞见，魅力延绵，历久不衰。它们跨越了意识形态的界限。现实主义在当代最优秀的倡议者，以富有洞见的方式实践着现实主义。华尔兹用我称之为结构现实主义的方法，对古典现实主义的基本假定进行了体系化论述。斯奈德和戴辛利用这个框架来分析谈判；吉尔平借用了修昔底德的经典论据来研究国际转换问题。在所有这些作家们看来，现实主义集中关注权力、利益和理性等根本性问题，硕果累累。但如我们所看到的，这些作家们所提出的许多极有兴趣的问题，无法在现实主义的框架里得以解决。

·世界政治与和平变迁

吉尔平指出过，和平变迁的问题是世界政治的根本性问题，热核武器使这个问题变得比过去更为紧迫。现实主义虽然明确表示，在国际政治中实现和平变迁要比在井然有序的国内社会中难得多，但并没有提出一个和平变迁的理论。从其他的研究传统中也找不出这样的理论。我们目前依然要面对这个问题：在何种条件下，世界将适应权力上的、现有技术上的、或者根本经济关系上的变迁，而免受严重的经济崩溃或战争之苦？

不过，外交政策与世界政治实在太重要了，不能交给官僚、将军们和律师——甚至记者与牧师去处理。现实主义帮助我们判明了摆脱困境的难度，但并未向我们提供多少帮助来摆脱困境。如果我们想推进和平变迁，我们不仅需要抛开具体决策者的具体行为，去着重研究长期决定着世界政治面貌的基本力量；而且需要着重研究某种程度可以由人类行为操纵的变量。由于国际制度、规则以及合作的样式既对利益测算产生影响，又日益受到当代政治行动的作用，它们因此自然成为政策考虑和学者关注的重要内容。试图解释规则、规范和制度的理论，有别于现实主义。它们帮助我们了解如何去确定可能对我们的生存至关重要的合作方式？我们需要回答现实主义提出但未能回答的问题：在没有超级权力的情况下，如何能够从无政府状态中创造出秩序，和平变迁如何能够出现？

人们一想起国际关系作为政策分析的重要性和秩序问题的紧迫性，就回忆起古典现实主义的传统。以约翰·赫兹的著作为代表的古典现实主义承认，无论我们的理论志向多么具有决定论色彩，人类仍然有一种自治和自我反思的旨趣。如阿什利所言，诸如赫兹之类的思想家所奉行的现实主义，遵循一种“解放的认知旨趣，一种从未知的限制因素中，从支配关系中，从扭曲的交往与理解的状况中获取自由的旨趣；扭曲的交往与理解状况，剥夺了人类以充分的意志与意识缔造他们未来的能力”（1981：227）。我们思索世界政治，不是因为它具有美学上的绝妙，而是因为我们相信它为简明可认知的规律所支配，换言之，是因为它为从经验上检验假定，提供了丰富的、易于获取的数据。万一上述那些观点极为重要的话，那么，我们就应该转换研究世界政治的思路。我们研究世界政治，因为我们认为它将决定地球的命运（Schell 1982）。现实主义使我们意识到我们面临的困境。我们现在需要做的事情是，将多维度的学者分析与更有预见性的展望未来的方法结合起来，并据以理解和平变迁。

（选自罗伯特·基欧汉主编，郭树勇译：《新现实主义及其批判》，北京大学出版社，2002年10月版，第144、187页。）

7.10.1 约瑟夫·奈：软实力（节选）

约瑟夫·奈著述丰富，在许多专业杂志发表了150多篇文章。他近年来的代表作主要有《谁与争锋：美国力量的转变》《美国霸权的困惑——美国为什么不能独断专行》（2002）。他的一个重要思想就是软权力（或称软实力）在国家权力和国际政治中起着不可替代的作用。主张为了保持美国的领导地位，反对新保守主义一味依赖军事手段的做法，主张以“软实力”发挥美国的影响。奥巴马的民主党政府推崇的“巧实力”，明显带有奈的印记。

在我看来，如果美国想保持强大，美国人也需要关心我们的软实力。我说的软实力到底指什么呢？军事力量和经济力量都是有形的、能起到支配作用的力量，可以用来促使他人改变立场。……除此以外，还有一种间接的使用力量的方法。在国际政治中，一个国家达到了它想达到的目的，可能是因为别的国家想追随它，崇尚它的价值观，学习它的榜样，渴望达到它所达到的繁荣和开放程度。在这个意义上，在国际政治中制定纲领计划和吸引其他国家，与通过威胁使用军事和经济手段迫使它们改变立场一样重要。这种力量——能让其他人做你想让他们做的事，我称之为软实力。它强调与人们合作而不是强迫人们服从你的意志。

软实力取决于拥有制定能影响其他人优先选择的政治纲领的能力。在个人层面上，聪明的家长知道，与仅仅依靠打骂、少给孩子零用钱和把汽车钥匙藏起来相比，在孩子成长过程中给他们灌输正确的信仰和价值观，对孩子的影响力更大，时间也更长久。同样地，像安东尼奥·葛兰西这样的政治领导者和思想家，也懂得来自制定政治纲领计划和决定讨论框架的力量。影响别人选择的能力经常与软实力，如有吸引力的文化、意识形态和制度相联系。如果我能让你想做我想做的事情，那么，我就无需强迫你去做你不想做的事情了。如果美国代表了其他人愿意仿效的价值观，那么我们就可以不费气力地发挥领导作用。软实力不仅仅是影响，尽管它是影响的源泉之一，因为毕竟我还可以用威胁和利诱对你施加影响。软实力也不仅仅是说服。它是引诱和吸引的能力。而吸引经常导致默许或模仿。软实力很多产生于我们的价值观。这些价值观通过我们的文化、我们在国内所实行的政策以及我们处理国际问题的方式表现出来。我将在第二章谈到，政府有时感到控制和使用软实力很困难。像爱情一样，软实力很难测量和把握，不触及任何人，但这并不降低它的重要性。于贝尔·韦德里纳感叹道，美国太强大了，因为美国“通过电影和电视在全世界树立自己的形象，能够唤起人们的梦想和渴望。由于同样的原因，大批外国留学生来美国完成学业”。软实力是重要的，也是真实的。

当然，硬实力和软实力相互作用和加强。两者都是我们通过影响其他人的行为、实现我们的目标的能力。有时，同样的力量能够通过强迫或吸引影响人们的全部行为方式。一个经济和军事走向衰落的国家有可能失去对国际纲领的影响力，同时失去它的吸引力。一些国家可能被另一些拥有硬实力的国家所吸引，被它们不可战胜的神话所蒙蔽。希特勒和斯大林都想制造这样的神话。硬实力也可以被用来建立帝国和为小国确立纲领计划的机制——苏联对东欧国家的统治就是证明。但是软实力并不仅仅是硬实力的反映。当梵蒂冈在19世纪丧失意大利的教皇国家时，它并没有丧失它的软实力。相反，苏联入侵匈牙利和捷克斯洛伐克后，尽管它的经济和军事力量继续增长，它的软实力却大量丧失。苏联借助于硬实力而实行专横的政策，实际上削弱了它的软实力。而另外一些国家如加拿大、荷兰以及斯堪的纳维亚国家，它们的政治影响远远大于它们的军事和经济实力，原因是它们把经济援助、参与维和等深得人心的行动，贯穿于它们的国家利益之中。这些经验教训都被单边主义者忘记了，他们使自己、也使我们大家处于危险之中。

19世纪的英国和20世纪下半期的美国，通过建立自由主义的国际经济规则和机制，增加了它们的力量。这种规则和机制与英美两国资本主义的自由、民主结构——自由贸易，英国的黄金本位，美国所支持的国际货币基金组织、世界贸易组织以及其他机制——是一致的。如果一个国家能使它的霸权在其他人看来是正当的，那么它在实现自己的意志时就会较少受到抵抗。如果它的文化和意识形态是有吸引力的，其他人就会乐于效仿。如果它能够建立与自己的社会相一致的国际规则，它大概就无需改变自己。如果它能够帮助建立一种机制，鼓励其他国家按照它所希望的那样行动，它大概就不再需要过多使用代价高昂的胡萝卜和大棒。

简言之，一个国家的文化具有全球性，它具有建立一套良好的规则和机制以约束国际行为的能力，是其力量的重要源泉。美国大众文化、高等教育和外交政策中经常体现的民主、个人自由、经济和社会地位的流动性、公开性等价值观，都在多方面加强了美国的力量。在德国记者约瑟夫·乔菲看来，美国的软实力"甚至比它的经济和军事实力还要大。美国的文化，不论是粗俗的还是高雅的，都强烈地向外散射，类似于罗马帝国时代，只是更具有新奇性。罗马和苏联的文化影响仅限于他们的军事疆界。而美国的软实力遍及一个太阳永远不落的帝国"。

当然，软实力不仅仅是文化力量。我们的政府在国内政策（例如民主）、国际机构（倾听别人的意见）以及对外政策（促进和平和人权）中所体现的价值观，也会影响其他国家的优先选择。我们能够通过我们的榜样作用把别人拉向我们或让他们离我们而去。但是，和硬实力不同，软实力不仅仅属于政府。一些硬实力（如军队），严格属于政府所有，还有一些本来是国家的（例如我们的石油和天然气储备），但很多能转归集体所控制（例如一些能够在紧急时刻征用的工业资源）。与此相反，许多软实力不属于美国政府，只是部分地与美国政府的目标相呼应。例如，在越南战争期间，美国政府的政策和大众文化就背道而驰。今天，美国公司或非政府组织形成了它们自己的软实力，这些软实力与政府的外交政策目标相一致或相违背。由于这种原因，我们的政府必须更加注意，确保自己的行为加强而不是削弱美国的软实力。在21世纪全球信息时代，这种软实力将会变得更加重要。对此，我将在下一章里论及。与此同时，新单边主义者所主张的傲慢自大、对别人的意见无动于衷、狭隘地追求美国的利益，无疑会削弱我们的软实力。

在全球信息时代，力量正在变得难以捉摸和不具备强制性，特别在发达国家之间更是如此。但是，世界上的多数国家并不是后工业化国家，由此造成了权力转变的局限性。大多数非洲和中东国家仍停留在前工业化的农业社会，缺乏法制，由专制君主所统治。另外一些国家，如中国、印度和巴西，是工业社会，类似20世纪中叶的西方的发展水平。在这样一个多样化的世界里，所有这三种力量——军事实力、经济实力和软实力，都是必不可少的，尽管在不同场合具有不同的作用。然而，只要目前的经济和社会发展趋势继续下去，信息革命的领导作用和软实力就会变得更加重要。

21世纪的力量将依赖于有形和无形这两种力量源泉的结合。现在，没有一个国家像美国这样同时在军事、经济和软实力这三个方面都拥有优势。在这样的世界上，我们的最大错误莫过于只看重其中的一个方面，相信只依靠军事力量就能保证美国的强大。

（选自约瑟夫·奈著，郑志国等译：《美国霸权的困惑——美国为什么不能独断专行》，世界知识出版社，2002年6月版，第9～13页。）

7.10.2 约瑟夫·奈：新的世界秩序（选段）

·未来的权力格局

正如修昔底德以来的史学家和政治观察家所一再提到的，迅速发生的权力转移，是大国冲突的主要根源之一。这样的权力转移就是最近历史上发生的大国冲突的一个深层的结构性原因，包括德国在两次世界大战前的崛起、第二次世界大战后美国和苏联权力的相对上升以及随之而来的两国角逐。人们有一个强烈的共识，即冷战后的时期就是一个权力迅速发生转移的时期。然而，人们对于权力转移的方向和重要性的认识，存在着很大的分歧，而且这些分歧正表明，未来是不可预测的，不可预测性使得权力转移成为冲突的潜在根源。

有关未来权力结构的一种预测是多极格局（multipolarity）。如果“多极”这个词只是指19世纪的那种情况，那么它极可能会让人产生误解。19世纪秩序的基础是5个实力大体均等的大国之间保持着均势状态，而冷战后大国的实力是极不均等的。俄罗斯虽然还拥有巨大的核武库，但是自1990年以来已经迅速地衰落了。中国的崛起速度之快出乎大多数人的意料，它长期保持着两位数的年经济增长率。日本和德国并没有如某些人在1990年所预测的那样，成为羽翼丰满的超级大国。美国是惟一的、真正的超级大国，它在权力的各个方面，都拥有全球性的资产。

这使得一些人认为，当今世界秩序是建立在单极霸权（unipolarhegemony）基础上的。某些观察家声称，海湾战争标志着美国治下和平（Pax Americana）的开始，从此世界将默认美国的善意霸权。虽然美国可能是惟一的超级大国，但是我们并不能从中得出美国霸权的结论。很多重要的安全、经济和政治目标，是美国单凭自身的权力所实现不了的。从军事权力上看，世界基本上是单极的，只有美国既拥有洲际核武器，又拥有可以部署到全世界的、庞大的现代化空军、海军和地面部队。但经济权力是三极的，美国、日本和欧洲的产值占世界产值的2/3。中国的发展可能使得在21世纪初出现经济权力结构呈四极的局面。

在跨越边界和不受政府控制的跨国关系层次上，权力是极其分散的，行为体五花八门，包括银行家和恐怖主义者。这样的例子包括：全球资本市场的个人行为体可以影响美国进行经济调控的利率政策；技术的跨国传播增强了昔日穷国和弱国的破坏力；一些国际议事日程上的问题，如毒品贸易、艾滋病和全球气候变暖，有国家（不只一个）内部深层次的社会根源，并且它们是跨越国界的，基本上不处于政府控制之中。因为用军事或者传统的经济手段解决不了这样的问题，所以也没有一个大国可以单独应付这些问题。

还有人认为，世界将分为欧洲、亚洲和北美三大经济集团（three economic blocs）。即便如此，全球技术变革以及跨国公司和族群团体等非集团、非国家行为体数量的增多，将抵制这三大集团对它们的限制作用。

目前的权力分布表现为，所有这些形形色色的权力格局都被纳入多层次的相互依存（multilevelinter dependence）之中。世界政治就如同三维的国际象棋，单从一个层面是解释不清楚的。军事权力分布基本上是单极的，美国最为强大。经济权力分布是三极的（美国、欧洲和日本）。而跨国相互依存则表现为权力分散。

如果军事权力像货币一样具有互换性，并且可以左右各个领域的结局，那么这种多层次的复杂关系就没有什么意义。然而，军事上的强大并不能决定当今世界政治中经济和跨国关系棋局的结果。美国与

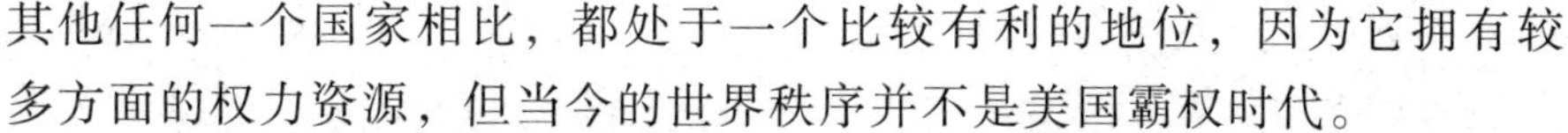

其他任何一个国家相比，都处于一个比较有利的地位，因为它拥有较多方面的权力资源，但当今的世界秩序并不是美国霸权时代。

上述这些预测都是基于一个假设，即国家今后依然是决定国际关系发展的主要因素。这样的假设或许是错误的。一些人认为，在今后数十年中，全球政治的轮廓将日益表现为世界几大文明之间的关系。他们预言会发生文明的冲突（clash of civilizations），即穆斯林世界抵制和不时挑战西方基督教世界、华人世界以及印度教世界。此外，印度教世界同相邻的巴基斯坦和孟加拉国两个穆斯林国家紧张对峙，而中国和西方在包括人权在内的规范性问题以及战略问题上经常发生矛盾。但迄今为止，发生在这些大的文明内部的冲突多于文明之间的冲突。在世界上的许多地方，特别是在非洲、中东和中亚，随着国家的衰败，共同体之间的冲突越来越激烈。冲突随着民众试图通过族群民族主义和宗教原教旨主义消除混乱局面而产生，并促使弱小的国家走向衰败。

· 旧观念的牢笼

冷战后的世界是很独特的。建构主义者正确地指出，我们不应该束缚自己的思想，不应当强求大家都用传统的和机械的有关极的比喻来认识国际政治。权力变得更为多层面，结构变得更加复杂，国家日益难以抵挡外来的渗透。世界变得越来越复杂，这就意味着世界秩序不可能只建立在传统军事的均势状况基础之上。

现实主义有关世界秩序的观点是必要的，但也是不充分的，因为它没有考察正在慢慢地推动世界走出威斯特伐利亚体系的、长期的社会变迁。欧洲国家经过30年的宗教战争，于1648年在《威斯特伐利亚和约》中规定，统治者可以不顾公众的态度，决定宗教在国家中的地位。秩序的基础是国家主权，而不是人民主权。在其后几个世纪中，国家之间那种机械的制衡（正如同心弹子球一样）正慢慢地受到民族主义的兴起和民主参政意识的提高的侵蚀，但国家主权原则一直延续下来。今天，跨国间沟通、移民和经济相互依存的迅速发展，加速了对传统观念的侵蚀，扩大了主权原则和现实之间的鸿沟。

这种演变使得自由主义的如下观念变得更有意义：人民和国家共同构成一个世界社会，秩序的基础既包括价值观、制度，也包括军事权力。过去被视为不切实际的乌托邦思想的自由主义观点，比如伊曼努尔·康德关于建立民主国家联盟的主张，现在看来并非那么牵强附会，因为政治学家们指出，我们实际上找不出自由民主国家相互交战的例子。例如，在讨论德国重新统一的影响时，现实主义者和自由主义者之间存在着分歧。现实主义者认为，欧洲正回到未来（back to the future），而自由主义者认为这种看法忽视了一个事实，即新德国是一个民主国家，而且它通过欧盟的制度已经同自己的西方邻国紧紧地联系在一起了。

当然，这些自由主义的秩序观念并不是全新的东西。冷战秩序也有规范和制度，但他们的作用很有限。罗斯福、斯大林和丘吉尔在第二次世界大战中达成了有关联合国的协议，该组织的基础是多极力量分布。联合国安理会负责实施集体安全和不侵略弱小国家的原则，五大常任理事国则使用否决权来保护自己。

然而，由于人们事先没有料到会出现两极体系，因此这个以制度维持秩序的威尔逊思想难以被付诸实施。两个超级大国相互否决对方的倡议，联合国的作用被限制在派驻维和部队监督停火方面，而不能以武力赶走侵略者。苏联权力的衰落导致克里姆林宫在对伊拉克实施联合国集体安全原则的过程中，采取了同美国合作的新政策。这并不意味着一个新的世界秩序到来了，而是表明有关国家战时预计在1945年实现的自由制度秩序构想的某个条件再次出现了。

但正如海湾战争使得自由主义世界秩序的构想出现了生机，这场战争也揭露了自由主义观念的一个严重弱点。《联合国宪章》所表述的集体安全原则是以国家为中心的，只适用于越过边界的行为，而不适用于国家内部的民众相互使用武力的情势。自由主义者试图以宣扬民主和自决的原则来规避这个问题：让一国内部的民众表决是否反对外来的干涉。然而，正如本书在前面所提到的，自决并没有像说的那样简单。到底谁来决定由哪个“自己”来作决定呢？当今世界上只有不到10%的国家是单一族群的。只有一半国家拥有一个在本国总人口中占75%以上的族群。苏联的绝大多数国家都有很多少数族群，很多国家还有边界争端。非洲大概可以被视为这么一块大陆，大约有1000个族群生活在50多个国家内，并且跨界而居。在加拿大的魁北克省，讲法语的居民占多数，他们要求拥有特殊地位，而且一些人鼓动脱离加拿大而独立。这种多元族群和多种语言的国家一旦出现问题，冲突的

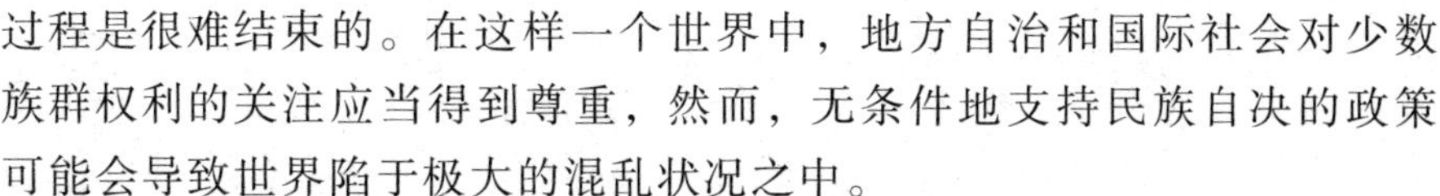

过程是很难结束的。在这样一个世界中，地方自治和国际社会对少数族群权利的关注应当得到尊重，然而，无条件地支持民族自决的政策可能会导致世界陷于极大的混乱状况之中。

· 一种混合型的世界秩序的演变

那么如何做到在保持传统的、建立在主权国家均势基础上的某种秩序的同时，又建立起以"人民间的正义"（justice among peoples）为基础的制度呢？国际制度正朝着这样一个后威斯特伐利亚时代（post - Westphalia）的方向发生演变。早在 1945 年，《联合国宪章》第 55 和 56 条就要求成员国承担尊重人权和基本自由的集体责任。甚至在 1991 年安理会通过授权干涉伊拉克的决议之前，联合国有关制裁南非种族隔离制度的建议，就已经开了一个可以不受宪章有关主权规定严格限制的先例。在欧洲，1975 年的《赫尔辛基协议》包含了少数人权利的条款，违背该条款的行为可以提交给欧洲安全与合作会议以及欧洲理事会处理。国际法也在逐渐发生演变。1965 年，美国法学会（American Law Institute）把国际法定义为"规则和原则……用以处理国家和国际组织的行为"。20 年之后，该学会的律师增加了"以及它们与个人的某些关系"这些文字。个人和少数人的权利，越来越被认为不只是国家所关心的问题。

在世界上的很多地区，或许是在世界上的绝大多数地区，这样的原则遭到了蔑视，而且违规行为没有受到惩罚。以多边军事干涉行动来纠正错误，可能会导致极大的混乱。然而，正如本书前面所提到的，干涉行为有一个强度大小的问题，干涉行为轻则发表声明和采取有限的经济措施，重则全面发动侵略行为。有限干涉行为和多边制度侵害主权的情况，可能会逐渐增多，但不会突然破坏国家间的均势。

从一个更大的角度来看，如果安理会确定国内暴力或者发展大规模毁灭性武器可能对一个地区的和平构成较大的威胁，那么安理会可能根据《联合国宪章》的第三章采取行动。这样的定义具有一定的弹性，随着时间的推移，其范围可能逐渐扩大。另外，国家集团可能在某个地区采取行动，正如尼日利亚和其他一些国家在 20 世纪 90 年代，在西非国家经济共同体的框架下，出兵利比里亚和塞拉利昂。

这些原则和制度并不完美，会给发生国内暴力和人与人之间的不公平行为留下很大的空间。然而，它们在道义上所带来的不良后果，比起决策者动用武力纠正所有的错误或者让威斯特伐利亚体系原封不动地存在下去的做法，无疑要小一些。自由主义者必须认识到，出现一个超越威斯特伐利亚体系的新的世界秩序，需要数十年、甚至几个世纪的时间；现实主义者必须懂得，传统的权力思想和纯粹军事意义上的结构观念，忽视了由全球沟通和跨国关系组成的世界中正在发生的变革。

· 对未来的思考

你想生活在什么样的世界中呢？你将生活在本书开头所提到的那种处于无政府状态的世界之中。秩序的基础既是现实主义者所说的均势，又是自由主义者所说的、正在形成中的国际制度。这样的秩序并不总是公正的。正义和秩序经常发生矛盾，甚至在自决问题上也是这样。到底是保证边界不受侵犯更重要呢，还是损害领土完整以追求人道主义目标更重要？这样的选择如何影响秩序的原则？这样的争论是很难得到调和的。

然而，世界正在发生变革。罗伯特·吉尔平声称，在过去的两千年中，国际政治一直没有发生变化，修昔底德仍可以理解当今的世界。假如修昔底德突然来到中东，他可能很快就能搞清楚当地的局势。但假如他去了欧洲，他或许就不会那么容易理解法国和德国的关系。放眼世界，我们看到了一系列重大的变革：核武器的发展所代表的技术革命；降低地理和领土因素作用的信息革命；迅速发展的经济相互依存；正在形成中的全球社会，人们日益意识到存在着跨越国家边界的特定价值观和人权观。很有意思的是，18 世纪自由主义者伊曼努尔·康德在论述国际政治的时候，就已经预见到了类似的变革。康德预言说，从长远来看，人类将由于以下三个原因而超越战争：战争毁灭性的增大，经济相互依存的发展，以及他所说的共和政府，或者我们今天所说的自由民主国家的出现。

我们为了理解当今的世界，必须了解现实主义和自由主义的世界观，并且关注建构主义者所说的社会和文化上的变革。我们需要同时思考不同的理想模式。现实主义和复合式相互依存在现实中都不存在，它们都是理想的模式。现实主义者看到的是一个由很多以武力追求安全的国家所组成的世界。复合式相互依存的鼓吹者否定了这种观点，认为世界上还有非国家行为体、经济手段、福利目标，它们比安全更加重要。现实主义和自由主义是两个极端的观点，此外我们还可以找到很多形形色色的认识真实世界的观点。这三种类型的理论对于我们理解变化中的国际政治，都是很有帮助的，也是很有必要的。

这促使我们提出最后几个问题。未来世界在哪些方面与过去一样？欧洲在多大的程度上会回到未来？美国和中国之间将会发生战争吗？文明之间会发生战争吗？信息时代是否更民主、更和平？两极世界已经消亡，但取而代之的不会是美国霸权的单极世界。世界在经济上是多极的，而且随着民族主义的发展、相互依存的深化以及跨国行为体的作用日益提高，权力将会分散化。新的世界不是那么简单的，我们不能不面对这一点。

（选自约瑟夫·奈著，张小明译：《理解国际冲突——理论与历史》，上海人民出版社，2002 年 8 月版，第 317 ~ 341 页。）

7.11.1　约翰·米尔斯海默：大国政治的悲剧（选段）

约翰·米尔斯海默（John J. Mearsheimer，1947 年 ~ ），美国艺术与科学院院士，芝加哥大学“温得尔·哈里森杰出贡献”政治学教授、国际安全政策项目主任，美国国际关系的著名学者之一，《纽约时报》《新共和》《大西洋月刊》的特约撰稿人。1970 年毕业于西点军校，随后在美国空军服役五年。进攻性现实主义的代表人物。冷战后现实主义理论内部的诸分支现实主义常常被认为是国际政治研究中占主导的理论流派，而且在与自由主义、建构主义等其他流派的理论交锋中，现实主义通常也以一个整体的面貌出现，但近些年来在国际政治和对外政策领域中出现的一个值得注意的现象是，许多最激烈、最具启发意义的论争却恰恰是在现实主义阵营内部展开的。近几年来，在传统现实主义和结构现实主义的原有划分的基础上，西方现实主义流派中渐渐凸现出进攻性现实主义（offensive or aggressive realism）、防御性现实主义（defensive realism）和新古典现实主义（neo - classical realism）三个分支。其中米尔斯海默的思想具有相当的影响力。《大国政治的悲剧》是其代表作。他认为：国际政治是大国政治，权力分配决定大国政治模式；大国意志的表现是为了生存而谋求霸权；新兴大国谋求霸权必然使大国间处于无休止的安全竞争状态；美国是唯一实现地区霸权的国家，其“离岸平衡手”的角色，有效防止欧亚大陆出现新的地区霸权；中国的崛起必将引起中美之间的安全竞争，美国应及早遏制中国。其在《国家利益》2011 年 1 月号上发表《帝国布局》一文，再度主张美国应当充当“离岸平衡手”的角色。

· 无政府状态与权力竞争

我认为，大国总在寻找机会攫取超出其对手的权力，最终目标是获得霸权。除非存在一个非同寻常的占有绝对优势的国家，这种观点不允许维持现状国家（status quo powers）的存在，相反，体系中到处是心怀修正主义（revisionist）意图的大国。本章将展现一个解释这种权力竞争的理论。特别是，我想阐述支持我观点的一种令人信服的逻辑，即大国谋求最大限度地占有世界权力。本章，我不打算用历史记录检验进攻性现实主义，这一重要任务将留待后面的章节讨论。

· 国家为什么追逐权力

大国为什么彼此角逐权力和争夺霸权？我对它的解释源自国际体系中的五个命题。其中任何一个单独的命题都不能确保国家表现出竞争行为。这些命题加在一起则可以刻画出这样的世界：在这里，国家有充分的理由考虑采取侵略行为。特别是，该体系鼓励国家寻找机会最大化地夺取权力。

命题的现实性具有多大重要性？有些社会科学者认为，支持理论的命题无需与现实相吻合。确实，经济学家米尔顿·弗里德曼（Milton Friedman）说过，最好的理论“往往不能恰当地反映现实。一般而言，理论越是重要，其命题越是不切实际”。按照这一观点，解释力是一个

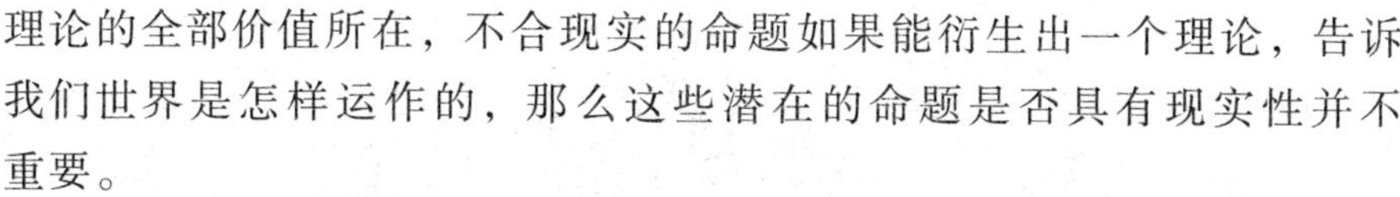

理论的全部价值所在，不合现实的命题如果能衍生出一个理论，告诉我们世界是怎样运作的，那么这些潜在的命题是否具有现实性并不重要。

我反对这一说法。尽管我赞同估价理论的最终标准是看它的解释力，但我同时也相信，一个建立在非现实或错误命题上的理论，不可能充分解释世界的运作情况。健全的理论建立在有效的命题之上。因此，这五个命题中的每一个都合理地呈现了国际体系中的一个重要方面。

· 基本命题

第一个命题是，国际体系处于无政府状态。这并不意味它四处充满喧嚣和无序。我们很容易得出这一结论，因为现实主义描述的是一个带有安全竞争和战争特点的世界。但是，就现实主义本身而言，它对无政府状态的看法与冲突毫无关系。无政府状态是一种强制性法则，体系由独立国家组成，国家之上没有任何中央权威。换句话说，主权是国家的固有部分，因为国际体系中没有更高的统治机构。政府之上不再有政府。

第二个命题是，大国本身具备某些用于进攻的军事力量，为其彼此伤害甚至摧毁提供必要的资本。国家彼此间存在潜在的危险，虽然有些国家比其他国家更具军事实力，并因此更加危险。一国的军事力量常常等于任其摆布的特殊武器，即便没有武器，那些国家的个人也会以拳脚为工具攻击另一国的人民。说到底，他们是用两只手卡别人的脖子。

第三个命题是，国家永远无法把握其他国家的意图。尤其是，任何国家都不能肯定另一个国家不会以进攻性军事力量攻击它。这并不是说国家非得怀有敌视意图。确实，体系中的所有国家也许都非常仁慈善良，但它们不可能确信这一判断，因为意图不能得到百分之百的保证。导致侵略的原因有多种，任何国家都无法肯定另一个国家不会因其中一个原因而产生侵略动机。另外，意图稍瞬即变，一国的意图很可能今天是善意的，明天却是敌意的。意图的这种非确定性是无法避免的，这意味着国家永远无法断定其他国家在具备进攻能力的同时不会心怀进攻的意图。

第四个命题是，生存是大国的首要目标。具体说，国家力图维护自己的领土完整和国内政治秩序的自治。生存支配其他动机，因为一旦国家被征服，它就没有资格追求其他目标。早在1927年战争恐怖时期，苏联领导人约瑟夫·斯大林就很好地领悟了这一道理："我们能够而且必须（在苏联）建立社会主义，但是，要达到这一目标，首先必须生存。"当然，国家能够而且确实在追求其他目标，但安全是其最重要的目标。

第五个命题是，大国是理性的行为体。它们清楚自己的外部环境，并从战略高度考虑如何从中求得生存。尤其是，它们考虑其他国家的优先选择和本国的行动会怎样影响其他国家的行为，以及哪些国家的行为会怎样影响自己的生存战略。另外，国家留心自己行为的长期和短期影响。前面已强调过，上述五条中的任何单一命题都不能千篇一律地保证大国彼此"应该"采取侵略举动。很可能是，某一国家抱有敌视意图，但处理这种所有国家司空见惯的个别动机的惟一假设是：它们的首要目标是为了生存。求生存本身是一个绝对无害的目标。不过，当五个命题同时具备时，它们就为大国萌发并采取针对他国的进攻行为创造了强大动力，尤其可能出现三种总的行为模式，畏惧（fear）、自助（self-help）和权力最大化（power maximization）。

（选自约翰·米尔斯海默著，王义桅、唐小松译：《大国政治的悲剧》，上海人民出版社，2008年1月版，第33～35页。）

· 大国战争的原因

对国际体系的日常生活而言，安全竞争是常有的，而战争则不然。仅在偶然情况下安全竞争才让位于战争。本章将提出一种结构理论来解释由竞争发展到战争的致命转换（deadly shift）。事实上，我将试图去解释大国战争的原因。我将大国战争定义为至少有一个大国卷入的任何冲突。

人们或许会推测，国际无政府状态是导致国家间开战的关键结构因素。毕竟，在一个无政府体系中国家生存的最好办法便是拥有更多而非更少的权力。在这种无政府状态中，其他国家拥有某种或许敌对的进攻性能力与意图。第二章解释的这一逻辑，驱使国家尽可能地追逐权力，有时候这就意味着要与对手开战。毫无疑问，无政府状态是战争的最深层次原因。洛斯·迪金森（G. Lowes Dckinson）在解释一战原因时很清楚地指出了这一点："有时候是一个国家在某一时刻成为直接的进攻者，但是主要的和永久性的进攻对所有的国家都是普遍的，而无政府状态对于这种永久性负有全部责任。"

然而，无政府状态本身不能解释为什么安全竞争有时导致战争，而有时没有。问题是无政府状态是常态——体系总是无政府状态的——而战争并非必然。为解释国家行为的这种重要变化，有必要考虑另一结构变量：体系中主要国家（1eading states）间的权力分布。正如第八章中讨论的那样，国际体系中的权力经常以三种不同的方式分布：两极（bipolarity）、平衡的多极（balanced multipolarity）和不平衡的多极（unbalanced multipolarity）。这样，为考察权力分布对战争爆发可能性的影响，我们需要知道体系是两极的还是多极的；如果是多极的，还要看大国间是否存在一个潜在的霸主。我论点的核心是两极体系最倾向于和平，而不平衡的多极体系最容易导致冲突。平衡的多极体系介于两者之间。

结构理论，比如进攻性现实主义，最多是粗略地预见了安全竞争何时导致战争，还不能精确地解释一种体系相对于另一种体系而言战争爆发的频度如何。我们也不能精确预见战争何时爆发。例如，按照进攻性现实主义理论，德国在20世纪初崛起成为潜在的霸主，使所有欧洲大国卷入一场战争成为可能。但该理论不能解释为什么战争在1914年而非1912年或者1916年爆发。

这些局限性源于这种事实，即非结构因素有时在决定国家是否卷入战争中扮演着重要角色。国家通常不会仅仅由于安全原因而打仗。例如，正如第二章中提到的，尽管俾斯麦在1864～1870年间三次将普鲁士带入战争，但这很大程度上是由现实主义的算计驱使，其每次战争的决定也受到民族主义以及其他国内政治考虑的影响。但是，结构性力量确实对国家行为产生巨大的影响。如果国家深切关注自己的生存，便难以逃脱这种影响。这样，专注于结构将告诉我们很多关于大国战争起源的信息。

有许多关于战争原因的理论可供参考，这并不稀奇，因为这一主题对于国际关系研究者而言总是处于首要的位置。其中有些理论将人性视为一种冲突的根源，而其他理论则关注个别领导人、国内政治、政治意识形态、资本主义、经济相互依存及国际体系的结构。事实上，许多著名的理论指出，权力与分配是理解国际冲突的关键。例如，肯尼思·华尔兹坚持两极比多极导致冲突的可能性更小，而卡尔·多伊奇和戴维·辛格（David Singer）持相反观点。其他学者不是关注体系的极性，而是关注体系中是否有一个占据优势地位的国家。经典现实主义者例如汉斯·摩根索认为，当不存在一个支配性国家而在主要国家间存在粗略的均势时，和平便最有可能。相反，罗伯特·吉尔平与奥根斯基（A. F. K. Organski）认为，存在占据优势地位的国家就会带来稳定。

进攻性现实主义，既考虑极的数量又考虑体系中主要国家间的均势，同意两极比多极更稳定的观点，但进一步将多极体系分为是否存在潜在的霸主。我认为平衡与不平衡多极体系的区别对于理解大国战争的历史是重要的，进攻性现实主义也同意经典现实主义者的观点，即如果体系中没有占优势的国家，和平就更有可能，但进一步强调了稳定也取决于体系是两极的还是多极的。

我将分两步来阐明进攻性现实主义是如何解释大国战争的。在下面的三部分中，我将阐述我的理论，表明其逻辑基础是合理的和令人信服的。在此之后的两部分中，我将检验这一理论，看它是否能很好地解释大国战争爆发及1792~1990年欧洲相对和平时期。特别地，我关注当欧洲处于两极、平衡的多极和不平衡的多极时大国战争的次数。最后，在我简要的结论中将讨论冷战时期核武器的出现会如何影响分析的结果。

· 结构与战争

战争的主要原因在于国际体系的结构，而最关键的是大国数目及各方控制有多少权力。体系可能是两极的也可能是多极的，它在主要国家间权力分配的平均程度也参差不齐。所有大国间的权力比（power ratio）影响了国际体系未来的稳定性，但体系中两个最了不起的国家间的权力比是关键。如果存在一个不平衡的权力差，头号大国将是一个潜在的霸主。如果包含一个雄心勃勃霸主的体系就是所谓的非平衡体系；没有这样一个支配性国家的体系就是所谓的平衡体系。尽管可能会出现这样的情况，但在一个平衡体系中权力并不需要在所有大国间平等分配。平衡的基本需求是在两个最重要的国家间权力不存在明显的差异。如果存在的话，体系就是不平衡的。

综合这些权力的两个维度形成四种可能的体系：（1）不平衡的两极；（2）平衡的两极；（3）不平衡的多极；（4）平衡的多极。不平衡的两极并非有用的分类，因为这种体系不可能在真实世界里找到。至少我在现代并没有发现。当然可能在某些地区只有两个大国，其中一个明显比另一个强大。但是这种体系可能很快会消失，因为更强大的国家可能征服更软弱的对手；后者没有可能寻求其他大国的帮助，因为按定义其他大国是不存在的。事实上，弱国甚至不打就会投降，使更强大的国家成为地区霸主。简言之，不平衡的两极体系是如此不稳定以致它们在任何可预见的时间内都是不能持久的。

这样我们可能找到权力以三种不同模式在最重要的国家间分布。两极体系（“平衡的两极体系”的简称）由两个具有粗略对等力量的大国所构成——或至少没有哪个国家一定比另一个国家更强大。非平衡的多极体系由三个或更多的大国支配，其中之一是潜在的霸主。平衡的多极体系由三个或更多的大国支配，没有哪个渴望成为霸主：尽管在大国间可能存在着某种权力的非对称性，但在体系的两个主要国家间军事力量没有明显差距。

这些不同的权力分配是如何影响战争与和平前景的呢？两极体系是三种体系中最稳定的。大国战争不多，就算爆发，可能也是其中一个大国与一个小国而非其大国对手开战。不平衡的多极体系是最危险的权力分配，主要因为潜在的霸主可能与体系中所有其他大国交战。这种战争一律会不同程度地转化为历时久而代价高昂的战争。平衡的多极体系介于两极体系与不平衡的多极体系之间：大国战争比在两极体系下更可能爆发，但肯定比在非平衡的多极体系下爆发的可能性小。而且，大国间的战争可能是一对二或二对一的形式，而不像存在潜在霸主时产生的系统冲突。

现在让我们考虑为什么两极体系比多极体系稳定，而不论其中是否存在潜在的霸主。在后面我们将解释，为什么平衡的多极体系比不平衡的多极体系稳定。

（选自约翰·米尔斯海默著，王义桅、唐小松译：《大国政治的悲剧》，上海人民出版社，2008 年 1 月版，第 367 ~ 370 页。）

第八章

当代世界重要安全战略思想

20世纪后期，特别是苏联解体后，世界的两极格局瓦解，多极化的趋势得到明显发展，与此相适应，国际安全战略思维的发展也呈现了多元发展。他们的产生背景、理论渊源、研究领域各不相同，与西方的主流安全思维以及马克思主义的安全思维各不相同，有的在当代世界影响还不小。为全面了解当代世界重要安全战略思想，这里重点介绍11个有较大影响的学者和政治人物的思想。

8.1.1 伊·沃勒斯坦：世界体系论（选粹）

伊曼纽尔·沃勒斯坦（Immanuel Wallerstein，1930年~）美国社会学家，曾担任国际社会学联合会主席等数十项学术职务。沃勒斯坦认为，世界体系分析起源于20世纪70年代初，植根于马克思主义、年鉴学派、熊彼特等人的资本主义研究和康德拉捷耶夫的长波理论。世界体系分析呼吁一种统一学科的历史社会科学，超越单一的社会结构与历史的矛盾，超越欧洲中心论倾向的新的理论与方法。主张将一个国家或一个地区放入整个世界体系中来研究。沃勒斯坦等人将世界分为中心、边缘、半边缘的空间体系和它在时间上的体现：霸权周期和趋向的理论，以及霸权与竞争的分析是国际安全战略思维中非常重要的流派。代表作是《现代世界体系》（四卷本）、《世界经济的政治分析》等。本选读节录的是王正毅所著的《世界体系论与中国》一书中的第二部分。

·世界体系的定义

世界体系是一个实体，这个实体具有单一的劳动分工和多元文化。“称之为‘世界’体系并不是因为它包括整个世界，而是因为它比任何法律形式定义的政治单位都要大。”沃勒斯坦这里所指的“政治单位”主要是指在16世纪以前出现的“帝国”、“城市国家”以及“民族国家”。

（转引自王正毅：《世界体系论与中国》，商务印书馆，2000年11月版，第72～73页。以下只注页码。）

·世界体系的经济分析

到1450年，创建资本主义世界经济体系的舞台是在欧洲而不在其他地方。这个体系建立在两个主要结构上：“世界”范围的分工和某些地区的国家官僚机器。

称之为“世界”体系并不是因为其包括整个世界，而是因为它比任何法律形式定义的政治单位要大；称之为“世界经济”，因为这个系统各个部分的联系是经济的，尽管这种联系在某种程度上被文化联系而且最终被政治安排和联盟结构所加强。

资本主义世界经济的显著特征是，经济决策主要面向世界——经济的领域，而政治决策则主要面向世界——经济内较小的有法律控制的组织——国家（民族国家、城市国家、帝国）。（第91页）

·世界体系的运作和机制

资本主义世界体系一旦建立起来便围绕着两个二分法运行，一是阶级，无产阶级和资产阶级；二是经济专业化的空间等级，核心地区和边缘地区，其中“不等价交换”和“资本积累”是这个体系运行的动力。资本积累过程中的不等价交换不仅存在于无产阶级和资产阶级之间，而且也存在于核心地区和边缘地区之间。……（第116页）

从1640年开始，欧洲范围内的劳动分工便将资本主义世界体系在地理空间上划分为三个地带，即核心地区、半边缘区和边缘区，这是资本主义世界体系与以前的社会体系在地理空间上的根本不同。尽管欧洲资本主义世界体系在随后的500年中向全球扩展，但核心区、边缘区以及半边缘区这种一般的空间结构一直没有变，发生变化的只是具体的核心区、边缘区以及半边缘区在历史上不同时期内相互之间的转化。

……核心区的经济活动一般是高度资本密集型的生产以及由此带来的高额回报，……自从资本主义世界体系产生以来，只有有限数量的国家处于核心区，这包括16～19世纪西欧的一些国家、20世纪的美国以及后来的日本。（第117～118页）

半边缘似乎是一个形容词，你可以将其用于那些与核心和边缘不同的国家。一个半边缘国家是其活动一半类似核心一半类似边缘的国家。这当然有重要的政治后果。半边缘国家这种模式主要是指将世界体系的边缘国家的产品进口到核心国家，同时将核心国家的产品进口到边缘地区，并且是以大致同样的程度来进行这两种活动的。（第120页）

……边缘地区工人所得的报酬远低于核心区工人所得的报酬，所以，用于边缘区的低工资产品来和来自核心区的高工资产品进行交换的过程本质上就是不等价的。核心区很容易得到来自边缘区的便宜的产品，假如核心区自己生产这些产品，由于核心区的高工资，所以，生产出来的产品的价格就远高于从边缘区购买的同样的产品。相反，边缘区如果购买来自核心区的产品，因为核心区的高工资，边缘区所付的价格就必须远高于边缘区自己生产同样产品的价格。交换的结果自然是，边缘区工人创造的剩余价值通过交换流入核心区高工资产品的生产商手中。所以，核心区和边缘区的交换是一种“不等价交换”，国际贸易过程并不像李嘉图所说的那样对贸易双方都有利。……

除了将“不等价交换”的范围扩大到一个国家内部以及用工资率来解释不等价交换之外，世界体系论还联系另外三个要素（权力集团的形成、国家的形成以及阶级斗争）来解释边缘区的被剥削过程。权力集团主要是指在一个国家占主宰地位的从事各种经济活动的资本家的联合。在核心地区，这些资本家从商业、金融以及工业来支持国家的政策，包括发达国家产业政策的持续发展以及对边缘地区的剥削。而在边缘地区，占主宰地位的统治集团依靠对低工资的劳动力剥削来生产廉价产品向核心区出口，这种权力集团对边缘区的统治实际上阻碍了边缘区的经济发展。而边缘区形成的国家一般是比较软弱的国家，这也反映了占统治地位的权力集团的利益，因为这些权力集团主要依靠向核心区出口低工资产品来获得利益。就世界体系的阶级斗争而言，由于阶级斗争一般都变成了为单个国家之间的权力斗争，而不是世界性的阶级之间的斗争，这样，世界范围内的被剥削的工人阶级反对世界性的资产阶级的斗争要么联合不起来，要么支持个别国家的民族资产阶级。这三者结合起来进一步促进了核心区和边缘区之间的不等价交换。（第 123～125 页）

· “融入”（incorporation）和“边缘化”（peripheralization）

已经进入世界体系的国家和地区有经济上的“核心区”（core）和政治上的“核心国家”（Core States/state）或“霸权国家”（hegemony）以及经济上的“边缘区”（periphery）和政治上的“边缘国家”（periphery status/state）之分，核心区和边缘区之间依靠“不等价交换”来运行。但是，由于资本主义世界经济在一开始只占据全球的一部分（即西欧），因此，还有很多国家在 19 世纪以前没有进入起源于 16 世纪的西欧资本主义世界体系，这样，资本主义世界体系的运行就有一个“融入”和“边缘化”的过程。

资本主义世界体系在 16 世纪的欧洲产生以后，出于资本积累的需要，便开始了向全球的地理扩张和经济掠夺，这一过程开始于 1500 年，到 19 世纪末资本主义世界体系在全球的建立，完成了现代世界体系向全球的扩展过程。

在世界体系向全球扩展过程中，资本主义世界体系和未进入世界体系的国家以及地区之间存在着一种“融入”和“边缘化”关系，“融入”和“边缘化”是一个过程的两个方面，“融入”是指世界体系之外的国家和地区不断进入世界体系的过程，而“边缘化”则指世界体系不断包容新的国家和地区的过程。“融入”只是边缘化的第一步，随着边缘化过程的深入，被边缘化的国家和地区不断加入整个世界经济的“商品链”中。（第 125～127 页）

· 世界体系的周期

在世界体系的历史中，有两种主要的经济周期，一是康德拉捷耶夫周期，一是比康德拉捷耶夫周期更长的周期，他称之为“特长周期”（Logistics）。……那些平均长为 50～60 年，通常被称作康德拉捷耶夫周期，以及更长一些（200～300年），有时也称之为“特长周期”。

……第一个“特长周期”（即从1450年到16世纪早期）主要发生在工业革命之前，即16和17世纪的商业资本主义；第二个“特长周期”（即1750年到1897/1917年）是工业化的初始时期；第三个“特长周期”（即1897/1917到现在）就是我们现在正在经历的时期，它代表了工业资本主义的新阶段。（第135页）

· “特长周期”与霸权周期

人类历史上每一次“特长周期”的出现都与一种世界范围内的新的经济制度的创新（诸如新的贸易方式、新的金融体制的出现）密切相关，而这些新的经济制度一般都是一个强的核心国家强加于世界体系之中，这样“特长周期”与“霸权兴衰的周期”密切相关。

根据生产、商业和金融领域的优势，不但霸权国家在历史上出现得很少，而且每个霸权国家都有一个兴衰历史，即霸权上升阶段（ascending hegemony）—霸权胜利阶段（hegemonic victory）—霸权成熟阶段（hegemonic maturity）—霸权衰退阶段（declining hegemony），而真正达到霸权的时间却是非常短暂的。近代以来，人类社会共出现三个霸权国家，……三个霸权成熟时期的时间是非常短暂的，即荷兰是在1620～1650/1672年；英国是在1815～1850/1873年；美国是在1945～1967年。（第136～137页）

资本主义世界体系自从其产生以来，一直在向广度和深度不断地扩展。就广度而言，资本主义世界体系在经过1450～1520年、1620～1660年、1750～1815年以及1880～1900年的扩展以后，在地理空间上终于从西欧一直扩展到全球；就深度而言，资本主义世界体系的基本内容深入到社会生活的各个方面，由此构成了资本主义世界体系的长期趋向。对于这些基本趋向，世界体系论者列出了如下五个方面：

（1）商品化（commodification），资本主义世界体系使得越来越多的商品，既可以买卖，也可以变成财产。其中最为突出的两种形式是土地和劳动商品化。劳动商品化使得越来越多的世界人口作为半无产阶级和无产阶级进入资本主义世界体系，这个过程就是“无产阶级化”过程，它是资本主义世界体系不等价交换的必要条件；土地商品化使得资本主义世界体系中的剥削成为可能。

（2）机械化（mechanization），即以机器形式出现的资本的比例不断上升的趋向。这就促使资本家为了获得更大的利润必须降低劳动成本，从而促使资本家重视技术的作用。

（3）合同化（contractualization），即越来越多的社会关系和经济关系是由正式的、精确的法律协定来决定，而不像以前主要是由习惯和地位来决定。这就要求以前那些基于革命、战争、殖民地以及帝国主义而形成的立法制度作出相应的改变。合同化一般采取保护产权的形式，当然，这也包括那些由合同而不是由习俗认定的集体产权。

（4）相互依存，即随着商品化程度的深入，劳动分工专业化也在不断加强，交换成为必不可少的，结果自然是越来越多的工人、组织、团体以及地区融入专业化生产之中，世界经济中一个地区的生产越来越多地依靠融入世界经济中其他地区的生产过程之中。这样，贸易就不是以“奢侈品”贸易为主的贸易，而是以“必需品”或“日常生活品”为主的贸易，所以，贸易本身不是衡量相互依存的依据，只有“必需品”贸易才是衡量相互依存的依据。

（5）两极化，这主要是指，随着世界经济地区发展的不平衡，核心地区和边缘地区在社会福利和社会结构方面的差距越来越大。就社会福利而言，由于技术先进，使得世界资本越来越多地向核心地区流动，也由于不平等交换使得边缘地区的剩余资本流向核心地区，这样，在核心地区，劳动力完全被商品化，工人的工资就变得很高；而在边缘地区，劳动力受到超度的剥削，因而，他们的生活水平逐渐下降。就社会结构而言，核心地区的劳动组织方式比较自由，政治上采取自由的民主的方式，这就使得工人对高工资的要求容易成功；而在边缘地区，劳动采取的是强制劳动方式，政治上采取的是更为专制的方式，这样就导致国家对社会资源垄断程度的加强。（第139～141页）

·“核心国家”与“边缘国家”

根据资本积累、技术以及劳动分工，资本主义世界经济存在三重结构：核心区、边缘区以及介于二者之间的半边缘区。与此相对应，作为资本主义世界经济的政治特征的国家体系也存在着二重结构：核心国家和边缘国家，或强国和弱国。

在国家体系的变化过程中，存在着两重过程：一是核心区的“中心化”过程，即在世界经济中，国家在几个地区不断地垄断商品，利用国家机器使其在世界经济市场中利润最大化，这些国家也因此成为“核心国家”，核心国家之间通过相互之间的斗争，出现了“霸权”国家；另一个过程是在边缘区发生的“边缘化过程”，即国家在世界经济市场中利用不太先进的技术以及过多的劳动力，这些国家也因此成为“边缘国家”。与这种经济两极化过程相对应的是政治两极化，即在核心区出现了强国，而在边缘区出现了弱国。帝国主义的过程之所以成为可能，就是因为核心国家和边缘国家之间的“不等价交换”的经济过程所导致的。（第 162～163 页）

·霸权与世界经济

国家体系中的霸权主要是指如下这样一种机制：在所谓的大国之间的竞争中，一个大国能够在很大程度上将它在政治、经济、军事、外交、甚至文化上的原则和意愿强加于国家体系中。霸权的物质基础在于其在三个经济领域，即农业—工业生产、商业和金融有更高的效率。

资本主义的特征其实是生产要素部分流动，政治机器有选择地干预市场，霸权就是后者的一个例证。资本主义最为根本之处就是追求无休止的资本积累，而有选择地干预的目的就是加速积累的过程。这种干预一般采取两种形式，一种是直接干预，诸如国家可以采取征收直接税或间接税，以此来改变利润率进而影响一种产品的竞争性；一种是国家通过颁布相应的法规和法则来影响资本、劳动力和货物的流动，或制定最大或最小价格。总之，霸权国家通过国家这个政治机器来为其在世界市场上获得最大利润提供垄断政治条件（oligopolitic conditions），这就是霸权在世界经济中的政治职能。

在国家体系中，霸权不是一种存在的状态，而是连续的大国相互竞争中的一个点，在这一点上，存在着几个力量相互平衡的国家。因此，霸权统治时期的国家体系是暂时稳定的，国家体系本身并不总是在霸权统治之下，但追求霸权地位就如同经济中追求利润的最大化一样，是各个国家的目标。资本主义世界体系正是在这种经济上追求利润最大化、政治上追求霸权地位的推动下不断进步，并呈现出周期性的变化。（第 167 页）

· 边缘国家与世界经济

边缘地区的国家结构分为如下三类：

第一类是具有比较大而且强的政治结构的地区。在资本主义世界体系产生以后，还存在着许多世界帝国，诸如俄罗斯帝国、奥斯曼帝国、波斯帝国以及中华帝国。这些帝国在政治上的一个显著特征就是有相对强的政治结构。在这些帝国融入资本主义世界体系的过程中，外在的力量往往是削弱这些政治结构的力量并且缩小其边界。这些进入融入过程中的国家结构最后变成列宁和其他学者所称的“半殖民”状态。

第二类是诸如加勒比地区、北美洲和澳大利亚等，这些地区在融入过程中，本土政体遭到破坏，通常在欧洲殖民者到来之后建立了新的殖民国家，并伴有大量的欧洲人来定居。

第三类是其他广大的地区，诸如印度次大陆和东南亚以及非洲的大部分地区，这些地区有很强的政治结构，但同时有相对弱的政治结构相伴随。这些地区由于被侵略而成为殖民地，但受殖民者的政治统治既不单纯是直接的，也不单纯是间接的，而是“直接”和“间接”相混合。

到了1900年左右，世界大部分地区在资本主义世界经济扩展中成为殖民地，在政治上受到欧洲殖民者的直接支配。而那些处于边缘地区没有被殖民化的国家虽然也仍然以主权国家的面貌出现，但这种主权也由于“租借”（比如在中国）而被削弱，成为“典型的”弱国。

在域外区域的政治结构融入资本主义世界体系之后，这些被新融入的国家或地区在经济上就成为资本主义世界体系的边缘地区，这些国家或地区的政治结构本身也就成为国家体系的一个部分。国家体系随之就促使边缘地区的生产过程边缘化，并通过不平等交换使得剩余价值流向核心地区。边缘地区那些新出现的或重建的政治结构或者公开地被掌握在帝国主义者的手中，或者服从于帝国主义者，所以，在这些国家或地区被融入国家体系之后，在其国内出现的抵制运动通常总是首先反对欧洲的帝国主义者，同时也反对这些帝国主义政治势力在国内的代言人。这样，在整个20世纪就出现了各种各样的民族主义运动（特别是民族解放运动）以及其他的革命运动。（第169～171页）

·和平、稳定与合法性

在世界体系中霸权意味着在地缘政治格局中有一种力量强行实施社会性的权力分配以稳定局面。这就意味着有一段时期的“和平”，这主要指的是缺乏武装军事斗争——不是指缺乏所有的军事斗争，而是指缺乏大国之间的军事斗争。这样一段霸权时期需要合法性，也造就了“合法性”。合法性意味着几个主要的政治角色（包括各种松散群体，如各国人口）都认为社会秩序是他们所赞成的一种，或世界（或历史）正朝着他们所赞同的方向快速而稳定地发展。

在这样真正的霸权时期里，霸主向其他主要的力量强加他的意志或命令的能力没有找到很大的挑战，在现代世界体系历史中这是相当短暂的。……

当这一段霸权时期结束时，也就是当前一时期的霸主又一次变为其他几支力量中的一员时（即使在一段时期内它在军事上仍最为强大），非常明显的是，较不稳定的状况以及同时出现的合法性的丧失随之而来。这就意味着较少的和平。

（选自伊曼纽尔·沃勒斯坦著，黄光耀、洪霞译：《沃勒斯坦精粹》，南京大学出版社，2003 年 10 月版，第 503 ~ 504 页。）

8.2.1 罗伯特·吉尔平：世界政治中的战争与变革（节选）

罗伯特·吉尔平（Robert Gilpin，1930 年 ~），自称为一位“温和”的现实主义者、“一个自由学派的现实主义者”，国际政治经济学的奠基人和集大成者。国际政治经济学作为运用政治经济学方法研究国际问题的交叉性学科，马克思主义政治经济学是其理论来源之一。如果说 20 世纪 60 年代以前的国际安全理论较多运用权力政治学的理论与方法，那么，其后的国际安全战略思维，无论是现实主义倾向，还是自由主义倾向，大多程度不同地运用国际政治经济学的理论与方法。罗伯特·吉尔平作为现实主义学者，受汉斯·摩根索影响较大，也深受马克思主义思想和一些英国作家对历史研究的影响。1960年在加州大学伯克利分校获博士学位。1961年起在美国普林斯顿大学威尔逊国际事务学院讲授国际关系，1967～1968和1976～1977年任洛克菲勒基金会研究员，1975～1976年任美国总统技术和经济顾问团成员。为美国艺术和科学学院院士。其代表作有《国际关系政治经济学》《全球政治经济学：解读国际经济秩序》《世界政治中的战争与变革》《全球资本主义的挑战》等，他全面地阐述了国际政治经济学的各方面内容。1987年问世的《世界政治中的战争与变革》论及国际政治变革的主要类型、主要因素、国际体系的变革与霸权周期、霸权的护持与变革、新时代条件下的国际政治变革的新因素等。主张世界秩序需要有美国这样的领导国家和大国的合作，霸权稳定论是其理论内核与逻辑支撑。

· 当代世界中的变革与战争

依照本书提出的国际政治变革模式的术语，我们可以说在国际体系的现行治理方式与这一体系的基本权力分配之间已经出现了不平衡。尽管美国还是这一体系的主宰者和最有威望的国家，但它再也不能像过去那样拥有“统治”这一体系的权力了。它已越来越无力维持现存的领土分配、势力范围和世界经济的规则。这一体系中不利于美国的经济和军事权力的再分配，意味着美国统治这一体系的成本已相对高于美国支撑国际现状的经济能力。一个日益衰落的大国的传统征兆成了80年代初期美国的特征：无法控制的通货膨胀、长期的财政赤字以及高税收。

显然，无法过早地指出美国是否能够或将收缩到一个适当的和更为安全的位置，是否能够创造出更多的财源来保持其全球霸权。并且，就是把以上两种反应结合起来，也无法过早地确定它是否能够在自己的权力和责任之间重新建立起平衡。这将不仅取决于美国所采取的特殊政策，而且也有赖于今后数年中其他政府的政策。政治、经济和技术力量的冲击力既提出了挑战也提供了机会，国内政治和政治领导集团对这些挑战和机会应作出反应。历史的发展线索是不明确的，只有在回顾的时候才会明确起来。

同时，目前时代被恰如其分地形容为一个“侵蚀霸权”的时代。(Keohane and Nye，1977：42～46）这种局面当然在过去的世界政治中也存在过，英国与美国对国际经济与政治统治时期的空位期，即 E. H. 卡尔所说的“二十年危机”（1919 年至 1939 年），就是这样的时期。前一个霸权国家已不再能制定规则，而上升的繁荣昌盛的新的霸权国家或是不想、或是无力担负这种责任（Carr，1951)。在老霸主恢复活力或它的继承者取胜之前，或建立其他统治基础的间隔时期，世界秩序这一紧迫问题（有关贸易的规则、国际货币体系的前景、一个新的海洋主宰，等等）仍然未能得到解决。一个接替“美国统治下的和平”的国际体系所应形成的新规则和社会制度的进展显得缓慢，或者说根本不存在。

然而，在本书提出的对政治变革分析的基础上，有理由认为国际体系的现存的不平衡可以得到解决而不必诉诸于霸权战争。尽管霸权战争的危险是非常真实的，但对这种战争的认识也为谨慎的乐观提供了依据。当代世界具备了霸权争斗的某些先决条件，但其他的一些先决条件却完全或部分地不足。目前国际形势的演变增强了这种愿望，即一个渐进的和平转变过程而不是战争，或许可以作为当代世界政治的特征。

……

目前的形势是，体系内支配国所面临的多重挑战有些反常。一方面，美国的地位在经济上受到日本、西欧和石油输出国组织的挑战；另一方面，在军事和政治上它主要受到来自苏联的挑战。尽管有些学者认为美国与其盟国之间的经济冲突正在威胁世界和平，但本书的观点认为对国际稳定的最大危险来自美苏冲突。从这点看来，美国及其盟国之间的经济竞争的主要后果是破坏了美国对付苏联挑战的能力；然而，如果日本和西德把它们的军事潜力转变为实际能力的话，那么军事政治力量的平衡将发生戏剧性变化，或许导致不可预见的重要后果。因此，人们至多可以说当前的发展对这一体系未来的长期意义是模糊不清的。

最后，也是最重要的，霸权战争之前都有一个各民族在一定时间内的重要心理转变。霸权战争的爆发常常是由于害怕最终的衰落和察觉到权力受到侵害而引发的。当一个不稳定的和衰落的大国想维护自己所拥有的权力并且优势还在自己一方时，它就会突然卷入大战。这种战争的目的往往是把可能的损失降到最低，而不是想最大限度地获得某种利益。

或许，这将是今后几年担心的最大问题，即如果均势不可逆转地变为有利于苏联，美国将作出什么样的反应？当苏联觉察到被一个恢复了活力的美国、一个工业化的中国、一个精力充沛的日本、一个敌对的伊斯兰、一个不稳定的东欧和一个现代化的北约组织所包围的威胁时，会有什么样的反应？这些强国中的一个或另一个（今天是美国、明天是俄国）将怎样对持续的世界权力再分配作出反应？

……

当新大国在世界舞台上崛起的时候，美国在外交事务方面的基本任务就变成了对它的世界地位的改变作出反应。它必须使其权力与责任保持平衡，或者增加前者或者减少后者，或采取某种把两种战略结合起来的手段。虽然这是一个严峻的挑战，但这未必是一种警告的来源。其他大国在这方面获得了成功并生存下来，保持了它们的重要利益和价值观的完整无损。然而，也存在着危险，即苏联的军事挑战和美国经济好运的改变或许会在美国公众中造成严重的不安情绪。尽管有某些原因引起对这些事情的关心，但有关美国权力和财富相对衰落的夸大了的言辞本身，就足以煽起恐慌和非理性的行动。

尽管相对衰落，但美国经济仍旧是世界上最强大的、使苏联经济相形见绌的。但是，美国社会的消费需求（公共和私人的）和防务需求都超过了其经济能力，同时生产投资和经济生产率都减慢了。虽然里根政府可以大量增加国防开支，以一个有限的经济增长时期来应付苏联的挑战，但它只能以消费或投资或两者的高昂代价来这样做。大规模增加国防开支的固有危险在于，它将导致通货膨胀并将进一步破坏经济生产率。美国长期的福利与安全都要求将国家资源在消费、防务和投资领域内进行明智的分配。

当然，苏联是正在崛起的挑战者，而且它似乎是在今后几年中取代美国国际体系支配权的大国。虽说俄国权力的增长和扩张有其深刻的历史根源，但苏联工业和军事力量在近几十年的加速发展却是令人生畏的。苏联从一个在第二次世界大战中几乎被打败和崩溃的国家成为一个拥有强大军事机器的国家。苏联在欧亚大陆占据着中心地位，并在一些重要地区拥有超过美国的常规军事优势。关于未来的一个主要问题在于，苏联人是否可以并且愿意将这些扩张的军事力量转化为在欧洲、亚洲和世界其他地方的决定性的政治收益。

与此同时，美国力量的相对衰落以及对使用军事力量的继续克制导致了超级大国之间不安共处的时代的出现。不稳定的缓和过程如果最终获得成功，将开创出史无前例的和平变革的先河。它着重表现为从一个以美国为中心的全球体系向一个更加接近平等两极的体系的转变。德国和中欧问题表面上的解决，至少在目前稳定了隔开两个超级大国的突出的领土问题。限制战略武器会谈的基本问题在战略平等的基础上稳定了核武器竞赛。然而，还存在其他的问题，在这些问题上，两个超级大国的利益还有对抗性。这可能造成它们关系的不稳定，苏联入侵阿富汗就是一个恰当的例子。当然，其他大国的崛起也可能在一个较长时期内破坏这一正在出现的两极结构。

现在，正是美国的地位受到上升的苏联力量的威胁的时刻。然而，在未来的几十年里，苏联也必须适应其他国家不尽相同的权力增长。对苏联来说，适应世界体系向三极或多极体系转变的负担要比美国更加沉重。随着与之相对立的意识形态中心在北京的兴起，苏联发现自己被潜在的具有威胁力的和发展中的工业力量中心所包围。虽然它拥有史无前例的军事力量，但它却无法消除人们对其意识形态的疑虑，并且它在经济增长和技术发展方面也是步履艰难。如果它周围的权力中心（日本、西欧、中国）继续在经济力量和军事潜力上增长，那么苏联在欧洲大陆上占据中心位置的符合逻辑的优势也将成为一种政治负担。在所有方面，当邻国要求修改领土现状时，离心力将最终触及这个巨大的多民族帝国。这种外部和内部的挑战将使苏联统治阶层作出强有力的防卫反应。

数年前，欧洲马克思主义领袖厄内斯特·曼德尔（Ernest Mandel），把美国命运的转变归因于不平衡发展规律："经过得益于不平衡发展规律的一个世纪之后，美国现在变成了这一规律的牺牲品。"（Mandel，1970:7）同样，人们也可以就苏联的未来得出相同的结论，这一规律并不偏向于资本主义或共产主义。"从长远看，社会主义的不平衡发展规律可能使苏联面临的威胁比资本主义的不平衡发展规律给美国造成的威胁要更大。”（Chatterjee，1975∶8）在未来的几年中，这两个国家都需要适应这样一个世界，在这个世界中，权力以前所未有的速度向众多权力中心扩散。

我们以所谓“谨慎乐观”来结束本书。虽然世界上存在着多种强大的力量足以引发超级大国间的霸权战争，但是爆发此种战争的历史条件只是偶有出现。有利于苏联一方和国际体系中新兴国家的军事实力再分配，加之其他国家间力量进一步重新分配的可能性，严重威胁着体系的稳定。超级大国为应对此种情况很可能加速事态的发展，以致它们自己都无法控制。但是，核武器的存在、体系的多元化和经济合作的互利性却成为一股限制性力量，平衡着上述潜在的不稳定发展。因此，在20世纪的最后十年里，政治家的首要任务应当是依靠我们时代的积极力量，以创建一个更为稳定的新国际体系。

（选自罗伯特·吉尔平著，宋新宁、杜建平译：《世界政治中的战争与变革》，上海人民出版社，2007年1月版，第233～244页。）

8.3.1　弗朗西斯·福山：历史的终结及最后之人（选段）

弗朗西斯·福山（Francis Fukuyama，1952年～），日裔美籍学者。美国霍普金斯大学教授、乔治·梅深大学公共关系政策学教授，曾担任美国国务院政策规划处副主任。他的第一本著作《历史的终结与最后之人》让他一举成名。《历史的终结》中断言，自由主义取得了最后胜利，大规模的国际冲突已经消失，自由民主主义和“民主市场资本主义”成为一个永恒模式，成为全球理论与实践的共同标准。他在第二十六章“向和平联盟进军”中预言，以后的世界将分为两个部分，“后历史部分”（和平共处）和历史部分。“后历史部分”如何将自由民主推广至历史部分中去？福山断然否决了基辛格现实主义的（与历史部分）的妥协方案，也不认为在联合国框架下能够达成这两部分的合作和和解，因为联合国本身就不是康德意义上的“自由国家”的联盟。所以，福山把北约看成是“自由国家”的联盟，在这个意义上，他保留了武力解决的可能性。而另一方面，历史国家不是铁板一块，其内部发生的危机会使这些国家转变为自由民主国家。在这一部分中，他的模糊之处是自由国家的实现方式上，他既承认武力解决的可能性，又冀望于内部的演变。近年，他正视伊拉克战争的发生等事件，其观点有些改变。

本书的前身是我在1989年夏为《国家利益》杂志撰写的一篇文章，题为《历史的终结?》在这篇文章中，我阐述了一个热门话题，内容涉及过去几年中自由民主制度作为一个政体在全世界涌现的合法性，它为什么会战胜其他与之相竞争的各种意识形态，如世袭的君主制、法西斯主义以及近代的共产主义。但是，不仅如此，我还认为自由民主制度也许是“人类意识形态发展的终点”和“人类最后一种统治形式”，并因此构成“历史的终结”。换句话说，在此之前的种种政体具有严重的缺陷及不合理的特征从而导致其衰落，而自由民主制度却正如人们所证明的那样不存在这种根本性的内在矛盾。这并不是说当今美国、法国或瑞士等国家的稳定的民主体制已不存在不公正或严重的社会问题，但这些问题则是因构建现代民主制度的两大基石——自由和平等的原理——尚未得到完全实现所造成的，并非原理本身的缺陷。或许当代有些国家能够实现稳定的自由民主制度，而且有些国家可能会倒退回其他更原始的统治方式，如神权政治或军人独裁，但我们却找不出比自由民主理念更好的意识形态。

原作曾引发广泛的论争，先由美国而起，然后是一系列不同的国家，如英国、法国、意大利、苏联、巴西、南非、日本及韩国。批评的形式应有尽有，有的基于对我原作的简单理解，有的则深触到我的观点的核心内涵。许多人一开始就对我使用的“历史”这个词产生误解。他们按照常规理念把历史理解为由所发生的一个个事件组成，因此把柏林墙的倒塌和伊拉克入侵科威特等事件作为历史连续性的佐证，而且事实本身已证明我是错误的。

然而，我得出的终结观点，并不指一个个事件的发生，无论是重大的还是严重的事件，而是指历史，指一种在所有人在所有时期的经历基础上被理解为一个惟一的、连续的、不断变化的过程。对历史的这种领悟与伟大的德国哲学家黑格尔有着密切的联系。卡尔·马克思借用黑格尔“历史”这个概念，用我们使用的“原始”与“先进”、“传统”与“现代”等字眼来论述不同的人类社会形态，把“历史”改变成一种日常文化氛围的组成部分。对于这两位思想家而言，他们都认为人类社会是从建立在奴隶制和仅能维持生命的农业基础上的简单部落，先后经历各种神权政体、君主专制和封建贵族统治，上升至现代自由民主制度和技术先导的资本主义。这一演变过程尽管并不是一条笔直的轨迹，而且一次历史进步的结果甚至并不能回答人类是否更加幸福、境况是否更好这个问题，但它不仅具有相当的规律性，而且还可以从理论上来加以论证。黑格尔和马克思都曾相信，人类社会的发展是有终点的，会在人类实现一种能够满足它最深切、最根本的愿望的社会形态后不再继续发展。这两位思想家因此断言，会有“历史的终结”阶段。黑格尔将“终结”定位于一种自由的国家形态，而马克思则把它确定为共产主义社会。历史终结并不是说生老病死这一自然循环会终结，也不是说重大事件不会再发生了或者报导重大事件的报纸从此销声匿迹了，确切地讲，它是指构成历史的最基本的原则和制度可能不再进步了，原因在于所有真正的大问题都已经得到了解决。

本书既非我原作的重复，也不是与针对我原作的众多指责和评论继续展开的讨论，更谈不上是对冷战结束后其他当代政治紧迫话题的论述。虽然本书中提到世界近来发生的重大事件，但它的中心论点则是一个非常古老的问题：20 世纪既然结束，现在再来谈论一个连续的、朝着更多人有更大的自由民主制度这一方向不断发展的人类历史，对我们来说是否还有必要？我现在的回答是完全有此必要，其理由有二：一个涉及经济学，另一个则涉及“获得认可的斗争”这个用语。

当然，求助于黑格尔、马克思或他们的当代弟子的学术权威还不足以认定历史是否有方向性。从黑格尔、马克思他们发表著作以来人类已经走过了一个半世纪，其间，他们的智慧遗产一直受到来自各方的无情攻击。20 世纪那些最深邃的理想家们已经直接攻击到“历史是一个连续的或是一个可以了解的过程”这一观点。实际上，他们否认的是：人类生活的任何一面都具有哲理。在西方，我们已经完全成为悲观主义者，不相信民主制度会全面进步。这种深情的悲观绝非是一时心血来潮，而是源于20世纪上半叶发生的真实可怕的政治事件——两次毁灭性的世界大战、极权主义的兴起以及以核武器和环境破坏为形式的科学反人类趋势。上个世纪政治暴力的受害者——从希特勒主义到斯大林主义的幸存者和波尔布特的牺牲品，他们的亲身经历一定会使人难以相信会有历史进步这种事情。确实，我现在已经完全习惯于期望未来一定会掺杂着健康和安全方面的坏消息，所以当正义、自由和民主制度到来时，我们竟很难认为它是一个好消息。

然而，福音还是来了。20世纪最后25年最令人瞩目的变化是，不论是军事管制的右翼，还是极权主义的左翼，人们都发现，在世界貌似最专制的核心地带存在着巨大的致命弱点。从拉丁美洲到东欧，从苏联到中东和亚洲，强权政府在20年间大面积塌方。尽管他们没有都千篇一律地实行稳定的自由民主制度，但自由民主制度却始终作为惟一一个被不懈追求的政治理想，在全球各个地区和各种文化中得到广泛传播。此外，经济学范畴中的自由原则——自由市场——也在普及，并且不论在工业发达国家还是在那些二次大战结束时曾经是贫困的第三世界国家中已经成功地创造出前所未有的物质繁荣。经济思想领域的自由化革命正在与全球的政治自由化进程相伴而行，尽管时而超出，时而滞后。

所有这些发展，与20世纪前50年中左翼和右翼的专制统治的不断发展这一可怕的历史形成强烈的对比。它启示我们，有必要重新审视一个问题，这些发展是历史必然还是仅仅出于好运的偶发事件。我这里再次提出人类是否存在着一种“世界普遍史”这个问题，并准备重新启动19世纪初期进行的那场大讨论。那场讨论由于人类社会后来经历的重大事件实在太多而多少被搁置了。我虽然借鉴了康德和黑格尔等著名哲学家过去研究这一问题时的思想，但我还是希望这里所提出的观点应当具有它的独到之处。

……

黑格尔的伟大诠释者亚历山大·柯耶夫在他20世纪的著作中，用普遍的、平等的认可取代了主人和奴隶的关系，并因此坚定地断言历史已经终结。因为他所称的“人人相同、人人平等的国家”（即我们所理解的自由民主制度）一劳永逸地解决了认可这个问题。纵观整个历史进程，人们一直在寻求的就是获得认可，它是早已出现的历史阶段前的社会发展动力。在现代社会中，人不仅终于获得了认可，而且得到了“充分的满足”。柯耶夫郑重地做出这一论断，他的论断应当得到我们高度的重视。因为我们可以把人类历史几千年来的政治问题理解成为解决认可问题所进行的努力。政治以认可作为中心，其原因就在于它是专制、帝国主义和统治欲望的根源。然而，尽管认可有其黑暗的一面，但它却并不能因此而简单地被清除出政治生活，毕竟它也是勇气、公共精神和正义等政治美德的心理基础。一切政治共同体都有需要利用获得认可的欲望，同时又要防止自身受到这种欲望负面效应的侵害。如果当代立宪政府能发明一种政体，可使所有人都能获得认可而且还不会出现暴君，那么它肯定是人类最稳定、最长久的政治制度。

但是，当代自由民主国家中公民所能获得的认可已经使他们“完全满足”了吗？这个问题的答案关系到自由民主制度能否长治久安，会不会有一天被其他社会形态所替代。在第五部分中，我们分别从左翼和右翼的观点勾勒出两个广义的答案。左翼会称，自由民主国家中的普遍认可肯定是不完整的，因为资本主义创造了贫富差别，而且必定会形成一种事实上就是不平等认可的劳动分工。由于相对贫困的人继续存在，并因此没有被他们的同胞平等地视为人，所以一个国家的绝对繁荣水平并不能改变这种不平等状态。自由民主制度，换言之，依然是不平等地承认本应是平等的人。

右翼对普遍认可的批评我认为更具说服力，它深刻地触及法国大革命对人类平等追求所带来的平等作用。右翼在哲学家弗雷德里希·尼采身上找到了它最杰出的代言人，尼采的观点在某些方面被这个民主社会的伟大观察家托克维尔预见了。尼采相信，现代民主制度不是把奴隶解放成为自己的主人，而是让奴隶和一种奴隶道德获得了完全的胜利。自由民主国家最典型的公民是“最后之人”，一种由现代自由主义缔造者塑造的人，他把自己的优越感无偿献给舒适的自我保存。自由民主创造了由一种欲望和理性组合而成但却没有抱负的人，这种人经过对长远利益的算计，很巧妙地以一种新的方法满足了一大堆眼前的小小需要。“最后之人”没有任何获得比他人更伟大的认可的欲望，因此就没有杰出感和成就感。由于完全沉湎于他的幸福而对不能超越这些愿望不会感受到任何羞愧，所以，“最后之人”已经不再是人类了。

沿着尼采的思路，我们肯定会碰到以下问题：

1. 一个仅仅满足于普遍的、平等的认可的人，是不是一种“不完整的人”？是不是就是被人蔑视，既没有追求也没有理想的“最后之人”？

2. 人的个性中有没有执意奋争、勇敢冒险和无畏的一面？当代自由民主制度下的和平与繁荣能不能满足这种个性？

3. 有没有人承认与生俱来的不平等而获得满足？

4. 不论对过去的贵族社会来说还是就现代自由民主制度而言，获得不平等认可的欲望是否构成有价值的生活基础？

5. 它们（自由民主国家）的未来生存在一定程度上会不会取决于其公民对获得不仅是平等的、而且是高于他人认可的渴望程度？

6. 人会不会因为害怕成为可悲的“最后之人”而用一种全新的或者无法预知的方式来自我肯定，甚至再次沦为在血腥的名誉之战中使用现代武器相互搏斗的兽性的“最初之人”？

本书就是想回答上述这些问题。只要我们想知道是否存在着一种类似进步那样的东西，而且想知道我们是否能够建设一个连续的、有方向性的人类普遍史，我们就无法回避这些问题。在本世纪大部分时间内，我们都忙于应对左翼和右翼的专制主义，根本无暇去认真思考人类普遍史的问题。如今，随着本世纪末的临近，专制主义的衰落让我们再一次将这个问题提上议事日程。

（选自弗朗西斯·福山著，黄胜强、许铭原译：《历史的终结及最后之人》序言，中国社会科学出版社，2003 年 3 月版。）

8.4.1 塞缪尔·亨廷顿：文明的冲突与世界秩序的重建（选段）

塞缪尔·亨廷顿（Samuel P. Huntington，1927 ~ 2008 年），哈佛大学阿尔伯特·魏斯赫德三世学院教授，哈佛国际和地区问题研究所所长。曾任卡特政府国家安全委员会安全计划顾问，《外交政策》杂志发起人与两主编之一，美国政治学会会长。他是福山的老师，但是福山《历史的终结》发表后，声名鹊起。对福山的见解，亨廷顿并不认可。他在1993年夏季号的美国《外交》季刊发表《文明的冲突?》与福山的见解明显不同。他基于冷战期间及冷战后重大历史事件、武装冲突的分析而得出文明冲突的结论，一时广为接受。特别是冷战结束后，世界上的许多战争带有明显的文明冲突的因素。然而对于这些事件的分析，从不同的角度看可能会得出不同的结论，亨氏只是从这些冲突中挑捡出了带有明显的文明冲突的部分。接着，亨廷顿进一步研究起他的文明视角，并于1996年写成了《文明的冲突与世界秩序的重建》（*The Clash of Civilizations and the Remarking of World Order*）一书，以系统地阐述其文明冲突理论。该书认为全球的政治正沿着文明界线进行重组，具有不同文化的人民和国家正在分离，具有相似文化的人民和国家正在聚合，在这个过程中，伊斯兰文明和儒教文明将形成联盟对抗西方文明。当今西方与伊斯兰的冲突并不是与少数极端主义暴力分子之间的冲突，而是两种文明的根本性冲突，它认为1400年的历史证明了这点。认为两种文明的冲突无法融合，“只要伊斯兰仍是伊斯兰，西方仍是西方，这两个伟大文明和生活方式之间的根本冲突在未来将继续决定它们之间的关系”。“9·11”事件以后，将国际冲突归因于文明冲突的思潮具有极大影响，但亨氏本人认为恐怖与反恐怖斗争并非文明冲突。

·一个多极和多文化的世界

在冷战后的世界中，全球政治在历史上第一次成为多极的和多文化的。在人类生存的大部分时期，文明之间的交往是间断的或根本不存在。然后，随着现代时期的启始，大约在公元1500年，全球政治呈现出两个方面。在400多年里，西方的民族国家——英国、法国、西班牙、奥地利、普鲁士、德国和美国以及其他国家在西方文明内构成了一个多极的国际体系，并且彼此相互影响、竞争和开战。同时，西方民族也扩张、征服、殖民，或决定性地影响所有其他文明。冷战时期，全球政治成为两极化的，世界被分裂为三个部分。一个由美国领导的最富裕的和民主的社会集团，同一个与苏联联合和受它领导的略贫穷一些的集团展开了竞争，这是一个无所不在的意识形态的、政治的、经济的，有时是军事的竞争。许多这样的冲突发生在这两个阵营以外的由下述国家组成的第三世界里：他们常常是贫穷的，缺少政治稳定性的，新近独立的，宣称是不结盟的。

20 世纪 80 年代末，随着共产主义世界的崩溃，冷战的国际体系成为历史。在后冷战的世界中，人民之间最重要的区别不是意识形态的、政治的或经济的，而是文化的区别。人民和民族正试图回答人类可能面对的最基本的问题：我们是谁？他们用人类曾经用来回答这个问题的传统方式来回答它，即提到对于他们来说最有意义的事物。人们用祖先、宗教、语言、历史、价值、习俗和体制来界定自己。他们认同部落、种族集团、宗教社团、民族，以及在最广泛的层次上认同文明。人们不仅使用政治来促进他们的利益，而且还用它来界定自己的认同。我们只有在了解我们不是谁、并常常只有在了解我们反对谁时，才了解我们是谁。民族国家仍然是世界事务中的主要因素。它们的行为像过去一样受对权力和财富的追求的影响，但也受文化偏好、文化共性和文化差异的影响。对国家最重要的分类不再是冷战中的三个集团，而是世界上的七八个主要文明。非西方社会，特别是东亚社会，正在发展自己的经济财富，创造提高军事力量和政治影响力的基础。随着权力和自信心的增长，非西方社会越来越伸张自己的文化价值，并拒绝那些由西方“强加”给它们的文化价值。亨利·基辛格曾注意到：“21 世纪的国际体系……将至少包括六个主要的强大力量——美国、欧洲、中国、日本、俄国，也许还有印度——以及大量中等国家和小国。”基辛格提到的六个主要强大力量属于五个十分不同的文明，此外，还存在着一些重要的伊斯兰国家，它们的战略位置、庞大的人口和（或）石油资源，使得它们在世界事务中具有影响力。在整个新世界中，区域政治是种族的政治，全球政治是文明的政治，文明的冲突取代了超级大国的竞争。

在这个新的世界里，最普遍的、重要的和危险的冲突不是社会阶级之间、富人和穷人之间，或其他以经济来划分的集团之间的冲突，而是属于不同文化实体的人民之间的冲突。部落战争和种族冲突将发生在文明之内。然而，当来自不同文明的其他国家和集团集结起来支持它们的“亲缘国家”时，这些不同文明的国家和集团之间的暴力就带有逐步升级的潜力。索马里部族的流血冲突没有造成更广泛的冲突威胁。卢旺达部落的流血冲突波及了乌干达、扎伊尔、布隆迪，但是没有广泛地蔓延。波黑、高加索、中亚，或克什米尔境内的文明之间的流血冲突，可能演化为更大的战争。在南斯拉夫的冲突中，俄罗斯向塞尔维亚人提供外交支持，而沙特阿拉伯、土耳其、伊朗和利比亚向波斯尼亚人提供资金和武器，但他们这样做不是由于意识形态，或者权力政治或经济利益的缘故，而是由于文化亲缘关系。瓦茨拉夫·哈韦尔注意到，“文化的冲突正在增长，而且如今比以往历史上任何时候都更危险”，雅克·德洛尔也认为，“未来的冲突将由文化因素而不是经济或意识形态所引起。”而最危险的文化冲突是沿着文明的断层线发生的那些冲突。

在冷战后的世界，文化既是分裂的力量，又是统一的力量。人民被意识形态所分离，却又被文化统一在一起，如两个德国所经历的，也如两个朝鲜和几个中国正开始经历的。社会被意识形态或历史环境统一在一起，却又被文明所分裂，它们或者像苏联、南斯拉夫和波斯尼亚那样分裂开来，或者像乌克兰、尼日利亚、苏丹、印度、斯里兰卡和许多其他国家的情况那样，陷于激烈的紧张状态。具有文化亲缘关系的国家在经济上和政治上相互合作。建立在具有文化共同性的国家基础之上的国际组织，如欧洲联盟，远比那些试图超越文化的国际组织成功。在45年里，“铁幕”是欧洲的主要分裂线。这条线已东移了几百英里。现在，它是一条一方面把西方基督教民族分离于穆斯林，另一方面把它分离于东正教的界线。

哲学假定、基本价值、社会关系、习俗以及全面的生活观在各文明之间有重大的差异。遍及世界大部分地区的宗教复兴正在加强这些文化差异。文化可以改变，它们的性质对政治和经济的影响可能随时期的不同而不同。但是，文明之间在政治和经济发展方面的重大差异显然植根于它们不同的文化之中。东亚经济的成功有其东亚文化的根源，正如在取得稳定的民主政治制度方面东亚社会所遇到的困难有其文化根源一样。伊斯兰文化在很大程度上解释了为什么民主未能在大部分伊斯兰世界中出现。后共产主义的东欧社会和苏联的发展受到了其文明认同的影响。那些具有西方基督教遗产的国家正在取得经济发展和民主政治的进步；东正教国家的经济和政治发展前景尚不明朗；而各穆斯林共和国的前景则很黯淡。

西方是而且在未来的若干年里仍将是最强大的文明。然而，它的权力相对于其他文明正在下降。当西方试图伸张它的价值并保护它的利益时，非西方社会正面临着一个选择。其中一些试图竭力仿效和加入西方，或者“搭车”。其他儒教社会和伊斯兰社会则试图扩大自己的经济和军事力量以抵制和“用均势来平衡”西方。因此，后冷战时代世界政治的一个主轴是西方的力量和文化与非西方的力量和文化的相互作用。

总而言之，冷战后时代的世界是一个包含了七个或八个文明的世界。文化的共性和差异影响了国家的利益、对抗和联合。世界上最重要的国家绝大多数来自不同的文明。最可能逐步升级为更大规模的战争的地区冲突是那些来自不同文明的集团和国家之间的冲突。政治和经济发展的主导模式因文明的不同而不同。国际议题中的关键争论问题包含文明之间的差异。权力正在从长期以来占支配地位的西方向非西方的各文明转移。全球政治已变成了多极的和多文明的。

（选自塞缪尔·亨廷顿著，周琪译：《文明的冲突与世界秩序的重建》，新华出版社，1998 年 3 月版，第 5 ~ 9 页。）

· 断层线战争的特性

部族、部落、种族集团、宗教群体和国家之间的战争之所以盛行于各时代和各文明，是因为它们植根于人民的认同。这些冲突具有特殊的性质，它们并不涉及那些与未参战者直接利益有关的更广泛的意识形态和政治问题，尽管它们可能引起外部集团的人道主义关切。当认同的根本问题受到威胁时，这些冲突往往变成激烈而血腥的冲突。此外，这些冲突往往是长期的，尽管会被停战协议或协定暂时中断，但冲突往往会因违反协议而再起。另一方面，在为维护认同而爆发的内战中，如果一方取得了决定性的军事胜利，种族灭绝的可能性就会增加。

断层线冲突是属于不同文明的国家或集团间的社会群体的冲突。断层线战争是发展成暴力的冲突。这样的战争可能发生于国家间，非政府集团间，以及国家和非政府集团之间。国家内部的断层线冲突可能涉及在独特地理区域内占优势地位的集团，在这种情况下，那些没有控制政府的集团往往为独立而战，它们可能愿意也可能不愿意接受低于独立的条件。国家内部的断层线冲突也可能涉及混居地区的集团，在这种情况下，持续紧张的关系会不时引发冲突，正如印度的印度教徒和穆斯林之间、马来西亚的穆斯林和华人之间的情况那样；也可能发展成为全面的战斗，特别是在确立新的国家及其疆界时；这样的战斗可能导致使用武力残忍地将人民分离开来。

断层线冲突有时是为控制人民而进行的斗争，在更多的情况下，是为了控制领土。至少有一个参与者的目的是要征服领土，通过驱逐或屠杀其他民族或二者兼用，即"种族清洗"，来从这片土地上清除其他民族。这种冲突可能充满了暴力和邪恶，双方都参与屠杀、恐怖主义、奸淫和酷刑。争夺的关键地区往往是强烈地象征着一方或双方历史和民族认同的地区，是它们拥有不容侵犯的权利的圣地，如西岸、克什米尔、纳戈尔诺—卡拉巴赫、德里纳河谷和科索沃。

一般说来，断层线战争具有一般社会群体的战争的某些但不是全部的特性。它们是持久的冲突。当它们发生在国家内部时，平均时间可能会比国家间的战争长6倍。由于涉及集团认同和权力的根本问题，它们难以通过谈判和妥协来解决。所达成的协议常常不能为各方所有的派别认可，而且通常不能长久。断层线战争是一种时起时伏的战争，它们可能演变成大规模的暴力冲突，然后又减弱为低强度的战争，或者转化成压抑着的敌意，然后再度爆发。对立的认同和仇恨之火很少能够完全熄灭，除非通过种族灭绝。由于具有持久性，断层线战争像其他社会群体的战争一样，往往造成大量死伤和难民。这两个数字必须谨慎对待，人们普遍接受的90年代初在断层线战争中的死亡人数为；菲律宾5万，斯里兰卡5万~10万，克什米尔2万，苏丹50万~150万，塔吉克斯坦10万，克罗地亚5万，波斯尼亚5万~20万，车臣3万~5万，西藏10万，东帝汶20万。所有这些冲突实际上还造成了为数更多的难民。

在这些当代战争中，有许多不过是历史上持久的血腥冲突的最新一轮。20世纪末的暴力冲突不可能一劳永逸地解决。例如，1956年在苏丹爆发的战斗一直持续到1972年，虽于当年达成了给予苏丹南部某些自治权的协议，但是1983年又战火重燃。斯里兰卡的泰米尔叛乱始于1983年，为结束叛乱而举行的和平谈判于1991年中断，1994年又重开谈判，至1995年1月达成了停火协议。然而，4个月之后，暴动的猛虎组织违反了停火协议并撤出了和谈，随后又开始了更为激烈的战争。菲律宾的摩洛人起义始于70年代初，在1976年达成允许棉兰老某些区域自治的协议后开始减弱。但是到了1993年，由于持不同政见的反叛集团抵制争取和平的努力，又连续不断地发生了暴力冲突，其规模也日益扩大。俄罗斯和车臣领导人于1995年7月达成了非军事化协议，旨在结束于1994年12月爆发的暴力冲突。这场战争一度沉寂下来，但不久又重新爆发。车臣人袭击了俄罗斯人或亲俄罗斯的领导人，俄罗斯对此进行了报复，车臣人于1996年1月入侵达吉斯坦，1996年年初俄罗斯开始大举进攻。

虽然断层线战争与其他社会群体的战争同样具有旷日持久、暴力程度高和意识形态含混不清的特性，但二者在以下两方面有所不同。第一，社会群体的战争可能在民族、宗教、种族或语言群体之间发生。然而，由于宗教信仰是区分文明的主要特征，因此断层线战争几乎总是在具有不同宗教信仰的民族之间展开。一些分析家有意贬低这种因素的重要性。例如，他们指出，波斯尼亚的塞族人和穆斯林拥有共同的种族特性和语言，在历史上曾和平相处并广泛通婚，而对宗教因素却用弗洛伊德“小差异自恋情结”加以解释。这是一个基于世俗之见的判断。人类几千年的历史证明，宗教不是一个“小差异”，而可能是人与人之间存在的最根本的差异。断层线战争的频率、强度和暴力程度皆因信仰不同的上帝而极大地增强。

第二，其他的社会群体的战争往往具有特定性，因此，相对地说，不会扩散或卷进更多的参与者。相比之下，断层线战争根据定义，是在作为更大的文化实体的一部分的集团之间进行的战争。在一般的社会群体的冲突中，A集团与B集团作战，C、D和E集团没有理由卷入其中，除非A集团或B集团直接威胁到它们的利益。但在断层线战争中，A1集团与B1集团作战，它们双方都试图扩大战争，并动员本文明的亲缘集团A2、A3、A4和B2、B3、B4给与支持，而那些集团将认同于它们正在作战的亲缘集团。现代世界交通运输和通信技术的发展为这种联系的建立提供了方便，因此，断层线冲突便“国际化了”。移民在第三个文明的地区内建起了聚居区。通信技术使得对抗的各方更容易寻求帮助，也使其亲缘集团更容易迅速了解它们的状况。世界总体上的缩小使得亲缘集团能够为冲突各方提供道义、外交、财政和物质支持，并且更难以不这样做。格林韦所说的“亲缘国综合征”，是20世纪末断层线战争最重要的特征。更为普遍的是，不同文明人民之间即使是小规模的冲突，也可能造成文明内部冲突所不具有的严重后果。1995年2月，在卡拉奇一座清真寺中做礼拜的18名什叶派教徒被逊尼派枪手杀害，该事件进一步破坏了这座城市的和平，给巴基斯坦造成了问题。恰好一年以前，一名犹太定居者杀害了在希伯伦清真寺做祈祷的29名穆斯林，结果破坏了中东和平的进程，给世界造成了问题。

（选自塞缪尔·亨廷顿著，周琪译：《文明的冲突与世界秩序的重建》，新华出版社，1998年3月版，第282～286页。）

· 文明间战争与秩序

涉及世界主要文明核心国家的全球战争很可能不会发生，但不是不可能发生。前面已经提及，这样的战争可能由不同文明集团间的断层线战争升级而引发，特别是当一方为穆斯林而另一方为非穆斯林之时。如果雄心勃勃的穆斯林核心国家竞相为其参战的宗教亲族提供援助，战争就更可能升级。如果第二和第三层次的亲缘国家认为不深入地卷入战争符合自己的利益，战争升级的可能性就小一些。引发文明间全球战争的一个更为危险的因素，就是各文明之间及其核心国家之间均势的变化。如果这种状况继续下去，中国的崛起和这个“人类历史上最大竞争者”的日益自我伸张，就将在21世纪初给世界的稳定造成巨大的压力。中国作为东亚和东南亚支配力量的出现，与历史已经证明的美国利益相悖。

……

第二次世界大战后不久成立的大部分主要国际机构，都是依据西方的利益、价值观和实践建立的。当西方的权力相对于其他文明而言衰落之时，这些国际机构将在压力之下进行重组，以适应其他文明的利益。最明显、最重要或许也是争议最大的问题，是联合国安理会常任理事国的席位问题。常任理事国是由第二次世界大战的主要战胜国组成的，但是这一状况与世界的权力现实日益不符。为此，在今后的长时间内将发生两种变化，一是改变不是成员国的构成，二是可能发展一些不那么正式的程序来处理安全问题，甚至像七国首脑会议处理全球经济问题那样。在多文明的世界里，理想的状况是每个主要文明都在安理会至少拥有一个永久席位，但目前仅有三个文明拥有。美国赞成给予日本和德国常任理事国地位，但显然只有在其他国家进入的情况下，这两个国家才可能成为常任理事国。巴西提出增加五个不拥有否决权的常任理事国，它们是德国、日本、印度、尼日利亚和巴西。然而，这样便使世界上的10亿穆斯林没有代表，除非尼日利亚能够担当起这一责任。从文明的角度看，日本和印度显然应当是常任理事国，非洲、拉丁美洲和穆斯林世界也应当拥有常任理事国席位，这些席位可由这些文明的主要国家轮流担任，由伊斯兰会议组织、非洲统一组织、美洲国家组织（美国弃权）作出选择。将英国和法国的席位合并为一个欧洲联盟的席位，由欧盟决定轮流担任，也是恰当的。这样，七个文明可各自拥有一个常任理事国席位，西方则拥有两个。此分配方案广泛地体现了世界人口、财富和权力的分布。

（选自塞缪尔·亨廷顿著，周琪译：《文明的冲突与世界秩序的重建》，新华出版社，1998年3月版，第361、368页。）

8.5.1 安东尼·吉登斯：社会主义之后（节选）

安东尼·吉登斯（Anthony Giddens，1938年~），英国著名社会理论家和社会学家，伦敦经济学院前院长（1997~2003年），剑桥大学教授，中国社会科学院名誉院士。与伊曼努尔·沃勒斯坦、哈贝马斯、布尔迪厄齐名，是当代欧洲社会思想界中少有的大师级学者，致力于对“第三条道路”进行理论建构。近年相继发表了《超越左右》（*Beyond Left and Right*）和《第三条道路：社会民主主义的复兴》（*The Third Way: The Renewal of Social Democracy*）等深有影响的专著，同英国前首相布莱尔私交甚好，被称为布莱尔首相的“精神导师”。“第三条道路”曾博得欧美左翼力量的广泛响应，形成为欧美国家中一种新兴的政治运动。布莱尔首相上台后，更是亲自撰写了《第三条道路：面向新世纪的新政治》(*The Third Way: New Politics for the New Century*)，以此作为他所领导的英国工党的执政纲领。

150年以前，马克思写道："一个幽灵在欧洲游荡"，这就是社会主义或者共产主义的幽灵。这一点在今天看来仍然是正确的，但我们说它"正确"的理由却不同于马克思的设想。社会主义和共产主义已经消逝了，但它们的幽灵仍然缠绕着我们。我们不能简单地放弃推动他们前进的那些价值和理想，因为这些价值和理想中有一些是为我们的社会和经济发展所要创造的美好生活必不可少的。目前我们所面临的挑战，就是如何在社会主义经济规划已经失信的地方使这些价值再现其意义。

今天的政治思想似乎已经失去了它们的鼓动力，而政治领袖们似乎也已经失去了领导的能力。公共讨论的主题成了各种各样的担忧：道德水准下降、贫富悬殊加剧、福利国家的压力，等等。惟一表现出坚定的乐观主义动态的群体就是那些相信技术可以解决我们所面临的一切问题的人们。但是，技术变迁的后果从来都是好坏参半的，而且，技术在任何情况下都无法为一种有效的政治规划打下坚实基础。如果政治思想想要重新获得感召力，它们就必须走出单纯对现实政治作出反应的模式，而且不能把眼光仅仅局限于人们习以为常的事务和狭小的空间范围之内。如果没有理想的话，政治生活就一无是处；但是，如果理想与现实可能性无关，它们就是空洞的。我们既需要知道自己想要创造的社会是什么样子，也需要知道向这种社会迈进的具体方式。本书试图指出如何达到这些目标以及如何使政治理想主义再生。

虽然本书的许多论证都涉及广阔的范围，我的主要参照对象仍将是英国。在英国以及在时下的许多国家，理论都落后于实践。由于失去了原有的确定性，号称代表左翼的政府正在创造的政策是不堪一击的。理论之体必须有政策骨架的支撑，不仅仅是从理论上认可其所作所为，而且要提出具有更明确的方向感和目的感的政治框架。因为左翼确实总是与社会主义联系在一起的，而现在社会主义——至少，作为一种经济管理体制的社会主义——已经淡出了历史舞台。

（选自安东尼·吉登斯著，郑戈等译：《第三条道路：社会民主主义的复兴》第一章，北京大学出版社/三联书店，2000年版，第2~3页。以下只注页码。）

· 最近的争论

欧洲和其他地区的社会民主党派已经非常清楚地意识到了这些问题，而且，至少从80年代初期开始，它们一直不断地回应着这些问题。1989年东欧共产主义的瓦解更进一步刺激了力图要摆脱过去的迫切愿望。大多数西方国家的共产党都纷纷改名换姓并且向社会民主主义靠拢，而在东欧国家，新的社会民主党派也成立起来。

在英国，摆脱古典社会民主原则的第一次系统化尝试包含在《工党的政策评论》中，这一文件是在1987年10月的年度大会上产生的。在这次大会上组建了七个评论小组，每一个小组专门讨论一个特定的政策领域。工党本来设想使公众也参加这次讨论，但公开会议只有很少的人参加，最后没有起到很大的作用。面对着公众对撒切尔主义的普遍支持，各个政策评论小组一致认为工党应该更加重视个人自由和个人选择。早先提出的扩大工业企业的公有化范围的动议被取消了，凯恩斯主义的需求型管理被明确地放弃了，而对工会的依赖程度也减弱了。生态问题虽被提到议事日程上来，但一直被低调处理并且没有被有效地整合到其余的政策框架之中。

大多数欧洲大陆国家的社会民主政党也经历了类似的改革过程，这些改革大多发生得更早一些，而且有时在意识形态上导致了更加彻底的变化。社会民主政党开始关心一些它们以前并不关心的问题，比如劳动生产率、参与性政策、社区发展，特别是生态问题。社会民主主义“超越了资源分配的舞台，开始强调生产的物质和生活组织以及发达工业社会中消费的文化环境”。

比如，挪威工党在1986~1988年间发起了一场“自由问题”的讨论，这正好发生在撒切尔主义政府统治了一段时间之后。遍及全国各地的地方性研究小组围绕着六个主题展开了讨论：私人部门与公共部门之间的平衡；工作日的灵活性；教育机会；环境；住房以及经济民主。支持个人利益的言论不再被视为不正当，而且工党提出要使自己成为一个“开放的政党”，各种各样的群体都可以通过它来提出自己的要求。参加1989年“社会主义国际”会议的一位哥伦比亚代表是这样来评论这一政策转向的：“我的政党被称为自由派，但它其实是非常社会主义的。对于这些欧洲人来说，这是与社会主义相近的另一条道路。”

一些主要的西方共产党在80年代开始发生类似的变化。意大利共产党于1991年重新组建为左翼民主党。在此以前，该党已经开始重视社会民主党派所讨论的那些主题。80年代中期，一场关于左、右之分还有什么意义的重要讨论在意大利展开。对生态问题的关注、社区参与和宪政改革也早已被纳入议事日程。

最有意义的讨论也许发生在德国。正像在其他地方一样，这场讨论的目的是回应自由市场哲学的兴起，但是，影响甚大的绿色运动也强烈刺激了对政策变化的需求。经过五年时间的详细讨论，在象征性的1989年产生了一份德国社会民主党新的《基本纲要》。该纲要对生态问题给予了特别的强调。德国社会民主党是第一个抓住70年代末发生的生态思想大突破的重要社会民主党派。在古典社会民主思想中存在着这样一种假定：经济发展与环境保护之间存在一种“以此换彼”的交易关系。而根据生态现代化提出的新论点，环境保护应当被看成是经济发展的一种重要资源，而不是它的对立面。

这份《基本纲要》还认识到“后物质主义”（post - materism）在发达国家的影响。对这一概念进行的最详尽的研究是由政治学家罗纳德·英格哈特提供的。据说，在达到一定的富裕程度之后，选民们开始不太关心经济问题而关心自己的生活质量。《基本纲要》总结道：“富裕的大多数”的观点已经不再体现集体主义和团结的社会民主精神；个人成就和经济竞争力越来越得到重视。

自从德国社会民主党于1959年发表其里程碑式的《巴德·哥德斯伯格声明》以来，它一直致力于建立“市场秩序”。现在，这一努力方向还伴随着国家干预主义的进一步退却。“国家所应尽的职责不是一种教条……检验的标准是看私人消费的增加或国家政绩的累进是否有助于提高生活质量。”《基本纲要》指出了“协调经济活动与社会保障”的需要，并强调“个体性与社会团结不应当是彼此对立的”。它最后总结道：“如果选民中的重要成员对社会民主党的信任不是由于它出色地完成了经济现代化的任务，而是由于它确保了社会安全保障体系的维系，它就很难赢得多数选票。”（第18~21页）

·社会民主主义的命运

这些变化并没有把社会民主主义者的政治地位排斥到边缘。到1998年中期，社会民主党派或中—左（centre - left）联盟已经在英国、法国、意大利、奥地利、希腊、斯堪的纳维亚半岛的几个国家以及其他一些西欧国家执掌了政权，它们在东欧诸国的影响也日渐提高。

尽管在选举中获得了胜利，但社会民主党至今仍未创造出一种新的、前后一贯的政治观点。过去，社会民主主义总是与社会主义联系在一起。现在，在一个资本主义已经无可替代的世界上，它的取向又应当是什么呢？战后的社会民主主义是在两极化的世界格局中形成的。社会民主主义者至少在某些观点上是与共产主义者相一致的——尽管他们把自己确定为共产主义的对立面。既然共产主义在西方已经土崩瓦解、而更一般意义上的社会主义也已经衰落，那么，继续固守左派立场还有什么意义呢？

60年代末和70年代初，遍及全欧洲的政策讨论的确在很大程度上重新塑造了社会民主主义，但这一过程同时也产生了许多意识形态上的混乱。一位参与德国社会民主党《基本纲要》起草的人士以一种非常富有启发性的方式说道：

着于进行政策评论的决定是在这样一种情形之下作出的：我们已经很难清晰地描绘出世界和社会的变化。社会民主党本身也发现自己正处在这种两难困境之中。它知道，在这个变迁的时代，重新定位是非常必要的，但各种变化本身却使得重新定位变得异常困难。科学没有为这个时代提供一种诊断。对于正在发生的事情以及将来的发展趋势，很难产生共同的理解。

面对这种情景，我们怎样来描述“第三条道路”呢？这一语词似乎早在本世纪刚开始的时候就已经出现，而且在20年代就已经在右翼群体中流行。但是，使用这一词汇的最主要群体还是社会民主主义者和社会主义者。在战后时代的早期，各社会民主党非常明显地认为自己已经找到了一条既不同于美国的市场资本主义、又不同于苏联的共产主义的独特道路。当“社会主义者国际”于1951年重新创立时，它明确地表明了这个意义上的“第三条道路”立场。大约二十年之后，正像捷克经济学家奥塔·锡克和其他人的用法那样，这个词汇主要被

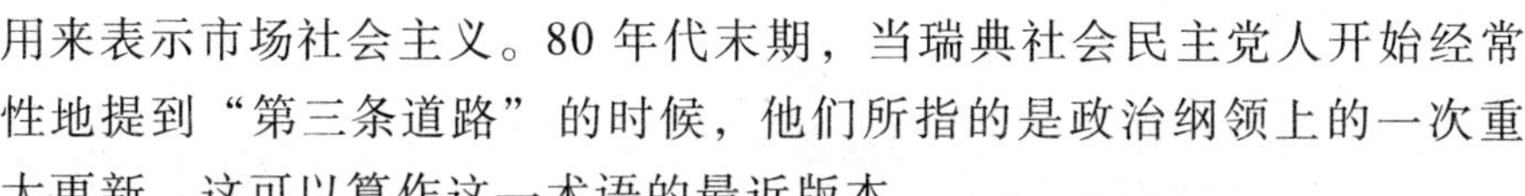

用来表示市场社会主义。80 年代末期，当瑞典社会民主党人开始经常性地提到“第三条道路”的时候，他们所指的是政治纲领上的一次重大更新，这可以算作这一术语的最近版本。

当“第三条道路”这一概念最近从比尔·克林顿和托尼·布莱尔的口中说出时，大多数欧洲大陆的社会民主党人士和美英两国的老左翼批评家都对此反应冷淡。批评家们把这种伪装的第三条道路看成是一种回过炉的新自由主义。他们看到美国的经济极具活力，但同时也看到那里的不平等程度高居发达国家榜首。克林顿承诺要“在适当的时候终止福利”，这似乎体现了某些新自由主义保守分子的态度。而布莱尔的批评者则指出，当布莱尔和新工党上台之后，他们仍然坚持着玛格丽特·撒切尔的政策。

在下文中，我的目的不是评价这些观察性结论是否允当，而是考察关于“社会民主之未来”的讨论已经发展到什么程度。在我的叙述中，“第三条道路”指的是一种思维框架或政策制定框架，它试图适应过去二三十年来这个天翻地覆的世界。这种“第三条道路”的意义在于：它试图超越老派的社会民主主义和新自由主义。（第 25 ~ 27 页）

8.6.1　亚历山大·温特：国际政治的社会理论（节选）

亚历山大·温特（Alexander Wendt，1958 年 ~），出生于德国。1989 年起在耶鲁大学任教，国际关系理论领域的后起之秀。亚历山大·温特吸收了华尔兹的现实主义和沃勒斯坦的世界体系理论的思想，提出了建构主义的体系层次理论，强调国家在与国际体系的互动实践中形成共有观念。温特对传统的主流理性主义所界定的概念予以社会学的理解和解读，更多关注国际关系中文化、认同、国际制度、共有观念。依据亚历山大·温特自己的讲法，他的建构主义既不是唯物主义的物质主义，也不是唯心主义的个人主义，他所秉持的是文化、认同、规范等因素，是超越唯物唯心的“第三者”。文化、观念本身就构成了国际关系体系的本体论。亚历山大·

温特认为他的建构主义是一种“文化社会学方法”。从国家的外在行为，到国家的身份、利益都是经由国际体系（结构）、“共有文化”建构生成的。国家的身份、利益、安全只是从国际体系、国际社会以及其规范、制度、文化中意会而来的，习得而来的。文化、认同、规范具有构成性与生成性。而这种构建需要发生于一定的国际生存空间。国际社会的“共有文化”对于国家的属性、特征、角色具有承认权，赋予权、生成权。国家的主权独立、财富、尊严等都不是由客观的物质权利所界定的，而是国家从国际社会中学习的结果。提出国际和平的三境界：霍布斯文化、洛克文化和康德文化，视为三大境界的发展：生物学（动物的丛林法则）境界→经济学（商人的交易法则）境界→伦理学（将和平内化为道德律令）境界，以此作为衡量国家之间的基本观念结构。

· 中文版前言

本书提出的主论点是：社会共有观念建构了国际体系的结构并使这种结构具有动力。这一论点对政策的重要意义是：国家之间原则上可以成为朋友。对外政策的决策者对此早已认可。在当今世界，几乎无法想象西班牙和葡萄牙、挪威和瑞典，甚至在最近75年里有过三次相互战争经历的法国和德国这些国家在彼此交往中会违犯非暴力和互助的规范。这样的规范是建立在友谊基础之上的集体身份所包含的核心原则。但是，作为目前国际关系学界主导理论的新现实主义和新自由主义却不承认国家之间可能存在友谊，甚至嘲笑这种观点。但是，国家之间的友谊不仅是可能的，而且已经是事实。新现实主义和新自由主义认为，所有对外政策都可以被化约为利己的考虑和实用主义的权衡，所谓友谊，只不过是“廉价的空谈”。我认为，这种怀疑观点的根源是物质主义和个体主义对世界体系的不合理假定。我以社会共有观念的概念重新定义了国际政治结构，据此表明友谊和集体身份的形成在无政府条件下是可以实现的。

新现实主义和新自由主义强调权力和利益是国际政治的动力，认为观念只能起到无足轻重的解释作用，这是物质主义的理论假定。这种观点的问题是它把观念仅仅作为单纯因果理论中的另外一个自变量，认为脱离了观念，权力和利益照样具有重要的作用。针对这种观点，我的理论中包含了“观念”的内容，认为观念最重要的作用是建构作用，不是因果作用：权力和利益之所以具有意义和内容并因之产生作用，首先是因为观念使然。让我们想一想德国和丹麦之间权力的差距。这两个国家的权力差距在1940年和2000年这两个时间点上没有什么变化，但是，由于1940年德国的国家利益不同于2000年的国家利益，德国的军事力量也就有了不同的意义，并因之起到了不同的作用。德国国家利益的内容是根据德国对它和丹麦之间关系的不同理解而确定的，也就是说是根据涉及自我和他者的观念所决定的。德国在1940年把丹麦视为没有生存或自由权利的敌人，在2000年则把丹麦视为朋友。换言之，如果把使权力和利益具有意义和内容的观念剥离出去，单纯的权力和利益是很难解释国家之间的关系的。正因为如此，观念不是另外一种剩余变量，其作用也不是只能用来解释权力和利益没有解释到的现象。观念的根本作用是建构具有解释能力的权力和利益。

新现实主义和新自由主义相信国家身份和利益的内容完全是由内在或国内因素建构的，国际体系结构仅仅是这些预先构成的行为体的集合而已，这是个体主义的假定。我的理论没有否认内在因素的作用，但其中讨论社会共有的内容表明：建构国家身份和利益的观念在很大程度上是由国际体系层次无法还原的整体规范结构造就的。这类结构可以具有合作性质，也可以具有冲突性质。这就反驳了主流理论学派认为观念或规范必然具有和平性质的观点。我们可以举一个例子。在16世纪的西欧，国家都认为大国之间的战争是正常的甚至是光荣的事情，并据此以权力政治的方式定义国家利益。而在今天，它们共有的规范结构发生了变化，因此，也就以不同于以往的方式思考它们的国家利益。所以，是体系的规范结构建构了体系单位的性质，而不是像个体主义所认为的那种反向建构。至于观念本身，则既可以具有合作性质，也可以具有冲突性质。

如果把理念主义和整体主义关于社会生活的理论观点以“建构主义”方式结合起来，我们就会对无政府状态的性质有了完全不同的理解，这将尤其不同于新现实主义的无政府观点。新现实主义认为，无政府状态永远只有一个单一的“逻辑”：自助和充满竞争的权力政治。我反对这种观点。我认为，无政府状态在某些历史时期是可以有这样一种逻辑的，但不是在所有时间和所有空间之内所有种类的无政府状态都必然具有这种逻辑，实际情况也不是如此。具体地说，至少有三种无政府“文化”，每一种都是由关于自我和他者关系的不同社会共有观念结构建构而成的，每一种都有自己的逻辑：（1）霍布斯文化。在这种无政府文化中，国家的相互定位是“敌人”角色，敌人是没有生存和自由的权利的。结果就是以纯粹“现实主义”的态度对待国际关系。（2）洛克文化。在这种无政府文化中，国家的相互定位是“竞争对手”的角色，竞争对手是有着生存和自由权利的，但是不具有免于暴力的权利。结果就出现军事竞争，有时也会爆发战争，但战争会被控制在有限范围之内。（3）康德文化。在这种无政府文化中，国家的相互定位是“朋友”角色，朋友之间相互承担义务：不使用暴力解决争端，在出现侵略的情况下相互帮助。结果就是多元安全共同体和集体安全。换言之，无政府状态不像现实主义所描述的那样，它本身根本没有什么逻辑可言；一切都要取决于国家之间共有的观念结构。无政府状态是国家造就的。

无政府文化是“自我实现的预言”，因为国家所持的社会共有观念势必造就对外政策行为，这种行为又加强和再造这样的观念。如果国家以相互敌对的方式思维，就会创造霍布斯世界；如果国家以相互竞争的方式思维，就会创造洛克世界；……共有期望的自我实现特征既创造了结构变化的阻力，也创造了结构变化的可能。一方面，期望的共有性质意味着任何一个国家、甚至几个国家都很难改变体系文化。所以，虽然无政府逻辑是社会建构的结果，但却十分稳定或牢固。的确，正是由于共有观念是构筑社会秩序的黏合剂，所以建构主义理论世界中的结构变化比现实主义理论世界中的结构变化更加困难，因为观念在前者中起作用，在后者中不起作用。从另一方面来说，建构主义理论也意味着共有观念的存在取决于具有知识的行为体之间的互动。没有实践活动，结构就不会发挥作用。所以，归根结底，关键还是国家的实践活动。如果国家生活在洛克文化之中，但出于国内原因开始以霍布斯文化方式制定和实施对外政策，那么，洛克文化就会解体，除非足够的维护现状国家能够抵制这种行为。这正是第二次世界大战的情景。同样，即便是国家在理论上可以将洛克文化转化为康德文化，但是如果它们不为此努力，那就依然会陷在洛克文化之中不能自拔。

这似乎是当今中美关系的症结。正因为如此，与新现实主义和新自由主义比较起来，建构主义理论更加强调对外政策决策者的行为选择，因此也就更加强调他们的道义责任。而对于新现实主义和新自由主义来说，国家除了以利己方式对待国际环境之外别无选择。即使国家在某种文化之中面对某些刺激因素，也总是可能转化这些刺激因素，并创立新的文化。对大国来说尤其如此，因为大国具有实力，可以较少地受到现有规范环境的制约，所以更具创造新文化的能力。

自从第二次世界大战以来，北大西洋地区产生并日益巩固了从洛克无政府文化转向康德无政府文化的结构性变化。在几个世纪的互不信任和战争之后，这一地区的国家之间使用有组织暴力残杀（即战争）的方式解决争端的行为在今天已经几乎是不可想象的事情了。国际体系目前面临的挑战是在全球范围内造就这样的结构转化。在全球范围内，文化、经济和政治的多样性当然远远超出了北大西洋地区。思考无政府状态下结构变化问题的一种方式是，这种变化说到底是要建立一种基于国家之间友谊的集体身份。建立这种集体身份的根本问题是协调共同体需要与其个体成员需要之间的关系。所以，友谊并不是要建立一种毫无差异的一统世界，而是要建立更高层次的身份：这种身份绝不会泯灭使行为体得以独立存在的个体性特征。

集体身份形成必须使个体国家和国家群体的需要协调一致的论点包含了有意义的政策内容。一方面，这意味着主要西方国家试图强迫世界所有国家完全服从普世规范或据此达成同质化的做法必将事与愿违，因为如果其他国家感到它们的个体性受到威胁，就会产生不安全感，也就不愿意加入康德集体文化。另一方面，如果其他国家过于强调保护自己的个体性，那么，它们也会拒绝接受康德文化的规范，集体身份也就无法形成。所以，孤立主义和其他权力政治政策对于集体身份形成来说也同样会产生负面效应。就此而言，国家相互承认主权的原则既起到了关键作用，也是国际政治中的双刃剑。相互承认主权保证国家能够相信它们的个体性会受到国际体系中其他成员的尊重，这是友谊的必要条件；但是，相互承认主权也会怂使国家以利己或自私的方式思维，这又使友谊很难产生。所以，21 世纪对外政策决策者面临的最大挑战是发现一种方式，既可以相互尊重主权的个体性，同时又可以把各国纳入建立真正的国际共同体的进程。如果国家能够解决个体性和共同体之间的矛盾，就一定会创建一个康德无政府文化的体系。

亚历山大·温特

2000年11月于芝加哥大学

（选自亚历山大·温特著，秦亚青译：《国际政治的社会理论》，上海人民出版社，2008年1月版，前言，第31~34页。）

·建构作用

……

现在让我们考虑一下文化对身份和利益产生的建构作用。假定在两种体系中，物质上占主导地位的国家均起到稳定体系的作用，假定它们认识到这是它们的责任，假定它们具有同样的“霸权国”主观心态。即便如此，这些身份的内容仍然会有差异。在主导国家具有合法性的国际体系中，主导国家会受到其他国家的认可，行使“霸权国”权利，因之也成为实实在在的霸权国。在另一个体系中，主导国家的意向只有内在的基础，其他国家就会把“欺小凌弱”或“帝国主义”等身份与这个主导国家联系起来，也只有在被胁迫或受贿赂的情况下才与主导国家在政策方面进行合作。在这种情况下，一个国家不可能成为实实在在的霸权国，它的处境就像没有奴隶的奴隶主或是没有丈夫的妻子一样。这并不能阻止有的行为体想象自己是一个奴隶主、妻子或霸权国，但是如果没有有意义的他者，这种想法只不过是自欺欺人而已。同样的自我感知有不同的内容，这要取决于是否存在共有理解的外部基础。换言之，正像对行为的讨论一样，身份理论的真理条件是社会性的，不是个体性的。是普遍化了的他者，决定美国是否是霸权国，美国自己无法作出这样的决定。正因为如此，身份（或主观性）的文化建构是一种权力形式，后现代主义强调的正是这一点。美国可能会最终将其他国家社会化，使它们接受美国自封的霸权国身份，但是，在美国做到这一点之前，它只能是一个在物质力量方面占优势的国家。

（选自亚历山大·温特著，秦亚青译：《国际政治的社会理论》第四章“结构、施动性和文化”，上海人民出版社，2008年1月版，第172~173页。）

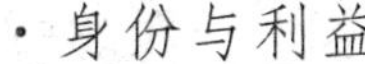

·身份与利益

我曾提出，国家是可以具有身份和利益的实体。在这一节里，我要定义这两个概念并说明怎样将它们用于国家。然后我们就可以在本章最后的部分讨论国家利益问题了。

在哲学层面上，身份是使事物成为该事物的因素。这个定义含义太广，在这里不适用，因为如果根据这个定义，小猎犬和自行车也该有身份了。所以，我把身份作为有意图行为体的属性，它可以产生动机和行为特征。这意味着身份从根本上说是一种主体或单位层次的特征，根植于行为体的自我领悟。但是，这种自我领悟的内容常常依赖于其他行为体对一个行为体的再现与这个行为体的自我领悟这两者之间的一致，所以，身份也会有一种主体间或体系特征。约翰可能认为他是一个教授，但是，如果他的学生不这样认为，那么，他的身份在他与学生的互动中就“不起作用”。换言之，两种观念可以进入身份，一种是自我持有的观念，一种是他者持有的观念。身份是由内在和外在结构建构而成的。

这种内在—外在关系的特征会发生变化，这意味着身份不是单一现象，可以有一个一般的定义。身份实际上是多样的。我借鉴现有的几种不完全可比的分类方法，讨论四种身份：(1) 个人或团体；(2) 类属；(3) 角色；(4) 集体。这几种类型没有包括全部身份，我也不想妄称我的定义就是身份的确切定义。乍看上去，这些概念之间有着重要的差别，但是，我越是仔细地考虑，越是发现它们之间的区别变得模糊起来。所以，下面的讨论只能算是一个开端。

“个人身份——如果是组织则为团体身份——是由自行组织、自均衡的结构建构的，这种结构使行为体成为独立的实体。”我在本章提出的观点是，国家是具有实质属性的行为体。这一观点就与个人身份有关。行为体只有一个这样的身份。这种身份总是有着物质基础，对人来说是他的身体，对国家来说是诸多个人和领土。但是，把个人或团体的身份与小猎犬或自行车的身份区别开来的真正因素是把自我作为独立的思维和行动基位的意识和记忆。人的生物特征使其成为独立的实体，但是没有意识和记忆——“主我”的意识——人就不是施动者，甚至不是“人”。国家更是如此。如果国家成员不是共同把他们自己描述为团体行为体的话，国家就不会有“身体”，所以，团体身份是以具有集体身份的个人为先决条件的（参见下文）。国家是一个“团体自我”（groupself），具有群体层面上的认知能力。这些关于自我的观念具有“自生”（auto - generic）特征，正因为如此，个人身份和团体身份对于他者来说是外生的。

当然，正像后现代主义强调的那样，建构自身独立的行为体取决于在自我和他者之间创立并维持一条界线，所以，即便是个人和团体身份也是以“差异”为先决条件的。但是，如果这个重要的观点把我们引向一种总体性的整体主义，即所有事物都具有内在联系，那么这个观点的意义也就微不足道了。如果建构过程是自行组织的，就不会存在与自我有联系的具体的他者。具有身体意味着你与其他人的身体不一样，但这并不意味着他的身体以有意义的方式建构了你的身体。

个人/团体身份是其他身份的基点或平台。我从吉姆·费伦（Jim Fearon）那里借来“类属”身份这个术语，用来指一种社会类别，或是用于“个人的一个标识，这样的个人在外貌、行为特征、态度、价值观念、技能（如语言）、知识、观点、经历、历史共性（如出生区域或地点）等诸方面有着一种或多种相同的特点”。“除了讲同一种语言或同一个出生地以外，费伦还列举了青少年群体、党派、异性恋群体等作为例子。”一个行为体可以同时具有多种类属身份。不是任何相同特征都可以构成类属身份，都有干性皮肤或都叫马克斯这个名字并不能构成类属身份，只有具有社会内容或意义的相同特征才能够构成类属身份。这种社会内容来自比较正式或比较非正式的成员规则，成员规则定义了什么可以是类属身份并且引导他者对于这个类属采取行动。这些规则因文化和历史而异。例如，与同性别人发生性关系的人自古就有，但是只是在19世纪随着这种关系产生的社会效应，这些人才成为“同性恋者”。成员规则在把个人特征转化为社会类属中的作用意味着他者参与了社会类属的建构过程。正因为如此，类属身份具有内在的文化向度，这就使方法论个体主义遇到了难题。但是，作为类属身份基础的那些特征从根本上说是内生于行为体的，所以与角色和集体身份不同。使马克斯成为青少年群中一员的因素是客观存在的，无论他者是否承认这些因素有意义都不会改变这个事实。正因为如此，马克斯不必凭借他人就完全可以成为青少年中的一个。

这种既有自行组织又有社会作用的特征尤其明显地表现在国家体系上面。在国家体系里，类属身份的对应物是“政权类型”（regime types）或“国家形式”（forms of state），如资本主义国家、法西斯国家、君主国家，等等。从另一方面来说，国家形式是由国家内部的政治合法性原则建构起来的。这种原则在涉及生产资料和摧毁资料的所有权方面组织国家—社会关系。这些原则也可能是由于一个国家与其他国家的互动而产生的（如日本在1945年后成为民主国家，是因为美国占领了日本），但是，从建构观点来看，这些原则是外生于国家体系的，因为其存在不是依赖于其他国家的。一个国家本身完全可以成为民主体制国家。从另一方面来说，也不是所有共有的特点都可以成为类属身份。例如，两个国家可以有着相同的议会制度，但是在现代国家体系中，这样的分类并没有意义。而实行总统制和实行议会制的两个国家在国家体系中却被建构为民主体制这个同一类属身份，虽然研究比较政治学的人认为总统制和议会制很不相同。进而，“民主国家”这个身份的意义是随着国家开始内化民主国家之间不会爆发战争的信念而发生变化的。如果持民主和平理论的人是正确的话，民主和平的规律就应该是一直存在的，但是，仅仅是在最近，民主和平才成为民主类属意义的一部分。

角色身份依赖于文化，所以对他者的依赖也就加大了。如果说确定类属的身份特征是先于社会的，角色身份则不是基于内在属性，因此只能存在于和他者的关系之中。学生之所以成为学生、奴隶主之所以成为奴隶主，并不是因为什么先天特征。他们只有在社会结构中占据一个位置，并且以符合行为规范的方式与具有反向身份（counter - identity）的人互动，才能具有这种身份。一个人单凭自己是无法获得角色身份的。角色身份依赖共有期望，并且，许多角色在具体互动之前就存在的社会结构中得以制度化，这种制度化又促成了共有期望。教授与学生是集体知识结构中的两个位置。当我们内化这种知识的时候，它的结构就会反映在米德称之为“宾我”的结构之中，即自我通过他者的眼睛看到的自我。事实上，我们能够具有角色身份，是因为我们在大脑中总是把他者计算在内。这并不意味着具有某种角色身份完全是机械的事物，因为对于大多数角色来说是可以具有灵活程度和理解范围的，但是，这样的程度和范围是在一定的限度之内的。如果打破了这些限度，或是从一开始就没有限度，那么，角色身份就会受到质疑。但哥伦布第一次遇到“印第安人”的时候，他把这些人定位在野蛮人之类，需要基督教的拯救，而印第安人抵制对他们的这种再现方式。最后，暴力胁迫确定了他们各自的身份。

“对外政策角色理论家”曾经把角色身份的概念用于国家。但非常有趣的是，虽然角色概念似乎包含着社会结构的概念，但是对外政策角色理论和国际关系结构理论之间却没有什么联系。自从霍尔斯蒂的重要文章发表以来，角色理论学者往往假定国际政治的社会结构“定义不准确，过于灵活，或是过于单薄”，所以不能够造就有意义的角色期望。正因为如此，国家的对外政策就完全是由决策者的信念和国内政治决定的，一个国家与其他国家之间的关系与对外政策无关。事实上，这种观点强调了施动者—结构等式上施动者承担角色的内容，忽视了结构建构角色的内容。这样一来就使得角色的概念在很大程度上失去了意义。新现实主义似乎同意这样的说法。《国际政治理论》一书的索引中没有“角色”的条目，即便是对于一个最接近角色的概念——“功能差异”，华尔兹也降低了它的重要程度，认为是可以还原到权力分配上去的概念。巴赞、琼斯、利特尔重新提出功能差异问题，认为这是体系理论的一个重要概念。但是，他们却不同意把功能差异延伸为角色差异，理由是角色是单位层次上的现象，与体系的“深层结构”（deep structure）没有关系。

国际体系制度化程度很低这个事实的确提出了角色身份的概念是否适用于国际关系体系理论的问题。但是，我们有三个理由可以认为对外政策角色可能是结构现象，其可能程度要超过我们原先的假定。第一，有些研究中有一种趋势，就是把某些国际制度及其连带的角色身份视为理所当然的事情。这方面最重要的例子是主权平等。新现实主义和对外政策角色理论学者都假定国家具有主权，但是又把这一点仅仅作为团体身份，仅仅作为国家天生的特征。正像我在第六章里要指出的那样，现代国家的主权要得到他国的承认这一事实说明主权也是与实质性权利和行为规范相认同的角色身份。第二个问题是，有人说角色概念包含了规范整合与合作问题，这与国际政治中的“战争状态”是很难吻合的。这种说法没有道理，它含蓄地赞同物质主义对结构的理解，反对从文化角度解读结构。共有观念可以是冲突性的，也可以是合作性的，所以，“敌人”和“朋友”同样表示了角色身份。最后，像敌人的例子表示的那样，在确定身份方面真正起作用的不是制度化，而是自我和他者之间相互依存程度或“密切”程度。在像阿拉伯—以色列冲突这种密切程度高的情景中，角色身份就不仅仅是可以轻易放弃的选择问题。它是被有意义的他者的再现强加于行为体的身份定位。在这种情况下，即使国家希望放弃某种身份，它也无法做到，因为他者出于维持自己身份的目的不允许它这样做。这些讨论说明，把角色理论与国际关系体系理论截然分开的做法是不成熟的表现。如果我们对国际体系采取包含更多社会内容的概化方式，国家角色身份的结构内容就会更加清晰地显现出来。

集体身份把自我和他者的关系引向其逻辑得出的结论，即认同（identification）。认同是一个认知过程，在这一过程中自我—他者的界线变得模糊起来，并在交界处产生完全的超越。自我被“归入”他者。认同通常是与具体问题有关的，完全的认同是很难产生的（当然在恋爱和爱国这两个方面可能接近完全认同），但是，认同总是涉及扩展自我的边界使其包含他者。这一过程利用角色和类属身份，但又超越了角色和类属身份。它依赖角色身份，因为它同样依赖一种机制，这种机制把他者融入以社会建构的“宾我”（Me）的形式所出现的自我。但是，角色身份依赖这种机制是为了使自我和他者担任不同的角色，而集体身份这样做则是为了把自我和他者合为同一种身份。它依赖类属身份，因为集体身份涉及共有特征，但是，不是所有的类属身份都是集体身份，因为不是所有的类属身份都涉及认同。一个人可以“讲法语”，但是并不一定与法国民族认同（这方面的一个例子是法国无法与阿尔及利亚建立认同感）。简单地说，集体身份是角色身份和类属身份的独特结合，它具有因果力量，诱使行为体把他者的利益定义为自我利益的一部分，亦即具有“利他性”。利他行为体仍然可以是理性的，但是他们权衡自我利益的基础是团体或“团队”。这使他们能够克服使利己主义者处于窘境的集体行动难题。这一观点已经受到大量试验的支持。

（选自亚历山大·温特著，秦亚青译：《国际政治的社会理论》第五章“国家与团体施动性问题”，上海人民出版社，2008 年 1 月版，第 220 ~ 224 页。）

8.7.1 戴维·赫尔德：全球化时代的政治、经济和文化（节选）

戴维·赫尔德（David Held，1951 年～），生于英国并在英国度过了大部分童年时光，曾在英国、法国、德国和美国受教育。英国开放大学政治学与社会学教授。戴维·赫尔德是当代著名的全球治理专家，其全球治理思想独具特色。赫尔德从全球化的发展出发，对全球化的本质及其影响进行了界定，指出了全球治理的必要性及其现实条件；同时，赫尔德又从正义和民主的原则出发，以平等的个人为价值趋向，探讨了全球治理的规范基础及其对理想国际秩序的道德诉求；在此基础上，赫尔德转向世界主义哲学传统，构建出了世界主义民主这一新的全球治理模式。他与其他四位教授积多年之功完成的《全球大变革》是在全球化研究中引人注目的严肃的横跨政治理论、国际关系、经济学以及社会学的著作，成为欧美许多大学相关课程的重要参考书目，在著名的网上书店“亚马逊”上列为五星级著作。本文选节选的两段，是作者对政治全球化趋势的分析，由此提出了军事安全关系的新趋势等问题，颇令人深思。赫尔德的全球治理思想具有重要的学术价值，但其过于规范性的理论建构又使其呈现出一定的缺陷。

·政治的全球化

“全球政治”作为一个术语，非常形象地描绘了政治关系在空间和时间上的扩展与延伸，以及政治权力和政治活动跨越现代民族国家的界限、无处不在的这样一种现象。在世界某个角落所作的政治决定和发生的政治行为会迅速地传遍世界，并获得世界性的反响。此外，各个政治活动和（或）政策制定中心可以通过快捷的信息传播途径连接成复杂的决策和政治互动网络。与这种“扩展”相连的是全球政治活动产生的，通常是“更向纵深发展的”影响。与古代和现代的帝国不同，“距离遥远的行为”可以以一种更强大的渗透力影响特定区域或政策共同体内的社会条件和认知世界。作为一种结果，全球层次上的各种发展几乎在同时就能对世界各地产生影响，反过来亦是如此。

“全球政治”的概念对传统的国内/国际，内部/外部，领土/非领土政治之间的区分提出了挑战，而这些区分的基础是传统的“政治”概念（参见 Walker，1993）。此外，“全球政治”还集中反映了国家间联系的丰富性和复杂性，这种联系在全球秩序中已经超越了国家和社会。尽管政府和国家仍然理所当然地是强有力的行动者，但是，它们现在必须和一大群其他的机构和组织共享全球竞技舞台。国家受到无数的跨越不同的空间范围的政府间组织（IGOs）、国际机构和体制的挑战，同时还不得不面对诸如欧盟那样的准超国家机构。非国家主体或超国家实体，例如多国公司、跨国压力集团、跨国职业协会、社会运动等等，也都紧密参与了全球政治。此外，许多次国家主体和压力集团也参与了全球政治，它们的活动经常被卷入国际政治舞台。相应地，全球政治舞台可以被认为是一种多头政治的“混合主体体系”，在这一体系中，政治权威和政治行动的源泉广泛分布（Mansbachetal，1976；Rosenau，1997）。仅这一概念本身就对传统的威斯特伐利亚的、国家基础上的或现实主义的全球政治秩序的特征提出了挑战。

在今天，全球政治不仅被应用于包括安全和军事事务在内的传统的地缘政治，还被应用于许多经济、社会和生态问题中。环境污染、毒品、人权问题和恐怖活动是急剧增加的跨国政策问题关注的中心，而这类跨国政策的制定超越了领土管辖权和现存的全球政治同盟，并要求进行国际合作，以便有效地解决问题。防卫和安全事务不再主导全球议程甚至民族国家政府的政治议程，“全球治理”的概念将有助于解释这个问题。

全球治理不仅意味着正式的制度和组织——国家机构、政府间合作等——制定（或不制定）和维持管理世界秩序的规则和规范，而且意味着所有的其他组织和压力团体——从多国公司、跨国社会运动到众多的非政府组织——都追求对跨国规则和权威体系产生影响的目标和对象（参见 Rosenau，1997）。很显然，联合国体系、世界贸易组织以及各国政府的活动是全球统治的核心因素，但是，它们绝不是惟一的因素。如果社会运动、非政府组织、区域性的政治组织等被排除在全球治理的含义之外的话，那么，全球治理的形式和动力将得不到恰当的理解。作为不断改变的政治生活中必不可少的一个因素，全球政治决定了全球治理有一个广泛的含义。

新形式的政治主体和组织数量的增长反映出了跨国联系的快速扩张和大多数国家寻求某种形式的国际治理以便应付共同的政策问题的愿望（参见 Luard，1997；Krasner，1983）。同时，正如我们在后面将提到的，它们还反映了非政府组织要求在国际政治生活中发展新形式的责任的日益增长的压力。为了掌握在这个领域目前正在发生的某些变化，理解国际规制体制（international regime）的概念是非常重要的。

国际规制体制可以定义为“隐含的或清楚的原则、标准、规则和决策程序，围绕着它们，各行动主体的期望在国际关系的某一个给定问题上集中在一起”（Krasner，1983，第 2 页）。国际规制体制不仅仅是临时的或专门达成的协议，相反，它们可以被认为是国际体系的基本权力与经济结构和最终结果之间的“干预变量”。例如，市场在管制商品和服务的供应与分配时的失灵以及在解决日益临近的跨国问题上的失败，就可以为国家和政治主体建立具体的规制提供动力。规制能够提供法律责任框架，改善信息流动，减少合作的交易成本，并为原先的类似于“无政府状态”的关系注入某种程度的可预见性（参见 Keohane，1984a）。国际规制体制体现了为解决共同问题而寻找新的合作模型和规则的必要性。

国际规制体制标志着全球政治的日益制度化（Young，1989，第 11 页）。它们构成了全球治理的形式，明显区别于传统的政府的概念，后者是在特定区域内最高的政治权力的基础上构想的。当然，在当代国际体系中，并不存在超越于国家权力之上的单个的政治权威。尽管如此，国际规制体制的发展仍然非常迅猛，反映了全球和地区性卷入类型的强化。正如扬（Young）所评述的那样：

国际规制体制在其职能范围、地理范围和成员上都非常广泛。从职能上来说，它们既包括了像北极熊保护协议这样比较狭窄的内容，又包括了像南极洲和外层空间保护这种更加宽泛的内容。从地理范围上来说，国际规制制体制的范围可能像北太平洋上受到严格限制的可以从事海豹毛皮业务的地域那样狭窄，也可能会像管理国际航空运输（国际民航组织/国际航空运输协会体系）或核试验控制的全球性体制那样宽泛。至于在成员方面，国际规制体制既可能像在国际北太平洋渔业联合会下成立的公海渔业协会那样只有两三个成员，也可能像防止核武器扩散组织那样有超过100个以上的成员。然而，最令人吃惊的，还是国际规制体制本身的绝对数目。它们绝不像某些人所认为的那样比较稀少，而是遍布于国际社会（1989，第11页）。

国际规制体制包括了非常广泛的政治主体，其中有政府、政府部门和次国家统治当局等等。并且，尽管有几个国际性体制是以一个政府间组织作为核心的，更多的则是由于专门条约、共同的政策问题或跨国利益集团而形成的流动性更强的安排。因此，位于欧洲的国际安全体制就是围绕着几个机构之间的复杂关系而建立起来的，这些机构包括北大西洋公约组织、欧盟、西欧联盟（是由9个西欧国家在1948年建立的共同防御性组织）以及欧洲安全与合作组织（是一个由50个国家参加的国际组织，其成员国除美国和加拿大外，都是欧洲国家，这个组织的主要职能就是保证欧洲的政治稳定性和军事安全）。相比之下，国际防止核武器扩散体制就没有一个正式的国际组织作为核心，而是以一个国际条约和轮流举行的国际会议作为核心，重要的决议都是在国际会议上作出的，这一点和负责管理海底资源开采利用的国际海洋体制的规则非常相似。此外，国际体制有着许多不同的核心功能。有的主要负责监控活动，这一类主要是指那些负责军备控制的国际性体制，如欧洲负责削减军备的组织（欧洲常规力量条约，CFE），而另外一些则负责组织在国际产权方面采取集体行动的论坛和研讨会，如收音机频道或卫星轨道的分配。尽管存在着这种形式、功能以及组织上的不同，国际体制表明在当代世界秩序中出现了一种新的治理体制——或者更确切地说，是一种“没有政府的治理”的体制（Rosenau，1992，第5页）。

论述到这里，我们有必要在全球政治、全球治理和国际规制体制的讨论中插进值得引起注意的一个基本方面。在评估它们的影响，尤其是它们与国家和世界秩序的关系时，回顾我们在前面的导言中提到的两个问题是非常重要的。第一，只有在单个民族国家的主权被“更高”、独立的、消解领土的以及功能性的权威形式所取代的时候——这些权威形式限制了国家框架内决策的正当基础，单个民族国家的主权才可能会被逐渐侵蚀掉。如前所示，国家主权意味着在有限领土内进行统治的权力，以及政治权力在共同体内决定法律、规章和政策的框架并且相应进行管理。第二，在思考全球化对民族国家的影响时，人们需要将主权和国家自主性——即国家拥有的独立地表达并且实现其政策目标的能力区别开来。相应地，有一个问题非常关键：当国家的自主性权力已经改变的时候，是否国家的主权原封未动地保持不变？还是当面临政治全球化的时候，国家实际上面临着主权的减少？这个问题对于以下许多章的讨论都是一个很基本的问题——我们将在本书结论中再探讨这个问题。其中，强调一点非常重要：探究政治的全球化并不必然地得出这样的结论：即现代民族国家已经萎缩，或者说现代国家的主权已经从根本上被侵蚀掉了，国家的自主性已经被减少了很多。有几个根本的问题仍然需要进一步的探讨。在探讨这些问题时，接下来的部分将描绘政治全球化的出现，政治制度的结构性变化，以及在国际、跨国和全球层面的政治决策基础的发展。

（选自戴维·赫尔德等著，杨雪东等译：《全球大变革：全球化时代的政治、经济和文化》，社会科学文献出版社，2001 年 4 月版，第 68～73 页。）

· 无组织的地缘政治——区域化和全球安全

随着冷战的结束，全球军事和安全关系的模式发生了巨大的变化，从某些方面来看，20 世纪末世界军事权力的结构反映了向传统多极权力政治的一种回归，但是从别的方面来看，特别是从美国所处的惟一的军事超级大国的状态来看，世界军事权力结构又具有其历史的独特性（参看 Waltz，1993），其中以下三个重要方面值得注意。

第一，从军事力量来看，其他国家和美国之间的“火力差距”非常大。单从军事开支一项来看，即使将其计划的军事开支缩减考虑进去，美国的军费开支仍要比其他列强的开支总和多得多。另外，从军事技术方面（排除人力）来看，其他国家同美国之间的技术和硬件方面的差距仍然很大，相应地，在许多中等军事强国的世界之林中，美国保持着超级大国的地位；第二，同历史上的其他时代相比，当今列强之间的竞争不仅减弱了，而且其争夺不再主要集中在军事方面；第三，除美国之外，当今列强主要的安全利益重点集中在区域（或地方）层次。因此，从列强政治考虑出发，全球安全与军事关系的重要性逐渐降低，这些方面表明并不像在 19 世纪晚期的多极国家间体系那样，

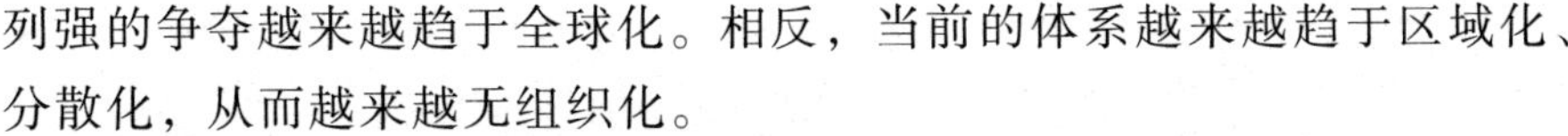

列强的争夺越来越趋于全球化。相反，当前的体系越来越趋于区域化、分散化，从而越来越无组织化。

随着冷战的结束以及美国和苏联的国外驻军的缩减（以相当大的比例缩减），国家竞争的区域化和地方化模式加剧。其重要的影响之一就是非常明显的“国际安全体系的分权化”趋势以及世界被分割为相对分离的（但并不是完全独立的）区域安全网（Buzan，1991，第208页）。这在其他一些事实中也显得非常明显。比如欧洲和巴尔干半岛民族主义冲突和民族间紧张关系的复兴；南亚地区印度和巴基斯坦之间的竞争；东南亚地区对南中国海的争夺等。随着冷战冲突保护伞的解除，对地区冲突（其起源最早追溯于欧洲帝国时代）的重要外部限制随之消失。在一些情况下，比如东南亚地区，其后果是变得相对缓和，但是在许多地区，冲突和紧张关系则逐步扩散。国际安全的“区域化”是后冷战时代世界军事和安全秩序的一个非常重要和突出的特征。

然而关于区域化的意义存在着争论，它打破了当前安全模式的规则。一个有争议性的解释认为，全球安全和军事秩序正在经历一个“结构分化”的过程，也就是分化为两大分离的体系，其中每个体系都有其不同国际行为的标准和规则。先进工业国家之间的（传统或核）战争的影响和成本是如此之大以至于大战逐渐被废弃，它无论是作为解决国际冲突的机制或作为改变现存国际关系的机制都只会起到适得其反的作用（参看 Mueller，1989）。与此截然不同的是，外围国家（也就是那些处于发展中世界的国家）则在另外一个体系中运作。在此体系中政治不稳定、军国主义和国家扩张盛行，也没有一个理性的国家政策工具来有效地制止战争。相应地，随着后冷战时代世界秩序的逐步分化，国际军事和安全关系的模式正在发生根本性的分化（cf. McFail 和 Goldeier，1992）。

但是，与区域化和分离化相对立的是，强有力的向心力加强了世界军事秩序的统一化特征。在此方面以下四个因素特别值得关注：

第一，在全球的许多地区，正发生着一种向联合防御和多边安全协议变迁的趋势。避免国际冲突和巨额成本的需要以及防御的技术要求和国内负担共同推动了（而不是削弱了）多边和集体的防御协议以及国际军事合作和协调的形成。冷战的结束，并没有像许多人在1990年预测的那样结束了（北大西洋公约组织），相反其地位和重要性不断膨胀。另外，在世界的许多重要地区多边安全和防御合作组织开始涌现。这些组织，比如亚太地区的东盟地区论坛（ARF）可能还处于其发展的初期阶段，可能会受到各种各样敌对力量的干扰。但是在历史上，它们代表着非常有意义的军事和安全关系制度化。此外，随着美国加强了其对全球的参与（比如，参与北约和东盟地区论坛），许多这样的组织从地域上讲正变得越来越不明确。从全球范围来看，联合国的维和行动和集体安全会议变得越来越普遍，虽然它们并不一定非常有效。这些发展反映了这样一种意识，即随着冷战的结束，和面对当前军事技术变革的背景，"国家防御外部武装力量对其地域疆界攻击的能力减弱了"（Cammilleri 和 Falk，1992，第 152 页）。理所当然，许多国家认识到单靠一个国家的单边行动无法实现国家的安全。

第二，国家的财政、贸易和经济联系的日益紧密（参看第三、四、五章）将世界上遥远地区与许多国家潜在的脆弱性扩大为危机。相应地，并非只是世界列强，许多国家对其他地区的安全和军事发展保持高度的敏感性。此种敏感性有高度的选择性，并非世界上的所有组成部分都被认为是具有同等重要的战略意义。但是，正如 1990 年的海湾危机所表明的那样，战略上非常重要的地区的军事发展仍继续具有全球性的意义。军事安全关系的区域化和全球化绝不是两个相互矛盾的过程，而是相互加强的关系。

第三，对于国家安全的威胁更加分散，而且从本质上讲不再仅仅具有军事性特征（Buzanetal. 1998）。因此大面积杀伤性武器的激增对所有的国家都构成了潜在的威胁。但是这种激增部分上讲是工业和技术知识及其硬件扩散的产品，因此防止其扩散就是一个经典的集体行动的问题，因为它要求世界范围的共同行动。与此类似，环境、经济、毒品、恐怖主义、文化、犯罪及其他方面的对国家安全的威胁也不能仅仅通过军事手段或仅仅依靠单个国家的手段来解决。于是，就需要一种全球性的协调和合作机制来对付逐渐膨胀地威胁安全的阴影，这是一种永久的需求。

第四，在全球的国家体系中，所有国家的军事安全都受到系统因素的重要影响。的确，列强的权力结构及其行动仍然对它们彼此的军事姿态以及所有其他国家的军事观点发挥主导性的作用，这仅仅是因为列强制定各种规则和标准。但是从军事技术或军事力量层次的标准来看，所有其他的国家都根据其来最终确定它们的防御能力。因此美国的防御政策要比吉里巴斯（西太平洋群岛）的防御政策具有更大范围的全球性影响。列强的行动，对全世界各地区安全的影响是如此之大！另外，考虑到缺少一个核心的权威来维持全球的稳定，大多数国家都试图通过军事力量来寻求和平，这样就造成了一种非常严重的安全困境：各国竭力通过增加或改进它们的军事能力追求它们自己的安全，这“将很容易威胁到其他国家对权力和安全的渴望”（Buzan, 1991；也可参见本书1.2和1.3部分）。由于潜在竞争对手都通过相同的行为方式作出反应，其结果是造成国际不安全的螺旋式上升。因此，在一个无政府的国际体系中，国家安全永远无法从全球的系统环境中完全脱离出来。所有这些表明，当代地缘政治的秩序，远远不是简单的分离化和区域化，而是仍然受到各种各样相互关联的全球性战略问题的困扰。缺少诸如冷战时代或19世纪90年代新殖民主义时期的严重的全球性政治和军事竞争，并不可以被理解为是一个军事非全球化的过程。在对世界军事秩序的其他方面——全球武器动态和国际安全制度——进行讨论后，我们将重新回到这一问题上来。

（选自戴维·赫尔德等著，杨雪冬等译：《全球大变革：全球化时代的政治、经济和文化》，社会科学文献出版社，2001年4月版，第140~145页。）

8.8.1　保罗·肯尼迪：大国的兴衰（选段）

保罗·肯尼迪（Paul Kennedy, 1945年~），英格兰人，曾获牛津大学博士学位，皇家历史学会会长。现为美国耶鲁大学历史学教授，重点研究和讲授当代战略和国际关系，是多所大学的客座研究员和客座教授，荣膺“迪尔沃恩”称号。出版了很多关于英国皇家海军、大国争霸、太平洋战争等主题的书籍，可称为近二三十年来最享盛名的国际关系史和战略史学家。名著《大国的兴衰》为其赢得世界性的荣耀。《大国的兴衰》以全球性眼光从总体上分析诸大国的兴衰交替方面不乏真知灼见，同时也为那些渴求了解各大国经济和军事力量对比不断变化之背景知识的当代读者提供了大量翔实的材料和评论。值得注意的是，肯尼迪不但把军事冲突同经济变化联系起来加以考察，而且还分析了文化和权力的关系。他认为，追求权力是人类的共性，无论诸大国在争霸过程中实力发生何等变化，但人们追求权力的倾向似乎是恒久不变的。《大国的兴衰》史论并重，具有强烈的现实感。在战争与和平这一重大问题上的深沉的忧患意识和责任感，给人以启示。

·前言

这里提出的论点将在本书正文中详细分析，但也可概述如下：

一流国家在世界事务中的相对地位总是不断变化的。主要原因有二：一是各国国力的增长速度不同；二是技术突破和组织形式的变革，可使一国比另一国得到更大的优势。

（选自保罗·肯尼迪著，陈景彪等译：《大国的兴衰》，国际文化出版公司，2006 年 1 月版，第 35 页。以下只注页码。）

尽管如此，如果我们不管上述理论，只是观察一下过去 500 年的“大国兴衰史”，便可清楚地看到，在承认任何时候都可能有个别例外的情况下，可以作出一些有价值的结论。例如，我们发现在综合经济力量和生产能力对比的变化与国际系统中各大国的地位之间有一种因果关系。两个最好的例证是：16 世纪以后世界贸易集中地由地中海逐渐移向大西洋和西北欧，1890 年后的几十年中世界工业品集中产地又由西欧慢慢移向其他地区。这两个例子都说明，经济力量的转移预示着新大国的崛起。这些新大国总有一天会对世界军事形势和各国领土状况施加决定性影响。过去几十年发生的全球生产的重要力量向“环太平洋地区”转移，不只是引起经济学家的关注，原因就在这里。

同样，历史事实还表明，从长远看，在每个大国经济的兴衰与其作为一个军事大国（或世界性帝国）的兴衰之间，有一种显而易见的联系。其原因有二：第一，支持庞大的军队离不开经济资源；第二，在国际体系中，财富与力量总是联系在一起的。300 年前，德国商业理论家冯·霍尼希写道：“一个国家当前富强与否不取决于它本身拥有的力量和财富，而主要取决于邻国力量的大小与财富的多寡。”

在本书各章中，这种观点将多次被证实。18世纪中叶的荷兰肯定比100年前要富有，但那时它已不再是一个强国，因为邻国法国和英国比它拥有更多的力量和财富。1914年的法国无疑比1850年的法国强大，但与强大得多的德国比较，法国就显得逊色，因此，它决不会由于自己比过去强大而感到慰藉。与鼎盛时期（维多利亚时代中期）相比，英国现在拥有的财富要多得多，其武装力量的武器装备的威力也大得多。但这些已毫无意义，因为它的产品产量已由占世界总产量的25%下降到约3%。如果一个国家比邻国强大，它的日子就好过；如果一个国家比邻国弱小，它就会遇到麻烦。

但这并不是说，一个国家经济力量和军事力量的增减将同步进行。从本书提供的大部分历史事例中可以看出，在一个国家的经济力量升降曲线与军事影响升降曲线之间，有一个引人注目的“时间滞差”。同样，这一点也是不难理解的。一个经济正在迅速发展的国家（如19世纪60年代的英国、90年代的美国和今天的日本）总希望自己越来越富，而不希望将巨资用于军备。半个世纪之后，国家的投资重点就可能发生变化。以前的经济发展造成的后果之一是，海外义务增多（因为要依赖国外市场、原料、军事联盟，可能还有基地和殖民地）。现在，其他或敌对国家在经济方面则以更快的速度发展，并同样希望扩大在国外的影响。因此，世界的竞争愈演愈烈，市场股票的价值不断下跌；悲观主义的观察家谈论衰退，爱国的政治家号召“复兴”。

在这种令人担忧的环境中，大国往往会自觉不自觉地以比两代人之前多得多的费用用于国防，但仍然感到国际环境不够安全，这仅仅是因为其他国家发展得更快，正变得更加强大。西班牙帝国在纷乱的17世纪30年代和40年代所花的军费，要比16世纪80年代卡斯蒂利亚经济繁荣时期多得多。爱德华统治时，英国在1910年的国防开支，也比1865年帕麦斯顿去世时英国经济处于鼎盛期时多得多。难道1910年的英国人感到更安全吗？目前，美国和苏联似乎面临同样的问题，这在以后还要论述。大国走下坡路时的本能反应是，将更多的钱用于“安全”，因而必然减少经济“投资”，从长远看，使自己的处境更为困难。

从本书论及的500年历史中，还可以得出另一个普遍适用的结论，即为争夺欧洲或世界霸权而进行的大规模联盟战争的最终结局，与双方动员的生产资源之间有着非常密切的联系。反对西班牙—奥地利哈布斯堡王朝的战争、西班牙王位继承战争、七年战争、拿破仑战争等18世纪大规模冲突，以及20世纪的两次世界大战，都证明了这一点。一场令人烦恼的长期战争是检验双方力量的试金石。随着战争的进行，交战各方资源的多少将起越来越大的作用。不过，我们应该既做出上述概括，而又不陷入错误的经济决定论的罗网。尽管本书作者对追溯500年世界事务的“主要发展趋势”兴趣颇浓，但并不是说，经济决定一切，各国的成功与失败都出于经济原因。大量事实证明，还有其他多种原因，譬如地理位置、军事组织、民族士气、联盟体系等许多因素都可以对各国的国力起制约作用。例如，在18世纪，荷兰“联合省”是欧洲最富裕的地区，而俄国则最穷。可是，荷兰却衰败了，俄国却兴起了。个人的愚行（如希特勒的）和高超的作战技能（16世纪的西班牙步兵团和20世纪的德国步兵都很善战），都是决定战斗、战役胜负的重要因素。然而，毋庸置疑的是，在一场大国间（通常是联盟间）的长期战争中，胜利往往属于有坚实的经济基础的一方，或属于最后仍有财源的一方，就像西班牙舰长们过去常说的那样。本书述及的许多事实都将证明，这个重要意见虽然具有讽刺意味，却是正确的。正因为五个世纪以来大国的国力与经济力量相辅相成，弄清目前经济与技术发展趋势对当前力量对比可能产生的影响才有意义。这并不否认人们创造自己的历史。但是，人必须在既可提供机遇又可限制机遇的历史环境中创造历史。

一篇较早论述本书探讨的问题的论文，是普鲁士著名历史学家利奥波德·冯·兰克1833年发表的评论“诸大国”的文章。在这篇文章中，兰克考察了西班牙衰落以后国际力量对比的变化情况，并试图说明为什么一些国家崛起后又逐渐衰微下去。在文章的结尾，他分析了当时的世界形势，以及法国发动拿破仑战争想称霸欧洲的企图失败后发生的国际事件。在审视各大国的“前途”时，出于历史学家的职业习惯，他也踏入了预测未来这一无法确知的领域。

写一篇论述“诸大国”的文章是一回事，而写一本关于“诸大国”的书则是另一回事。我原来的打算是，写一本薄薄的“文章式”的书，因为我认为，让读者了解（可能只了解一些）有关各大国不断变化的发展速度的背景知识，或各大国面临的地缘战略问题就够了。当我开始寄出本书的前几章征求意见，或与有关学者谈论本书的主题时，有一点变得越来越清楚，那就是我的推测错了。读者需要更多的、更详细的背景知识，因为他们得不到有关各大国经济和军事力量对比不断变化的参考材料。正是由于经济历史学家和军事历史学家都尚未涉足这一领域，这方面的资料才较少。如果说在书中加进详细的背景知识材料有道理的话，那么这样做就是填补了大国兴衰史中一个重要空白。（第 41～43 页）

· 后记

在混乱的世界秩序中，兴旺和衰微的大国的存在是否必然导致战争，尚无法确定。大部分历史著作认为，“战争”与“大国体系”是形影不离的。新商业理论和地缘政治学的创始人之一麦金德指出，“历史上的大规模战争，都是由诸国的不平衡发展直接或间接造成的”。但是，这种情况是不是 1945 年以后就不复存在了呢？的确，此后可能出现两种情况。第一，核武器（它的使用有将相互交火变为相互毁灭的内在危险）的问世，最终制止了只以武装冲突对付大国力量对比不断变化的习惯做法，使间接的小规模“代理人”战争成为唯一尚存于世的战争样式。第二，双方对核武器的恐惧将使大国间的未来战争（如果这种战争发生的话）仍保持常规形态。但是，鉴于现代化常规武器的巨大威力，即便是常规战争也是极其残酷的流血事件。

显然，对这些重大问题，任何人都无法做出回答。有些人认为，人类不会如此愚蠢，以至于再去进行另一场代价极高的大国战争。我们必须提醒这些人的一点是，在 19 世纪的很大一部分时间里，这种看法也很普遍。诺尔曼·安吉尔的《大幻想》一书（该书是一部国际畅销书，其主要观点是，战争对战胜国和战败国在经济上都会造成巨大损失）于 1910 年出版，而欧洲各国的总参谋部正无声无息地制定最后的作战计划。

不管大国间发生核战争或常规战争的可能性如何，有一点很清楚，那就是世界力量对比正处在重大变化时期，而且这种变化很可能以比以前更快的速度进行。此外，这种变化主要发生在经济生产和战略力量这两个既是分开的又相互影响的方面。假如过去 20 年的发展趋势今后仍然如故，世界政治格局可能出现如下情况：

第一，在世界经济总产量和世界军事开支总额方面，“五个力量中心”所占的比例与世界其他国家相比将会减少。但是，这种减少是一个缓慢的过程。在不远的将来，可能没有任何国家可加入由美国、苏联、中国、日本和欧洲经济共同体组成的“五头政治联盟”。

第二，这“五个力量中心”各自在世界经济总产量中所占的比重已经开始沿着一定方向变化，即苏联、美国、欧洲经济共同体所占比重逐渐减小，日本和中国所占比重逐渐增大。在经济方面，这五个中心并非处于均势。美国的生产能力和贸易能力与欧洲经济共同体大体相同（虽然前者在军事力量方面占有巨大优势），苏联与日本也基本相同（虽然日本的经济发展较快），并且后两者的生产能力分别大约只占前两者的2/3。中华人民共和国的生产能力仍远远落在后面，但它的经济发展最快。

第三，在军事方面，当前仍是一个两极世界，只有美国和苏联有能力毁灭对方和其他任何国家。尽管如此，世界的两极性可能逐渐减弱。在核力量方面逐渐减弱的原因有二：一是在绝大多数情况下，核武器不能使用；二是中国、法国和英国都在努力扩大各自的核武库。在常规力量方面减弱的原因则是：中国的常规作战能力在稳步增强，西德和法国（可能还有英国和意大利）越来越深刻地认识到，如果它们能真正有效地合作，它们的陆、海、空军合并后将成为一支非常强大的联合军事力量。由于国内政治方面的原因，这种情况在不远的将来发生的可能性很小。但是，存在这种可能性本身，就足以使世界“两极”体制究竟能持续多久更加令人怀疑，至少在常规力量方面是这样。相比之下，目前任何人都不会想到，日本将把自己建成一个军事大国。不过，如果今后有一天新上台的东京政治领导人决定将其更多的经济力量用于发展一支更强大的军事力量，则任何熟悉“战争与世界政治变化”方式的人都不会感到惊奇。

如果日本的确想用更多的军事手段积极参与世界事务，那么很可能是由于它感到只作为一个“贸易大国”进行活动，已无法维护自己的利益。它希望通过加强自己的武装部队，把自己的国际地位和影响提高到只使用非军事手段无法达到的程度。然而，过去500年的国际竞争史表明，只有军事“安全”是绝然不够的。从近期来看，军事强国可遏制或打败敌对国家（只要做到这一点，多数政治领导人及其民众就非常满意了）。但是，如果它们因为取得了胜利就无限制地进行领土和战略扩张，如果它们像帝国那样将很大一部分国民收入用于“防务”，而“生产性投资”越来越少，它们的经济增长速度就会放慢。从长远看，这将对满足本国公民的消费要求和保持本国的国际地位，造成不良影响。在苏联、美国和英国，这种情况已在发生。值得注意的是，中国和西德都在竭力防止将过多的资金用于军事。它们都认为，军事投入过大会影响国家长期发展前景。

因此，我们现在必须回到这个从古至今都使战略家、经济学家和政治领导人困惑不解的难题上。要成为一个大国（根据定义，大国就是一个能保卫自己并可对付任何国家的强国），必须有可使国家欣欣向荣的经济基础。利斯特说：“对于一个一流强国来说，要进行战争或非常可能进行战争，就必须使自己成为一个工业生产大国。”然而，进行战争，或将国家的很大一部分“生产能力”用于生产武器装备，就有破坏国家经济基础的危险，对于那些为得到长期发展而将绝大部分国民收入用于发展生产的国家的经济基础更是如此。

对于上述所有观点，政治经济学的经典作家们都认为是正确的。追随亚当·斯密的经济学家主张保持低水平的国防开支，而赞同利斯特的国防经济观点的人，则要求国家拥有强大的暴力手段。他们都承认（如果他们诚实的话），这实际上只是一个做出何种选择的问题，而且是一个困难的选择。当然，最理想的是，“利润”和“军力”齐头并进。但是，政治家们往往发现自己面临如下困境：在现实的或想像的危险时期，必须“花钱购买”军事安全，而过后这种安全又会变成国民经济的负担；而保持低水平的国防开支，有时又会感到本国的利益受到了其他国家行动的威胁。

因此，当前国际体系中的大国必须应付以前所有大国都遇到过的两种挑战：第一是经济发展的不平衡，这可致使一些国家比另一些国家更富有、更强大；第二是紧张的、有时甚至是危险的国际形势，这将迫使它们在追求近期军事安全和长远经济发展之间做出抉择。没有什么普遍适用的准则可使当今各国决策者制定出适于任何情况的行动方案。他们如果不重视国防建设，当敌国趁虚而入时，就无法做出有效的反应。他们如果在军备上花钱过多，或不顾费用的不断增加仍然继续承担过去接受的各项军事义务，就会感到力不从心，像一个老人那样本来已经精疲力竭但仍在拼命地工作。由于“战争费用日益增加的规律”，上述两种挑战都难以应付。人们经常引用的一个例子是，今天美国空军一年的预算到2020年只够研制一种飞机。尽管人们能够避免这一点。但对于各国政府及其纳税人来说，现代武器费用的增长速度仍然是一个惊人的事实。

因此，当今世界的所有大国——美国、苏联、中国、日本和欧洲经济共同体各国——都必须认真分析从古至今的大国兴衰和各国生产力发展速度时快时慢的原因，都面临技术革命、国际形势和世界力量对比不断变化、武器费用螺旋上升、力量对比的变化等问题。任何国家和个人都无法左右这些情况的发展变化。用俾斯麦的名言说，所有国家都在“时间的长河”中航行，它们“不能创造或控制时间”，但却“能以不同的技能和经验驾驶航船前进”。它们的航行顺利与否，在很大程度上取决于在华盛顿、莫斯科、东京、北京和西欧各国首都的政府领导人的智慧。上述分析试图表明，五大政治实体中每个实体的前景可能会是什么样子，因而也要表明整个大国体系的前景如何。但是，这在很大程度上仍然取决于他们在“时间长河”中驾驶航船的“技能和经验”。(第524~527页)

8.9.1 星野昭吉：世界体系中的全球冲突结构（选段）

星野昭吉（1941年~），日本独协大学法学部教授，东京大学国际关系理论专业博士，曾赴耶鲁大学从事两年客座研究。从70年代开始，他不断发表了大量论著、译著、论文，其影响较大的有《当今国际化的日本》《全球化与国际政治的变动》。他明确提出要对以现实主义和新现实主义为代表的传统国际关系理论进行批判分析，同时对全球化时代的国际体系也做了深入的研究。本书对世界政治的行为主体与结构进行深刻的分析，揭示了全球化时代世界政治体系的不平等、非对称的现状指出了改变这一关系结构的内在动力和如何建立合理公正的世界政治秩序的可能性和途径。

首先，在解释全球冲突之前，我们必须正确地定义冲突概念。“就最简单的意义而言，当包括国家在内的两国人民或两个民众集团都希望采取互不相容的行动时，冲突就存在了。”一般来说，冲突是不同的团体追求互不相容的目标，就是说，它们之间社会价值互不相容时所处的状态。当然，我们可以把利益、目标、意识形态、意象的互不相容以及价值观的矛盾都看作为冲突。

冲突的产生必然是以行为体A与行为体B之间的价值或利益的客观矛盾为基础吗？根据肯尼斯·玻尔丁的说法，“冲突可以定义为一种竞争状态，在这种状态中各方都意识到未来地位的潜在矛盾，都希望占据与其它集团的愿望互不相容的位置。”然而，冲突并不仅仅意味着行为体之间价值的互不相容已经被人们意识到这一事实。无论意识到不相容性与否，冲突都可能作为一种客观事实而存在。正如约翰·盖亭所指出的：“冲突可能被意识到，也可能意识不到，目标可能是主观界定的价值，或者是客观存在的利益。”当然，这种认识是正确的，即“冲突的产生不仅仅在价值或需要实际上或客观中发生矛盾时，或在行为上表现出来时，它们也会在某一个方面认为冲突已经存在时就产生了”。

在定义冲突时，我们必须注意两点：实际的、客观的、不带有主观意识的价值不相容，和虽然意识到，但不一定不相容，即缺乏客观性的不相容。冲突是利益或价值的冲突，“利益不能被看作主观界定的产物，而是由社会结构决定的。换句话说，冲突是互不相容的利益冲突，这种冲突植根于冲突所存在的体系结构之中”。

如果卷入冲突的各方理解了冲突的这种客观的、即使没有意识到的存在，那么冲突就有可能获得解决。在诸如贫穷、饥饿、恶劣的卫生条件、不公平、财富的不公平分配、践踏人权等结构性暴力中，卷入冲突的集团之间的价值一般并不表现为明显的伤亡。因此各集团要揭示真正的价值矛盾并不容易。这些集团或是没有认识到冲突的存在，或是某一集团在同其它集团发生价值矛盾时，为了维持目前的有利份额而试图使其优越地位合法化。其中一个最有说服力的例子，就是南北问题。

即使没有客观的冲突，一种意识到的或想象的价值不相容也倾向于使价值的不相容成为现实。一旦对立的行为体一方或双方认为，这样一种价值不相容已经存在，即使眼下没有实际的不相容，也会引发冲突。冷战时代大国或军事集团之间的冲突，就部分地表现出这种趋势。大国间关系趋势就显著地造成了这种局面。如果更好地理解自我实现式预言的功能，我们就能够解决冲突。不认清这一机制，冲突很可能被认为是不可避免的现象。

为了澄清冲突的性质、结构、特征和意义，我们必须从不同的观点讨论冲突的定义。这是一个为获取价值而造成的不相容行为，为获取价值而造成不相容结构，或形成不相容的态度和意识的问题。C. R. 米切尔认为，冲突有三个相互关联的组成部分：（1）冲突的状态；（2）冲突的行为；（3）冲突的态度和观念。如果冲突的基本要素是一种经常卷入高压统治和暴力的行为，则毋庸置疑的是，发生在党派之间、人际、集团之间的敌对感与情绪差距，都是人们冲突的重要组成部分，并形成经常附着在这个概念上的一部分意义。某一方不得不郑重考虑各个集团可能意识到或没有意识到的互不相容的目标。具体的冲突似乎等同于战争或物质暴力。但是除了这些，我们会想到军事化、剥削、政治迫害、歧视、不公正、饥饿等许多现象。这些冲突与战争不同，通常不表现为具体的冲突行为，但会表现为对立的行为体之间一种不相容的状态、态度或价值结构。暴力是冲突的具体表现。

为了说明各种暴力的原因和解决暴力的可能性，重要的是理解冲突和暴力之间的关系。当多个相互作用的行为体追求相悖的价值或利益时，就会产生冲突。强调物质暴力是冲突的典型情况，意味着为了消除暴力，必须改变价值相互矛盾的状态自身。即使没有暴力，冲突也将存在，而且只要冲突存在，就常常存在产生暴力的某种可能性。从实质上看，我们不能也不应该忽视冲突的态度和意识的存在及其重要性。然而，过分强调冲突的态度和意识，可能并不会有助于解决冲突。人们不能拒绝谴责所有国际冲突，但同时也不能接受这样一种说法，即所有的战争来源于误解、虚妄的意识或者沟通的中断。“这些假设企图通过改善决策者的信息输入来防止冲突，因而似乎否认了造成冲突的结构性基础的重要性。”

在审视冲突的概念时，人们又不得不把注意力转到结构性冲突的存在，即结构化的或分层次的冲突上。这并不是说，行为体 A 与行为体 B 能够创造一种互不相容的价值状态或行为，而是说，一定的社会结构能够自动地带来冲突。换句话说，就是冲突的根源主要存在于国际社会结构自身中。团体之间全部对立关系的存在，或支配与依赖关系的存在，也许已经导致实际中各种各样的冲突行为。尤其在当代全球社会中，各种冲突也许同时蔓延，任何地区或每个国家很容易直接或单独地受到错综复杂的冲突网络的影响。冲突通常倾向于朝大规模发展。这样的冲突不是暂时的，不是结构的基础，而是永久的、结构化的。大量的冲突如此之深地植根于我们的社会，所以人们很难正确地理解这一点，即意识到它们的存在有多么困难，而理解它们究竟有何不正常，则更加困难。似乎是一定的机制可以系统地制造冲突。

世界的全球化如何改变了世界体系中冲突的性质、结构、特征和意义呢？在我们看来，似乎传统的观点认为，冲突自然来源于民族国家之间国际价值的诸种不相容性：冲突的主体主要是民族国家；价值的不相容性主要集中在安全（国家利益）领域；具体的冲突行为集中在战争或物质暴力上；价值分配的不相容性特别是由军事力量征用的；价值分配的模式被认为是在大国之间取得平衡；冲突的根源是人类的本性或无政府状态所致。发现国家 A 与国家 B 之间或国家集团 A 与国家集团 B 之间的价值不相容，是很容易的。换句话说，价值分配的过程是由民族国家支配的，它们特别关注安全价值或权力价值。

但是，全球体系中冲突的性质、结构、空间和意义已经在许多层次上发生了变化。首先，各种冲突是全球性的。民族国家内部的冲突，国家间的冲突，或超越领土边界和地区的地区内部冲突，这些原来受地域限制的冲突，如今扩大到了世界范围。没有一个国家能够避免其它国家或其它地区冲突的影响，反之亦然。全球体系中的大多数国家或地区都受到错综复杂的冲突网络的困扰。世界越来越全球化，冲突网络也就越来越紧密。由于行为体之间的多种冲突联系是与其它冲突相联的，因而解决一个冲突很难不考虑另外的冲突。各方之间的价值不相容形势会蔓延到其它地区，反过来说，前者也会受到其它类似冲突形势的影响。因此，全球价值分配的决策过程变得复杂化，并导致行为体之间的冲突。

“有两组潜在的原因使国家之间的关系变得越来越紧密。首先，技术、社会和文化的变化，极大地缩小了国家之间的实际经济差距。第二，许多传统上禁止跨越边境交往的政府政策有所松动，甚至取消。”

结果，国家内部的某些冲突行为产生了不相容的后果，溢出了边界而影响到其它国家。统一的全球体系特别需要人类的责任感。人类具有不同于环境中其它部分的种种能力。人类发展了自身的这些能力，以追求更高的生活水平。但日趋明显的是，他们与环境之间处于极大的冲突之中。“全球化消灭了物质和心理上的地理界限，或是解放或是威胁到以一定的方式与特定地域有关的事物。这些特定的事物逐渐超出了空间、甚至超越了时间纪年而被创造出来。”

世界全球化促使行为体之间互不相容价值的多元化。除了安全价值外，价值不相容的形势还广泛存在于福利、经济发展、生态环境、技术发展、信息、自然资源、人权、海洋、意识形态、思想、生活方式、文化等等方面。由于国家和社会之间的相互依存程度不断增加，大多数行为体也不得不通过发展多样的联系，来获得各种价值。价值越多元化，自身也就越复杂，越互不相容。由于各种冲突之间的联系现象不断增多，多种价值之间相互重叠的互不相容性程度不断加深。结果，武力作为确保安全价值的主要手段，变得再无用武之地。

第三，全球化过程创造了大量的非国家行为体，例如跨国家行为体、次国家行为体、个人和国际组织。这些非国家行为体越过国家界限，向世界范围发展，在这些行为体之间，在它们与民族国家之间，形成了各种各样的跨国家关系。由于这些行为体是价值的主体，因此价值不可避免地走向多元化。而且，由于非国家行为体自身要求其价值、利益和意识形态，这就增加了它们之间不相容性扩大的可能性。我们可以把这种价值不相容状态称为跨国家冲突。但是，跨国家关系实质上有两个方面：冲突的方面与合作的方面。两个相反的决策过程同时并存：一个是国内的价值分配，另一个是跨国家的价值分配。在非国家行为体的跨国家关系中，一般价值和谐的一面大于矛盾的一面，这一点使得跨国家关系与国家关系之间，更容易产生价值不相容的局面。

第四，全球化过程在国内与国际决策过程之间造成了冲突的沟通性体系。困难的是区分哪个是前一种冲突，哪个是后一种冲突。国内价值分配的不相容性形势可以影响到国际价值分配的不相容性，反之亦然。行为体之间的相互依存性越强，国内价值与国际价值的不相容形势的边界划分就日益暧昧。由于沟通性冲突在迅速扩大，没有任何

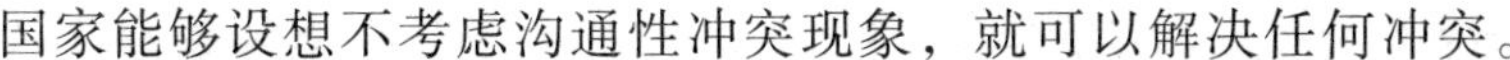

国家能够设想不考虑沟通性冲突现象，就可以解决任何冲突。

第五，世界的全球化有助于全球结构性冲突体系的形成。在行为体 A 与行为体 B 之间，或集团 A 与集团 B 之间，一般会产生冲突或暴力。但如果说行为体之间的关系就是非和平，即只能构成价值互不相容的状态和行为，也是不对的。我们可以发现由全球社会结构所造成的互不相容状态。甚至说全球社会结构是以全球冲突为特征，也是毫不奇怪的。全球社会结构本身就是各种互不相容的价值的全球性结构化的状态。世界变得越全球化，冲突也就越结构化。因此，我们不但要重视冲突行为，而且要重视冲突的结构。“结构”一词描述了与冲突爆发有关的一组特定的对立因素。就是说，这个词重点揭示了冲突中可以利用的资源，比如进行决策的财富、力量、安全、资源、决策、信息的收集与传播、产品和服务的再生产能力等等，这一切在相互对立的各方之间都是平等或不平等地分配的。一旦有关各方分配不平等，有一个就会成为支配者，其余的将成为受支配者。如果像前者，如果有关各方之间存在权力或价值的平等分配关系，我们可以称之为对称的冲突结构；如果像后者，如果有关各方之间存在的是权力或价值分配的不平等关系，就会被称为不对称的冲突结构。由于后者是以价值的纵向分配关系为特征的，这种关系就可能自然使一方获得价值，而另一方丧失价值。非对称的冲突结构最基本的机制体现在南北关系之中。

这两者，即对称与非对称的冲突结构，适用于具体表现出来的直接型的和结构性的暴力。正如约翰·盖亭所说：“当这个复杂体系的一部分伤害到另一部分而带来痛苦时，可以叫作直接型暴力；当体系中一方系统地、长时间地、不可避免地受到伤害，并以这种方式形成一种结构时，我们可以称之为结构型暴力。寻求和平就是要减少这两种类型的暴力。”

像战争这样的直接型（物质型）暴力，其主体和客体都是很明确的，而且暴力也能够客观地认识到。直接暴力可能在对称关系中产生，它主要在对称的组成部分之间的关系中占有位置。由于结构性暴力是社会结构的产物，所以在结构暴力中主体和客体是模糊的，暴力的形式显得不太直接和具体。贫穷、饥饿、疾病、践踏人权、歧视等结构性暴力，更加依赖于社会形势的变化，而不依赖于个体的责任感和受害者的承受能力。因此，就结构性暴力而言，如果造成这种暴力的社会结构自身没有得到彻底的改变，要消除结构性暴力是困难的。总之，在考虑全球冲突的动力或根源时，必须重视全球体系的社会结构。描述全球层次上行为体之间的不相容性的产生和发展，可以通过不平衡的价值和利益分配结构来做。不难发现，全球体系中存在着根本的价值分配的不平衡。如果全球社会建立在价值平等分配的结构之上，则全球社会很少有冲突。在全球社会的不对称结构中，穷人通常寻求重新分配非平等分配的价值。就是说，尽管富有者选择了现状取向的政策和行为，但穷者一般会采取反现状取向的政策和行为。

说到底，有八种政治上引发的行为暴力：（1）由于世界体系的扩大而带来的边界线上的暴力；（2）由于中心区域影响范围的扩大而带来的帝国主义暴力；（3）维持势力范围而造成的殖民主义暴力；（4）扶持傀儡政权的新殖民主义暴力；（5）由于国家镇压造成的通敌性质的暴力；（6）抵抗运动的暴力；（7）常常借助恐怖主义的、因反中心区域行为引起的、反对另一个国家的国家抵抗性暴力；（8）领土纷争引起的暴力。

最后，如上所述，世界全球化将产生许多全球问题，比如南北问题、贫困、饥饿、难民、艾滋病、毒品、生态破坏、人口增长、能源和自然资源的恶化、践踏人权、核武器的扩散、军备竞赛、民族冲突、地区冲突和宗教冲突。这些全球冲突是上面提到的全球冲突五个特点的具体表现。特别是，在所有国家、地区、民族、种族团体、非国家行为体和个体之间的全球结构性的全球价值不相容状态，比之有关各方之间个别出现的不相容状态，更能表现出这些特点。我们可以提出四种主要的全球冲突：战争（军事化）、经济上的不平等、压制人权和生态破坏。

战争（军事化）：核战争的爆发不仅意味着交战国的灭亡，也意味着整个人类走向灭亡。防止核战争是有核国家和无核国家面临的共同问题。无论是否存在什么政治的和意识形态的冲突，避免核战争是当代世界的最高目标。即使在冷战年代，由于核威慑战略的突出作用，由于在政策上考虑到每一个有核国家肯定能够在任何时候发起核战争，为了防止核战争而更多地积累核武器，核大国有了太多不必要的核武器，它们能够把地球上的人类和一切杀死数次和完全毁灭。同时，核武器扩散到第三世界，造成了许多危机，导致了另一种安全价值上的互不相容的状态和行为。大量的武器被转运到第三世界国家，军备竞赛在全球层次上扩展。随着军事化以全球武器扩散的形式展开，基于军事价值与态度的军事主义和冲突行为也有所增强。同盟、军事援助、世界军费支出的增长、全球军事与工业复合体的建立、发达国家和发展中国家的军事联系，这些都支持了军事与战争体系。安全价值上的这种互不相容状态，使得地区暴力冲突、宗教冲突、内战、国际战争、高压的军政府、恐怖主义、游击战争等等安全上具体的互不相容行为发生了。

经济上的不平等：第三世界的饥饿、营养不良、疾病、贫穷、不令人满意的生活条件以及歧视，都非常普遍。世界财富的绝大部分集中在发达国家，世界财富几乎没有公正地分配。发达国家与发展中国家之间的关系，造成了全球经济价值的互不相容状态。换言之，由于地位的不同，后者被迫参与到由前者所支配的国际分工中。通过这一体系，发达国家造成了第三世界人民的贫困。近来二者之间的贫富差距迅速扩大。另外，人口增长、自然资源的耗竭、土地沙漠化的扩大，又加剧了第三世界的不平等。二者之间的支配与依附结构不但得以维持，并且不断强化。由于在世界体系中存在着经济价值上的结构化的不相容状态，从长远来看，冲突将自动地重复发生。

环境污染：全球化过程破坏了生态平衡。发达国家工业化程度的提高，第三世界现代化的推进，造成了环境破坏，进而产生了与能源、自然资源、土地、海洋、水资源、臭氧层、空气和森林有关的各种全球问题。这些问题可能阻碍各国持续、优化的经济发展，同时也阻碍人们享受健康的生活环境。无论是否属于污染的制造者，生态破坏直接影响到所有的国家、社会和人类。如果不能建立针对这些污染的全球合作反应体制，生态价值的不相容状态就不能轻易地转变。

压制人权（不民主）：全球化过程在全球层次上加剧了压制和迫害人权的现象。尤其是大多数第三世界国家面临着政治、经济和社会的焦虑状态与独裁政府，它们通常也饱尝压制人权之苦。它们限制人的权利与自由，尤其是言论、行动和政治参与的自由。没有批评政府的自由、没有追求个人价值的自由，这样的非民主的政治体制，也是一种心理上的暴力。

忽视其他民族、种族团体、宗教、政治团体的政治迫害，加之歧视以及种族主义等，在第三世界大多数国家十分普遍。即使在具有垄断性的大众媒介、大众经济和民众政治的大国或发达国家，强有力的政府仍然能够控制民众，限制人民的自由，实施强制性的权威手段。只要没有思想、言论、集会、结社等政治自由，就不能充分地保障人的尊严。现在，压制人权越出国界，向世界范围发展，全球人权价值的互不相容状态在世界体系之中已经结构化并保留下来。

军事化、经济不平等、生态失衡、压制政治自由、否定文化价值、歧视和贫困，都可以称作“非和平”。它表明了上述价值与利益之间错综复杂的互不相容状态和行为。约翰·盖亭声称，非和平能够按照直接暴力和结构暴力区分开来。我们必须明白，各种问题是相互沟通的，最终也是彼此增强的。

（选自星野昭吉著，刘小林等译：《变动中的世界政治——当代国际关系理论沉思录》，新华出版社，1999 年 4 月版，第 451 ~ 461 页。）

8.10.1　巴瑞·布赞：复合安全理论（节选）

巴瑞·布赞（Barry Buzan，1946 年 ~）伦敦经济学院博士，英国威斯敏斯特大学教授，丹麦哥本哈根和平研究所（COPRI）项目中心主任。曾是英国国际关系学会的主席（1988 ~ 1990 年），从 1999 年成为国际关系学英国学派总召集人。主要著作包括《人民、国家和恐惧》《无政府的逻辑》（合著）等。作为西方国际关系研究中的“大师级人物”，哥本哈根学派的领军人物，他在诸多领域都有建树，但他所取得的最引人瞩目的成就还是在安全研究领域。布赞的安全研究采用“多元主义”学术视角，将新现实主义等物质主义与“英国学派”“哥本哈根学派”和社会建构主义等社会学方法结合起来，把历史主义和国际政治经济学方法融入其中。其重要成果是他的“新综合安全分析框架”和“区域安全复合体理论”。前者强调安全的多层次、多领域、多元行为主体和极性与认同互动的分析；后者强调由安全相互依存、善意/敌意模式和权力结构构成的“安全复合体”在国际安全中的核心位置，其首创的“区域安全复合体理论”，是对传统安全研究的重大挑战，对确立国际安全研究的独立地位做出了卓越贡献，对当代安全研究尤其是安全理论的综合化具有重要意义。

· “古典的”复合安全理论

安全区域（Security Region）的逻辑源于这一事实：国际安全是一种相互关联的事情。国际安全（国际的安全）意谓，在威胁和脆弱性（Vulnerability）方面人类集体是如何彼此联动的，尽管有时候，它也提出对人类集体威胁同样来自自然环境这样的研究路径。强调安全的相关性与安全研究中最重要的作品是一致的（Herz 1950，Wolfers 1962，Jervis 1976），尤其一直强调诸如“安全困境”（Security Dilemma）、“均势”（Power Balance）、“军备竞赛”（Arms Race）以及“安全机制”（Security Regime）等动力的相关性。认为安全是一种孤立客体的提法几乎不会引起人们关注（例如，法国的安全）；因此，安全必定是在一种宽泛背景下进行研究的。

在最宽泛的背景下，比如全球层次，对于研究大国以及思考体系的指涉对象是有用的（全球环境，世界经济，国际社会）。在传统的安全分析模式中（比如，军事—政治），全球安全的不充分整合（Integration）使得更多单元有了意义：多哥（Togo）和库尔德人（Kurds）的安全可能变得更加恶化；然而，在阿根廷和以色列那儿安全境况正在发生改善；瑞典和日本则由于没有任何其他能够影响境况变化的因素出现，故而一直未出现变化。“古典复合安全理论”宣称，最恰当的规模是地区层次的安全研究，无论这个基本原理是否属于一种跨领域的安全研究方法，它都是我们这本书所要涉及的问题之一。

“古典复合安全理论”假定地区性子系统作为安全分析对象的存在，并且为处理那些系统提供了一种分析框架。同样，像这个领域的大多数其他传统主义的作品一样，该理论一直将国家作为关键单元，以及一直将政治、军事领域作为聚焦对象。这个框架被设定突出安全关系的相对自治，并且将那些关系设置在这个单元（国家）和体系层次的背景之内。它的意图之一，是提供专门的语言和概念域界，以便推动跨地区的比较研究——在现存的相关文献中，这恰恰是一个值得注意的弱点；另外一个意图，是为弥补权力政治学家在国际安全事务中的缺失，这种缺失是由于他们对地区层次重要性一贯轻描淡写的趋向造成。这种趋向由于20世纪70年代后期新现实主义的兴起（Waltz 1979）而加剧，几乎全部被聚焦在体系层次的权力结构上。这种预期看起来是合乎道理的：此种偏好将随体系层次上坚固的两极格局终结而衰减，以及一种更为普及的国际权力结构将因此诞生。

体系中所有国家皆被纳入一种“安全相互依存”（Security Interdependence）的全球性网络之中。但是因为大多数政治和军事威胁的思考是着眼于近距离而非远距离威胁，不安全（Insecurity）常常是同接壤或近程联系在一起的。多数国家对邻国的恐惧远远超过了对远距离大国的害怕；然而，“安全相互依存”跨越国际体系作为一个整体却完全不统一。

在一个地理上多种多样的、无政府状态下的国际体系中，这种“安全相互依存”的常规模式是一种以地区为基础的集合——我们称之为安全复合体（Security complexes）。较之于国家间外部关系，在国家间的内部，这种复合体“安全相互依存”明显地更为强烈。“安全复合体”是关于国家间安全关系的相对强度的，它使得独具特色的地区模式，通过权力分配和历史性友善（amity）和敌意（enmity）关系这两者塑造而产生。一个“安全复合体”是这样被定义的：一组国家，它们的主要安全认知（Security Perception）和利害关系是被相互连接在一起的，它们的国家安全难题除非彼此远离，否则是不能被理性地分析或解决的——一种安全复合体形成的动力和结构，是由于这个复合体内国家安全认知的彼此互动而产生。个别“安全复合体”具有持久性，但是国际体系并不具有永久性特征。该理论假定，在一个地理上多种多样的、无政府国际体系中，安全复合体具有一种常规的和可预料的特征；如果它们没有呈现出这种特征，人们就想要知道何以如此。

因为它们由国家的地方组织构成，古典的安全复合体不仅仅在它们的成员关系间扮演了一个中心角色，在强大的外部力量如何以及是否渗透这个地区等问题上，它们同样是决定性前提。一个安全复合体内在的动力，可以被单独地置于一种范围内，无论这个所定义的“安全相互依存”是被敌意还是被友善所驱动。这个消极的末端存在着冲突的形式（Senghaas 1988，Vayrynen 1984），相互依存从恐惧、竞争以及共享威胁认知中产生。……

这个理论假定，安全复合体像权力均衡一样，是一种无政府状态下国际体系的内在产物。在其他条件相同的前提下，人们因此应当期望在这个体系的任何地方都找到它们。两种情况解释了一个安全复合体为什么不可能是现时的：首先，在有些领域，地方性国家仅仅有微不足道的能力，以至于它们的武力计划几乎不可能超越自己的国界。这些国家一直引导着安全前景，为了生成一个地方安全复合体，它们之间存在着微弱的安全互动；当一个地区外部大国力量的直接存在，对压制这些地方性国家之间安全动力的常规活动具有足够的强力时，第二个情况就出现了。这种情况被称为“覆盖”（Overlay），通常包括在这个区域武装力量的配置被介入并干涉的大国所覆盖。对于常规的大国干涉途径和地方安全复合体的事务，第二种情况就完全不同。干涉（Intervention）通常刺激了地方的安全动力，覆盖并使它们变为从属，以便在更巨大的模式中进行更重要的权力角逐，甚至它们可能彻底被湮没。“覆盖”的最好例子，是在欧洲殖民地时期的第三世界和第二次世界大战之后，由于超级大国的竞争，欧洲安全动力遭到了压制。在覆盖之下，无论怎样的透明度，人们都不可能弄清地方安全动力，因此，也不可能确定一种地方安全复合体；人们仅仅知道地方安全动力在覆盖之前曾经存在。

安全复合体是符合它们自己权利的子系统，是无政府状态的缩影，依照完整的体系类推，它们同样具有其自身特有的结构。因为安全复合体与总的无政府状态的永久性特征相比，更具有永久性，视它们为子系统，用它们自己的结构和互动模式提供一种有用的标准，反对在地区安全模式中确定和评估变化。

基本的结构是人们评估一个古典安全复合体中重大变化的标准。一个古典安全复合体的基本结构具备三个关键要素：

（1）单元的安排和它们之间的差异（通常就国际体系作为一个整体而言，这是同样的事物，那种情况下，在地区层次上它并不是一个意义重大的变量）。

（2）友善和敌对模式。

（3）在主要单元中的权力分配。

这些要素中的任何部分发生重要的转移，一般情况下都将需要一个重新定义的安全复合体。这种研究路径允许人们在静态和动态两种条件下进行地区安全分析。假如安全复合体被看作结构的话，人们可以通过结构的影响，或者是结构变化的过程，找到造成这个结果的导因。

这些变化对所有假定的地方安全复合体施加的压力，通常是巨大且持续不断的。权力相互关联处于恒久的运动以及敌对和友善的模式偶尔的变化中。关键问题是，这样的变化是对支持基本结构产生影响，还是它们将其推入其他类型的变化中？四个广泛的结构选择对评估一个安全复合体变化的影响，是很有价值的：现状维持，内部变化，外部变化以及覆盖。

现状维持：这意味着地方安全复合体的基本结构——它的权力分配和敌对模式——基本保持完整无缺。当然，这个结构并不意味着无变化发生。它意味着变化已在孕育之中，在这个聚合体中，存在着支持或者削弱这个结构的因素。

内部变化：当它的基本结构在其现有外边界之内发生变化的，一个地方复合体的内部变化也随之发生。这种变化能够带来一种地区政治一体化的结果，决定性变化发生在权力分配或者敌对和友善模式的重要交替中。

外部变化：当一种安全复合体的基本结构，被它的现有外边界或扩张或收缩这类因素所改变时，外部变化随之发生。对边界的重要调整，是不可能有效影响到基本结构的。无论如何，重要国家的增加或者减少，肯定会对权力分配以及友善和敌意模式这两方面产生一种实质性影响力。

覆盖：这意味着由于对固有安全动力的压制结果，一个或多个外部大国直接介入地区复合体。像早期的辩论一样，由于大国介入地区安全复合体事务而带来常规性干涉，故而这种覆盖情况是很明显的。

地区层次曾经被确立，这个多层次的、包含着一个全面的安全分析框架，可以做简略论述。在它的底部存在着个别国家和社会动态的环境。人们预测，这些复合体内安全关系是相对紧张的，以及它们彼此之间是相对缓和的。但是在有些例子中，意义重大的互动可能发生在无差别的边界，从一个复合体中区分出另一个复合体。因此，安全复合体之间的关系也被构成这个分析框架内的一个层面。如果安全复合体模式内的主要变化正在酝酿中，这个复合体就变得很重要。在顶端，人们发现高级复合体，或者高高在上的大国，构成了体系层次。人们喜欢预测大国间安全关系是如何紧张的，以及它们如何以各种不同的程度和方式，渗透进地方复合体事务中的。这个框架下的分析方法，首先是为理解每个层面上不同的安全动力，然后，理解在每个层面上这种模式彼此之间是如何互动的。

一定意义上，"安全复合体"是一种理论性建构，分析家却将它作为"实体"并对之施加影响。但在这种理论内部，它们具有本体论的地位：反映了一个全球政治引人注目的模式，以及因而不能被随便建造。人们可以为正确的解释界限而辩论，但是人们不能简单地使用安全复合体这个术语来描述任何国家组群（比如，华约成员国，不扩散协议成员国）。一种特殊的区域性"安全相互依存"模式肯定存在，并且将一个安全复合体成员从其他邻近国家中区分开来。为了清楚且合理地为包容和排斥制造标准，这种模式必须具有足够的强力。因此，有一个欧洲安全复合体但是不等于有一个北欧日耳曼（Nordic）安全复合体（因为"Norden"是一个更巨大的安全相互依存模式的一部分）；一个中东安全复合体与一个地中海安全复合体是不一样的（因为地中海国家是几个其他地区复合体的一部分）；南亚是一个明显的安全复合体例子，这个复合体的中心问题是印—巴之间竞争，在其中，缅甸充当了它与东南亚复合体之间的边界，阿富汗则在中东复合体和中国之间起着边界的作用。

"古典的复合安全理论"的一种价值是：它将人们的目光从国家安全和全球安全的极端关注中挪开，而将分析的焦点集中在地区层次。"复合安全理论"同样将国家的内部条件，地区的国家关系，地区之间的关系，以及地区与全球性大国两者之间关系的研究联系起来加以探讨。更多的抱负，在 1990 年我们的著作（*Buzan etal*）中对上述主题进行了证明，"复合安全理论"能够提出明确的预测，并因此进行这种稳定与变革的可能研究。该理论提供了静态分析与动态分析两种描述性概念，为国际安全关系结构内重大变化的定位提供了标准。一旦任何给定的复合体结构得到确认，它可被用来限制变化的可能选择。某种程度上，这种理论是说明性的，它为行动和组织确认适当的域界，并且，建议一组存在的国家（冲突形式，安全机制，安全共同体）将其作为政策目标思考的分析框架。

· 超越古典复合安全理论

地区安全分析的这种古典研究途径，在寻找足够坚实有力的“安全相互依存”模式，以便从它的邻国中将一组单元区分开来（Buzan、Jones 和 Little 1993，第五章）。安全复合体完全是由它的构成者单元之间互动所组成。因为“古典复合安全理论”（CSCT）是为思考政治和军事领域而提出的，国家是它的指涉对象。“安全区域”（Security Region）所以有以下若干特征：

（1）它由两个或两个以上国家构成。

（2）这些国家组成一个地理性一致的集团（因为在这些领域中，人们更多是思考近距离威胁而非远距离威胁）。

（3）这些国家间的关系被打上了“安全相互依存”的烙印，可能不是积极的就是消极的。但是，与外部国家之间“安全相互依存”相比，它们内部间的相互依存肯定更为坚实。

（4）“安全相互依存”的模式尽管不是永久性的，但肯定是持久而影响纵深的（例如，远远多于一次性互动）。

换句话说，安全区域是一种国际政治的子系统，它们被植入更为巨大的国际政治体系之中，然而是相对自主的微型形式。由于分析的单元是国家，安全区域往往呈现为一种规模相当巨大的现象。多数的安全复合体都是次大陆或者大陆那样的规模，比如，南亚、中东、南非、欧洲和南美洲等等。

本书中超越“古典复合安全理论”的方法之一是，对一个宽泛的领域进行开放性分析。当人们不再仅仅将国家固定在安全分析上，以及将政治和军事领域作为优先选项时，何种程度上，人们能够识别地区模式？在非传统领域中，安全的逻辑，使其主要关注更高（体系）或更低（次单元）层次？其他领域将显示安全动力主要是全球性和地方性的一种混乱或者别的什么？对这些问题的回答，将取决于相应单元是不变还是可变的，以及威胁和脆弱性是否被“距离”塑造。如果单元并非可变的，或如果威胁并非被“距离”所塑造，地区化逻辑可能是脆弱的。我们在几个或者所有领域发现了“地区”，需要将它们排行列序吗？例如，环境领域中的这些地区完全像它们在政治领域中一样？例如，围绕海洋（地中海、波罗的海、黑海、日本海等等）和河流（尼罗河、幼发拉底河以及约旦河等等）问题，环境领域的问题将聚集而生；反之，政治和社会领域将主要以陆地和大陆为基础？找到对上述问题的答案是第三章到第七章的任务，而将这些发现综合起来进行整体思考则是第八章的工作。

从逻辑上说，除军事—政治领域以及国家行为主体外，开放性复合安全理论有两种可能的方法：

（1）同质复合体（Homogeneous Complexes）。这种研究途径保留着“古典的”假定，安全复合体被集中在特殊领域之内，因此被特殊的相似类型单元之间的互动形式所构成（例如，国家间权力争夺）。这种逻辑引导了出现在不同领域的、不同类型的复合体（比如，军事复合体造就了国家的支配性地位，社会复合体建立在以多样的“认同”为基础的单元之上，等等）。

（2）异质复合体（Heterogeneous Complexes）。这种研究途径放弃了将安全复合体锁定在特殊领域的假定。它假定地区逻辑能够综合不同类型的行为主体，跨越两个或更多领域而发生互动（例如，国家＋民族＋企业＋贯穿政治、经济和社会领域发生互动的同盟）。

在这两个选项之间做出选择是没有理由的。原则上，这两者都是可能的，分析家需要确定这两个选项中哪一个是符合研究中案例的。

“异质复合体”具有跨领域连接行为主体的优势，因此，使这些分析家能够在个别结构中保持全部的想像，也同样留意领域之间（军事对经济发展及其他方面的影响力）不可避免的外溢效果（Spillover）。A、B、C 和 D 可能是民族，国家和类似欧盟的超国家（Supranation）机构，欧洲的安全动力最好被理解为一个民族、国家和欧盟中间的恐惧和互动系统（Waever *etal.* 1993，第四章；Waever 1996b，Forthcoming－A）。一种类似的逻辑可能被应用于中东，这个安全复合体既包含了国家，又包含了民族成分（比如，库尔德及巴勒斯坦）。

同质的或者特殊性领域，安全复合体（包括古典的政治—军事，国家居优势地位的范式）需要每一部分建构起来。它们呈现了特殊领域的安全动力（政治—军事、经济、社会等），但是它们同样提出，如何重新集合分离的结构，使之变成一个整体主义所描述的挑战，以及呈现跨领域联系将会丧失的危险。通过领域来思考安全复合体，人们可能发现未经调试的模式。在下面的章节中，我们需要探索对领域的安全动力的理解和认识，因为它似乎是设定这种分析框架的最好办法。第八章我们将详细阐述这一方面的内容。

每个领域的章节都包含了一个次要部分。需要问的是，什么是这个支配性领域安全动力所确定的范围？它们是地区的、全球的或者大概是地方的？这两种思考是如何影响我们回答这些问题的？首先，这些问题的因果性质围绕着安全化发生，也即安全化的“催化条件”；第二是安全化自身的过程。催化条件有时被明显地定位于一个层次，有时则不。当它们具有全球性原因和影响时，——例如地球的气候变化，海平面升高，等等，这些问题很明显具有全球性质。当它们具有地方性导因和后果时，例如，由工业垃圾或者污水排放带来的水污染，等等，这些问题很明显是地方性质的。水污染可能出现在全世界的许多地方，但在一定意义上，它并没有都成为全球层次的问题，在这里我们使用这个术语仅仅作为一个类似的地方性问题。海平面上升这样的问题，是一个无界限的一体化现象：因为海平面在一个地区上升在另一个地区却不上升，显然是不可能的。但是原则上，它的导因可能是地方性的，比如，是由一个国家的能源消耗问题所引发。

层次之间完全有可能发生交叉联系，比如，地方性导因与全球性后果（见早期的例子），或者全球性导因与地方性后果（像臭氧层开天窗）。无论如何，这种情形涉及所有层次的问题，由此而来的安全化是不必要的。在古典的复合安全理论中，行为主体更重要的判断标准，实际上是由它们相互的安全顾虑所联系。假如中东大国因受困于安全竞争而形成一种安全复合体，那么，一些围绕对那些大国——是俄罗斯还是美国——造成“真正的”威胁可能引发辩论和分析，则与我们所讨论的主题不相关。假如这些行为主体制造了它们的主要安全化，因此使整个中东被连接在一起，那么它就形成了地区安全复合体。

更为普遍的是，在这些研究中，回答层次问题判断标准的最终是政治性问题：在这个问题上，行为主体构成什么样的体系。这个问题的性质——因和果——可能是一个类似层次的指标，但是这并不是问题的最终答案。在安全化中，关键问题是，由谁的安全变成了安全与谁有关的一种思考。例如，水的短缺可能变成全球层次的安全事务，但是，重要国家的战争将更有可能是地区性的。一个特殊的河或者湖的上游和下游的大国，以及其他潜在的河或湖的受惠者，将视彼此为潜在同盟，又视彼此为威胁，可能在其他的竞争和地区格局中开始竞赛，并因此对一个更普通的地区安全复合体进行强烈抨击。这一结果并没有完全被这个问题的性质所决定：如果所有的下游国家能够联合在一起，并敦促全球水资源使用规则的制定，它们可能在全球层次上使这个问题赋予安全含义。这个步骤具体化的后果就是一个政治结果，因此我们对层次问题的回答，必须注意实际的安全化，而不仅仅是这个问题本身的客观属性。这个所定义的特征，即政治安全格局的范围——它围绕该问题而构成。

我们同意，从第三章到第七章，同质复合体、特定领域的研究方法，在准确说明地区和层次的更为一般的内涵方面，存在着难题。这是与“层次分析”那一部分所提出的方法一致的，我们宁愿在适于特定领域的条件下思考地区和单元。因此，在军事和政治领域中，这个单元将会是国家以及地区，也将会是一组毗邻的国家；但是，在社会领域，单元可能是民族以及地区，也将会是一组邻近的民族。与这个方法一并产生的难题是，在不同领域，单元和地区可能意味着非常不同的事情。例如，政治—军事领域中的单元尼日利亚，但它却可能包含几个社会的“地区”。所以我们采用一个以国家为中心的结构，目的是为了获得一种固定的规模。因而，不论我们正在讨论哪个领域，通过使用这个作为标准方法的术语——它所定义的、政治的国家意义，使我们从地区的内涵中获得研究知识的连贯性。我们做这些，不仅仅是为了确定或者使这个国家作为行为主体具有优先权，而且是为了在讨论中获得连贯性。其他单元之所以存在，仅仅是作为测量和规范的工具。

在我们的定义中，地区，即由两个或者两个以上国家组成的一种空间上有凝聚力的地域；次地区，即它是这样一个地区的一部分：无论它是包括超过一个以上的国家（但是比地区内国家更少），还是一些跨国性合成物（一些国家的混合，国家一部分，或者两者兼具）；微地区，是指一个国家边界内的次单元层次。

我们超越“古典复合安全理论”（CSCF）的第二种方法是，通过采用一种明确的“社会建构主义”（Social Constructivism）方法，来理解被安全化的问题，及其安全化的途径。古典复合安全理论谈论这个问题仅仅以友善（amity）和敌意（enmity）模式来说明（引起一些建构主义对客观主义的、物质现实主义的背离：敌意与友善是由行为主体制造的，它并不是物质状况的反映）；采用这个更宽泛的研究议程，需要一种更为成熟和精致的方法。这种方法的讨论是第二章的主题，它选取这个案例，为的是理解安全不仅仅是武力的使用，而且是一种特殊类型“主体间性”（Intersubjective）政治。第二章试图阐明两个分析性问题：

（1）如何确定什么是安全事务和什么不是安全事务，或者，换一种说法，如何区分一个问题政治化和安全化之间的差异。

（2）如何确定和区别安全行为主体和安全指涉对象。这些阐述的目标是应付对宽泛安全议程的批评，这种批评认为坚持那种宽泛议程研究，是冒将所有问题安全化之险，这会使安全概念所有内涵变得空心化。

我们希望证明安全的基本含义如何能贯穿各个领域（因此实现拓宽议程的愿望和目标），却没有因淡化这个概念使它的特殊内涵遭到破坏。

（选自巴瑞·布赞著，朱宁译：《新安全论》，浙江人民出版社，2003年2月版，第14~27页。）

· 我们新的分析框架与传统方法比较

……当我们将安全定义建立在威胁和指涉对象的社会建构基础上，这两种途径在方法论上也是不相容的。虽然传统主义者采取一种客观主义者的观点看待这些因素，但原则上，方法的不同能够导致对安全、甚至军事领域以及国家理解的大相径庭。实际上，如果不冒边缘化之险的话，由于威胁是社会建构的，传统主义者不可能走得太远。危险在于，传统主义者将威胁和指涉对象客观化的做法，将推动它们进入安全化行为主体的角色。这个危险已是长期致力于“和平研究”和新近“批评安全研究”（CSS），对“传统安全研究”（TSS）警告的一部分。

除了方法论上的不同，这个总的“传统安全研究”课题内容，可以看成我们新框架中的一个子集合。两者都具有一种方法论整体主义特征，这使得它们在国际安全和更广泛的政治安全理论之间划上一条界线。不像一些“和平研究”和它最近派生出的某些研究那样，批评的安全研究，我们的分析框架，以及“传统安全研究”拒绝把简化法（个体作为最终的安全指涉对象）当作研究国际安全的一种可靠的方法，这并不意味着他们拒绝个体层次上安全的合法性，仅仅表明他们将其看作相对边缘性的国际安全认识。对于国际安全，我们主要是表明“集体单元”之间的关系和它们是怎样反映到体系当中的。我们用“International”（国际）这个词而不考虑它的模糊性，是因为它是一个已确立和公认的用法，并因为它在多领域的模糊暗示（是“民族”而不是“国家”）。

在权衡两种方法的成本和获益上，至少两种不同的性质需要加以考虑：它们相对的知识连贯性，以及它们把握安全概念有说服力的修辞权力方式。

在知识连贯性方面，几乎没有选择的余地。我们认为我们已经回答了第一章所说的传统主义者的任务。由于使领域的使用在政治化和安全化之间变得清晰和不同，就很有可能既维持一个显著的主观区域，又使宽泛议程具有知识连贯性。传统的安全研究对于它本身的知识不连贯性无能为力（Buzan 1987）。尽管对单个领域的注意确实给予它知识（社会学的）连贯的肤浅表现，但无论如何它的界线是很好限定的。“武力使用”的标准，即使最公共的域界概图都不能够（或者还没有被用作）设定清晰的界线。任何有此企图者很快发现，主题竟扩展到大范围的和平研究和许多国际关系的整体研究当中。“传统安全研究”既不同于国际关系的现实主义方法，也不同于国际政治经济学的研究方法（比如霸权理论）。这个新的分析框架可能比传统方法更加复杂，但是它具有对知识尊重的平等主张，它具有复杂性、开放性和易介入的性质，而不是隐蔽的和不能讨论研究的。

新框架与“传统安全研究”的第二个比较，是关于怎样合理处置安全概念的有力的修辞权力。对于两种方法，“安全”都是一个能够授权的词——设置政治优先权与判断武力的使用、行政力量的增强、保密和封锁权利的要求以及其他非常措施。“安全”被理解和使用的方式，深刻地影响着政治生活之路。众所周知，过度安全化会使国际社会等同于自闭症和偏执狂。那些拥有强烈发展愿望和计划的国家，如苏联、伊朗和朝鲜，试图把每一件事——从核武器到反对军备、反对迷你裙和流行音乐，都予以安全化。如此宽范围的安全化使国内社会变得僵化，制造出了一种强制性高压恐怖政治，最终破坏了经济，扩大了与具有不同意识形态的邻国之间安全困境的强度。因此，避免过度和非理性的安全化，是一个合法的具有相当重要意义的社会、政治和经济目标。关于安全研究怎样构成的学术争论，是不能与真实世界的政治背景割裂开的。

问题是怎样最好地去限制安全要求，这样，安全化的成本和获益就会得到合理平衡。这一问题的进步，在更广泛的意义上是与西方国际社会的进步紧紧相连的。在18世纪，它可能是随着霍布斯国家的建设开始，"利维坦"的创造目的是为了打开公共经济和政治生活的空间。没有武力使用，却进入一个被国家控制的空间是不能想像的。在利维坦之下，市民们不会在经济抱怨和政治纷争中兵戎相见，这一切麻烦都由法律和市场规则来处理。所有"存在性威胁"的逻辑，和在经济或政治关系上所使用武力的权利都留给了国家，因此，市民很大程度上被"非安全化"了（Williams 1996，Forthcoming）。

国内发展，把通往更广泛意义上的进步之路当作"非安全化"方向。这自19世纪企图让经济从政治中分离之时，就已在自由主义者的计划中天生固有。在这种程度上，这一分离可能实现，它使国际经济范围"非安全化"，留给人民、企业和国家更大的自由，没有自我束缚，也考虑相对获益的需要去追求效率。然而，自相矛盾的是，这种分离和相互依赖，竟被设想成允许"非安全化"外溢到军事—政治关系当中。

这种经济非安全化是资本主义意识形态的核心，这些计划在"和平地带"得到最大限度的展示，并表现出当今西方国际社会的特征（Goldgeier and Mcfaul 1992；Singer and Wildavsky 1993；或者参见更早期的观点：Keohane and Nye 1977）。随着共产主义的消亡，及相近国家、社会随之发生连锁反应，出现了一个更广泛的消弭边界的前景。大多数政治、社会和经济互动正在被"非安全化"。在欧盟，这种发展最为超前，但是在这个世界的许多地方：从现代到后现代国家，从更封闭到更开放的政治结构中，这种现象同样存在并继续发展。

表面上，限制安全范围的这一计划在争论上似乎更偏向传统主义

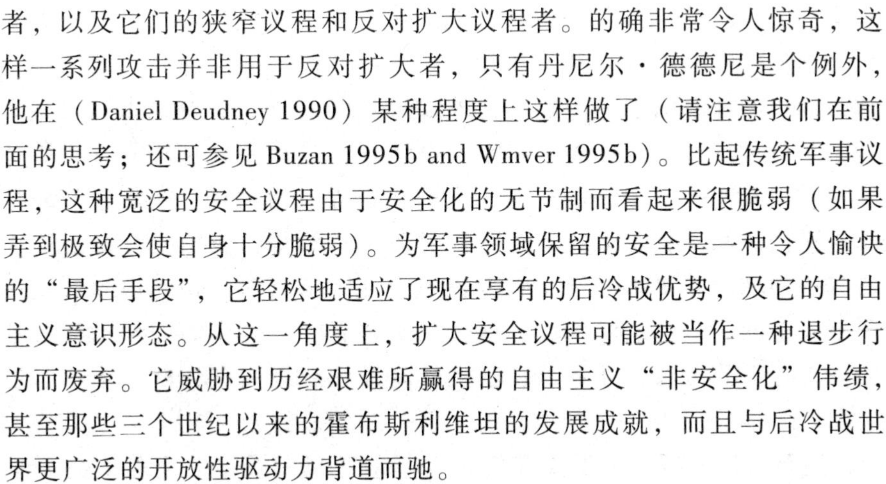

者，以及它们的狭窄议程和反对扩大议程者。的确非常令人惊奇，这样一系列攻击并非用于反对扩大者，只有丹尼尔·德德尼是个例外，他在（Daniel Deudney 1990）某种程度上这样做了（请注意我们在前面的思考；还可参见 Buzan 1995b and Wmver 1995b）。比起传统军事议程，这种宽泛的安全议程由于安全化的无节制而看起来很脆弱（如果弄到极致会使自身十分脆弱）。为军事领域保留的安全是一种令人愉快的“最后手段”，它轻松地适应了现在享有的后冷战优势，及它的自由主义意识形态。从这一角度上，扩大安全议程可能被当作一种退步行为而废弃。它威胁到历经艰难所赢得的自由主义“非安全化”伟绩，甚至那些三个世纪以来的霍布斯利维坦的发展成就，而且与后冷战世界更广泛的开放性驱动力背道而驰。

我们并不愿意质疑西方国际社会的整体进步，我们这里公开宣布，而在别处同样认为应当以“非安全化”作为长期的政治目标。但值得注意的是，这种“非安全化”的自由主义方法，主要是把其他领域从武力使用中分离和解放出来，因此最终缩减军事领域本身并使之边缘化。领域解除军事化已成为“非安全化”的有其代表性的自由主义方法，且在那种意义上，“传统安全研究”仅仅是它的一个产物（而不是保守主义的产物，就像人们首先想到的那样）。在“传统安全研究”看来，具体的“安全”，就是不脱离军事领域（对于一些更为自由主义的实践者来说，希望它最终在国际关系上边缘化）。

自由主义方法有代价也有回报。它是一种理解“非安全化”的方法，但有争议的是，它不是最好的，而且在目前环境中也不是最适合的。更具有讽刺意味的是，自由主义计划的极大成功，现在又给更广泛的安全议程、给其他的而不是军事安全重新创造提出新的要求。我们把新框架看作建构性的、对那个计划的必要回应，而不是对三个世纪自由主义计划的返祖性攻击。

甚至在冷战期间，把非军事化和“非安全化”等同的这种自由主义方法的双重代价已初露端倪：一个是在国际强权政治下的意识形态角色，另一个是它过度安全化的政治—军事逻辑的脆弱性。

无论故意与否，自由主义“非安全化”使 1945 年后美—欧绝对统治权合法化，这是在介入需要的基础上，而不是传统欧洲直接控制的模式上进行的操作。经济关系的“非安全化”便利了强权入侵，它以强有力的合法性制造经济渗透，在弱国的发展中设置政治障碍，并且认为他们的安全不仅仅是军事关系。从广泛的意义上来说，对于国际体系周边的许多国家和人民，这种政治自由主义“非安全化”尝试本身就是一种安全事务。关于限定安全议程的自由主义选择其自我服务的性质被看作是不公平的，无论它们在别处有何优点。在使它们服从于市场经济和多元政治的“正常”政治的过程中，自由主义国家能够使其他领域的非军事安全主张变得不合法。就自身来说，这一形式证明了安全的一个更广泛角度，但仅仅是弱者呼唤一个新的国际经济秩序来支持它的声音，并且，它已大量淹没在超级大国的巨大军事对抗之中。

这种对抗，可以被看作是政治—军事逻辑对过度安全化的脆弱性证据。通过使“安全”与“军事”等同，西方，特别是美国当局把自身展现成一个客观主义者，外部地决定安全定义这种方式是很难改变的。这个定义驱动了要与苏联有等同核力量的逻辑，也就为越南的灾难铺平道路，而且使麦卡锡主义的破坏合法化。这种客观主义者，对于安全的军事理解，所有的都仅仅是根本性地阻止质疑任何安全化的选择。当介入一个如“安全”所定义的军事领域并面临军事威胁时，除了争论这个威胁是多么危险外，我们很难去做更多。在这种思维模式上，既然它不仅要求为手头事物制造案例，也重新定义了这种文本的术语，故而质询某些军事问题是否安全化是极其困难的，这种安全方法的一个长处，就是支持它指出的对于政策制定者、分析家、竞选者、游说议员们所卷入的讨论安全或非安全化的责任。用安全（或不安全）措辞即一种选择，而不是问题或关系本身的一个客观特征。那个选择已被成功安全化（非安全化）当下事务的合适性与结果所证明。

随着冷战的结束，市场经济扩展到几乎所有的前共产主义世界，全球金融对生产的投资不断增加，安全议程也变得更加广泛。冷战的结束已经或至少在这一段时间，大大减少了大国间的军备竞赛。更多的安全焦点放在关心开放的国际体系怎样操作的后果上——尽可能多的像影响弱势行为主体一样，影响强势行为主体。这种发展在国际经济方面是非常明显的（Rosenau 1990；Ruggie 1993；Cemy 1995；Strange 1994）。

因此，在后冷战的世界，一个更广泛的安全议程正是对自由主义计划在全球大获成功的一个必要回应。这种回应从第三到第七章中所揭示的体系层次指涉对象的数目中可以看出。自由主义计划确实已成功地使军事安全边缘化，而且是用“传统安全研究”方法做到这一点的。但是这种所为，也会引起新的、只能在一个多领域框架中才可以解决的安全事务。过度安全化的威胁仍保留着，新框架的核心部分因此必须去提供“反安全化”主张意义的认证（包括军事领域）。

但是，去假设冷战后世界已经成功解决安全化，或仅仅保留军事安全事务，都会产生误解，会认为它等同于或更大于与宽泛议程相关的事物。我们的方法有这样一个基本优点，使安全概念化为一个标签，表明行为主体能够做出反应，而不只是一种客观特征的威胁。因此，尽管这种方法的多领域主义能使安全化增值，但它的建构主义却提供了质疑每一个特殊范例，并使每一个范例都政治化的手段。

（选自巴瑞·布赞著，朱宁译：《新安全论》，浙江人民出版社，2003 年 2 月版，第 274 ~281 页。）

8.11.1　罗伯特·库珀：我们为何仍然需要帝国主义

罗伯特·库珀（1947 年 ~），英国首相托尼·布莱尔的外交政策顾问，也是“新帝国论”的始作俑者。“新帝国论”已经成为西方政界和学术界的一个热门话题。作为一个从反对帝国统治的革命中诞生的国家，美国一直以来都是把帝国主义同欧洲旧大陆联系在一起的。即使有人指责美国势力在不断扩展，美国也从不认为自己是“帝国主义”（Imperialism），而是“扩张主义”（Expansionism）。围绕这一话题的，是美国现今外交政策中所表现出来的单极意图。收入文选的库珀和多勒贝的两篇文章充分地反映了西方世界和美国对于新帝国的理念。库珀把全球的国家分为三类：其一，前现代国家，主要指前殖民地，如索马里和阿富汗；其二，后帝国、后现代国家；其三，传统的“现代”国家，如印度、巴基斯坦或中国。库珀认为，由失败的国家组成的前现代国家对世界构成严重威胁，解决这种威胁或者混乱可以有许多办法，然而卷入是危险的，干预则会旷日持久。最符合逻辑的办法，同时也是过去最经常使用的办法是殖民化。但这对于后现代国家来说是不能接受的。从目前看，建立一个有效地、井井有条地输出稳定和自由的世界显然是可取的，这就是所谓的新帝国主义。总之，需要使用19世纪国家之间的任何交往手段去对付他们自身。在我们后现代国家中间，我们保持法律，可是当我们在丛林中行动时，我们就必须使用丛林法则。需要指出的是，库珀的“帝国”是指统一的欧盟。

在古代世界上，秩序意味着帝国。那些在帝国以内的人有秩序、有文化并且有文明。在帝国以外则存在着野蛮人、混乱和无秩序。

通过一个单一的权力中心实现的和平与秩序的形象一直是强大的。但是帝国的设计是不完善的，不能促进改革。要使一个帝国统一起来通常需要一种独裁主义的施政作风，因为改革将导致不稳定。在历史上，帝国一直是稳定的。

但是，在欧洲取代帝国的力量均势制度也有一种内在的不稳定——始终存在的战争危险。1945年之后，最终的简化把欧洲的多边力量均势变成了一个双边恐怖均势。但是它也未能持久。1989年力量均势的结束还标志着帝国欲望的减弱。一个上个世纪开始的在欧洲帝国中间瓜分的世界以所有欧洲帝国或几乎所有欧洲帝国的消亡而告终：奥斯曼帝国、德意志帝国、奥匈帝国、法帝国、英帝国和苏联帝国如今只存在于人们的记忆之中。

作为替代，我们有了两种新型国家。第一，有了前现代国家，这些国家往往是前殖民地，它们的失败已经导致一场所有的人反对所有的人的霍布斯状态：索马里和直到不久前的阿富汗就是这样的国家。第二，有了后帝国、后现代国家，它们不再主要从征服的角度考虑安全问题。第三种是像印度、巴基斯坦或中国这样的传统的“现代”国家，这些国家举止端正，因为这些国家在有了利益之后总是有力量和存在的理由。

我们欧洲人生活在其中的后现代制度不依靠均势；它也不强调主权或内政与外交的分离。欧洲联盟已经变成一个相互干涉内政，直到日常生活的高度发达的制度。后现代世界的成员不考虑相互对对方的

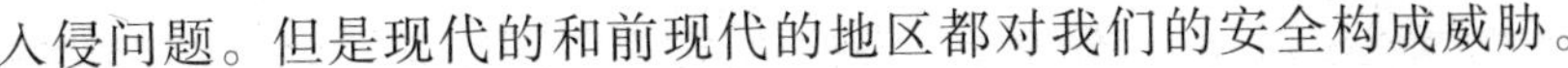

入侵问题。但是现代的和前现代的地区都对我们的安全构成威胁。

我们最熟悉来自现代世界的威胁。如果说国家间的稳定仍要靠帝国的原则和至高无上的国家利益来保持的话，它将来自侵略部队中间的一种均势。世界上没有几个地区存在着这样一种均势。一些地区的这个方程式中的核武器因素加剧了这一风险。

这个后现代世界必须开始习惯于双重标准。在我们自己中间，我们根据法律行事并通过合作来确保安全。但是，在与后现代的欧洲以外的老式国家打交道时，我们需要恢复以前一个时代的比较强硬的办法——武力、先发制人的打击、欺骗，与那些仍然生活在19世纪世界中的国家打交道所需要的无论什么办法。

在我们自己中间，我们遵守法律，但是当我们在丛林中作战时，我们还必须利用“丛林法则”。欧洲长期的和平时期已经危险地诱使人们忽视我们的防务，无论是物质上的防务还是心理上的防备。

由失败的国家组成的前现代世界所构成的挑战是一个新的挑战。前现代世界，是一个由已经失去使用武力的合法性或对使用武力的垄断权的失败的国家组成的世界；这些失败的国家常常既失去了使用武力的合法性，又丧失了对使用武力的垄断权。完全垮台的国家的例子相对来说较少，但是处境危险的国家的数目一直在增加。苏联一些地区包括车臣，是候选地区。世界重要的毒品生产地区全都是前现代世界的一部分。直到不久前，阿富汗还没有最高权力机构；缅甸内地或南美洲部分地区也没有，在那里，大毒枭威胁着国家对武力的垄断权。非洲国家全都处境危险。在这些地区，混乱是家常便饭，战争是一种生活方式。有一个政府竟然以类似于集团犯罪的方式运作。

前现代国家可能太软弱了，甚至都不能确保它自己领土的安全，更不用说在国际上构成威胁了，但是它可以为非国家行动者提供基地，让那些非国家行动者可能成为对后现代世界的一个威胁。如果贩毒、犯罪或恐怖主义团伙利用前现代国家作为基地，对世界更有秩序的地方发动袭击，那么，有组织的国家就可能不得不进行还击。如果它们变得过于危险，有秩序的国家无法容忍，那就可能想象出一种防御性的帝国主义。人们从这个角度可以理解西方对阿富汗作出的反应。

我们到底应该如何解决前现代国家的混乱问题呢？卷入一个混乱地区是危险的，如果干预是旷日持久的，那么它就可能承受不了舆论的压力。如果干预是不成功的，那么对于下令进行干预的政府来说，那就可能是破坏性的。但是像西方对待阿富汗那样，让国家走向毁灭，风险可能更大。

解决混乱问题的最符合逻辑的办法、同时也是过去最经常使用的办法是殖民化。但是这对于后现代国家来说是不能接受的。帝国和帝国主义这两个词已经被滥用，尽管实现殖民化的机会——也许甚至是需要——同19世纪时一样大，但是没有一个殖民地宗主国愿意承担这项工作。那些被排除在全球经济之外的国家可能会陷入一种恶性循环。软弱的政府就意味着没有秩序，没有秩序就意味着投资不断减少。

实行帝国主义的所有条件都已具备，但是帝国主义的供与求已经枯竭。然而，一个可以在其中有效地、井井有条地输出稳定和自由的世界看来显然是可取的。

现在需要的是一种新型帝国主义，一种符合人权和全球价值观的帝国主义：一种旨在带来秩序和组织，但是今天依靠自愿原则的帝国主义。

我们通过像国际货币基金组织和世界银行这样的机构，已经有了自愿的全球经济帝国主义。这些多边机构向希望找到返回全球经济中和进入投资和繁荣的良性循环的道路的国家提供帮助。作为回报，它们提出了要求，它们希望这些要求能够解决造成了最初对援助的需要的政治和经济问题。

后现代帝国主义的第二种形式可以叫作邻国帝国主义。你们的邻近地区的不稳定将构成没有一个国家能够忽视的威胁。巴尔干地区的政府管理不善、民族暴力冲突和犯罪对欧洲构成了威胁。反应就是建立驻波黑和科索沃的维和部队。国际社会不仅提供士兵，而且提供警察、法官、监狱官、银行家和其他人，同时还监督和组织选举。

欧洲的扩大表明另一种自愿帝国主义。过去，帝国强行实行了政府法律和制度；就欧洲而言，没有一个国家强行实行任何东西。当一个国家成为欧洲联盟的候选成员国时，这个国家就不得不像过去臣服于帝国的国家曾经做的那样，接受给予你的东西——一整套法律和规定。但是奖赏是，一旦进去了，你就在这个联盟中有了发言权。后现代欧洲联盟提供了一个合作帝国的憧憬，这个合作帝国中有共同的自由和安全，而没有过去的帝国往往有的一个民族的统治地位和它所实行的集中赦免，不过也没有民族排外主义，民族排外主义是单一民族的独立国家的特征。

这个合作帝国将提供一个国内政治框架，在这个框架中，每个国家在政府中都有一个份额，在这个政府中，没有一个国家占据统治地位，在这个政府中，管理原则不是民族原则，而是法律原则。中央同地方必须有最起码的联系；“帝国官员们”必须受到控制、负责任，必须是这个联盟的公仆，而不是主子。这样一个机构必须像它的组成部分一样致力于自由和民主。像罗马帝国一样，这个联盟将为它的公民提供一些法律、一些金钱，偶尔也提供道路。

只有时间才能告诉我们这样一种憧憬能否实现。在现代世界中，获得核武器的秘密竞赛正在进行。在前现代世界里，集团犯罪，包括国际恐怖主义获得的利益比国家获得的利益还大，速度还快。

也许时间已经不多了。

（选自罗伯特·库珀：《我们为何仍需要帝国主义?》，西祠胡同网站，http://www.xici.net/d7590151.htm。）

第九章

中国共产党人的国际安全战略思维创新

中国是一个极富谋略传统的国家。近代中国的积贫积弱使任何谋略失去了施展的基础，渐次丧失了世界谋略大国的地位。中国共产党人在长期的武装斗争和国际各种复杂环境下，创造性地继承马克思主义的国际安全战略思想，同时吸取中国的谋略传统、现代西方战略观念的营养，形成了从战争与革命时代到和平与发展时代相适应的新的安全战略思维，实现了国际安全战略思维的创新。

9.1.1 毛泽东：美帝国主义是纸老虎（选段）

（一九五六年七月十四日）

帝国主义和一切反动派都是纸老虎是毛泽东同志重要的战略思想。本文是毛泽东同志同两位拉丁美洲同志谈话的一部分。该思想，最早是在第二次世界大战结束不久，同美国记者安娜·路易斯·斯特朗的谈话中提出来的。同列宁把帝国主义看作“泥足巨人”一样，都是从帝国主义和一切反动派腐朽、没落的本质上说的。这是革命人民的一个根本战略思想。对此，请与下文“战略上藐视敌人”一起阅读、理解。

美国到处打着反共的招牌，为着达到侵略别人的目的。

美国到处欠账。欠中南美国家、亚非国家的账，还欠欧洲、大洋洲国家的账。全世界，包括英国在内，都不喜欢美国。广大人民都不

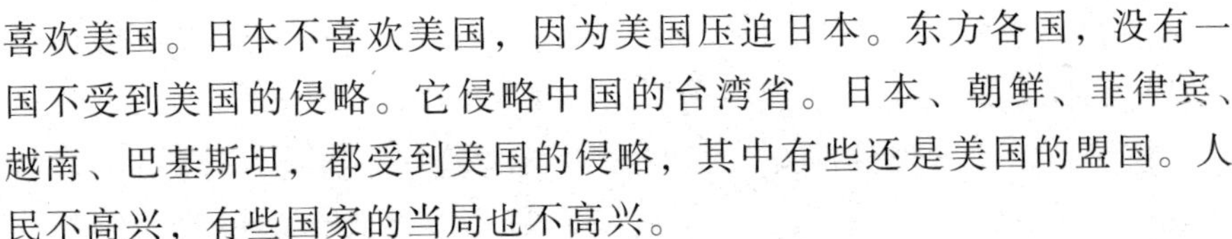

喜欢美国。日本不喜欢美国，因为美国压迫日本。东方各国，没有一国不受到美国的侵略。它侵略中国的台湾省。日本、朝鲜、菲律宾、越南、巴基斯坦，都受到美国的侵略，其中有些还是美国的盟国。人民不高兴，有些国家的当局也不高兴。

一切受压迫的民族都要独立。

一切会有变化。腐朽的大的力量要让位给新生的小的力量。力量小的要变成大的，因为大多数人要求变。美帝国主义力量大要变小，因为美国人民也不高兴本国的政府。

……

现在美帝国主义很强，不是真的强。它政治上很弱，因为它脱离广大人民，大家都不喜欢它，美国人民也不喜欢它。外表很强，实际上不可怕，纸老虎。外表是个老虎，但是，是纸的，经不起风吹雨打。我看美国就是个纸老虎。

整个历史证明这一点，人类阶级社会的几千年的历史证明这一点：强的要让位给弱的。美洲也是这样。

只有帝国主义被消灭了，才会有太平。总有一天，纸老虎会被消灭的。但是它不会自己消灭掉，需要风吹雨打。

我们说美帝国主义是纸老虎，是从战略上来说的。从整体上来说，要轻视它。从每一局部来说，要重视它。它有爪有牙。要解决它，就要一个一个地来。比如它有十个牙齿，第一次敲掉一个，它还有九个，再敲掉一个，它还有八个。牙齿敲完了，它还有爪子。一步一步地认真做，最后总能成功。

从战略上说，完全轻视它。从战术上说，重视它。跟它作斗争，一仗一仗的，一件一件的，要重视。现在美国强大，但从广大范围、从全体、从长远考虑，它不得人心，它的政策人家不喜欢，它压迫剥削人民。由于这一点，老虎一定要死。因此不可怕，可以轻视它。但是，美国现在还有力量，每年产一亿多吨钢，到处打人。因此还要跟它作斗争，要用力斗，一个阵地一个阵地的争夺。这就需要时间。

看样子，美洲国家、亚洲非洲国家只有一直同美国吵下去，吵到底，直到风吹雨打把纸老虎打破。

为了反对美帝国主义，中南美国家的欧洲移民要同本地印第安人团结起来。从欧洲移入的白种人，是不是可以分为两部分，一部分人是统治者，另外一部分人是被统治者。这样，这一部分被压迫的白种人就容易同本地人接近了，因为所处的地位相同。

我们和拉丁美洲的朋友，和亚洲非洲的朋友，是处在同一种地位，做同样的工作，为人民办点事，减少帝国主义对人民的压迫。搞得好了，可以根本取消帝国主义的压迫。在这一点上，我们是同志。

在反对帝国主义的压迫上，我们同你们性质相同，只是所在地区、民族、语言不同。我们同帝国主义却有性质上的分别，我们看到帝国主义就不舒服。

（选自《毛泽东选集》第五卷，人民出版社，1977 年版，第 289 ~ 292 页。）

9.1.2　毛泽东：战略上藐视敌人（选粹）

（一九五七年十一月十八日）

一九四六年蒋介石开始向我们进攻的时候，我们许多同志，全国人民，都很忧虑：战争是不是能够打赢？我本人也忧虑这件事。但是我们有一条信心。那时有一个美国记者到了延安，名字叫安娜·路易斯·斯特朗。我同她谈话的时候谈了许多问题，蒋介石、希特勒、日本、美国、原子弹等等。我说一切所有号称强大的反动派统统不过是纸老虎。原因是他们脱离人民。你看，希特勒是不是纸老虎？希特勒不是被打倒了吗？我也谈到沙皇是纸老虎，中国皇帝是纸老虎，日本帝国主义是纸老虎，你看，都倒了。美帝国主义没有倒，还有原子弹，我看也是要倒的，也是纸老虎。蒋介石很强大，有四百多万正规军。那时我们在延安。延安这个地方有多少人？有七千人。我们有多少军队呢？我们有九十万游击队，统统被蒋介石分割成几十个根据地。但是我们说，蒋介石不过是一个纸老虎，我们一定会打赢他。为了同敌人作斗争，我们在一个长时间内形成了一个概念，就是说，在战略上我们要藐视一切敌人，在战术上我们要重视一切敌人。也就是说在整体上我们一定要藐视它，在一个一个的具体问题上我们一定要重视它。如果不是在整体上藐视敌人，我们就要犯机会主义的错误。马克思、恩格斯只有两个人，那时他们就说全世界资本主义要被打倒。但是在具体问题上，在一个一个敌人的问题上，如果我们不重视它，我们就要犯冒险主义的错误。打仗只能一仗一仗地打，敌人只能一部分一部分地消灭。工厂只能一个一个地盖，农民犁田只能一块一块地犁，就是吃饭也是如此。我们在战略上藐视吃饭：这顿饭我们能够吃下去。但是具体地吃，却是一口口地吃的，你不可能把一桌酒席一口吞下去。这叫做各个解决，军事书上叫做各个击破。

（选自《毛泽东选集》第五卷，人民出版社，1977 年版，第 499 ~ 500 页。）

9.2.1　周恩来：和平共处五项原则（选粹）

（一九五三年十二月三十一日）

这是周恩来总理代表中国政府在中印两国在中国西藏地方的关系问题谈判开始时同印度代表团谈话的一部分。后来在中印、中缅会谈的联合声明中，共同倡导了和平共处五项原则。至今和平共处五项原则已经成为国际关系的基本准则。

中印两国的谈判在今天，十二月的最后一天，开始了。我们说过要在一九五三年开始这一谈判，现在实现了。

我们相信，中印两国的关系会一天一天地好起来。某些成熟的、悬而未决的问题一定会顺利地解决的。新中国成立后就确立了处理中印两国关系的原则，那就是互相尊重领土主权、互不侵犯、互不干涉内政、平等互惠和和平共处的原则。

两个大国之间，特别是象中印这样两个接壤的大国之间，一定会有某些问题。只要根据这些原则，任何业已成熟的悬而未决的问题都可以拿出来谈。

（选自《周恩来选集》下卷，人民出版社，1980 年版，第 118 页。）

9.3.1 邓小平：和平与发展是当代世界的两大问题（选段）

（一九八五年三月四日）

这是邓小平同志与国际友人谈话的一部分。在这里邓小平同志公开向世界表明中国对战争威胁的新判断。学术界一般以此次谈话为依据，认为20世纪80年代中国共产党对时代有了新的判断，世界不再是列宁所说的战争与革命的时代，而是进入了和平与发展时代。

对中国的发展，国际上可能还有一些不同的看法。他们从各种角度来分析，中国的发展对他们有利还是有害？我想从两个角度来考察和回答这个问题，一个是政治角度，一个是经济角度。

从政治角度说，我可以明确地肯定地讲一个观点，中国现在是维护世界和平和稳定的力量，不是破坏力量。中国发展得越强大，世界和平越靠得住。过去，在国际上有人认为中国是“好战”的。对这个问题，不仅我，还有中国其他领导人，包括已故的毛泽东主席、周恩来总理都多次声明，中国最希望和平。中国在毛泽东主席和周恩来总理领导的时候，就强调反对超级大国的霸权主义，并认为霸权主义是战争的根源。因为我们讲的战争不是小打小闹，是世界战争。打世界大战只有两个超级大国有资格，别人没有资格，中国没有资格，日本没有资格，欧洲也没有资格。所以，反对超级大国的霸权主义也就是维护世界和平。粉碎“四人帮”以后，我们制定中国的国策，同样也是反对霸权主义，维护世界和平。

总起来说，世界和平的力量在发展，战争的危险还存在。核武器谈判，外层空间武器谈判，看不出有什么进展。所以，我们多年来一直强调战争的危险。后来我们的观点有点变化。我们感到，虽然战争的危险还存在，但是制约战争的力量有了可喜的发展。日本人民不希望有战争。欧洲人民也不希望有战争。第三世界，包括中国，希望自己发展起来，而战争对他们毫无好处。第三世界的力量，特别是第三世界国家中人口最多的中国的力量，是世界和平力量发展的重要因素。所以，从政治角度来说，中国的发展对世界、对亚太地区的和平和稳定都是有利的。世界上的人在议论国际局势的大三角。坦率地说，我们这一角力量是很单薄的。我们算是一个大国，这个大国又是小国。大是地多人多，地多还不如说是山多，可耕地面积并不多。另一方面实际上是个小国，是不发达国家或叫发展中国家。如果说中国是一个和平力量、制约战争的力量的话，现在这个力量还小。等到中国发展起来了，制约战争的和平力量将会大大增强。我可以大胆地说，到本世纪末，中国能达到国民生产总值翻两番的目标，也就是我曾经跟大平正芳先生讲的达到小康水平，那时中国对于世界和平和国际局势的稳定肯定会起比较显著的作用。

再从经济角度来说。现在世界上真正大的问题，带全球性的战略问题，一个是和平问题，一个是经济问题或者说发展问题。和平问题是东西问题，发展问题是南北问题。概括起来，就是东西南北四个字。南北问题是核心问题。欧美国家和日本是发达国家，继续发展下去，面临的是什么问题？你们的资本要找出路，贸易要找出路，市场要找出路，不解决这个问题，你们的发展总是要受到限制的。我过去跟很多日本朋友谈这个问题，跟欧洲朋友、美国朋友也谈这个问题，他们脑子里也是装了这个问题。现在世界人口是四十几亿，第三世界人口大约占世界人口的四分之三。其余四分之一的人口在发达国家，包括苏联、东欧（东欧不能算很发达）、西欧、北美、日本、大洋洲的澳大利亚、新西兰，共十一二亿人口。很难说这十一二亿人口的继续发展能够建筑在三十多亿人口的继续贫困的基础上。当然，第三世界有一部分国家开始好起来，但还不能说已经发达了，而大部分国家仍处于极其贫困的状态，他们的经济问题不解决，第三世界的发展，发达国家的继续发展，都不容易。中国这么一个大的第三世界国家，对外贸易额去年才刚刚达到五百亿美元。如果对外贸易额翻一番，达到一千亿美元，国际上的市场不就扩大了吗？如果翻两番，达到两千亿美元，中国同国际上交往的范围不就更大了吗？贸易总是一进一出的，如果达到翻两番，中国容纳资金、商品的能力就大了。一些发达国家担心，如果中国发展起来，货物出口多了，会不会影响发达国家的商品输出？

是存在一个竞争问题。但是，发达国家技术领先，高档的东西多，怕什么！总之，南方得不到适当的发展，北方的资本和商品出路就有限得很，如果南方继续贫困下去，北方就可能没有出路。

（选自《邓小平文选》第三卷，人民出版社，1993 年版，第 105 ~ 106 页。）

9.3.2 邓小平：国家的主权和安全要始终放在第一位（选段）

（一九八九年十二月一日）

这次动乱（指该年 6 月 4 日发生在天安门广场的事件）从反面教育了我们。国家的主权、国家的安全要始终放在第一位，对这一点我们比过去更清楚了．西方的一些国家拿什么人权、什么社会主义制度不合理不合法等做幌子，实际上是要损害我们的国权。搞强权政治的国家根本就没有资格讲人权，他们伤害了世界上多少人的人权！从鸦片战争侵略中国开始，他们伤害了中国多少人的人权！巴黎七国首脑会议要制裁中国，这意味着他们自认为有至高无上的权力，可以对不听他们话的国家和人民进行制裁。他们不是联合国，联合国的决议还要大多数同意才能生效，他们凭什么干涉中国的内政？谁赋予他们这个权力？任何违反国际关系准则的行动，中国人民永远不会接受，也不会在压力下屈服。

这次动乱还使我们更加认识到稳定的重要性。前不久尼克松、基辛格来中国访问时，我对他们说，中国要摆脱贫困，实现四个现代化，最关键的问题是需要稳定。其实这个话早在这次事件发生前我就对美国人说过。如果没有一个稳定的环境，中国什么事情也干不成。这次我们采用戒严的方式解决了动乱问题，这是非常必要的。今后如有需要，动乱因素一出现，我们就采取严厉手段尽快加以消除，以保证我国不受任何外来干涉，维护国家的主权。

（选自《邓小平文选》第三卷，人民出版社，1993 年版，第 347 ~ 349 页。）

9.4.1　江泽民：建立适应时代需要的新安全观（选段）

这是1999年3月26日江泽民同志在日内瓦裁军谈判会议上的讲话《推动裁军进程维护国际安全》中的一部分。在这里，明确向世界公布了中国政府倡导的新安全观。

回首二十世纪，世界曾经遭受过空前的战争浩劫，各国人民为争取和维护世界和平进行了不懈的奋斗。两次世界大战和延续四十余年的冷战，给人类带来的创伤和教训是惨痛而深刻的。冷战结束后，国际形势发生了重大而深刻的变化。世界多极化和经济全球化趋势的深入发展，总体上有利于国际局势的缓和和世界的和平与发展。

世纪之交，是我们总结历史的经验教训，展望未来，构筑持久和平的良好时机。全面审视当前的世界现实，应该看到，冷战思维依然存在，霸权主义和强权政治时有表现。强化军事同盟的倾向有所抬头，新的“炮舰政策”正在肆虐，地区性冲突此起彼伏。前天，发生了对科索沃和南斯拉夫其他地区的空中打击和武力干涉，我当即表达了我的深切忧虑和不安，呼吁立即停止武力行动，使科索沃问题重新回到政治解决的轨道上来。在此，我郑重重申，对科索沃和南斯拉夫其他地区的军事行动违背了国际关系的准则，不利于巴尔干地区的和平，国际社会应该共同努力，尽快化解这场危机。

关于裁减军备问题，我还不能不遗憾地指出，军事强国掌握的高精尖武器，不但一件没有裁减，反而还在发展，防止核扩散的国际努力受到严峻挑战。在这种情况下，如何推动裁军进程，维护国际安全，不能不成为世界各国共同关注的一个重大而紧迫的问题。

历史告诉我们，以军事联盟为基础、以加强军备为手段的旧安全观，无助于保障国际安全，更不能营造世界的持久和平。这就要求必须建立适应时代需要的新安全观，并积极探索维护和平与安全的新途径。

我们认为，新安全观的核心，应该是互信、互利、平等、合作。

各国相互尊重主权和领土完整、互不侵犯、互不干涉内政、平等互利、和平共处五项原则以及其他公认的国际关系准则，是维护和平的政治基础。互利合作、共同繁荣，是维护和平的经济保障。建立在平等基础上的对话、协商和谈判，是解决争端、维护和平的正确途径。只有建立新的安全观和公正合理的国际新秩序，才能从根本上促进裁军进程的健康发展，使世界和平与国际安全得到保障。

（引自《人民日报》1999 年 3 月 27 日第 1 版。）

9.5.1 胡锦涛：努力建立持久和平、共同繁荣的和谐世界（选段）

这是胡锦涛同志在联合国成立 60 周年首脑会议上的演讲的一部分。胡锦涛同志正式向全世界提出了建设和谐世界是中国追求的国际安全的战略目标。

历史昭示我们，在机遇和挑战并存的重要历史时期，只有世界所有国家紧密团结起来，共同把握机遇、应对挑战，才能为人类社会发展创造光明的未来，才能真正建设一个持久和平、共同繁荣的和谐世界。我愿就此发表以下几点意见。

第一，坚持多边主义，实现共同安全。和平是人类社会实现发展目标的根本前提。没有和平，不仅新的建设无以推进，而且以往的发展成果也会因战乱而毁灭。无论对于小国弱国还是大国强国，战争和冲突都是灾难。因此，各国应该携起手来，共同应对全球安全威胁。我们要摒弃冷战思维，树立互信、互利、平等、协作的新安全观，建立公平、有效的集体安全机制，共同防止冲突和战争，维护世界和平与安全。

联合国作为集体安全机制的核心，在保障全球安全的国际合作中发挥着不可替代的作用。其作用只能加强，不能削弱。联合国宪章确定的宗旨和原则，对维护世界和平与安全发挥着举足轻重的作用，已经成为公认的国际关系基本准则，必须得到切实遵循。安理会作为联合国维护世界和平与安全的专门机构，其维护世界和平与安全的权威必须得到切实维护。

我们应该鼓励和支持以和平方式，通过协商、谈判解决国际争端或冲突，共同反对侵犯别国主权的行径，反对强行干涉一国内政，反对任意使用武力或以武力相威胁；应该加强反恐合作，坚持标本兼治，重在消除根源，坚决打击恐怖主义；应该按照公正、合理、全面、均衡的原则，实现有效裁军和军备控制，防止核扩散，积极推进国际核裁军进程，维护全球战略稳定。

第二，坚持互利合作，实现共同繁荣。发展事关各国人民的切身利益，也事关消除全球安全威胁的根源。没有普遍发展和共同繁荣，世界难享太平。经济全球化趋势的深入发展，使各国利益相互交织、各国发展与全球发展日益密不可分。经济全球化应该使各国特别是广大发展中国家普遍受益，而不应造成贫者愈贫、富者愈富的两极分化。联合国应该采取切实措施，落实千年发展目标，特别是要大力推动发展中国家加快发展，使21世纪真正成为“人人享有发展的世纪”。

我们应该积极推动建立健全开放、公平、非歧视的多边贸易体制，进一步完善国际金融体制，为世界经济增长营造健康有序的贸易环境和稳定高效的金融环境；应该加强全球对话和合作，共同维护能源安全和能源市场稳定，为世界经济增长营造充足、安全、经济、清洁的能源环境；应该积极促进和保障人权，努力普及全民教育，实现男女平等，加强公共卫生能力建设，使人人享有平等追求全面发展的机会和权利。

发达国家应该为实现全球普遍、协调、均衡发展承担更多责任，进一步对发展中国家特别是重债穷国和最不发达国家开放市场，转让技术，增加援助，减免债务。发展中国家要充分利用自身优势推动发展，广泛开展南南合作，推动社会全面进步。中国将尽自己所能，为推动各国共同发展作出积极贡献。

第三，坚持包容精神，共建和谐世界。文明多样性是人类社会的基本特征，也是人类文明进步的重要动力。在人类历史上，各种文明都以自己的方式为人类文明进步作出了积极贡献。存在差异，各种文明才能相互借鉴、共同提高；强求一律，只会导致人类文明失去动力、僵化衰落。各种文明有历史长短之分，无高低优劣之别。历史文化、社会制度和发展模式的差异不应成为各国交流的障碍，更不应成为相互对抗的理由。

我们应该尊重各国自主选择社会制度和发展道路的权利，相互借鉴而不是刻意排斥，取长补短而不是定于一尊，推动各国根据本国国情实现振兴和发展；应该加强不同文明的对话和交流，在竞争比较中取长补短，在求同存异中共同发展，努力消除相互的疑虑和隔阂，使人类更加和睦，让世界更加丰富多彩；应该以平等开放的精神，维护文明的多样性，促进国际关系民主化，协力构建各种文明兼容并蓄的和谐世界。

第四，坚持积极稳妥方针，推进联合国改革。联合国宪章确立的各项宗旨和原则，符合和平、发展、合作的历史潮流，符合国际关系健康发展的本质要求，符合世界各国人民的根本利益。我们应该通过合理、必要的改革，维护联合国权威，提高联合国效率，更好地发挥联合国作用，增强联合国应对新威胁新挑战的能力。

联合国改革是全方位、多领域的，可以先易后难、循序渐进，推动改革尽可能多出成果。改革应该重点推动联合国加大在发展领域的投入，致力于维护联合国宪章的宗旨和原则，增进广大会员国团结。

安理会改革是联合国改革的一项重要内容。要通过改革安理会，优先增加发展中国家特别是非洲国家的代表性，让更多国家特别是中小国家有更多机会参与安理会决策。改革涉及各国利益，应该充分协商，在达成广泛共识的基础上作出决定。

主席先生、各位同事！

在这里，我愿重申：中国将坚定不移地高举和平、发展、合作的旗帜，坚定不移地走和平发展道路，坚定不移地奉行独立自主的和平外交政策，在和平共处五项原则的基础上同世界各国发展友好合作关系。中国将始终不渝地把自身的发展与人类共同进步联系在一起，既充分利用世界和平发展带来的机遇发展自己，又以自身的发展更好地维护世界和平、促进共同发展。中国将一如既往地遵守联合国宪章的宗旨和原则，积极参与国际事务，履行国际义务，同各国一道推动建立公正合理的国际政治经济新秩序。中华民族是热爱和平的民族。中国的发展不会妨碍任何人，也不会威胁任何人，只会有利于世界的和平稳定、共同繁荣。

主席先生、各位同事！

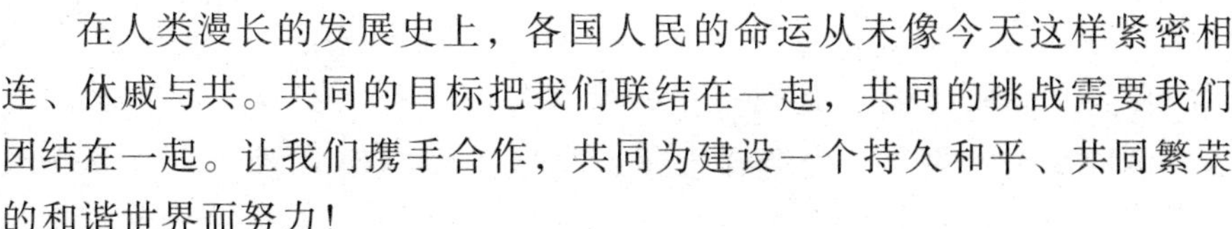

在人类漫长的发展史上，各国人民的命运从未像今天这样紧密相连、休戚与共。共同的目标把我们联结在一起，共同的挑战需要我们团结在一起。让我们携手合作，共同为建设一个持久和平、共同繁荣的和谐世界而努力！

（摘自新华网，http：//news. xinhuanet. com/world/2005 –09/16/conte。）

9. 6. 1　习近平：积极树立亚洲安全观共创安全合作新局面（选段）

这是2014年5月21日习近平同志在亚洲相互协作与信任措施会议第四次峰会上的讲话的一部分。在此前4月16日主持召开的中央国家安全委员会第一次会议上强调：坚持总体国家安全观，走中国特色国家安全道路。指出贯彻落实总体国家安全观，必须既重视外部安全，又重视内部安全，对内求发展、求变革、求稳定、建设平安中国，对外求和平、求合作、求共赢、建设和谐世界。这两篇讲话，标志着中国共产党人的国际安全战略思维创新的最新发展。

……

今天的亚洲，拥有全世界67%的人口和三分之一的经济总量，是众多文明和民族的汇聚、交融之地。亚洲和平发展同人类前途命运息息相关。亚洲稳定，是世界和平之幸；亚洲振兴，是世界发展之福。

今天的亚洲，虽然面临的风险和挑战增多，但依然是世界上最具发展活力和潜力的地区。和平发展、合作共赢始终是地区形势主流，通过协商谈判处理分歧争端，也是地区国家主要政策取向。亚洲在世界战略全局中的地位不断上升，在世界多极化、国际关系民主化竞争中发挥着越来越重要的作用。亚洲良好局面来之不易，值得倍加珍惜。

今天的亚洲，区域经济合作方兴未艾，安全合作正在迎难而上，各种合作机制更加活跃。地区安全合作进程正处在承前启后的关键阶段。“明者因时而变，知者随事而制。”形势在发展，时代在进步。要跟上时代前进步伐，就不能身体已进入21世纪，而脑袋还停留在冷战思维、零和博弈的旧时代。

我们应该积极倡导共同安全、综合安全、合作安全、可持续安全的亚洲安全观，创新安全理念，搭建地区安全合作新架构，努力走出一条共建、共享、共赢的亚洲安全之路。

共同，就是要尊重和保障每一个国家的安全。亚洲多样性特点突出，各国大小、贫富、强弱很不相同，历史文化传统和社会制度千差万别，安全利益和诉求也多种多样。大家共同生活在亚洲这个大家园里，利益交融、安危与共，日益成为一荣俱荣、一损俱损的命运共同体。

安全应该是普遍的，不能一个国家安全而其他国家不安全，一部分国家安全而另一部分国家不安全，更不能牺牲别国安全谋求自身所谓“绝对安全”。否则，就会像哈萨克斯坦谚语说的那样，“吹灭别人的灯，会烧掉自己的胡子。”

安全应该是平等的。各国都有平等参与地区安全事务的权利，也都有维护地区安全的责任。任何国家都不应该谋求垄断地区安全事务，侵害其他国家正当权益。

安全应该是包容的。应该把亚洲多样性和各国的差异性转化为促进地区安全合作的活力和动力，恪守尊重主权独立、领土完整、互不干涉内政等国际关系基本准则，尊重各国自主选择的社会制度和发展道路，尊重并照顾各国合理安全关切。强化针对第三方的军事同盟，不利于维护地区共同安全。

综合，就是要统筹维护传统领域和非传统领域安全。亚洲安全问题极为复杂，既有热点敏感问题，又有民族宗教矛盾、恐怖主义、跨国犯罪、环境安全、网络安全、能源资源安全、重大自然灾害等带来的挑战。传统安全威胁和非传统安全威胁相互交织，安全问题的内涵和外延都在进一步拓展。

我们应该通盘考虑亚洲安全问题的历史经纬和现实状况，多管齐下、综合施策，协调推进地区安全治理。既要着力解决当前突出的安全问题，又要统筹谋划应对潜在的安全威胁，避免头疼医头、脚疼医脚。对恐怖主义、分裂主义、极端主义这三股势力，必须采取零容忍的态度，加强国家和地区合作，加大打击力度，使本地区人民都能在安宁祥和的土地上幸福生活。

合作，就是要通过对话合作，促进各国和本地区安全。有句谚语说得好，“力量不在胳膊上，而在团结上”。要通过坦诚深入的对话沟通，增进战略互信、减少相互猜疑，求同化异、和睦相处。要着眼各国共同安全利益，从低敏感领域入手，积极培育合作应对安全挑战的意识，不断扩大合作领域、创新合作方式，以合作谋和平、以合作促安全。要坚持以和平方式解决争端，反对动辄使用武力或以武力相威胁，反对以一己之私挑起事端、激化矛盾，反对以邻为壑、损人利己。

亚洲的事情，归根结底要靠亚洲人民办。亚洲的问题，归根结底要靠亚洲人民来处理。亚洲的安全，归根结底要靠亚洲人民来维护。亚洲人民有能力、有智慧通过加强合作，来实现亚洲和平稳定。

亚洲是开放的亚洲。亚洲国家在加强自身合作的同时，要坚定致力于同其他地区和国家、国际组织合作，欢迎各方为亚洲安全和合作发挥积极和建设性的作用，努力实现双赢、多赢、共赢。

可持续，就是要安全和发展并重，以实现持久安全。“求木之长者，必固其根本；欲流之远者，必浚其源泉。”发展是安全的基础，安全是发展的条件。贫瘠的土地上，长不出和平的大树；连天的烽火中，结不出发展的硕果。对亚洲大多数国家来说，发展就是最大的安全，也是解决地区安全问题的总钥匙。

要建造经得起风雨考验的亚洲安全大厦，就应该聚焦发展主题，积极改善民生、缩小贫富差距，不断夯实安全的根基。要推动共同发展和区域一体化进程，努力形成区域经济合作和安全合作良性互动、齐头并进的大好局面，以可持续发展促进可持续安全。

……

中国坚定不移走和平发展道路，始终不渝奉行互利共赢的开放战略，在“和平共处五项原则”基础上发展同世界各国的友好合作。中国和平发展，始于亚洲、依托亚洲、造福亚洲。

“亲望亲好、邻望邻好。”中国坚持与邻为善、与邻为伴，坚持睦邻、安邻、富邻，践行亲、诚、惠、容理念，努力使自身发展更好惠及亚洲国家。中国将同各国一道，加快推进丝绸之路经济带和21世纪海上丝绸之路建设，尽早启动亚洲基础设施投资银行，更加深入参与区域合作进程，推动亚洲发展和安全相互促进、相得益彰。

“山积而高，泽积而长。”中国是亚洲安全观的积极倡导者，也是坚定实践者。中方将一步一个脚印，加强同各方的安全对话和合作，共同探讨推进地区安全准则和亚洲安全伙伴计划，使亚洲国家成为相互信任、平等合作的好伙伴。

中方愿意同地区国家建立常态化交流合作机制、共同打击三股势力，探讨建立亚洲执法安全合作论坛、亚洲安全应急中心等，深化执法安全合作，协调地区、国家更好地应对重大的突发安全事件。中方倡议通过召开亚洲文明对话大会等方式，推动不同文明、不同宗教交流互鉴、取长补短，共同进步。

女士们、先生们、朋友们！中国人民正在努力实现中华民族伟大复兴的中国梦，同时愿意支持和帮助亚洲各国人民实现各自的美好梦想。同各国一道共同努力，实现持久和平、共同发展的亚洲梦，为促进人类和平与发展的崇高事业做出新的更大贡献。

（引自《人民日报》2014 年 5 月 22 日第 2 版。）

附　录

国际安全战略思维名言50句

解放军国际关系学院选修《国际安全战略思维文选导读》课程的百余名研究生为了加深对国际安全战略思维经典思想的理解，选择了若干名言加以记忆。此50句系从中精选而成。

一、加强国际安全战略思维修养的重要性

1. 兵者，国之大事，死生之地，存亡之道，不可不察也。（孙子）

2. 治大国，若烹小鲜。（老子）

3. 故用国者，义立而王，信立而霸，权谋立而亡。（荀子）

4. 战略是分配和使用军事工具以达到政策目标的艺术。（李德·哈特）

5. 故国虽大，好战必亡；天下虽安，忘战必危。（司马法）

二、古典安全战略思维

6. 大道之行也，天下为公，选贤与能，讲信修睦。（孔子）

7. 勇敢是一种保持；节制是一种秩序，一种对快乐与欲望的控制。（柏拉图）

8. 得道者多助，失道者寡助。寡助之至，亲戚畔之；多助之至，天下顺之。（孟子）

9. 天时不如地利，地利不如人和。（孟子）

10. 天下非一人之天下，乃天下之天下也。（吕尚）

11. 强者为强者之所能，弱者受其所不能不受。（修昔底德）

12. 对于必须以战争来解决问题的人们来说，战争是正义的；当除了拿起武器以外就毫无希望的时候，武器是神圣的。（马基亚维里）

三、西方近现代安全战略思维

13. 国际权力的和平变迁是国际关系的核心困境。（爱德华·卡尔）

14. 均势是竞争性安全，而集体安全才是合作性的社会。（卡尔·多伊奇）

15. 权力是政治的目的，利益是政治的实质。（汉斯·摩根索）

16. 利益乃判断和指导政治行为的永恒标准。（汉斯·摩根索）

17. 如果你控制了石油，你就控制住了所有国家；如果你控制了粮食，你就控制住了所有的人；如果你控制了货币，你就控制住了整个世界。（亨利·基辛格）

18. 从威慑的观点来看，表面软弱与真正的软弱所产生的后果是一样的。（亨利·基辛格）

19. 战争的根源来自人类行为，来自国家的内部机制，来自世界范围的国家体系。这三方面的战争根源可视为国际关系的“三概念”。（肯尼思·华尔兹）

20. 关于冲突，无政府状态是根源，世界政府是药方。（肯尼思·华尔兹）

21. 和平不过是冲突性质的改变。（马克斯·韦伯）

22. 一个霸权战争的结束就是另一个霸权周期的成长、扩展以及到最终衰退的开始。（罗伯特·吉尔平）

23. 国家没有永久的朋友，也没有永久的敌人，只有永久的利益。（帕麦斯顿）

24. 大国总在寻找机会攫取超出其对手的权力，最终目标是获得霸权。……权力是大国政治的货币，国家为之争斗。（米尔斯海默）

25. 为了大小国家都能相互保证政治独立和领土完整，必须成立一个具有特定盟约的普遍性的国际联盟。（伍德罗·威尔逊）

26. 文明的冲突是对世界和平的最大威胁，而建立在多文明基础之上的国际秩序是防止世界战争的最可靠保障。（塞缪尔·亨廷顿）

27. 硬实力和软实力相互作用和加强，两者都是我们通过影响其他人的行为、实现我们的目标的能力。（约瑟夫·奈）

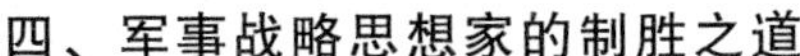

四、军事战略思想家的制胜之道

28. 知己知彼，百战不殆。是故百战百胜，非善之善也；不战而屈人之兵，善之善者也。(孙子)

29. 上兵伐谋，其次伐交，其次伐兵，其下攻城。(孙子)

30. 战争无非是国家政治通过另一种手段的继续。(克劳塞维茨)

31. 胜利的标志是敌人退出战场。(克劳塞维茨)

32. 一般说来，真正的两面作战，是应该尽量的设法避免。假使对于两个国家同时都有开战的理由，那么就应该谨慎地在某一方面采取忍辱负重的态度，而等待有了适当的机会，再来算旧账。(A. 约米尼)

33. 侵入一个国家或许容易，但要想撤离这个国家却很困难。(A. T. 马汉)

34. 我们一定要记得在战后还会有和平。一个国家把他的力量用到匮竭的阶段，结果必然会使他的未来政策变得总破产。(李德·哈特)

35. 谁控制了心脏地带，谁就控制了世界岛，谁控制了世界岛，谁就控制了世界。(哈·麦金德)

五、马克思主义的经典战略思维

36. 共产党人不屑于隐瞒自己的观点和意图。他们公开宣布：他们的目的只有用暴力推翻全部现在的社会制度才能达到。让统治阶级在共产主义革命面前发抖吧。无产者在这个革命中失去的只是锁链。他们获得的将是整个世界。(马克思、恩格斯)

37. 无产阶级肩负的历史使命不仅是要在一个国家的，而且要在世界范围内消灭压迫、消灭剥削、消灭阶级、消灭政治不平等，在解放全人类中最后解放自己。(马克思)

38. 民族内部的阶级对立一消失，民族之间的敌对关系就会随之消失。(马克思)

39. 历史是这样创造的：最终的结果总是从许多单个的意志的相互冲突中产生出来的，……这样就有无数互相交错的力量，有无数个力的平行四边形，……融合为一个总的合力，……每个意志都对合力有所贡献，因而是包括在这个合力里面的。(恩格斯)

40. 帝国主义是现代战争的根源。(列宁)

41. 历史早已证明，伟大的革命斗争会造就伟大的人物，使过去不

可能发挥的天才发挥出来。(列宁)

42. 不打无准备之仗，不打无把握之仗。(毛泽东)

43. 在战略上我们要藐视一切敌人，在战术上我们要重视一切敌人。(毛泽东)

44. 战争的伟力之最深厚根源存在于民众之中。(毛泽东)

六、和平与发展时代的和谐世界构建

45. 互相尊重领土主权、互不侵犯、互不干涉内政、平等互惠和和平共处。(周恩来)

46. 冷静观察、稳住阵脚、沉着应付、韬光养晦、善于守拙、决不当头、有所作为。(邓小平)

47. 提倡树立以互信、互利、平等、协作为核心的新安全观。(江泽民)

48. 携手合作，共同建设持久和平、共同繁荣的和谐世界。(胡锦涛)

49. 坚持总体国家安全观，对内求发展、求变革、求稳定、建设平安中国，对外求和平、求合作、求共赢、建设和谐世界。(习近平)

50. 要摒弃冷战思维、零和博弈的旧观念，倡导共同、综合、合作、可持续安全的新理念，走出一条共建、共享、共赢的安全新路，共同维护地区和世界和平稳定。(习近平)

后　　记

本《导读》于2003年开始由解放军国际关系学院原国际关系研究所选编，以后根据教学实践和战略思维的发展加以增删。钮汉章、刘强负责全书的框架设计、篇目的选定、导读的撰写和统稿。郭寒冰负责国学经典部分的今译和后期的文字处理事务。周桂银、戴超武、翟晓敏、朱听昌、宋德星等教授为本文选的选编提出了许多宝贵的意见。储道立教授指导了二、三、五章部分内容的选摘。陈然然、胡欣承担了第七章、第八章（部分）的选编。陈然然、钱咏霓、马晓娟、胡欣、熊剑平、王璐迪承担了文选大量的录入工作。周从保、黄小兵等同志也给予了大力支持和帮助。本书的出版，时事出版社领导和编辑部雷明薇主任付出了辛勤的劳动。江苏溧阳开成毯业有限公司给予了大力支持。在此一并致谢。

本书主要供教学使用。为方便师生，摘选了部分其他出版机构的作品，感谢相关著、译者允许我们无偿使用。那些我们未能联系上的译著者或出版者可尽早与我们联系，我们将按国家有关规定酬谢！

编者

2016年6月20日